AF342871

La bible de l'efficacité professionnelle

Groupe Eyrolles
61, bd Saint-Germain
75240 Paris cedex 05
www.editions-eyrolles.com

Du même auteur :

Méthodes et astuces pour... mieux négocier, Éditions d'Organisation, 2007.

Coécrit avec Laurent Dufourt :

Jeux et outils pour conduire le changement, ESF, 2010.

Cet ouvrage a fait l'objet d'un reconditionnement à l'occasion
de son deuxième tirage (nouvelle couverture).
Le texte reste inchangé par rapport à l'édition précédente.

Le Code de la propriété intellectuelle du 1er juillet 1992 interdit en effet expressément la photocopie à usage collectif sans autorisation des ayants droit. Or, cette pratique s'est généralisée notamment dans l'enseignement, provoquant une baisse brutale des achats de livres, au point que la possibilité même pour les auteurs de créer des œuvres nouvelles et de les faire éditer correctement est aujourd'hui menacée.
En application de la loi du 11 mars 1957, il est interdit de reproduire intégralement ou partiellement le présent ouvrage, sur quelque support que ce soit, sans autorisation de l'éditeur ou du Centre français d'exploitation du droit de copie, 20, rue des Grands-Augustins, 75006 Paris.

© Groupe Eyrolles, 2011 pour le texte de la précédente édition
© Groupe Eyrolles, 2015 pour la nouvelle présentation
ISBN : 978-2-212-56098-5

Richard Bourrelly

La bible de l'efficacité professionnelle

Le livre qui vaut des dizaines de formations

Deuxième tirage 2015

EYROLLES

Table des matières

Partie II : Communiquer
Comprendre, vous faire comprendre, convaincre

Partie III : Adopter un comportement professionnel
Connaître les codes, se faire apprécier, se rendre indispensable

Partie IV : Prendre soin de vous
Garder votre tonus, préserver votre santé, baisser votre stress

Partie V : Évoluer
Changer de poste, prendre plus de responsabilités, saisir les opportunités

Chapitre 1 : Chercher et trouver un nouveau poste

Remerciements

Cinquante-sept personnes m'ont donné leurs astuces personnelles pour illustrer les fiches de ce livre. Elles occupent des postes aussi divers que secrétaire, cadre, chef de projet, manager, directeur, chef d'entreprise, journaliste, professeur, magistrat, etc. Elles sont la preuve que les méthodes d'efficacité au bureau concernent tout le monde. Je tiens à remercier ces personnes :

Idriss Abbey, responsable de centre, RHFormation - Brahim Aioun, stagiaire en management - Jean-Marc Antuszewicz, manager, Equancy - Fatou Bamba, directeur, 2EP Abidjan - Pierre Blouvac, manager, Novem - Marie-Agnès Bol, acheteur et chef de projet, Octapharma - Sandy Boulley, directeur d'hypermarché, Auchan - Rose Bouthors, responsable développement - Stéphanie Brouard, responsable du département management et efficacité professionnelle, groupe EFE

Pierre-Olivier Carles, dirigeant d'entreprise - Jean-Paul Carretero, consultant-formateur Senior, Differances - Bruneau Catteau, responsable produit, Lucca - Guillaume Coignard, coach vocal - Patricia Coignard, journaliste - Claude Collin, consultant en management SAV, CAP-SAV - Martine Copé, spécialiste bien-être, Clubm'Co - Emmanuel Coste, gérant, Explic-It - Cormac Crossan, Partner Account Manager - Laurent Dufourt, consultant et auteur en conduite du changement - Catherine Duval, consultante en organisation et conduite du changement - Rachid El Meherzi, directeur pôle formation, El Quorum - Isabel Engel, sophrologue, Sophro & Relax - Éric Faure, responsable de la pédagogie, Corelations - Christophe Gauthier, responsable des Ressources Humaines, Leader Price - Frédérique Genty, dirigeante, ASADCO - Alain Gouriou, cadre commercial - Marie Grall, déléguée, ITG - Alain Guillaume, ingénieur développement Web, Lucca - Alain Hubrecht, directeur d'entreprises - Tiffany Juge, assistante export et marketing - Jean-Luc Kastner, responsable du développement, Stonfield - Luc Kern, consultant TICE, Chambre de Commerce et d'Industrie de Paris - Marie Laborda, responsable des compétences - Anne Le Borgne, psychothérapeute - Karin Le Borgne, assistante, mairie de Cannes - Maryline Lechef, responsable du développement, Cartimo - Ramon Marti, Consultant, MBA Consulting - Pierre Monteaux, dirigeant, Management § Paradoxes Conseil Ressources Humaines - Fabiole Moreddu, pharmacien-consultante, D-Talents - Marie Morvan, consultante, Links Ingénierie - Élisabeth Muller, consultante, Qualihorg Hommes et Organisation au Service du Client - Ingrid Nevicato, directeur adjoint des achats d'une collectivité territoriale. - Sébastien Piffeteau, magistrat - Julie Rayant, conceptrice-rédactrice print et Web - Vincent Raymond, dirigeant, First Group - Sylvia Robert, ingénieur pédagogue, Tellen - Véronique Roche, chef de projet, IGS Conseil et Formation - Gilles Satgé, dirigeant, Lucca - Hubert Sauvageot, délégué, Comité International de la Croix-Rouge - Arnaud Scheffer, adjoint au directeur des achats, Go Sport - Virginie Seguela, directrice France, Nars - Peter Tans, consultant-formateur - Marc Tatillon, président de sociétés - Florent Valade, directeur régional - Laurent Vankersschaver, responsable Achats - Michel Ventura, P.-D.G., Ventura Consultants - Carole Vidal, International Account Director, EURO RSCG, groupe Havas

Je tiens aussi à remercier Anne et Danielle pour leur regard extérieur et leurs précieux conseils aussi bien dans la rédaction de ce livre que dans ma vie en général.

Que peut m'apporter ce livre, comment m'en servir ?

Cette question se pose quand :

✓ vous ne savez pas si vous devez lire ce livre ;

✓ vous le trouvez imposant et ne savez pas comment faire le tri entre toutes ces informations.

| 3.a. La lecture par chapitre
3.b. L'itinéraire personnalisé
La recherche d'un
3.c. thème très précis | 3. Comment s'en servir ? | **Que peut m'apporter ce livre, comment m'en servir ?** | 1. À qui s'adresse ce livre ?
2. Que contient-il ? |

Ce livre a pour objectif de rassembler, en un seul document, toutes les méthodes, tous les outils et astuces qui amélioreront votre efficacité dans vos tâches de bureau.

À qui s'adresse ce livre ?

Ce livre s'adresse à vous, si vous travaillez dans un bureau et que vous voulez améliorer vos méthodes et votre efficacité :

✓ quel que soit votre métier ;

✓ quel que soit votre niveau hiérarchique ;

✓ quel que soit votre secteur économique ;

✓ quelle que soit votre ancienneté ;

✓ quelle que soit la taille de votre entreprise, du grand groupe au travailleur indépendant.

Ce livre s'adresse aussi à vous si une partie seulement de votre métier se fait à un bureau, à l'ordinateur par exemple, ou avec des dossiers.

Que contient-il ?

Il contient, sous forme de fiches pratiques, l'ensemble des méthodes, outils, astuces et conseils de professionnels pour améliorer votre efficacité personnelle. Tout ceci est classé en cinq parties :

L'étoile de l'efficacité au bureau

Astuce

La lecture de ce livre est absolument essentielle si :

▶ vous vous sentez en danger dans votre emploi et ne voulez pas perdre votre travail ;

▶ vous voulez évoluer vers le haut, changer de travail, prendre de plus grandes responsabilités, gagner plus d'argent ;

▶ vous allez démarrer votre premier emploi, un stage ou une période de professionnalisation comme de l'alternance par exemple, et vous voulez être directement efficace.

Les fiches sont au nombre de quatre-vingt-dix. Elles contiennent des centaines de conseils, de méthodes et d'astuces. Elles sont pratico-pratiques et immédiatement utilisables. Elles sont illustrées de nombreux exemples concrets tirés de l'expérience professionnelle de l'auteur et d'autres personnes chevronnées. En outre, les fiches contiennent plusieurs encadrés :

✓ « Astuce », où je vous livre une astuce personnelle ;
✓ « Exemple », dans lequel j'illustre mon propos d'un exemple concret tiré de la vie au bureau ;
✓ « Définition » pour les mots et expressions importants, qui ne sont pas dans le langage courant ;
✓ « À savoir », où je vous livre un fait, une information complémentaire ;
✓ « Parole de pro » où un professionnel, faisant partie de mes contacts, vous livre une astuce personnelle et pratique d'efficacité au bureau.

Comment s'en servir ?

Ce livre est prévu pour être lu de trois façons, selon vos désirs et vos besoins.

La lecture par chapitre

Vous éprouvez des difficultés à être totalement efficace dans un domaine particulier de votre travail ? Reportez-vous au chapitre correspondant et lisez-en toutes les fiches. Vous aurez ainsi l'ensemble des méthodes et conseils relatifs à cette thématique. Vous y trouverez toutes les réponses que vous cherchez.

L'itinéraire personnalisé

Commencez par lire une fiche dont le thème vous intéresse tout particulièrement. À la fin de celle-ci, vous trouverez la liste des autres fiches dont le sujet est en lien avec celle que vous venez de lire. Choisissez-en une et lisez-la directement. Là, une autre liste de fiches reliées vous permettra de continuer votre chemin personnalisé à travers ce livre. Un peu comme on parcourt des sites Internet de lien en lien.

Astuce

Mon premier conseil serait de vous proposer de garder ce livre à portée de main pour pouvoir vous y référer aussi souvent que possible. Quelle que soit la question relative à votre efficacité au bureau, la réponse se trouve dans cette bible. Allez la chercher immédiatement et mettez-la en œuvre dans la foulée pour améliorer vos pratiques et votre efficacité. N'ayez pas honte de consulter ce livre, ce n'est pas une marque d'incompétence, mais plutôt d'une volonté de progresser.

En résumé

Ce livre s'adresse à tous ceux qui travaillent un peu ou beaucoup dans un bureau, avec un ordinateur ou sur des dossiers.
Il embrasse tous les aspects de l'efficacité au bureau, sans exception.
Il contient des centaines de méthodes pratiques, d'outils directement applicables, de conseils de professionnels et d'astuces personnelles qui vont révolutionner la manière dont vous travaillez.
Il est structuré en chapitres et en fiches faciles à repérer pour un accès immédiat à l'information que vous cherchez.

Partie I

S'organiser

Gagner du temps, travailler mieux, en faire plus

Chapitre 1

Organiser votre temps

Comment améliorer la gestion de mon temps ?

Cette question se pose quand :

✓ vos journées ou vos semaines sont toutes différentes les unes des autres ;

✓ on vous impose des échéances et des contraintes ;

✓ vous travaillez sous pression ;

✓ vous avez parfois le sentiment de ne pas avoir le temps de tout faire.

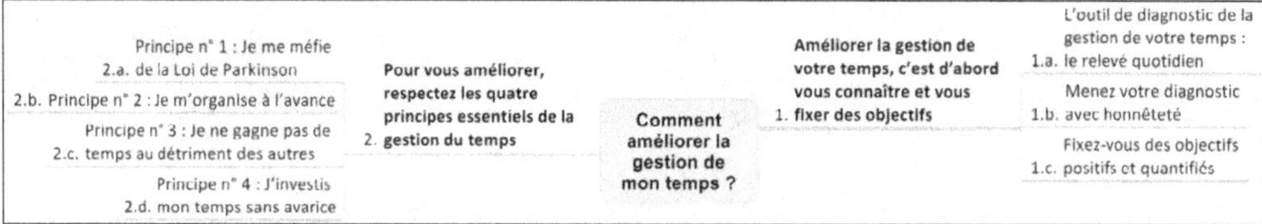

Améliorer la gestion de votre temps, c'est vous donner les moyens de travailler moins longtemps ou d'accomplir plus de tâches dans la même durée.

Améliorer la gestion de votre temps, c'est d'abord vous connaître et vous fixer des objectifs

Mon but est de vous permettre de finir vos journées plus tôt et d'avoir plus de temps libre à consacrer à vos loisirs ou à votre famille ; ou d'abattre plus de travail dans une même journée et d'atteindre des objectifs professionnels plus ambitieux. Tout d'abord, il s'agit de savoir où vous en êtes de la gestion de votre temps : à quoi passez-vous vos journées ? Comment vous organisez-vous ? Une fois ce diagnostic établi, vous pourrez vous fixer des objectifs propres à vous améliorer.

L'outil de diagnostic de la gestion de votre temps : le relevé quotidien

Avant de définir vos axes de progrès, il faut déterminer ce qui ne va pas. Utilisez la grille qui suit pour relever pendant une semaine l'emploi que vous faites de votre temps.

Notez dans ce tableau tout ce que vous faites, du rendez-vous le plus important au moindre coup de téléphone. Notez les projets auxquels sont rattachées les tâches, les personnes avec qui vous travaillez et surtout celles qui vous interrompent dans des travaux en cours.

Astuce

Rendez-vous sur le site www.bourrelly.org, rubrique « publications », pour télécharger gratuitement cette grille de relevé quotidien prête à l'emploi.

Menez votre diagnostic avec honnêteté

Une fois la semaine terminée et les cinq grilles dûment remplies (une par jour), vous devez analyser les résultats pour en tirer les meilleurs enseignements. Voici les questions que vous devez vous poser :

horaire		tâche / travail	dossier / projet	avec qui ?	où ? (si différent de votre bureau)	urgent	important	interrompu par (noter le nom de la personne et le mode : visite, téléphone, e-mail)
08:00	08:30							
08:30	09:00							
09:00	09:30							
09:30	10:00							
10:00	10:30							
17:30	18:00							
18:00	18:30							
18:30	19:00							
19:00	19:30							
19:30	20:00							

→ Mes horaires de travail sont-ils raisonnables ?

→ Ai-je respecté les durées initialement prévues pour chaque tâche ?

→ Les durées passées sur chaque tâche sont-elles en rapport avec le bénéfice personnel que je retire de ce travail ?

→ Quels sont les quatre projets sur lesquels je passe le plus de temps ? Est-il intéressant pour moi de passer autant de temps sur ces projets ? Y a-t-il des projets sur lesquels je devrais passer plus de temps ?

→ Quels sont les quatre interlocuteurs avec lesquels je passe le plus de temps ? Est-il intéressant pour moi de passer autant de temps avec ces personnes ? Y a-t-il des personnes avec lesquelles je devrais passer plus de temps ?

→ Combien de temps ai-je passé en temps collectif (réunions, entretiens). Est-ce une valeur ajoutée pour moi ?

→ Qui sont les personnes qui m'interrompent le plus souvent ? À quel moment suis-je le plus souvent interrompu ? Ces interruptions représentent-elles un bénéfice réel pour moi ?

→ Est-ce que je passe assez de temps à gérer des tâches importantes ? Est-ce que je passe trop de temps à gérer des urgences ?

→ Est-ce que je passe assez de temps dans mon bureau ? Quels sont les endroits dans lesquels je passe trop de temps ?

→ Ai-je assez de temps pour moi, pour me reposer, pour mon bien-être ?

Fixez-vous des objectifs positifs et quantifiés

L'analyse de votre relevé de temps va vous conduire à changer vos habitudes de travail. Ne voyez pas ces changements nécessaires comme des contraintes ou des efforts à faire. Focalisez plutôt votre attention sur les bénéfices qu'ils vous apporteront. Quantifiez au maximum ces bénéfices pour les rendre réels. Notez-les dans un endroit visible et relisez-les de temps en temps pour vérifier que votre nouvelle gestion du temps produit bien les effets escomptés. Voici quelques exemples de bénéfices quantifiés que se sont fixés certains de mes clients :

Les bénéfices que j'attends d'une meilleure gestion du temps

▶ Dégager une heure par jour pour lire la presse à tête reposée.

▶ Prendre deux plages de quatre-vingt-dix minutes par semaine pour faire du sport le midi.

▶ Passer quinze minutes par jour avec Sophie (la stagiaire) pour faire le point sur son travail.

▶ Avoir terminé chaque tâche importante avec une journée d'avance pour ne pas subir la pression des échéances.

Sous les bénéfices, notez les nouvelles limites que vous vous fixez. N'oubliez pas de les quantifier aussi. Voici quelques exemples :

Mes nouvelles limites

- ne jamais quitter le bureau après 18 heures 30 ;
- ne pas apporter de travail à la maison ;
- ne pas passer plus de cinq heures par semaine
  en réunion ;
- ne pas passer plus de temps sur le dossier
  « Duschmoll » que sur le dossier « Durand ».

Enfin, notez clairement les actions concrètes à mener pour atteindre ces objectifs et vous éloigner des limites :

Actions concrètes

- Demander à Jean-Jacques de reprendre le dossier « Duschmoll » à ma place.
- Me faire remplacer au comité de pilotage du lundi matin.
- Refuser toutes les demandes de rendez-vous après 17 heures.
- Fermer la porte de mon bureau tous les matins entre 10 heures et 12 heures pour avoir le temps de travailler sur les livrables.

Gardez cette feuille devant vous et relisez-la aussi souvent que possible. Ne sous-estimez pas son influence sur votre performance au travail et votre bien-être.

Pour vous améliorer, respectez quatre principes essentiels

1 · Je me méfie de la loi de Parkinson

Cette loi énonce qu'une tâche prend tout le temps qu'on lui consacre. Concrètement, un travail de deux heures en prendra trois si vous avez décidé, au départ, que vous aurez trois heures à lui consacrer. Cette loi se vérifie parfaitement dans les cas suivants :

- ✓ grands projets à moyen et long termes (plusieurs semaines ou plusieurs mois) ;
- ✓ réunions et entretiens ;
- ✓ tâches impliquant plusieurs personnes ;
- ✓ travaux de fin de journée, etc.

Parole de pro

Christophe Gauthier, responsable des ressources humaines, Leader Price :
« Je préviens toujours mes interlocuteurs de la durée de notre entretien avant le commencement. Si nous débordons, j'interromps la séance et nous reprenons un autre rendez-vous. »

Alain Hubrecht, directeur d'entreprises :
« Chaque début de semaine, j'identifie les cinq activités qui seront les plus rentables, productives ou bénéficiaires pour moi et je concentre au moins 50 % de mon temps sur elles. »

Ce qu'il faut faire :

- → Ajuster au mieux le temps que vous dédiez à chaque tâche. Montrez-vous ambitieux dans la fixation de vos échéances. Raccourcissez systématiquement le temps prévu pour les réunions et les entretiens.
- → Garder un œil sur la montre. Ne vous laissez pas prendre par le travail à faire au point d'en oublier le temps pour le faire. Notez le temps réel que vous avez mis pour effectuer une tâche récurrente. Reportez-vous à ces référentiels et, lorsque vous aurez à refaire ce travail, prévoyez de passer moins de temps que la fois précédente.

2 · Je m'organise à l'avance

Ce qu'il faut faire :

- → Utiliser tous les outils de la gestion du temps pour prévoir votre travail et ne pas être systématiquement dans l'urgence : agendas, planifications, liste de choses à faire (« TO DO LIST »), etc. ;
- → Prendre du temps, en fin de journée, pour organiser votre travail du lendemain. En fin de semaine, planifiez la semaine d'après.

3 · Je ne gagne pas de temps au détriment des autres

Gagner du temps, ne pas en perdre dans des réunions ou des tâches inutiles, faire plus et mieux sont des objectifs très louables s'ils ne contredisent par ceux de vos collègues, clients ou fournisseurs.

4 · J'investis mon temps avec précaution

Gérer votre temps ne signifie pas ne plus être disponible, ne plus faire ce qui devrait être fait, ne plus se donner à fond dans son travail. Gérer votre temps, c'est l'investir dans des tâches qui rapportent.

C'est être sûr que chaque minute au travail produit des effets bénéfiques pour vous, vous rapproche de vos objectifs personnels.

Ce qu'il faut faire :
➜ Vous demander, avant d'investir du temps dans un travail :
  • pourquoi est-ce que je fais cela ?
  • qu'est-ce que cela m'apporte ?
  • est-ce bien à moi de le faire ?
  • que se passerait-il si je ne le faisais pas ?
➜ Être prudent sur le temps partagé (réunions ou entretien). Les réunions sont souvent profitables à celui qui les organise, rarement à ceux qui y participent. Soyez parcimonieux de votre temps de présence, ne soyez pas celui ou celle que l'on invite « par défaut » à toutes les réunions.

En résumé

Pour vous améliorer, analysez, grâce à un tableau de relevé, la façon dont vous dépensez votre temps et fixez-vous des objectifs.
Pour atteindre vos objectifs, respectez les quatre principes essentiels :
▶ Je me méfie de la loi de Parkinson ;
▶ Je m'organise à l'avance ;
▶ Je ne gagne pas de temps au détriment des autres ;
▶ J'investis mon temps avec précaution.

Fiches reliées

Fiche n° 13 : « Comment ne plus être en retard à mes rendez-vous ? »
Fiche n° 66 : « Comment conserver mon tonus tout au long de la journée ? »
Fiche n° 74 : « Comment m'organiser au mieux lorsque je dois travailler à la maison ? »

Comment planifier mon travail ?

Cette question se pose quand :

✓ votre travail se compose d'une multitude de tâches ;

✓ vos journées sont toutes différentes ;

✓ de nouvelles tâches s'ajoutent à votre travail, au fur et à mesure de la journée.

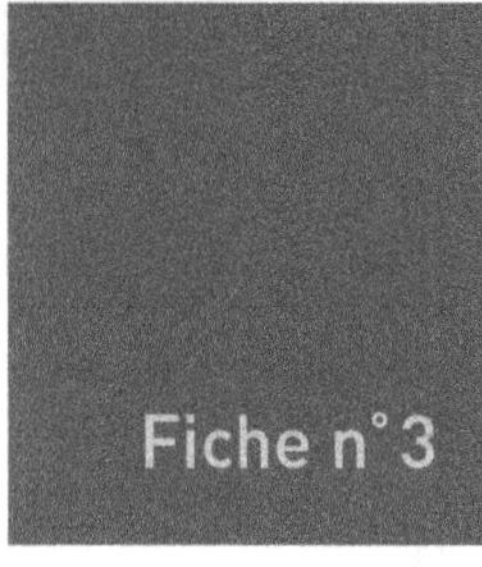

2.a. Les différents types d'agenda		Les dix règles d'or de la
2.b. Le bon horizon temporel	**Planifiez votre travail**	1. **planification du travail**
2.c. Ce que l'on note dans un agenda	**2. grâce à un agenda**	**Comment planifier mon travail ?**
2.d. Quand utiliser l'agenda ?		

En termes de performances, il existe une différence énorme entre les professionnels qui savent planifier leur travail au mieux et les autres...

Les dix règles d'or de la planification du travail

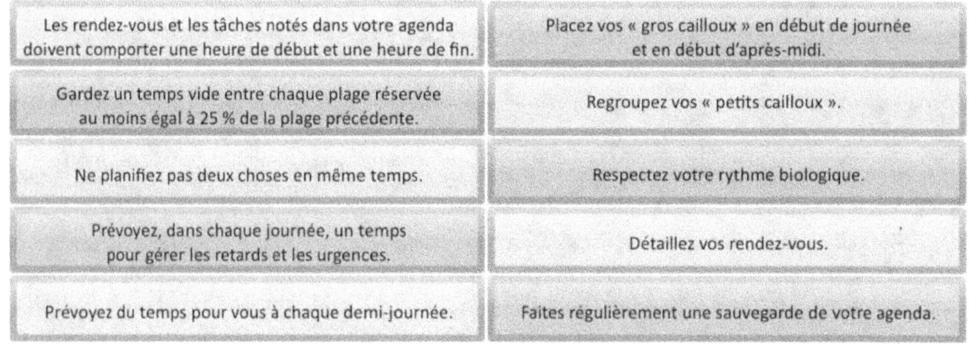

Les dix règles d'or de la planification

1 · Les rendez-vous et les tâches notés dans votre agenda doivent comporter une heure de début et une heure de fin

Ceci suppose que vous soyez en mesure d'évaluer à l'avance la durée d'un entretien, d'une réunion ou de l'accomplissement d'un travail. C'est à la fois une compétence qu'il vous faut acquérir par l'expérience et une limite que vous devez vous imposer et imposer aux autres. Ne pas se fixer de tels garde-fous revient à systématiquement passer trop de temps sur chaque tâche et à chaque rendez-vous. Sur la semaine et sur l'année, les pertes de temps de travail seraient énormes.

2 · Gardez un temps vide entre chaque plage réservée au moins égal à 25 % de la plage précédente

Ce temps mort vous permettra :
→ de gérer un éventuel retard au démarrage du rendez-vous précédent sans vous retarder pour tout le reste de la journée.
→ d'éponger un éventuel dépassement de temps du rendez-vous précédent.
→ de prendre un temps pour vous, entre deux rendez-vous, pour faire le point sur ce qui a été dit, formaliser vos idées, prendre des notes, corriger votre agenda et votre « TO DO LIST », souffler et préparer votre rendez-vous suivant.

3 · Ne planifiez pas deux choses en même temps

Même si vous avez la capacité de faire plusieurs choses en même temps ! Effectuer deux tâches en même temps vous donnera l'image d'une personne brouillonne et débordée qui ne servira jamais vos intérêts.

4 · Prévoyez, dans chaque journée, un temps pour gérer les retards et les urgences

Même les as de la planification peuvent être en retard ou subir des imprévus. Prévoir systématiquement une plage pour les gérer, c'est faire preuve de réalisme. Considérez ce temps-là comme votre assurance contre le retard et comme un anti-stress.

5 · Prévoyez du temps pour vous à chaque demi-journée

Deux fois par jour, prenez le temps de vous recentrer sur vous-même. Profitez de ces pauses pour mener une activité personnelle et relaxante. Cela peut aller de la pause cigarette ou café à la pause d'une heure pour faire du sport, en passant par la lecture des actualités sur Internet ou encore le traitement des e-mails personnels.

Il est important que toutes ces activités soient planifiées dans votre agenda, car cela vous permet de vous les « imposer », c'est-à-dire de ne pas les sacrifier sur l'autel des urgences et du travail en retard ; cela vous aide à les garder sous contrôle, notamment pour ce qui est de leur durée.

Parole de pro

Julie Rayant, conceptrice-rédactrice print et Web : « *Lorsque je réserve une plage horaire dans mon agenda pour réaliser un long travail, je prends toujours une marge d'au moins 20 % sur le temps que j'estime nécessaire à l'accomplissement de ce travail.* »

6 · Placez vos « gros cailloux » en début de journée et en début d'après-midi

En gestion du temps, l'expression « gros cailloux » désigne les tâches particulièrement importantes, qui vous prendront beaucoup de temps dans la journée. Il s'agit en fait des grands travaux. Cette expression vient d'une anecdote selon laquelle on demanda un jour à un conférencier d'intervenir sur le thème de la gestion du temps. Il prit un seau qu'il remplit de gros cailloux. Il demanda à l'assistance si le seau était plein. Tout le monde répondit « oui » et il sortit de sous la table un autre seau de petits cailloux qu'il versa dans le premier en tassant bien. Les petits cailloux prirent les espaces libres laissés par les gros cailloux entre eux. Il redemanda à l'assistance si son seau était plein à présent et tout le monde répondit « oui » avec certitude. Il sortit alors un seau de gravier qu'il réussit à verser dans son premier seau en tassant encore. Les graviers se placèrent dans les interstices entre les cailloux. Il redemanda si on pouvait encore remplir le seau et tout le monde vit bien que cela était impossible. Il agrippa alors la carafe d'eau qu'on avait mise à sa disposition, la versa dans son seau et partit sous les applaudissements. Cette histoire est une métaphore de la manière dont vous devez «remplir» votre journée de travail : placer vos gros cailloux en premier dans votre agenda vous permettra d'intercaler les «petits cailloux», le contraire étant impossible.

7 · Regroupez vos « petits cailloux »

Dans la journée, vous aurez à répondre à plusieurs appels téléphoniques, lire plusieurs e-mails, traiter plusieurs courriers, etc. Regrouper toutes ces tâches en ensembles cohérents permet indéniablement de gagner du temps. Prévoyez dans votre journée le moment où vous lirez et répondrez à vos e-mails; prévoyez aussi le moment où vous écouterez votre messagerie téléphonique et passerez vos appels. En dehors de ces moments-là, ne décrochez pas votre téléphone, vos correspondants vous laisseront un message que vous traiterez en temps utile, lorsque vous l'aurez décidé. De même, ne vous précipitez pas sur un e-mail qui vient d'arriver, vous avez prévu du temps pour cela plus tard dans la journée. Prévoir du temps pour les «petits cailloux» c'est :

✓ choisir d'être disponible, ou non, sans subir la pression extérieure;
✓ ne faire chaque tâche qu'une seule fois, lorsque vous l'avez décidé, et que vous y êtes prêt;
✓ ne pas laisser une petite tâche en interrompre une grande;
✓ regrouper des tâches semblables pour économiser du temps.

8 · Respectez votre rythme biologique

Certains sont plutôt du matin, d'autres plutôt du soir, certains aiment commencer par les tâches pénibles, d'autres les garder pour la fin. Certains évitent les réunions en début d'après-midi, d'autres les rendez-vous aux heures de pointe... Respectez votre rythme lorsque vous planifiez votre travail. Au cours de la journée, soyez attentif à votre niveau d'énergie et d'envie et prenez cela en compte pour vos planifications futures. Gardez en mémoire que le bon rythme, c'est de changer d'activité toutes les quatre-vingt-dix minutes. Passé ce délai, il est généralement difficile de garder sa concentration et son envie au niveau maximum.

9 · Détaillez vos rendez-vous

Lorsque vous placez un rendez-vous dans votre agenda, notez-y aussi :

✓ le nom du contact (le nom de la société ne suffit pas, une fois arrivé à l'accueil);
✓ son numéro de téléphone (pour le prévenir d'un éventuel retard ou contretemps);
✓ l'adresse exacte et des indications complémentaires (sortie d'autoroute, station de métro, nom de l'immeuble, etc.);
✓ le matériel à apporter et les éléments à préparer à l'avance (plaquettes, documentation, etc.);
✓ l'objet du rendez-vous pour vous y préparer.

10 · Faites régulièrement une sauvegarde de votre agenda

Faites des photocopies de votre agenda papier, des synchronisations de votre assistant électronique ou des sauvegardes de votre agenda informatique. Une sacoche est si vite oubliée ou volée, les ordinateurs tombent si souvent en panne... Perdre un agenda, c'est perdre beaucoup de temps et d'énergie.

Planifiez votre travail grâce à un agenda

«Agenda» vient du latin *agere* qui signifie «agir». Ceci doit nous rappeler que l'agenda est un outil d'action et non pas de réaction. Celui qui se contente de noter des rendez-vous imposés ou proposés par d'autres, pour ne pas les oublier, ne planifie pas son travail. Plus qu'un pense-bête, l'agenda est un outil qui nous aide à prendre des décisions sur ce que l'on fait et la manière dont on s'organise.

Les différents types d'agenda

Les agendas papier

On se doit de les remplir au crayon de papier pour pouvoir gommer et effectuer les corrections nécessaires. Leur principal avantage réside dans leur facilité d'utilisation ; l'inconvénient se révèle surtout en cas de perte ou de vol, car il est difficile d'en faire une sauvegarde.

Les agendas électroniques

On les trouve sur des appareils dédiés (assistants personnels électroniques ou «PDA») ou intégrés dans les téléphones mobiles. L'inconvénient majeur de ces dispositifs réside dans la petite taille de l'écran, qui rend parfois une vue d'ensemble (journée, semaine ou mois) difficile à lire. Les trois avantages principaux sont :
- ✓ la possibilité de synchroniser l'agenda électronique avec un ordinateur ;
- ✓ l'interface entre l'agenda et d'autres applications telles que le carnet d'adresse, le gestionnaire des tâches ou la boîte de réception des e-mails ;
- ✓ le faible encombrement.

➜ Qu'est-ce que la synchronisation ?

La synchronisation est l'action par laquelle votre agenda électronique et l'agenda de votre ordinateur vont se mettre à jour mutuellement.

Concrètement, toutes les modifications que vous aurez notées sur votre ordinateur au bureau (nouveaux rendez-vous, modifications d'horaires, de lieu, etc.) vont apparaître sur votre agenda électronique portable et réciproquement, ce que vous aurez noté sur votre agenda mobile, lors d'un déplacement, s'inscrira sur l'agenda de votre ordinateur (Microsoft Outlook par exemple).

Parole de pro

Frédérique Genty, dirigeante, ASADCO :
« *Évitez de procrastiner. On a tendance à faire immédiatement les tâches qui nous semblent faciles et que l'on aime au détriment des tâches fastidieuses ou purement "administratives" et qui nous paraissent quelque peu "dérisoires". Afin de ne pas se laisser "polluer" et attendre que celles-ci deviennent urgentes, octroyez-vous quelques moments dans la journée où votre concentration est moindre, pour vous en débarrasser.* »

Les avantages de la synchronisation sont doubles : vous ne gérez qu'un seul agenda et celui-ci est accessible à la fois à votre bureau et à l'extérieur ; en cas de perte ou de vol de votre agenda électronique ou de votre smartphone, vous ne perdez pas son contenu, qui est automatiquement sauvegardé dans votre ordinateur.

➜ Comment synchroniser mon agenda électronique ?

Lorsque vous achetez un smartphone ou un PDA, un logiciel de synchronisation est toujours fourni, ainsi qu'un dispositif pour le relier à l'ordinateur (cordon ou base). Avant de raccorder l'appareil à l'ordinateur, il faut installer le logiciel de synchronisation. En général, il suffit d'insérer le CD-rom dans le lecteur et de suivre les instructions. Une fois cette étape réalisée, le branchement de l'appareil *via* le cordon ou la base initie la première synchronisation. Quelques réglages simples sont ensuite proposés, et à l'issue de ceux-ci, tous les rendez-vous, le carnet d'adresses, les tâches, les notes, les favoris Internet, etc., de votre ordinateur seront copiés dans votre appareil mobile.

Toutefois, la synchronisation n'est pas sans danger. Si une erreur se produit, vous risquez

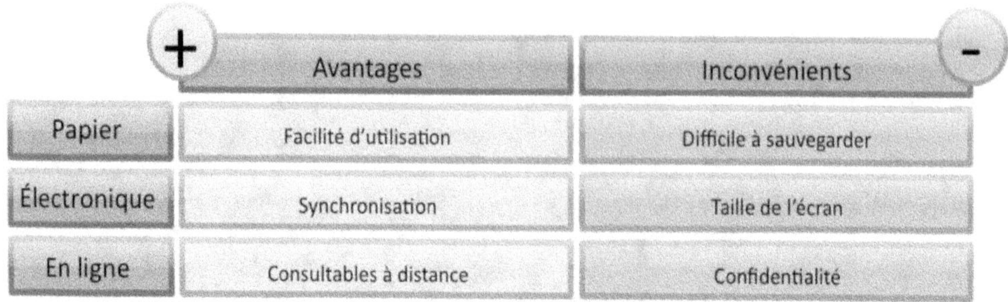

Comparatif des différents types d'agendas

de perdre à la fois les données du PDA et de l'ordinateur. Pour limiter les risques, il convient de :

✓ faire une sauvegarde régulière de votre agenda (les logiciels de synchronisation proposent tous cette option) ;

✓ déconnecter la réception d'appels téléphoniques (ou de sms ou d'e-mails) de votre smartphone lors de la synchronisation (passez-le en mode « avion » par exemple). La réception d'un appel lors de la délicate étape de synchronisation pourrait faire « bugger » le tout ;

✓ fermer toutes les autres applications de votre ordinateur avant de commencer la synchronisation pour le laisser travailler sans l'occuper à d'autres tâches consommatrices de mémoire et de capacité de traitement.

→ À quoi sert l'interfaçage avec d'autres applications ?

Principalement, cela sert à lier les applications entre elles lorsque cela apporte du confort à l'utilisateur.

Par exemple, un e-mail vous prévient d'une réunion ; vous cliquez sur « accepter » et la réunion s'inscrit automatiquement dans votre agenda, à l'heure appropriée et avec tous les détails que vous devez connaître (numéro de salle, participants, ordre du jour, etc.).

Les agendas partagés en ligne

Ils sont accessibles *via* Internet et leur utilité première est que d'autres personnes que vous peuvent les consulter, voire y écrire des rendez-vous. Leur principal avantage réside dans le fait qu'ils sont consultables à distance et que vous n'êtes pas sans cesse dérangé par des collègues qui veulent connaître vos disponibilités. L'inconvénient réside dans l'impossibilité d'avoir une gestion confidentielle de votre agenda, par exemple en y notant vos rendez-vous personnels ou les temps que vous vous réservez pour faire du sport ou vous relaxer en toute discrétion.

Les agendas muraux

Dans certaines activités, l'agenda est remplacé par un planning mural. Il permet d'être visible par tous et d'offrir une vue d'ensemble. À mon sens, leurs visées sont assez différentes et l'obligation de travailler sur un planning d'ensemble ne doit pas vous empêcher de tenir votre agenda personnel à jour.

Le bon horizon temporel

Avant d'opter pour un agenda papier ou électronique, vous devez vous assurer qu'il vous permettra de lire le meilleur horizon temporel pour vous. Cela dépend principalement de votre activité. Certains ont besoin de voir leur journée uniquement, et beaucoup de détails sur celle-ci (échelle de quart d'heure en quart

Les différentes vues d'agenda

d'heure par exemple); d'autres voudront une vue d'ensemble de leur semaine ou de leur mois. Un autre avantage des agendas électroniques est qu'ils permettent de passer d'une vue à une autre d'un simple clic. Les vues généralement proposées sont la journée, la semaine de cinq jours, la semaine de sept jours, le mois et l'année. Pour les agendas papier, on a le choix entre un jour par page, une semaine par page, une semaine sur deux pages, un mois sur deux pages. Les agendas muraux représentent généralement la semaine, le mois, le trimestre ou l'année.

Ce que l'on note dans un agenda

Dans un agenda, on note :
✓ les rendez-vous (entretiens, réunions, visites, déplacements, etc.) y compris personnels ;
✓ les tâches qui nécessitent un travail long et sans interruption (« gros cailloux ») ;
✓ les regroupements de « petits cailloux » ;
✓ les échéances importantes ;
✓ les temps morts prévus pour rattraper les retards et gérer les urgences.
✓ les temps pour soi.

Au besoin, utilisez des couleurs ou des codes pour différencier ces catégories dans votre emploi du temps.

Les « petits cailloux » isolés ne doivent pas être notés dans l'agenda, mais dans la « TO DO LIST » (voir fiche n° 4).

Parole de pro

Élisabeth Muller, consultante, Qualihorg Hommes et Organisation au Service du Client : « *Bien s'organiser, c'est d'abord prendre du temps pour cela. S'organiser est une tâche en soi qui demande à être elle-même planifiée. Tous les vendredis, je planifie un rendez-vous avec moi-même de trente ou quarante-cinq minutes. Lors de ce temps mort, je liste et priorise ce que j'aurai à faire la semaine suivante et je rédige ma TO DO LIST. Je fais de même, avant chaque départ en vacances, un peu plus longuement, pour organiser mon retour et partir l'esprit déchargé.* »

Quand utiliser l'agenda ?

Votre agenda doit être à jour en permanence. Quand vous recevez un e-mail qui vous informe de la tenue d'une réunion, du décalage d'un rendez-vous ou de l'annulation d'un déplacement, votre premier réflexe doit être de mettre votre emploi du temps à jour. Les petites corrections d'agenda ne peuvent être ni regroupées, ni décalées dans le temps sous peine d'en oublier.

Chaque soir, lisez votre emploi du temps du lendemain et apportez-y les corrections nécessaires en fonction du retard pris, du degré d'importance et d'urgence de ce qu'il vous reste à faire ou encore de vos envies. Chaque fin de semaine, procédez de même avec votre agenda de la semaine suivante.

Lorsqu'un interlocuteur vous propose un rendez-vous, une réunion, etc., sortez votre agenda et vérifiez la compatibilité de ce nouveau rendez-vous avec ce que vous avez déjà de prévu. L'agenda constitue un outil d'action et non de réaction. Servez-vous-en pour proposer les créneaux qui **vous** conviennent plutôt que d'accepter systématiquement les créneaux proposés par vos interlocuteurs parce qu'ils **leur** conviennent.

En résumé

Pour planifier votre travail, appliquez les dix règles d'or :
1. Chaque rendez-vous et chaque tâche noté(e) dans votre agenda doivent comporter une heure de début et une heure de fin.
2. Gardez un temps vide entre chaque plage réservée au moins égal à 25 % de la plage précédente.
3. Ne planifiez pas deux choses en même temps.
4. Prévoyez, dans chaque journée, un temps pour gérer les retards et les urgences.
5. Prévoyez du temps pour vous à chaque demi-journée.
6. Placez vos « gros cailloux » en début de journée et en début d'après-midi.
7. Regroupez vos « petits cailloux ».
8. Respectez votre rythme biologique.
9. Détaillez vos rendez-vous.
10. Faites régulièrement une sauvegarde de votre agenda.

Fiches reliées

Fiche n° 9 : « Est-il souhaitable de faire plusieurs choses en même temps ? »
Fiche n° 14 : « Comment organiser mon temps en télétravail à domicile ? »
Fiche n° 72 : « Comment apprivoiser mon stress ? »

Comment ne pas oublier une tâche ou une échéance ?

Cette question se pose quand :

✓ votre journée se compose d'une multitude de tâches différentes ;

✓ de nouvelles tâches s'ajoutent au fur et à mesure de la journée ;

✓ on vous impose des échéances pour rendre vos livrables (courriers, dossiers, rapports, événements, etc.).

Comment ne pas oublier une tâche ou une échéance ?

- Seconde stratégie pour ne rien oublier : notez
  2. vos tâches importantes dans votre agenda
- Première stratégie pour ne rien oublier : notez toutes vos tâches dans une
  1. « TO DO LIST »
  - Les trois possibilités de
  - 1.a. formaliser une « TO DO LIST »
  - 1.b. Deux exemples de « TO DO LIST »
  - 1.c. Quand faire sa « TO DO LIST » ?

Le risque d'oublier se divise en deux : oublier de faire quelque chose et savoir que l'on a une tâche à accomplir, mais laisser passer la date. Deux outils peuvent nous aider à ne plus rien oublier : la « TO DO LIST » et l'agenda.

Notez toutes vos tâches dans une « TO DO LIST »

Il n'existe pas de traduction française de l'expression « TO DO LIST ». « TO DO » se traduit par « FAIRE » et « LIST » est assez transparent. On obtient donc « Liste des choses à faire ». Elle est forcément écrite, car son but est de soulager votre mémoire et votre esprit. Rédiger cette liste procure plusieurs avantages :

→ Cela vous donne le temps de la réflexion (« Est-ce important de faire cette tâche ? », « Comment vais-je m'y prendre ? », « De quoi aurai-je besoin ? », etc.)

→ Une fois affichée en face de vous, dans un endroit bien visible, vous pourrez la relire facilement et ainsi vous organiser au mieux pour gérer les échéances.

→ Une fois écrite, vous n'aurez plus à y penser, cela fera baisser votre niveau de stress, notamment face à des tâches pénibles ou particulièrement longues ou urgentes.

Parole de pro

Gilles Satgé, dirigeant, Lucca : « *Ma principale méthode d'efficacité au bureau est de noter tout ce que j'ai à faire sur une TO DO LIST (papier ou électronique) pour éviter de le garder dans ma tête (auquel cas, inconsciemment, je me remémore mes tâches à accomplir régulièrement pour rafraîchir ma mémoire, et cela m'épuise).* »

Florent Valade, directeur régional : « *Tous les soirs, j'écris la liste de ce que j'aurai à faire le lendemain, en notant à côté de chaque tâche le temps que je devrai y consacrer. J'anticipe ce temps au plus juste pour que la liste soit ambitieuse ainsi que réaliste.* »

Les trois possibilités de formaliser une « TO DO LIST »

Écrire le travail à faire sur une feuille de brouillon

Avantages	Inconvénients
• C'est économique et en accord avec les principes de développement durable. • Il est facile de garder cette liste à côté de vous, bien visible, toute la journée. • C'est la solution la plus économe en temps.	• Le papier de brouillon peut inciter à mal écrire et à ne pas être clair. • Si certaines tâches sont prévues. pour le lendemain ou plus tard, il est difficile de garder cette « TO DO LIST » sur plusieurs jours sans prendre le risque de la mettre à la corbeille par inadvertance.

Utiliser un tableau formalisé et prêt à l'emploi

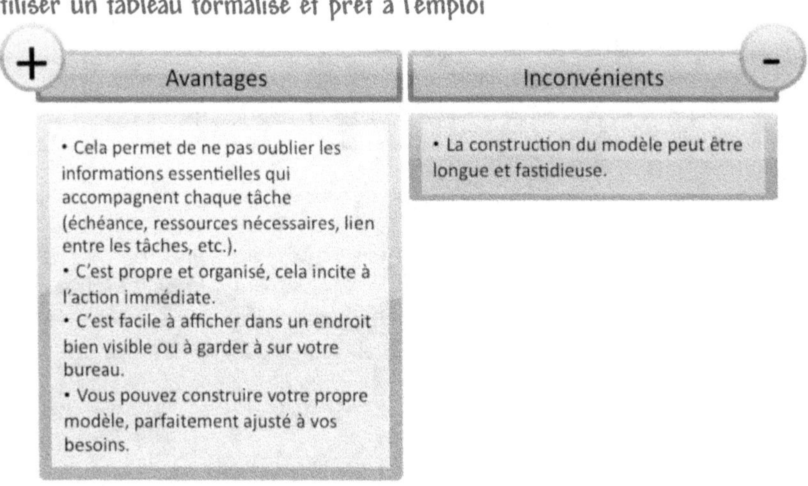

Avantages	Inconvénients
• Cela permet de ne pas oublier les informations essentielles qui accompagnent chaque tâche (échéance, ressources nécessaires, lien entre les tâches, etc.). • C'est propre et organisé, cela incite à l'action immédiate. • C'est facile à afficher dans un endroit bien visible ou à garder à sur votre bureau. • Vous pouvez construire votre propre modèle, parfaitement ajusté à vos besoins.	• La construction du modèle peut être longue et fastidieuse.

Utiliser un outil informatique

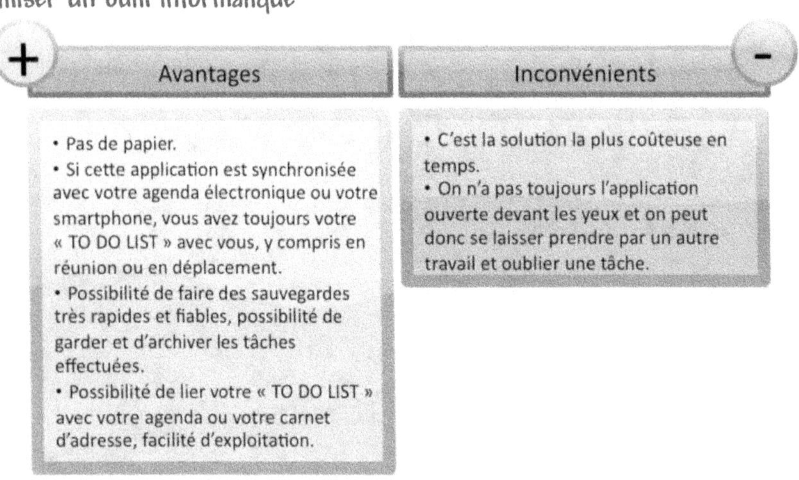

Avantages	Inconvénients
• Pas de papier. • Si cette application est synchronisée avec votre agenda électronique ou votre smartphone, vous avez toujours votre « TO DO LIST » avec vous, y compris en réunion ou en déplacement. • Possibilité de faire des sauvegardes très rapides et fiables, possibilité de garder et d'archiver les tâches effectuées. • Possibilité de lier votre « TO DO LIST » avec votre agenda ou votre carnet d'adresse, facilité d'exploitation.	• C'est la solution la plus coûteuse en temps. • On n'a pas toujours l'application ouverte devant les yeux et on peut donc se laisser prendre par un autre travail et oublier une tâche.

Parole de pro

On le voit bien, il n'existe pas de solution miracle qui n'aurait que des avantages. Le choix du papier ou de l'électronique dépend avant tout de vous, de vos habitudes et des contraintes de travail dans lesquelles vous évoluez.

Deux exemples de « TO DO LIST »

Voici la « TO DO LIST » que j'utilise en complément de mon agenda électronique.

Les trois parties de cette « TO DO LIST » me permettent de soulager ma mémoire sur tous mes horizons temporels, court terme (journée), moyen terme (semaine) et long terme (plus tard). Éventuellement, je note dans la partie long terme davantage des idées de projet que des tâches vraiment formalisées. Dans tous les cas de figure, cela me permet de ne pas les oublier et d'y travailler en temps utile.

Les deux colonnes « urgent » et « important » me permettent de classifier les tâches et de définir mes priorités (voir fiche n° 5).

Les deux colonnes « à faire » et « à déléguer » me permettent, en cas d'urgence, et si je n'ai pas le temps de tout faire, d'effectuer un tri et de préparer mes délégations afin qu'elles se passent dans les meilleures conditions possibles.

La dernière colonne, « ressources nécessaires », m'alerte sur le matériel, les personnes ou le temps nécessaires à l'accomplissement de cette tâche. Ainsi, lorsqu'un travail préparatoire ou la présence d'une autre personne sont requis, je ne suis pas pris au dépourvu au moment d'effectuer cette action.

Ma TO DO LIST personnelle

Un second exemple est le gestionnaire de tâches de Microsoft Outlook. Voici comment l'utiliser :

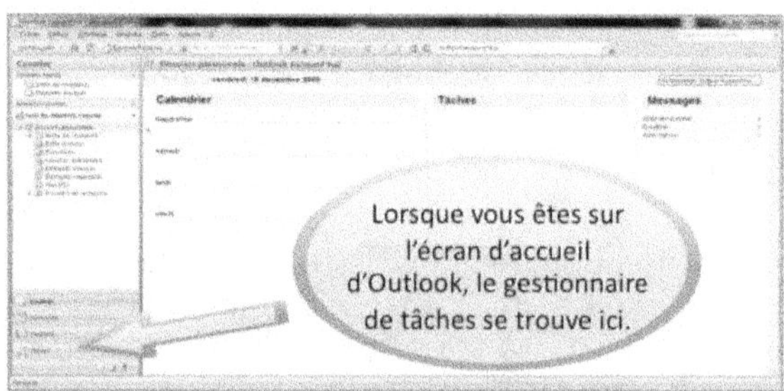

Étape 1 : Trouver le gestionnaire de tâches

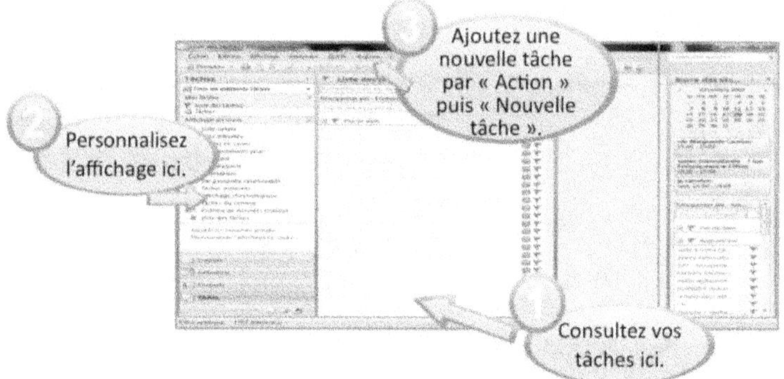

Étape 2 : Consultez votre TO DO LIST

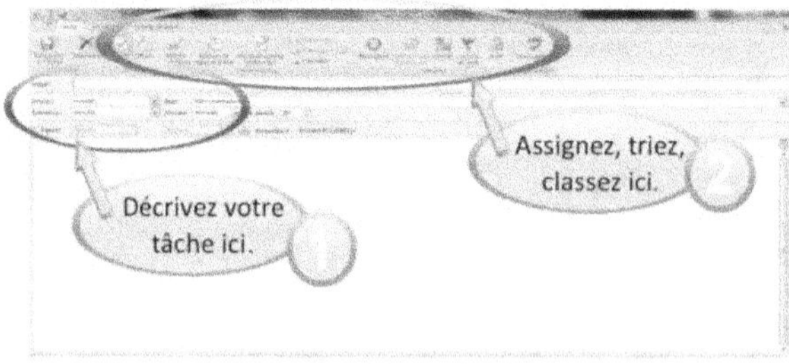

Étape 3 : Insérez une nouvelle tâche

De nombreuses autres applications existent, notamment sur les PDA et autres smartphones. Par exemple, il est possible de télécharger gratuitement des applications iPhone de gestion des tâches. N'hésitez pas à faire le tour de toutes les possibilités qui s'offrent à vous en fonction du matériel dont vous disposez et ainsi, trouver la solution qui vous convient le mieux.

Quand faire sa « TO DO LIST » ?

Votre « TO DO LIST » doit être constamment à jour si vous voulez pouvoir vous y fier. Dès lors, gardez-la à portée de main et ajoutez ou barrez des tâches au fur et à mesure qu'elles vous sont confiées ou que vous les effectuez.

Le soir, juste avant de partir, après avoir rangé votre bureau, relisez votre « TO DO LIST » du lendemain. Reportez-y tout ce que vous auriez voulu faire aujourd'hui, mais que vous n'avez pas eu le temps d'effectuer. Assurez-vous que la journée du lendemain est bien organisée et que vous disposerez de tout ce dont vous aurez besoin pour travailler et effectuer vos tâches. Vous pourrez ainsi quitter le bureau l'esprit libre et la mémoire soulagée.

En résumé

L'outil « TO DO LIST » est indispensable, car il permet de ne pas oublier de faire quelque chose ni une échéance.
Pour rédiger et tenir à jour votre « TO DO LIST », vous pouvez au choix utiliser un modèle sur papier ou une application informatique.
Pour les tâches particulièrement importantes et/ou longues, votre agenda vous servira de complément indispensable.

Parole de pro

Bruneau Catteau, responsable produit, Lucca : « *À la fin de chaque journée, je fais la liste de tout ce que j'ai accompli et de tout ce que je n'ai pas eu le temps de faire. J'ordonne ensuite ces dernières par ordre de priorité, ce qui me donnera une base de travail pour le lendemain. Cette méthode me permet de prendre pleinement conscience du travail accompli chaque jour et de me décharger la tête de ce qui me reste à faire pour ne pas mélanger vie professionnelle et vie personnelle.* »
Carole Vidal, International Account Director, EURO RSCG - Groupe Havas : « *Tous les soirs, je fais ma TO DO LIST pour le lendemain sous forme de Post-it que je colle en bandeau devant moi, tout au bord de mon bureau. Cela me permet de tout voir d'un seul coup d'œil et de barrer ce que je termine.* »

Notez vos tâches importantes

« Tâches importantes » désigne aussi bien celles qu'il est déconseillé d'oublier, que celles qui prennent beaucoup de temps. Pour les unes comme pour les autres, je préconise de réserver une plage dans votre agenda comme s'il s'agissait d'un rendez-vous impératif. Ainsi, vous résisterez à la tentation d'accepter un rendez-vous ou une réunion au moment même où il faudrait que vous y travailliez. Cette façon de faire est la seule qui vous garantisse de ne pas oublier cette tâche impérative et de vous réserver le temps nécessaire pour l'effectuer.

Fiches reliées

Fiche n° 5 : « Comment prioriser toutes les tâches qui composent ma journée ? »
Fiche n° 72 : « Comment apprivoiser mon stress ? »

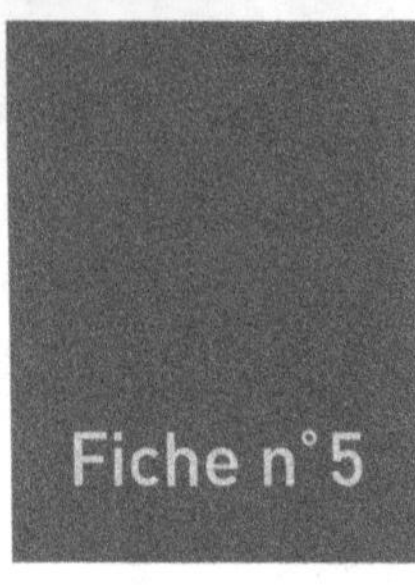

Comment prioriser toutes les tâches qui composent ma journée ?

Cette question se pose quand :

✓ votre journée est composée d'une multitude de tâches ;
✓ vos tâches sont différentes les unes des autres ;
✓ vous devez gérer des urgences ;
✓ vous avez le sentiment de manquer de temps pour tout faire.

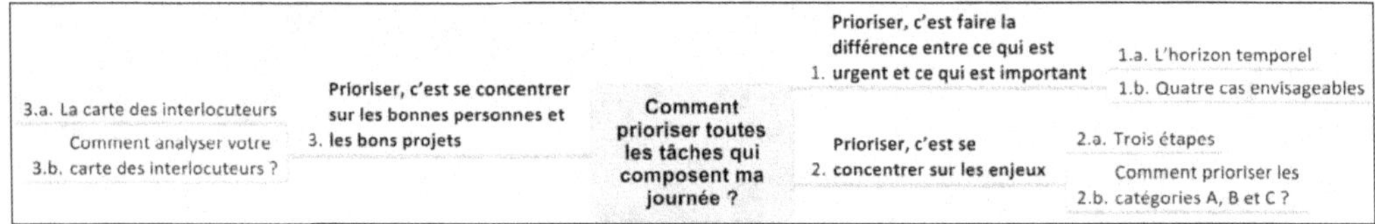

Gérer votre temps, c'est avant tout faire des choix. C'est savoir par quoi commencer, que faire, et quelle tâche laisser de côté. C'est aussi choisir comment travailler.

Prioriser, c'est faire la différence entre ce qui est urgent et ce qui est important

L'horizon temporel

Bien souvent, on confond les tâches urgentes et les tâches importantes. On les traite toutes en priorité, certain de ne pas pouvoir faire autrement, et donc, on ne priorise pas. L'idée de faire une différence nette entre ce qui est urgent et ce qui est important nous vient, dit-on, du général américain Dwight Eisenhower, à qui échut la lourde responsabilité de préparer le débarquement du 6 juin 1944 en Normandie.

Le degré d'urgence d'une tâche à réaliser dépend de l'horizon temporel dans lequel vous travaillez. Si pour un trader, qui agit en temps réel sur les marchés financiers, l'urgence se compte en secondes, pour une assistante qui doit impérativement faire partir une lettre au courrier de ce soir, elle se mesure en minutes, et pour un directeur général qui doit présenter son plan stratégique pour les cinq prochaines années, ce serait certainement de l'ordre de la semaine. L'urgence dépend des délais impératifs qui vous sont fixés (rapport à rendre avant une réunion déjà planifiée, échéances administratives, événements datés, etc.). Avant de valider le degré d'urgence d'un travail à accomplir, demandez-vous :

✓ qui a fixé cette échéance ?
✓ pourquoi ?
✓ est-elle impérative ?

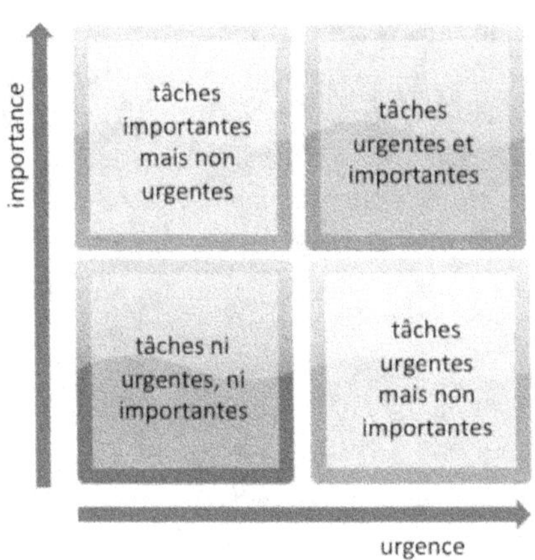

La matrice d'Eisenhower

✓ que se passerait-il, pour moi, en cas de retard d'une semaine ? D'une journée ? D'une heure ?

Bien souvent, vous verrez que ce qui apparaissait comme « urgentissime » n'est pas si pressé que cela.

Astuce

Avant de valider le degré d'importance, demandez-vous :

▶ que se passerait-il, au niveau de l'entreprise, si cela n'était pas fait ou était mal fait ? Au niveau de mon service ? À mon niveau ?

▶ d'où vient cette importance ? Qui en décide ? Qui en juge ?

L'importance d'un travail à faire dépend de sa contribution à la réussite de vos objectifs personnels. Elle diffère d'une personne à l'autre et doit être mesurée subjectivement. **Ce n'est pas parce qu'une tâche est importante pour celui qui vous l'a confiée ou pour votre entreprise qu'elle l'est pour vous !** Si vos objectifs de travail sont clairement définis, il vous sera facile de savoir si tel ou tel investissement personnel concret est grandement contributif ou, au contraire, accessoire.

Quatre cas sont envisageables

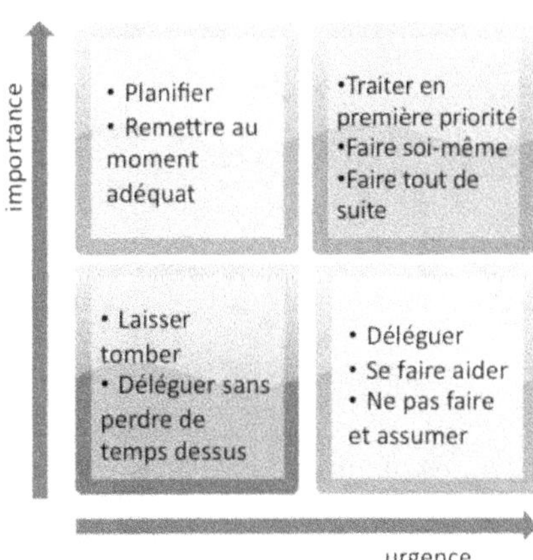

La matrice d'Eisenhower

Les tâches urgentes et importantes

Elles doivent être traitées en priorité. Faites-les le plus tôt possible et avec toute l'attention nécessaire. Si besoin, faites-vous aider.

Les tâches importantes mais non urgentes

Elles doivent être planifiées. Vous savez que vous aurez à les mener, mais rien ne vous pousse à les traiter maintenant. Profitez-en pour décider du meilleur moment pour les accomplir (quand vous aurez assez de temps pour les faire d'une traite, etc.). Notez-les dans votre agenda avant la date butoir pour être certain de ne pas les oublier.

Les tâches urgentes mais non importantes

Elles doivent être réalisées de suite, mais rien ne dit que c'est nécessairement par vous ! N'oubliez pas qu'elles sont peu contributives à **vos** objectifs, ce qui signifie qu'elles vous rapportent peu. Avant de les commencer, faites le tour de toutes les options possibles :

✓ les déléguer totalement ou partiellement ;

✓ vous faire aider ;

✓ ne pas les faire et en assumer les conséquences.

Les tâches ni importantes, ni urgentes

Elles doivent être le cadet de vos soucis :

→ Laissez-les tomber purement et simplement.

→ Déléguez-les sans que cela ne vous prenne trop de temps.

→ Différez-les jusqu'à une période plus calme (si cela arrive !).

Parole de pro

Marie Grall, déléguée, ITG : « *Ma principale astuce d'efficacité au bureau consiste à ne pas hésiter à me débarrasser des tâches qui ne sont ni urgentes, ni importantes. De même, je pratique le tri drastique des e-mails pour ne pas encombrer ma boîte.* »

Bien sûr, en lisant ces lignes, bon nombre d'entre vous penseront qu'aucune des tâches qui vous sont confiées n'est «ni importante ni urgente». Toutefois, après une étude sérieuse et honnête, il semble qu'il est bien facile d'en trouver, ne serait-ce qu'un petit nombre, dans l'agenda de tout un chacun. Imaginez qu'elles ne représentent que 10% de votre travail, mais que grâce à la matrice d'Eisenhower vous éliminiez ces 10% superflus. *De facto*, vous venez de gagner 10% de votre temps de travail, soit quatre heures par semaine ou encore deux jours par mois!

Astuce

Téléchargez gratuitement un modèle de la matrice d'Eisenhower prêt à remplir et qui fait aussi office de « TO DO LIST » sur le site www.bourrelly.org, rubrique « publications ».

Prioriser, c'est se concentrer sur les enjeux

Trois étapes

Votre temps, votre intelligence, vos compétences, votre énergie, bref, votre capacité de travail sont des biens précieux. Vous ne devez pas les gaspiller, mais les **investir**. Cela suppose que vous soyez capable de relier chaque minute de votre temps, chaque tâche que vous exécutez à vos objectifs personnels. **Prioriser votre travail, c'est avant tout vous concentrer sur ce qui vous rapporte le plus**, c'est-à-dire sur ce qui contribue le plus à vos succès dans l'atteinte de vos objectifs.

Une bonne manière de procéder repose sur une application de la loi de Pareto (aussi connue sous le nom de «loi des 80-20»), intitulée «analyse ABC». Elle se fait en trois temps.

1. Listez toutes les tâches que vous avez à effectuer dans votre horizon temporel (par exemple le mois prochain) et quantifiez, pour chacune, la contribution à vos objectifs. C'est l'étape la plus complexe, car elle vous demande d'affecter une valeur qui peut être difficile à déterminer. Cette quantification peut être faite de manière financière (contribution aux objectifs de vente, à la baisse des coûts, aux investissements, etc.), de manière temporelle (temps gagné sur un projet, affectation de ressources, etc.) ou de bien d'autres formes qui dépendent uniquement de votre métier et de la façon dont sont fixés vos objectifs. Dans l'exemple suivant, une chargée de recrutement au sein d'un service de ressources humaines a pour objectif de recruter quatre-vingts employés par mois; la manière de quantifier l'importance de chaque tâche est le nombre de recrutements potentiels que cette activité peut lui permettre de réaliser. Chaque tâche du mois se verra donc attribuer une «importance» entre 0 et 80.

2. Classez les tâches de la plus importante à la moins importante et calculez pour chaque tâche la contribution à l'importance totale.

3. Faites apparaître vos catégories.

La catégorie A regroupe les 20% de vos tâches qui représentent 70 à 80% de vos objectifs totaux.

La catégorie B regroupe les 30% suivants de vos tâches qui représentent 20 à 30% de vos objectifs totaux.

La catégorie C regroupe les derniers 50% de vos tâches qui représentent 0 à 10% de vos objectifs totaux.

Faites le test et vous serez vous aussi surpris de constater que seulement 20% de ce que vous faites contribuent fortement à vos objectifs alors que 50% de vos tâches ne vous rapportent pratiquement rien!

Importance	sur 80
Passer l'annonce « vendeurs » dans jobemploi.fr	27
Lire les dix CV et lettres de motivation « cadres » reçus	6
Convoquer les postulants « cadres » aux entretiens	4
Établir critères de sélection avec directeur commercial	3
Faire signer le BAT pour annonce « vendeurs » presse	2
Demander invitation pour salon de l'emploi de Reims	-
Faire courrier réclamation Hôtel du Lac	-
Téléphoner M. Lemoux pour RDV mois prochain	8
Relire rapport de stage Estelle	-
Préparer réunion « tous recruteurs » de juin	30
Total importance	**80/80**

L'analyse ABC – étape 1

Importance	sur 80	100%
Préparer réunion « tous recruteurs » de juin	30	38%
Passer l'annonce « vendeurs » dans jobemploi.fr	27	34%
Téléphoner M. Lemoux pour RDV mois prochain	8	10%
Lire les dix CV et lettres de motivation « cadres » reçus	6	7%
Convoquer les postulants « cadres » aux entretiens	4	5%
Établir critères de sélection avec directeur commercial	3	4%
Faire signer le BAT pour annonce « vendeurs » presse	2	2%
Demander invitation pour salon de l'emploi de Reims	-	0%
Faire courrier réclamation Hôtel du Lac	-	0%
Relire rapport de stage Estelle	-	0%
Total importance	**80/80**	**100%**

L'analyse ABC – étape 2

Importance	sur 80	100%
Préparer réunion « tous recruteurs » de juin	30	38%
Passer l'annonce « vendeurs » dans jobemploi.fr	27	34%
Téléphoner M. Lemoux pour RDV mois prochain	8	10%
Lire les dix CV et lettres de motivation « cadres » reçus	6	7%
Convoquer les postulants « cadres » aux entretiens	4	5%
Établir critères de sélection avec directeur commercial	3	4%
Faire signer le BAT pour annonce « vendeurs » presse	2	2%
Demander invitation pour salon de l'emploi de Reims	-	0%
Faire courrier réclamation Hôtel du Lac	-	0%
Relire rapport de stage Estelle	-	0%
Total importance	**80/80**	**100%**

L'analyse ABC – étape 3

Comment prioriser les catégories A, B et C ?

La catégorie A est à traiter en priorité et avec le plus grand soin. Elle est grandement contributive à vos objectifs.

Les tâches de la catégorie B sont à faire lorsque vous êtes assuré que celles de la catégorie A vont produire leurs effets bénéfiques sur vos résultats.

Les tâches de la catégorie C sont à traiter avec un minimum d'effort et d'investissement temporel. Attention, toutefois, il se peut qu'une action à mener dans la catégorie B ou C soit d'une importance capitale, voire critique, malgré son faible impact direct sur vos résultats. Ce sera le cas de toutes les petites tâches sans importance en elles-mêmes, mais sans l'accomplissement desquelles les autres actions (par exemple de la catégorie A) ne peuvent se faire. Dans ce cas, n'hésitez pas à passer ce travail dans la catégorie supérieure et à lui porter toute l'attention qu'il nécessite.

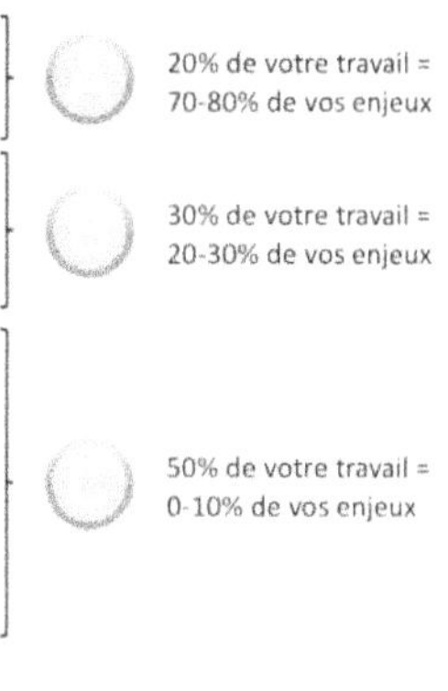

Définition : carte des interlocuteurs

C'est un outil graphique qui représente votre environnement professionnel. Les personnes et les projets y sont représentés en fonction de :
▶ leur contribution à l'atteinte de vos objectifs ;
▶ vos affinités ;
▶ le volume de la communication que vous entretenez avec eux.
Cet outil permet d'analyser vos communications et de les ajuster à vos besoins réels.

Prioriser, c'est se concentrer sur les bonnes personnes et les bons projets

La carte des interlocuteurs

Vous l'avez déjà compris, votre force de travail en général et votre temps en particulier sont des ressources rares qu'il vous faut protéger et bien investir. La logique voudrait que nous consacrions majoritairement notre temps à des projets qui nous rapportent le plus en termes d'objectifs, et avec les personnes qui nous sont le plus utiles dans cette même optique. Or, dans la plupart des cas, nous n'en faisons rien. Nous avons vu que le degré d'urgence pouvait contrecarrer nos plans. Il en va de même pour l'envie, le plaisir et les affinités. En effet, ces penchants sont autant de travers qui orientent nos choix et nous éloignent de nos objectifs. Afin de vous rendre compte de leurs incidences, matérialisez-les dans un outil graphique : la carte des interlocuteurs.

Prenez une feuille de papier au centre de laquelle vous tracez un cercle contenant votre nom. Puis dessinez sur la feuille autant de cercles que vous comptez d'interlocuteurs professionnels et/ou de projets en cours, en respectant les règles suivantes :
➔ Plus un projet ou un interlocuteur est important pour vous, c'est-à-dire dans l'atteinte de vos objectifs personnels, plus le cercle sera **grand**.
➔ Plus vous appréciez cet

interlocuteur ou prenez du plaisir dans ce projet, plus le cercle sera **proche** du vôtre.

À ce stade, rien ne vous empêche de faire des regroupements de projets ou de personnes s'ils sont trop nombreux. De même, si un contact professionnel est directement lié à un projet, ne tracez qu'un cercle et placez les deux noms dedans.

À présent, matérialisez par des flèches le type de relation que vous entretenez avec chaque « cercle », en respectant les règles suivantes :
➔ Plus vous communiquez avec cette personne ou plus vous passez de temps à travailler avec elle, ou sur ce projet, plus la flèche sera **épaisse**.
➔ La flèche doit être **orientée** de la personne qui sollicite la communication ou le travail vers la personne sollicitée.

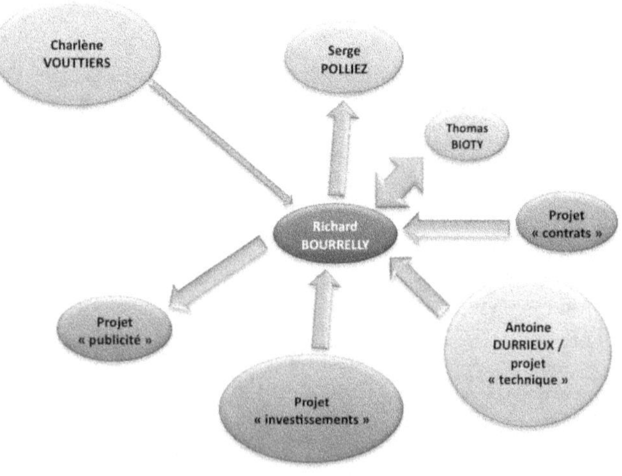

La carte des interlocuteurs

Astuce

L'analyse ABC et la carte des interlocuteurs sont deux outils peu connus de l'efficacité personnelle. N'hésitez pas à en profiter pour briller en en montrant l'usage à vos collègues et même à votre patron. Ils vous sauront gré de leur avoir appris quelque chose de très utile et cela renforcera votre image de professionnel toujours en quête de progrès. D'une manière générale, plus vous serez nombreux dans votre entreprise ou dans votre service à employer les méthodes d'efficacité au travail, mieux et plus facilement vous travaillerez ensemble.

Comment analyser votre carte des interlocuteurs ?

Ce graphique permet de mettre en évidence les dysfonctionnements de la façon dont vous priorisez vos interlocuteurs et investissez votre temps. Voici quelques exemples :

→ Une grosse flèche en direction d'un petit cercle proche de vous signifie que vous passez beaucoup de temps (grosse flèche) avec cette personne que vous appréciez (proche de vous), même si elle n'est pas importante pour votre travail et vos objectifs (petit cercle).

→ Une petite flèche qui vous relie à un gros cercle loin de vous signifie que vous ne communiquez pas assez (petite flèche) avec cette personne, qui est pourtant très importante pour vous et vos résultats (grand cercle), probablement parce que vous ne l'appréciez pas (loin de vous).

→ Une flèche qui part d'un grand cercle et qui se dirige vers vous signifie que c'est systématiquement cet interlocuteur ou ce projet qui vous sollicite, alors même qu'il est important pour vous et peut vous aider.

→ Une flèche qui part de vous pour aller vers un petit cercle signifie que c'est vous qui courez après une personne, qui contribue pourtant peu à vos objectifs.

Grâce à la carte des interlocuteurs, vous pouvez ajuster visuellement votre investissement temps à chaque interlocuteur en fonction de son importance pour vous et pour vos enjeux.

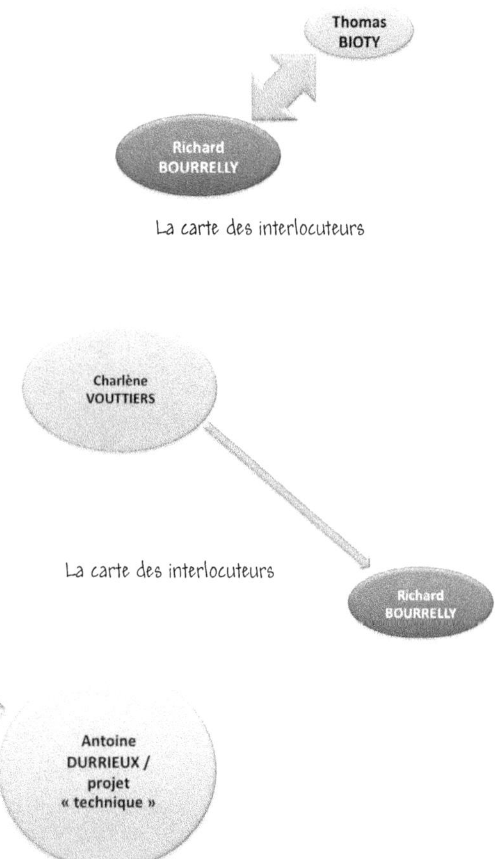

La carte des interlocuteurs

La carte des interlocuteurs

La carte des interlocuteurs

En résumé

Prioriser vos actions, c'est apprendre à
faire des choix, à trancher. Personne n'aime
laisser des tâches de côté, mais parfois il le
faut. La performance est à ce prix.
La matrice d'Eisenhower vous permet de
différencier ce qui est urgent de ce qui est
important et d'associer le bon traitement à
chaque catégorie de tâches.
L'analyse ABC vous permet de prioriser vos
actions par leur contribution à vos objectifs
et enjeux.
La carte des interlocuteurs vous permet de
mieux investir votre temps en priorisant les
bonnes personnes et les bons projets.

Fiches reliées

Fiche n° 8 : « Comment dire non à mon
patron ou à mes collègues avec
diplomatie ? »
Fiche n° 46 : « Comment apprendre la
frappe rapide ? »

Comment déléguer efficacement ?

Cette question se pose quand :

✓ vous n'avez pas le temps de tout faire ;

✓ une personne ou une équipe peut effectuer une partie de vos tâches.

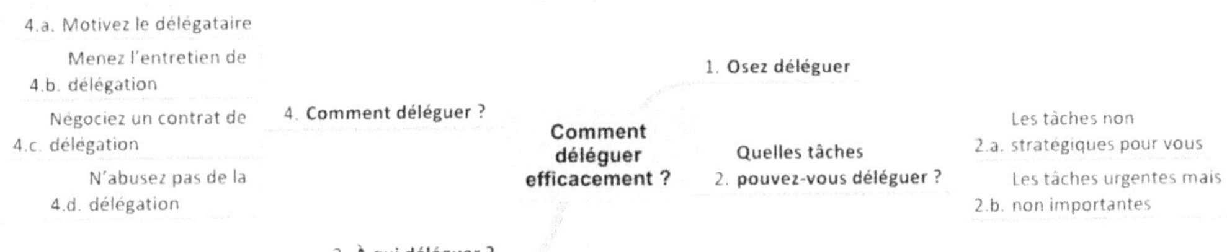

Savoir déléguer, c'est se donner du temps sans en prendre aux autres. On ne délègue pas pour se débarrasser de tâches qu'on ne souhaite pas faire, on délègue pour se consacrer à d'autres enjeux.

Osez déléguer

D'une manière générale, les personnes que je rencontre chez mes clients en entreprise ne délèguent pas assez. Les raisons qu'elles invoquent sont les suivantes :

→ *« Je n'ai pas le temps de déléguer, ça ira plus vite de le faire moi-même que de demander à quelqu'un de le faire à ma place. »*

→ *« Je n'ai personne sur qui m'appuyer, je suis tout en bas de la hiérarchie ou je suis spécialisé et personne d'autre que moi ne peut faire ce travail. »*

→ *« Je ne veux pas déléguer, de peur que l'on pense que je ne veux pas faire mon travail, ou que je suis trop lent ou désorganisé. »*

Peut-être vous reconnaissez-vous dans ces raisons ? Elles sont parfois vraies, mais bien souvent, elles sont l'arbre qui masque la forêt. **La délégation est quelque chose de positif, pour vous et aussi pour celui à qui vous déléguez.** Une délégation efficace vous fera gagner un temps précieux.

Pour cela, il faut tout d'abord respecter les trois règles d'or de la délégation : oser déléguer, oser déléguer et oser déléguer !

Quelles tâches pouvez-vous déléguer ?

Les tâches non stratégiques pour vous

On peut retourner la question en se disant que l'on peut déléguer toutes les tâches, sauf celles que l'on ne doit surtout pas déléguer ! Ces tâches, qu'il vous faut conserver absolument dans votre giron, sont celles qui sont stratégiques pour vous. Ce sont celles qui sont votre cœur de métier, ce pour quoi on vous a embauché ou fait progresser, ce pour quoi vous êtes payé en fin de compte.

Les identifier est facile si vous vous posez la question suivante : quelles sont les tâches qui me feraient perdre mon emploi si je venais à ne plus pouvoir les faire ?

Les tâches urgentes mais non importantes

Les travaux qui requièrent une action immédiate, mais qui ne contribuent que faiblement à vos résultats constituent de véritables pièges (voir fiche n° 5). Pour s'en sortir, analysons la situation. «Urgent» peut signifier bien des choses : Urgent pour qui ? Urgent pour quoi ? Très urgent ? Urgentissime ? Pour hier ? Le fait qu'il faille faire ce travail rapidement n'implique pas que c'est à vous de le faire. Si, objectivement, d'autres personnes sont capables de faire ce travail, il ne faut pas négliger ces pistes.

À qui déléguer ?

Évidemment, à quelqu'un de confiance, qui produira un résultat au moins aussi précieux que le vôtre. La délégation la plus courante se fait vers l'un de vos subordonnés. On peut aussi déléguer latéralement, vers quelqu'un du même statut hiérarchique que vous (voire, qui fait le même travail) ou de manière ascendante vers l'un de vos supérieurs. Le tout est de choisir la bonne personne et de bien s'entendre avec elle sur les raisons et les objectifs de cette délégation. Avant de rencontrer le délégataire, il faut se poser quelques questions.

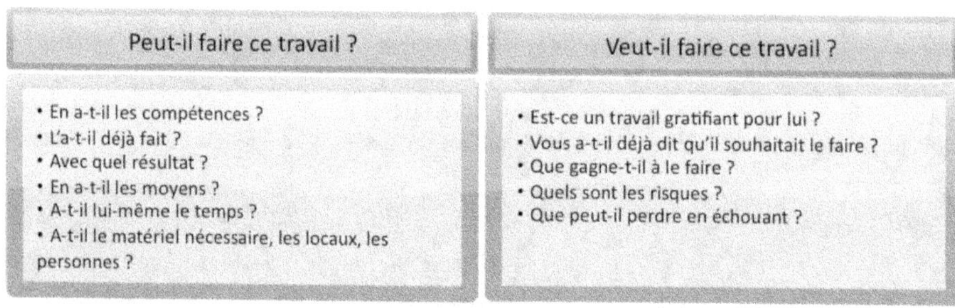

Le questionnement de la délégation

Comment déléguer ?

Motivez le délégataire

Pour que votre opération de délégation soit réussie, vous devez transformer une tâche à effectuer en une opportunité (apprendre, progresser, se mettre en valeur, se «faire mousser», etc.). Pour cela, vous devez identifier le besoin présent de la personne à qui vous souhaitez déléguer. Si l'accomplissement de la tâche demandée correspond à la satisfaction de ce besoin, votre délégataire sera fortement motivé. Un outil peut vous aider à identifier ces besoins : la pyramide de Maslow.

Cette pyramide hiérarchise les besoins humains en cinq catégories.

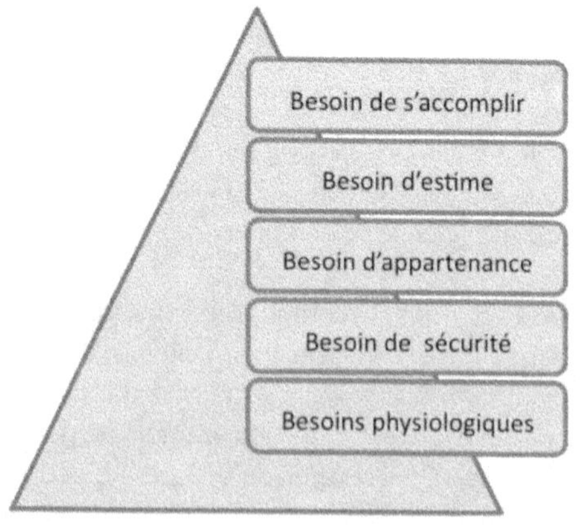

La pyramide de Maslow

Les besoins physiologiques sont le besoin de manger, de boire, d'avoir chaud, d'être en bonne santé... Ils sont liés à la nécessité de survivre. En entreprise, ce besoin s'exprime peu.

Le besoin de sécurité consiste à se protéger : savoir de quoi l'avenir sera fait, avoir un toit, faire des économies... En entreprise, ce besoin s'exprime surtout par le fait d'avoir un travail stable.

Le besoin d'appartenance est lié à la dimension sociale de l'individu : être au sein d'un groupe, se sentir accepté. Ce besoin s'exprime fortement en entreprise par l'appartenance à une société, un service ou le fait de faire partie d'un projet.

Le besoin d'estime est lié à ce que les individus font : ils veulent être bien perçus par les personnes qui les jugent, que leurs qualités et leurs réalisations soient valorisées. C'est d'autant plus vrai en entreprise, où la progression ne peut se faire que dans ce cadre.

Au sommet de la pyramide, on trouve le besoin de s'accomplir. En entreprise, ce besoin se traduit par la volonté d'avoir un travail gratifiant, épanouissant, de faire quelque chose qui nous plaise.

Selon Maslow, lorsqu'un individu a satisfait les besoins d'un étage, ses aspirations passent à l'étage supérieur. Pour motiver quelqu'un à faire quelque chose, il faut donc repérer à quel étage de la pyramide il se trouve et lui proposer d'atteindre l'étage juste au-dessus. Par exemple : la personne à laquelle vous souhaitez déléguer une tâche est en CDI depuis longtemps et son emploi n'est pas menacé. Vous pouvez déduire de tout cela que ses besoins de sécurité sont satisfaits et qu'elle aspire désormais au sentiment d'appartenance. Dites-lui qu'accepter ce travail délégué la fera entrer par la voie royale dans ce nouveau projet dont, pour l'instant, elle est exclue. Dites-lui qu'en acceptant, elle contribue au travail de toute l'équipe et que tout le monde l'en remerciera...

Pour bien motiver le délégataire, faites le point sur tout ce qu'il a à gagner en acceptant de faire — et de bien faire — ce travail. Soyez honnête, ne promettez pas la Lune, mais faites briller ses yeux en lui montrant concrètement en quoi ce travail est une opportunité pour lui/elle.

Menez l'entretien de délégation

Le moment où vous allez demander à quelqu'un de faire quelque chose pour vous doit être sérieux et structuré. On parle d'entretien de délégation. Voici le plan que je vous propose de suivre pour cet entretien :

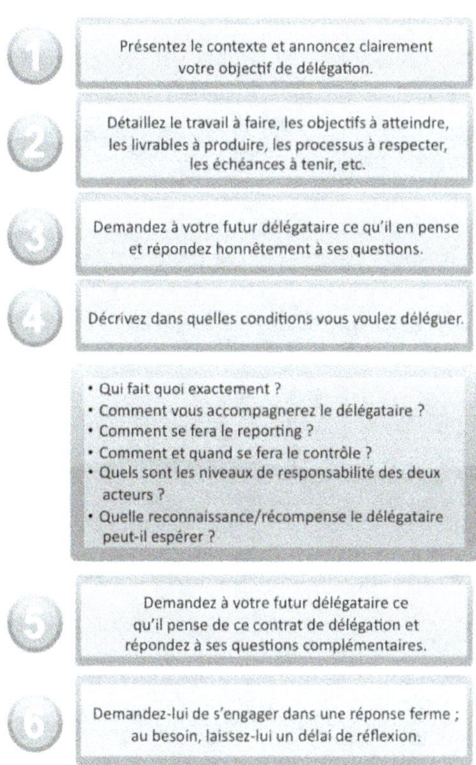

Structure de l'entretien de délégation

Négociez un contrat de délégation

La délégation n'est pas un ordre, c'est un accord discuté, négocié et accepté des deux côtés. Bien entendu, il ne s'agit pas d'un contrat écrit, mais les obligations réciproques qu'il suppose sont claires pour autant. Les composantes de ce contrat moral sont :

✓ la description détaillée des tâches à réaliser, des objectifs à atteindre, des moyens disponibles, des livrables à délivrer et des échéances à respecter ;
✓ la répartition des responsabilités entre délégant et délégataire ;
✓ la description du processus de travail : comment le délégant accompagne et contrôle de délégataire.
✓ la contrepartie que le délégataire pourra en retirer en cas de succès.

Le fait que ce contrat soit moral ne doit pas vous empêcher de faire un écrit pour en clarifier les termes. On peut aussi imaginer que des changements puissent vous amener à rediscuter les conditions de la délégation en cours de travail.

La délégation est réversible. Si le contrôle ne révèle pas d'issue favorable, vous pouvez reprendre votre délégation de la même manière que vous l'avez donnée. Expliquez votre décision en vous basant sur les termes du contrat.

Parole de pro

Jean-Luc Kastner, responsable du développement, Stonfield : *« Lorsque je dois déléguer une tâche, je prends un cahier neuf par délégataire et j'écris avec lui un maximum de choses. Cela peut être des consignes, des conseils, des questions, des remarques... Ce cahier devient un instrument de communication et de suivi important entre lui et moi. »*

N'abusez pas de la délégation

Faites de la délégation un bon outil de gestion de votre temps, pas une mauvaise habitude. Trop déléguer vous ferait passer pour quelqu'un qui ne fait pas bien son travail et le fait faire par d'autres. Gardez toujours le contrôle de tout ce que vous faites et de ce que vous faites faire, aussi bien quantitativement que qualitativement.

En résumé

Osez déléguer : c'est un bon outil de sauvegarde de votre temps de travail efficace.
Choisissez avec soin les tâches que vous déléguez. Excluez de ce champ vos actions stratégiques.
Avant de rencontrer le délégataire potentiel, demandez-vous s'il peut faire ce travail et s'il veut faire ce travail.
Lors de l'entretien, décrivez les termes du contrat de délégation que vous proposez. Négociez ce contrat sans chercher à l'imposer.

Fiches reliées

Fiche n° 5 : « Comment prioriser toutes les tâches qui composent ma journée ? »
Fiche n° 8 : « Comment dire non à mon patron ou à mes collègues avec diplomatie ? »
Fiche n° 28 : « Comment préparer et mener des entretiens productifs ? »

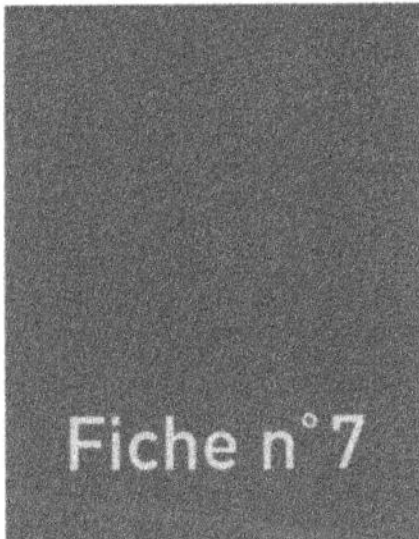

Comment me réserver des plages de travail sans interruptions ?

Cette question se pose quand :

✓ vos collègues ou votre patron ont/a pris l'habitude de venir vous déranger ;
✓ vous devez vous concentrer sur des tâches longues ou difficiles ;
✓ les interruptions vous font perdre du temps.

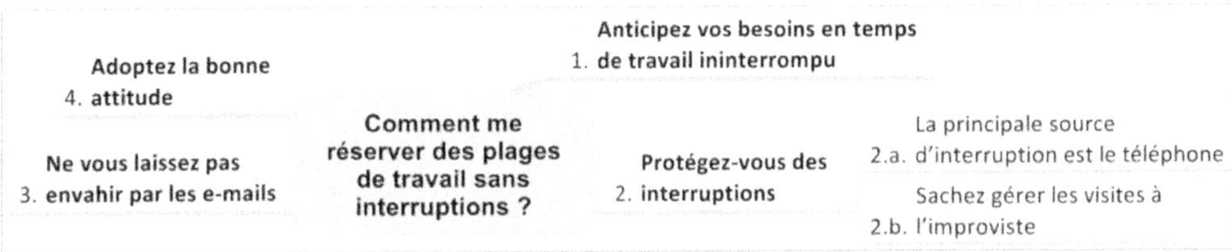

Certaines tâches demandent de dégager des plages de travail ininterrompues.
Toute la difficulté est de le faire comprendre à vos collègues.

Anticipez vos besoins en temps de travail ininterrompu

Dans une journée, toutes les tâches que vous avez à faire n'ont pas le même statut. Certaines sont plus importantes que d'autres, plus difficiles ou encore plus longues. Lorsque vous prenez un rendez-vous dans votre agenda ou que vous y réservez une plage pour un travail long, vous devez anticiper la possibilité d'être interrompu ou non. Dans ce dernier cas, joignez une mention ou un signe qui vous rappellera, au moment voulu, que cette tâche nécessite un temps de travail ininterrompu. Prévoyez toutefois une pause toutes les quatre-vingt-dix minutes. En effet, c'est le temps de concentration maximal au-delà duquel le cerveau se fatigue et devient moins efficace. Une courte pause à ce moment-là, ou un changement d'activité, permet de recharger les batteries et de repartir sur une nouvelle séquence de quatre-vingt-dix minutes.

Protégez-vous des interruptions

La principale source d'interruption est le téléphone

C'est bien connu, le téléphone sonne toujours au plus mauvais moment. Pour éviter cela, n'hésitez pas à vous servir de la messagerie. Mieux vaut cette solution que de transférer les appels vers un collègue, car :

→ Il semble dangereux de demander à quelqu'un de faire votre travail à votre place (et si un jour, en plus de lui transférer vos appels, on lui transférait aussi votre salaire ?).

→ Il faut chercher à gagner du temps et à être plus efficace, mais pas au détriment des autres.

→ Cette personne, qui n'est pas forcément au courant de tous vos dossiers, aura peut-être du mal à comprendre la teneur de l'appel et à prendre le message efficacement.

Trop de personnes hésitent encore à se servir de leur messagerie, invoquant le fait que lorsque le téléphone sonne, ils doivent impérativement répondre, être réactif, présent... Je n'ose imaginer leur angoisse lorsqu'ils prennent un jour de congé ou lorsqu'ils partent aux toilettes.

Afin de soulager cette phobie, je vous propose l'exercice suivant :
→ Notez sur une feuille de papier tous les appels que vous recevez pendant une semaine (ou une journée si vous en recevez vraiment beaucoup).
→ Rayez tous ceux qui ne nécessitent pas de réponse. Ce sont les appels lors desquels votre interlocuteur vous donne une information qui ne nécessite pas de commentaire immédiat de votre part et qu'il aurait tout aussi bien pu donner à votre répondeur.
→ Rayez tous les appels qui nécessitent une réponse dans la semaine. Certains de vos dossiers sont certainement à moyen ou à long terme, certains interlocuteurs vous demandent des dates pour caler une réunion la semaine prochaine voire à une date plus éloignée encore...
→ Rayez tous les appels qui nécessitent une réponse dans les deux jours, puis ceux pour lesquels vous devez impérativement répondre dans la journée, puis ceux auxquels vous devez répondre dans la demi-journée et enfin ceux auxquels vous devez répondre dans les quatre-vingt-dix prochaines minutes.

Les appels qui restent dans votre liste, après cet écrémage, sont ceux auxquels vous devez répondre immédiatement. Je vous fais le pari que si vous ne travaillez pas au SAMU ou chez les pompiers, votre liste doit être bien courte à présent. Peut-être même êtes-vous en train de vous rendre compte que vos réponses sont toutes importantes, mais que très peu d'entre elles sont vraiment urgentes au point de ne pas pouvoir attendre quatre-vingt-dix minutes.

Un autre avantage d'utiliser la messagerie est que cela vous permet de préparer vos rappels. Plutôt que d'être sollicité à l'improviste, alors que vous étiez occupé par un autre dossier, vous pouvez prendre le temps de relire les documents, de vous faire une opinion, de prendre du recul... avant de recontacter l'appelant.

Sachez gérer les visites à l'improviste

Le téléphone n'est pas le seul mangeur de temps. Patrons, collègues, amis peuvent aussi passer par votre espace de travail sans que vous ayez pris de rendez-vous. La première des réactions de défense consiste à tenter d'éviter que cette situation se produise. Si vous disposez de votre propre bureau, pratiquez la politique de la porte fermée/porte ouverte. Laissez votre porte ouverte aussi souvent que possible et indiquez à votre entourage que lorsque cette porte est ouverte, ils peuvent passer sans vous déranger outre mesure. Quand vous avez besoin d'une plage de travail sans interruption, fermez votre porte et indiquez, par une

Définition : mangeur de temps

Les mangeurs de temps sont les personnes ou les événements qui empiètent sur votre temps de travail, plus particulièrement sur le temps pendant lequel vous ne voulez pas être interrompu. Généralement, les mangeurs de temps vous dérangent pour assouvir un besoin (obtenir une information, un conseil, un service, passer le temps) qui est important pour eux, mais pas forcément pour vous. Pour vous prendre du temps, ces personnes s'appuient soit sur un pouvoir hiérarchique, soit sur les bonnes relations de travail que vous entretenez avec elles.

communication adaptée et, au besoin, par un panneau, que vous ne souhaitez pas être dérangé. Là encore, il s'agit plus de négocier avec votre entourage, de l'éduquer en douceur que de tenter de passer en force.

Si vous travaillez en *open space*, entendez-vous avec votre entourage sur un code. Un petit panneau «ne pas déranger» accroché à l'entrée de votre espace ou posé sur votre bureau fait généralement l'affaire. L'autre possibilité est de changer de lieu de travail pour ces tâches que vous souhaitez faire sans interruption, si cela est possible : réservez une salle de réunion, pratiquez le télétravail partiel ou encore échangez votre bureau avec un collègue. Outre le fait de limiter les intrusions, **le changement de lieu de travail est très propice à la concentration**.

Le second mécanisme de défense consiste à limiter la durée des interruptions que l'on n'a pas pu prévenir. Voici quelques astuces qui permettent d'écourter une visite inopportune :

→ Accueillez votre visiteur debout et ne lui proposez pas de s'asseoir.

→ Lorsque vous pensez que vous pouvez terminer l'entretien, levez-vous et dirigez-vous vers la porte.

→ Feignez de devoir passer un appel ou d'avoir un rendez-vous téléphonique.

→ Excusez-vous poliment et dites-lui, de but en blanc, que vous n'avez pas de temps à lui consacrer pour le moment et prenez un rendez-vous pour plus tard.

→ Ne le faites pas entrer et proposez-lui tout de suite de vous rendre à la machine à café. Là-bas, après avoir pris rapidement un café, il vous suffira d'annoncer que vous retournez travailler pour vous défaire de votre visiteur.

Parole de pro

Frédérique Genty, dirigeante, ASADCO : *« Je mets souvent mon téléphone portable sur messagerie lorsque je dois m'atteler à une tâche qui demande de la concentration. Dans cette optique, afin de ne pas lasser mes correspondants, je change souvent mon message de répondeur. »*
Véronique Roche, chef de projet, IGS Conseil et Formation : *« Pour gagner du temps et en faire gagner à mes interlocuteurs, je ne réponds que rarement au téléphone en direct. Cela peut paraître étonnant vis-à-vis des clients, mais me permet de chercher la réponse et de rappeler pour régler le problème directement. Je fais de même pour les e-mails. Mes interlocuteurs apprennent vite à voir comment je fonctionne : je supprime tous les e-mails type "Bien reçu, je vais voir", "Et toi qu'en penses-tu ?", "Untel doit revenir vers moi pour avancer", "On s'en reparle prochainement", etc., et ne les utilise que pour produire du travail et des décisions. »*

Ne vous laissez pas envahir par les e-mails

Derniers mangeurs de temps, mais non des moindres, les e-mails sont de plus en plus présents dans notre journée de travail. Traitez-les comme les appels téléphoniques. Dites-vous bien que ce n'est pas parce qu'un e-mail arrive dans votre boîte de réception que vous avez forcément du temps à lui consacrer. C'est ce que j'appelle la disponibilité **choisie**. Réservez des plages dans votre agenda quotidien pour lire vos e-mails et y répondre. Le plus simple pour y parvenir consiste à paramétrer votre logiciel de messagerie pour déconnecter le message visuel ou sonore que fait un e-mail en arrivant. Si vous ne faites pas cela, la curiosité risque de vous pousser à découvrir qui vous a écrit ou quel est le degré d'urgence. Bien souvent, vous vous serez interrompu pour rien.

Adoptez la bonne attitude

Le meilleur conseil que je puisse vous donner est de faire comprendre à votre entourage qu'il y a des moments où vous êtes disponible et d'autres où vous ne l'êtes pas. Parlez-en avec votre entourage professionnel, négociez des périodes, des conditions, des durées, des codes.

Prenez systématiquement rendez-vous avec tous ceux qui veulent vous voir ou que vous souhaitez voir, même pour un quart d'heure ou cinq minutes. Durant ces rendez-vous, montrez-vous à 100 % disponible et efficace. Ne répondez pas au téléphone, ne vous laissez pas interrompre, concentrez-vous bien sur le sujet. Ainsi, vos interlocuteurs verront leur intérêt à prendre rendez-vous et à bénéficier de 100 % de votre écoute.

Si cela vous est possible, vous pouvez aussi penser à décaler vos horaires de travail. On est moins interrompu par le téléphone ou les collègues le matin tôt ou le soir.

Fiches reliées

Fiche n° 8 : « Comment dire non à mon patron ou à mes collègues avec diplomatie ? »
Fiche n° 14 : « Comment organiser mon temps en télétravail à domicile ? »
Fiche n° 71 : « Comment rendre mon environnement de travail moins stressant ? »

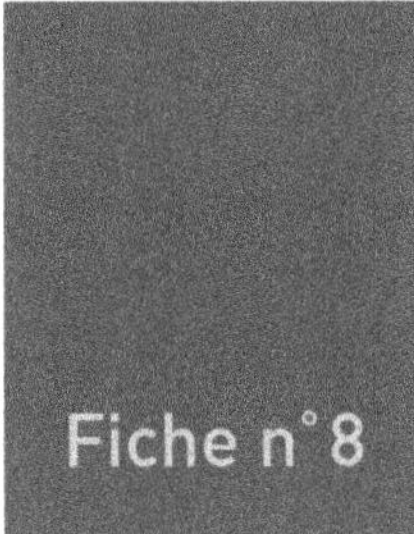

Comment dire non à mon patron ou à mes collègues avec diplomatie ?

Cette question se pose quand :

✓ votre patron ou vos collègues s'appuient sur vous pour leur rendre des services qui vous mettent en retard ;

✓ vous avez l'impression de faire le travail des autres ;

✓ on vous donne de plus en plus de choses à faire.

Dites « non » sans 2. dégrader la relation	Comment dire non à mon patron ou à mes collègues avec diplomatie ?	1. Identifiez vos mangeurs de temps

Vous protéger, protéger votre temps, nécessite parfois de refuser de rendre un service supplémentaire ou d'accomplir une tâche de plus. Dès lors, comment refuser sans froisser votre interlocuteur ?

Identifiez vos mangeurs de temps

On ne peut pas dire non à tout ni à tout le monde. La première chose à faire consiste donc à identifier les tâches qu'il vous est légitime de refuser et les personnes à qui vous n'êtes pas tenu d'obéir. Pour ce faire, il vous faut consulter les documents de référence que sont :

Si certains de ces documents n'existent pas ou ne sont plus à jour, demandez leur création ou leur rectification afin de savoir exactement le travail qu'il vous incombe de faire et dans quelles conditions. La connaissance de votre périmètre d'action exact n'exclut pas que vous puissiez sortir du cadre pour rendre un service ou vous frotter à de plus grandes responsabilités en vue d'une évolution professionnelle. Toutefois, si vous le faites, ce doit être en connaissance de cause.

Vous vous rendrez vite compte que les personnes qui vous demandent du travail supplémentaire sont toujours les mêmes et que les tâches que l'on vous demande de faire sont de plus en plus importantes.

Une fois ces personnes et ces tâches bien identifiées, vous devez vous poser deux questions : « *Pourquoi moi ?* » et « *Pourquoi ces tâches-là ?* »

Définition : assertivité

L'assertivité est le comportement d'affirmation de soi positive. Il permet de prendre une position affirmée, voire conflictuelle, sans dégrader la relation à l'autre.

Dites « non » sans dégrader la relation

Le comportement qui permet de s'opposer à une demande sans froisser l'interlocuteur est le comportement assertif. Il se base sur quelques principes et sur des règles comportementales.

En matière de défense contre les mangeurs de temps, l'assertivité se base sur les principes suivants :

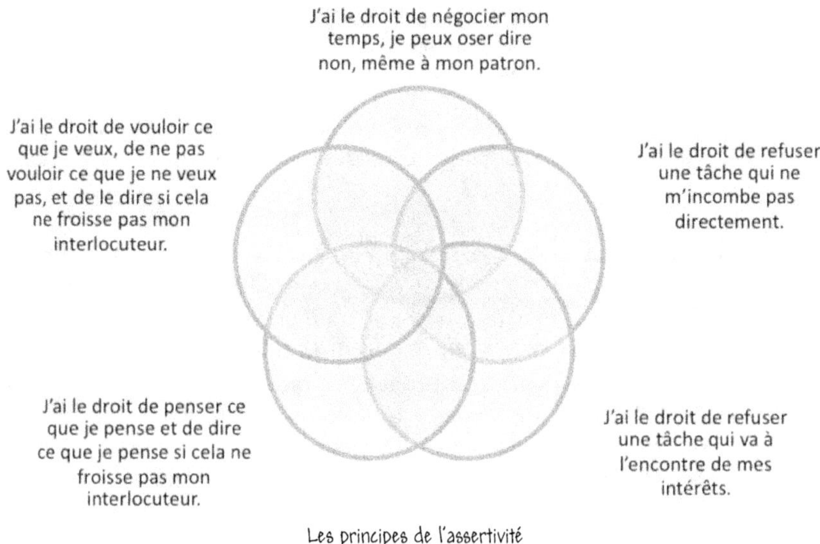

Les principes de l'assertivité

Au-delà de ces principes, pour adopter un comportement assertif, il existe un certain nombre de règles comportementales à respecter :

➜ Toujours parler à la forme affirmative, éviter les expressions négatives ou dévalorisantes.

➜ Ne parler que de soi et que pour soi, éviter de se mettre à la place de l'interlocuteur, de le juger ou encore de juger son comportement.

➜ Éviter de parler à la forme subjective, rester factuel, objectif, documenter ses propos, apporter des éléments de preuve irréfutables.

Concrètement, voici comment ces principes et ces règles s'appliquent dans le cadre d'un refus fait à un supérieur, ou, à un collègue qui vous donne à faire un travail illégitime :

Écoutez la demande avec attention. Faites préciser à votre interlocuteur les contours exacts du travail à faire (temps nécessaire, moyens disponibles, objectifs à atteindre, responsabilité, etc.) ; reformulez la demande pour être bien sûr de son périmètre.

Annoncez clairement que vous ne souhaitez pas faire ce travail.

Expliquez-vous, sans vous justifier ni vous excuser, en argumentant avec des faits concrets (charge de travail actuelle, échéances, contraintes professionnelles et personnelles, organigramme, niveau de responsabilité, etc.).
Restez courtois, factuel, objectif et positif.

Demandez à votre interlocuteur s'il comprend votre position et s'il partage votre décision.
Obtenez son accord. Au besoin recommencez l'étape 3.

Cherchez ensemble et positivement des solutions alternatives (faire plus tard, faire faire par quelqu'un d'autre, délégation de délégation, partager les tâches, etc.).

Remerciez votre interlocuteur pour sa compréhension et assurez-le de votre disponibilité pour les tâches qui vous incombent normalement.

La méthode pour refuser un travail avec diplomatie

L'assertivité est un comportement appris et non inné. Elle permet de dire «non» sans dégrader la relation, de vous montrer ferme sur vos positions sans que l'interlocuteur n'en prenne ombrage. C'est une manière de vous montrer doux avec les personnes et dur sur le fond. Entraînez-vous à toujours formuler vos demandes et vos refus de la façon la plus assertive. Imprégnez-vous des principes et respectez les règles comportementales. Votre pouvoir de persuasion s'en trouvera grandi.

En résumé

▸ Faites la différence entre les tâches que vous devez faire et celles que vous pouvez légitimement refuser et identifiez les personnes auxquelles vous pouvez dire «non» en vous appuyant sur les documents clés relatifs à votre poste.
▸ Entraînez-vous au comportement assertif pour dire «non» sans dégrader la relation à l'autre.
▸ Refusez une demande de votre patron ou d'un collègue en respectant le schéma en six étapes :
1. Écouter - Approfondir – Reformuler
2. Refuser
3. Expliquer - Argumenter
4. Obtenir l'accord
5. Chercher des solutions alternatives
6. Remercier

Fiches reliées

Fiche n° 5 : «Comment prioriser toutes les tâches qui composent ma journée ?»
Fiche n° 6 : «Comment déléguer efficacement ?»
Fiche n° 7 : «Comment me réserver des plages de travail sans interruptions ?»

Est-il souhaitable de faire plusieurs choses en même temps ?

Cette question se pose quand :

✓ vous avez l'impression de perdre du temps en faisant les choses successivement ;
✓ vous avez la capacité de faire plusieurs choses en même temps ;
✓ vous avez tellement de choses à faire que vous devez en faire certaines en même temps.

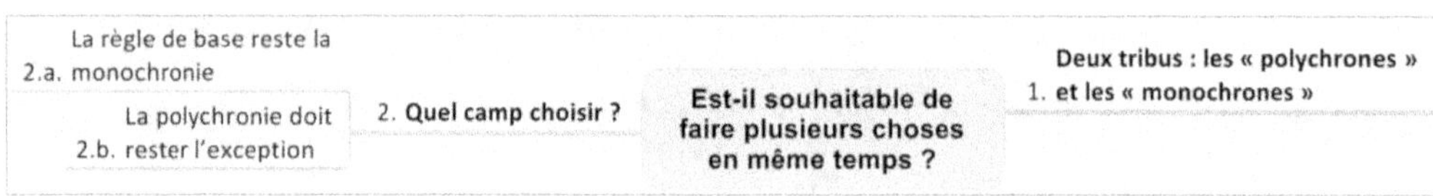

Certaines personnes pensent que si l'on fait deux choses en même temps, on n'est pas assez concentré et on fait les deux choses mal. D'autres pensent qu'elles ont la capacité à faire plusieurs choses en même temps et que ne pas exploiter cet atout reviendrait à perdre du temps. Qu'en pensez-vous ? Qui a raison ?

Deux tribus : les « polychrones » et les « monochrones »

Même si ces deux mots ne sont pas dans le dictionnaire de l'Académie Française (faute de temps certainement), les cours de grec ancien, que d'autres auteurs que moi ont pris au collège, peuvent nous aider :

✓ « chronos » = le temps ;
✓ « mono » = un ;
✓ « poly » = plusieurs.

Les « monochrones »

Pour ces personnes, le temps peut se représenter comme une ligne sur laquelle se succèdent des événements qui ne peuvent pas se chevaucher.

Lorsqu'un monochrone vous dit de passer le voir « entre 8 et 10 », il s'attend à ce que vous arriviez à 8 heures pile et que l'entretien se termine à 10 heures, quoiqu'il arrive. Si un surplus de temps est nécessaire, il préférera vous fixer un nouveau rendez-vous plutôt que de se mettre en retard.

Durant cette réunion, vous ne serez pas dérangés par sa secrétaire, puisqu'elle sait qu'elle pourra venir lui faire signer le parapheur de 10 heures à 10 heures 15 comme tous les jours.

De 10 heures 15 à 11 heures, cette personne lit ses e-mails et y répond.

De 11 heures à 13 heures, elle participera à une réunion importante dont elle partira à 13 heures de toute façon pour ne pas déborder.

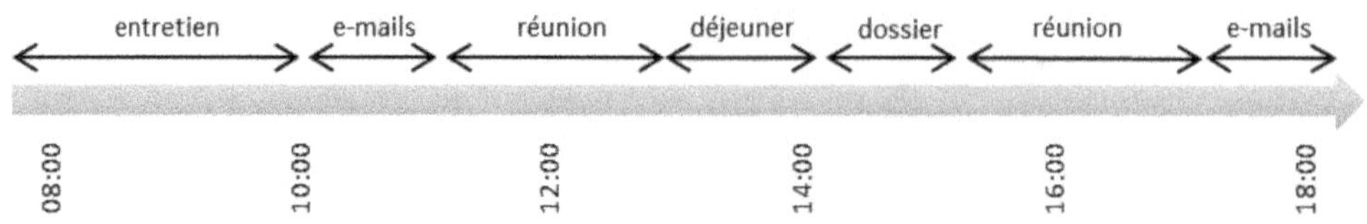

La journée d'un monochrone

Parole de pro

Fatou Bamba, directeur, 2EP Abidjan :
« Je confirme toujours mes rendez-vous la veille, qu'ils soient à mon origine ou non. Cela m'évite de me déplacer pour rien ou d'attendre un visiteur en vain. »

Et ainsi de suite jusqu'au soir.

À chaque instant de la journée, les monochrones ne font qu'une seule chose et lui consacrent 100 % de leur attention. Ils sont ponctuels et précis.

Les « polychrones »

Pour eux, le temps est représenté par plusieurs lignes sur lesquelles les événements se succèdent et se chevauchent.

Une journée type pourrait être la suivante :

Alors que vous arrivez à 8 heures comme convenu, le polychrone vous fait attendre, car il a été retenu dans le couloir.

Durant l'entretien il a répondu, en s'excusant, à deux appels téléphoniques qu'il a qualifiés de *« capitaux et très urgents »*.

Sa secrétaire a aussi passé une tête par la porte pour lui faire signer le parapheur qu'il n'a pas eu le temps de signer hier.

Alors que vous étiez d'accord pour terminer le rendez-vous à 10 heures, vous quittez son bureau à 11 heures, car vous n'aviez pas fini la discussion et des décisions restaient à prendre. En sortant, vous croisez son prochain rendez-vous qui attend son tour depuis une demi-heure.

À la fin de la journée, le polychrone répond à ses e-mails tout en passant ses derniers coups de fils et en faisant des signes désespérés à sa secrétaire pour qu'elle l'aide à préparer sa réunion de demain matin 8 heures.

À chaque instant de la journée, le polychrone fait plusieurs choses en même temps, pour lesquelles il partage son attention.

Quel camp choisir ?

Certaines femmes diront aux hommes que s'ils sont encombrés d'un chromosome Y, ils sont incapables, contrairement à elles, de faire deux choses en même temps. Je trouve cela très exagéré, aussi bien dans un sens que dans l'autre (et vice versa). Il semble que notre capacité à faire plusieurs choses en même temps dépende surtout de ce que l'on a à faire.

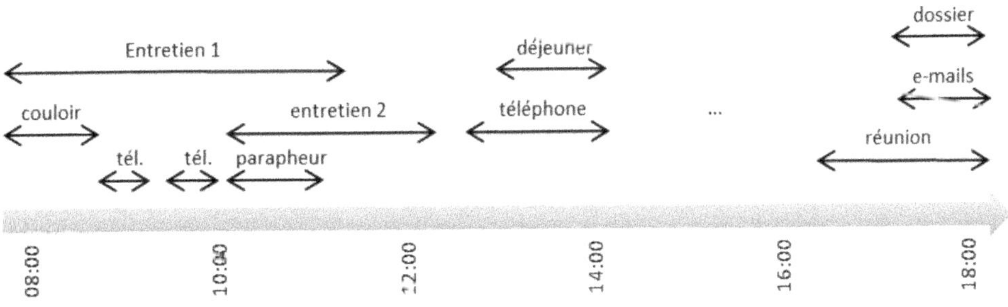

La journée d'un polychrone

La règle de base reste la monochronie

Personne n'aime être en retard au point de devoir faire plusieurs choses en même temps le soir ou alors qu'une échéance approche. Toutes les règles de gestion du temps de ce chapitre s'inscrivent dans une logique plutôt monochronique. Planifier, respecter les horaires de début et de fin, regrouper les tâches semblables, commencer par les gros cailloux… sont autant d'idées qui visent à vous éviter les affres de la polychronie. Toutefois, il ne s'agit pas de prôner la rigidité et je sais parfois faire deux choses en même temps comme lire le journal en buvant du thé !

La polychronie doit rester l'exception

Un comportement polychronique peut se justifier dans les cas suivants :
→ Les tâches que vous avez à accomplir en même temps sont simples.
→ Elles font appel aux mêmes compétences, au même type de concentration.
→ Votre interlocuteur est lui-même polychrone et vous ne voulez pas passer pour trop rigide à ses yeux.
→ La polychronie est fortement ancrée dans votre entreprise ou dans le pays dans lequel vous résidez et agir en monochrone serait une maladresse interculturelle qui vous ferait passer pour un extraterrestre.

En résumé

Il existe deux profils de personnes : les polychrones et les monochrones.
Au-delà de votre profil naturel, une adaptation vers la monochronie est toujours souhaitable.
Il ne faut pas pour autant être rigide et vous pouvez vous adapter aux circonstances, en connaissance des risques encourus par les personnes trop polychrones. Il faut être monochrone quand on doit et polychrone quand on peut.

Fiches reliées

Fiche n° 3 : « Comment planifier mon travail ? »
Fiche n° 53 : « Quelles sont les attitudes du professionnel ? »
Fiche n° 74 : « Comment m'organiser au mieux lorsque je dois travailler à la maison ? »

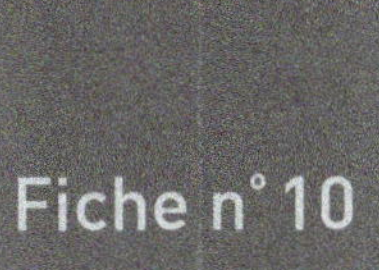

Comment gagner du temps grâce à l'ordinateur ?

Cette question se pose quand :

✓ vous passez beaucoup de temps sur votre ordinateur ;

✓ vous n'êtes pas spécialement à l'aise avec l'outil informatique.

Ne gardez que 3.a. les logiciels utiles	Créez-vous des modèles de 1. documents prêts à l'emploi
3.b. Soulagez la mémoire	Entretenez votre 3. machine	Comment gagner du temps à l'ordinateur ?	Formez-vous aux logiciels 2. que vous utilisez
Faites évoluer 3.c. votre machine			

L'outil informatique est un formidable gain de temps lorsqu'il fonctionne et qu'on sait l'utiliser. Les deux clés de la performance informatique sont :
- la maîtrise des logiciels que vous utilisez couramment ;
- l'entretien de votre machine.

Créez-vous des modèles de documents prêts à l'emploi

Il n'y a pas pire perte de temps et d'énergie que de refaire sans cesse la même opération. Pour éviter cela, créez des documents types que vous pourrez sauvegarder dans votre ordinateur et réutiliser à souhait. Le plus souvent, il s'agit de modèles de documents prêts à être remplis. Attention, identifiez bien vos modèles comme tels et lorsque vous les utilisez, commencez toujours par l'opération « Enregistrez sous », qui vous permettra de créer un nouveau document sans altérer votre précieux modèle.

Parole de pro

Rose Bouthors, responsable développement : « *Pour gagner du temps à l'ordinateur, je me suis créé une bibliothèque électronique de trames de documents : modèles de courriers, contrats, matrices, etc..*

Formez-vous aux logiciels que vous utilisez

Aujourd'hui, les logiciels qui équipent votre ordinateur sont d'une redoutable efficacité. Cela signifie qu'ils permettent bien souvent de faire ce que justement vous avez à faire avec eux. Toutefois, si vous ne connaissez pas la procédure pour activer cette fonction dont vous avez besoin, il va falloir passer par des détours très coûteux en temps, en énergie et souvent en stress.

La formation aux logiciels représente un investissement en temps toujours rentable. Elle peut se faire de différentes façons :

→ Des organismes de formation spécialisés proposent des modules présentiels ou d'*e-learning* sur les principaux logiciels bureautiques.

→ Des livres, illustrés de captures d'écran, permettent d'apprendre à utiliser les fonctionnalités pas à pas.

→ Des sites Internet proposent des modules d'e-learning et des vidéos d'apprentissage.

Définitions : formation présentielle, e-learning, formation à distance ou classe virtuelle

Lors d'une formation présentielle, le formateur et les apprenants sont tous présents dans une même salle.
L'*e-learning* est un programme informatique que l'apprenant suit, grâce à son ordinateur, depuis son bureau.
Dans une formation à distance ou une classe virtuelle, le formateur et les apprenants ne sont pas au même endroit. Chacun est à son bureau et communique avec les autres *via* Internet et une *webcam* par exemple.

→ Des collègues peuvent vous renseigner et vous apprendre leurs astuces.
→ Les menus d'aide permettent d'apprendre, pas à pas, à utiliser une fonctionnalité.

Entretenez votre machine

Votre performance informatique dépend largement de la vitesse de votre ordinateur :
✓ temps de mise en route à l'allumage ;
✓ temps d'exécution des tâches (ouvrir une fenêtre, ouvrir un document ou afficher une page Web par exemple).

Pour préserver la vitesse de votre machine, un certain nombre d'actions sont à mener ou à éviter.

Ne gardez que les logiciels utiles

Ne téléchargez pas de logiciels si vous n'en avez pas absolument besoin. Les applications qui s'ouvrent dès le démarrage de l'ordinateur sont une source importante de perte de temps. Lorsque vous ne vous servez plus d'un logiciel, désinstallez-le en suivant la procédure suivante :
→ Allez dans le menu « démarrer » puis « panneau de configuration ».
→ Cliquez dans « programme » puis « désinstaller un programme ».
→ Cherchez le logiciel à désinstaller dans la liste et double-cliquez dessus, puis suivez les instructions de désinstallation.

Parole de pro

Luc Kern, consultant TICE, Chambre de Commerce et d'Industrie de Paris : *« À l'ordinateur, un gain de temps précieux peut être réalisé avec la maîtrise du clavier par rapport à la souris. Le clavier permet l'acquisition de réflexes que ne permet pas la souris pour les tâches répétitives. Prendre la souris mobilise toujours l'attention (chercher le pointeur des yeux, la souris avec les mains, cordonner l'ensemble, etc.). Avec le clavier, les mains trouvent toutes seules. Pour gagner encore plus de temps, apprenez par cœur les raccourcis clavier des actions fréquentes :*
▶ *enregistrer (Ctrl + s) ;*
▶ *copier-coller (Ctrl + c, Ctrl + v) ;*
▶ *dupliquer (Ctrl + d) ;*
▶ *fermer (Alt + F4).*
Deux autres astuces permettent de gagner beaucoup de temps. Pour vous déplacer rapidement dans un document, sachez qu'appuyer sur la touche "Ctrl" en même temps que vous utilisez les flèches vous fera sauter de mot en mot et non plus de lettre en lettre. Il en va de même avec les touches "Suppr" et "←", que vous pouvez aussi associer à "Ctrl". Et pour passer un mot écrit en minuscules à majuscules, sélectionnez-le et appuyez sur la touche "maj" (⇧) + "F3".

Moins vous avez de logiciels installés en même temps, plus votre machine sera performante.

Soulagez la mémoire

Supprimez les fichiers inutiles

Lorsque vous faites fonctionner votre ordinateur, celui-ci crée des fichiers qui lui deviennent vite inutiles, mais qui restent en mémoire. On les appelle «fichiers temporaires». Les supprimer permet de libérer de l'espace et des performances. Pour cela suivez la procédure suivante :
→ Allez dans le menu «démarrer» puis «ordinateur».
→ Faites un clic droit sur votre disque dur et choisissez «propriétés».
→ Cliquez sur «nettoyage de disque».
→ Une fenêtre s'affiche contenant les divers éléments que vous pouvez nettoyer. Choisissez les fichiers les plus lourds parmi ceux que vous voulez nettoyer en cochant la case correspondante.
→ Cliquez sur «nettoyer» puis «OK».

Répétez cette opération tous les mois, afin que la mémoire de votre ordinateur ne s'encombre pas de fichiers inutiles. Dans la même optique, sauvegardez sur un disque dur externe, ou supprimez, les informations devenues obsolètes. Archivez vos fichiers comme vous le feriez des papiers devenus inutiles.

Défragmentez votre disque dur

Un autre bon moyen de faciliter le futur travail de votre ordinateur est de défragmenter votre disque dur. C'est une opération qui consiste à regrouper tous les morceaux de fichiers que votre ordinateur enregistre de-ci, de-là, en ensembles cohérents.

Voici la procédure :
→ Allez dans le menu «démarrer» puis «ordinateur».
→ Faites un clic droit sur votre disque dur et choisissez «propriétés».
→ Cliquez sur l'onglet «outils», puis sur «défragmentez maintenant».

Faites évoluer votre machine

Les mises à jour des logiciels et du système d'exploitation (par exemple, Windows) vont ralentir votre ordinateur. En effet, si vous mettez des logiciels toujours plus lourds, toujours plus sophistiqués, dans une machine qui n'évolue pas, cela revient à acheter toujours plus de meubles dans une maison que ne s'agrandit pas. On encombre l'espace et, à la fin, cela coince. Faire évoluer des éléments comme les micro-processeurs contenus sur la carte mère de votre ordinateur ou ajouter de la mémoire permet de préserver les performances sans avoir à changer toute la machine.

En résumé

Créez-vous des modèles de documents prêts à l'emploi.
Investissez un peu de temps pour bien maîtriser vos logiciels ; vous le gagnerez largement par la suite.
Entretenez votre machine en évitant d'encombrer sa mémoire par des logiciels inutiles, en défragmentant le disque dur et en supprimant les fichiers temporaires.
Faites évoluer les composants essentiels de votre ordinateur pour préserver ses performances.

Fiches reliées

Fiche n° 11 : «Comment gagner du temps grâce à Internet ?»
Fiche n° 12 : «Comment gagner du temps dans la lecture de mon courrier et de mes messages ?»
Fiche n° 17 : «Comment organiser mon bureau (d'ordinateur) ?»
Fiche n° 46 : «Comment apprendre la frappe rapide ?»

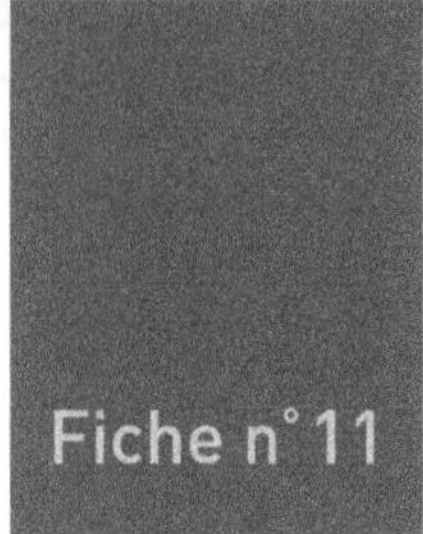

Comment gagner du temps grâce à Internet ?

Cette question se pose quand la recherche d'informations représente une part importante de votre travail.

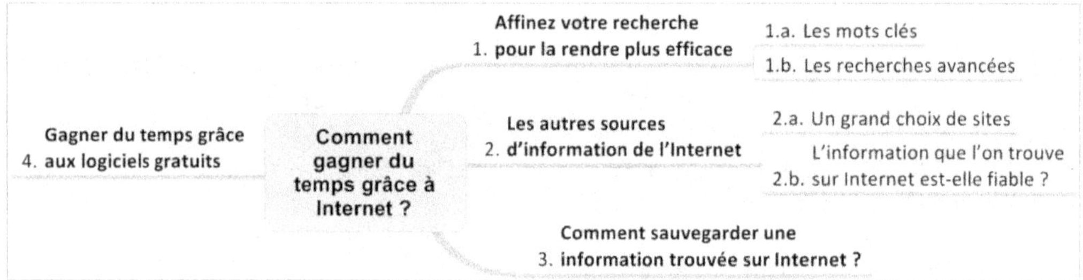

Internet, et plus particulièrement les moteurs de recherche, sont une source de gain d'efficacité lorsqu'il s'agit de trouver des informations rapidement. Le tout est de savoir quelle question poser pour être sûr d'obtenir la bonne réponse.

Affinez votre recherche pour la rendre plus efficace

Les mots-clés

Tapez un mot-clé peu pertinent dans un moteur de recherche et vous avez toutes les chances de vous retrouver perdu dans un dédale de sites très différents où vous ne saurez pas où se cache l'information que vous cherchez. À l'inverse, un mot-clé adapté vous donne tout de suite accès à une information qualifiée. Internet est une mine d'information, mais c'est aussi un dédale. Savoir s'y repérer est le gage de trouver vite une information qualifiée, qualitative et directement utilisable.

La première chose à savoir est qu'**une expression clé est toujours plus efficace qu'un mot clé**. De même, la combinaison de plusieurs expressions est plus pertinente qu'une seule.

Les expressions que vous recherchez doivent être tapées entre guillemets afin que le moteur les recherche telles quelles. Si vous oubliez les guillemets, le moteur cherchera les mots séparément et le résultat de la recherche sera tout à fait différent. Les expressions entre guillemets doivent être séparées par le signe « + », qui indique au moteur qu'il doit vous proposer les pages qui contiennent toutes ces expressions et non une seule d'entre elles.

Exemple

Vous recherchez des informations sur les principales entreprises qui fabriquent ou distribuent des chaussures de sécurité. Si vous tapez « chaussure », les sites qui vous intéressent seront perdus parmi tous ceux consacrés de près ou de loin aux chaussures. Si vous tapez « chaussures de sécurité » cela restreindra le champ, mais ne correspond pas encore tout à fait à votre recherche. Si vous tapez « chaussures de sécurité » + leader, vous restreignez encore le champ et très peu de sites sans intérêt pour vous s'afficheront. Vous gagnerez un temps précieux.

Exemple

Vous devez faire une étude de marché sur les stations de ski et souhaitez faire apparaître sur votre écran les sites des principales stations. Si vous tapez « ski » ou « station de ski », vous allez trouver une multitude de sites ; ceux que vous recherchez seront perdus au milieu des sites d'hôtels, de restaurants, de loueurs de matériel, clubs de vacances et autres écoles de ski… La première idée est de restreindre la liste en supprimant le mot « ski » qui est trop générique, les stations parlant d'elles-mêmes sous l'expression « station de sports d'hiver » Par ailleurs, elles sont toutes fières de leur domaine skiable et le mentionneront certainement sur leur site. La recherche à mener est donc « station de sports d'hiver » + « domaine skiable ».

Exemple

Reprenons notre exemple précédent. D'autres sites peuvent très bien contenir les deux expressions « station de sports d'hiver » et « domaine skiable ». Par exemple, un hôtel « dans la station de sport d'hiver de… » et qui est fier d'annoncer sur son site que l'établissement se situe « au pied du domaine skiable ». Idem pour des restaurants d'altitude. Des articles de presse peuvent aussi mentionner la qualité ou l'enneigement du « domaine skiable » de « la station de sports d'hiver » de…
Il faut donc affiner cette recherche en trouvant d'autres expressions qui seront forcément dans les sites que nous recherchons, mais uniquement dans ces sites. Toutes les stations de sports d'hiver proposent des *webcams* de leurs pistes sur leur site, ainsi qu'un lien vers la météo locale. La recherche « station de sports d'hiver » + « domaine skiable » + « météo » + « webcam » donnera, à coup sûr, un résultat de très grande qualité.

Pour bien choisir vos expressions clés, vous devez vous poser deux questions :

→ Quelle expression les sites que je recherche comportent forcément ?

Mettez-vous à la place des rédacteurs de ces sites et essayez d'imaginer leur contenu. De quoi parlent-ils ? Comment ? En quels mots ? Emploient-ils un vocabulaire particulier, du jargon professionnel ? Existe-t-il une information qu'ils mentionnent obligatoirement ?

Une fois que vous avez trouvé une expression ou une combinaison d'expressions qui sont, à coup sûr dans les sites que vous recherchez, vous devez vous poser la seconde question :

→ D'autres sites sont-ils susceptibles de conte-nir aussi cette combinaison d'expressions ?

Si la réponse est oui, vous devez affiner votre réflexion et retourner à la première question, jusqu'à ce que vous trouviez quelque chose d'assez spécifique pour que votre recherche vous donne d'emblée les résultats pertinents.

Cette gymnastique peut paraître longue, en fait, c'est un processus intellectuel tout à fait rapide et intuitif après quelques essais.

Les recherches avancées

Tous les moteurs permettent d'affiner la recherche grâce à la fonctionnalité « recherche avancée ». Vous pouvez y paramétrer votre recherche pour exclure des pages ou pour affiner le format des documents recherchés.

De même, de nombreux moteurs vous permettent de sélectionner directement le format du document recherché.

Enfin, certains moteurs permettent de créer une alerte automatique. Dès qu'une nouvelle information est disponible sur Internet concernant la recherche que vous avez effectuée, un message vous prévient.

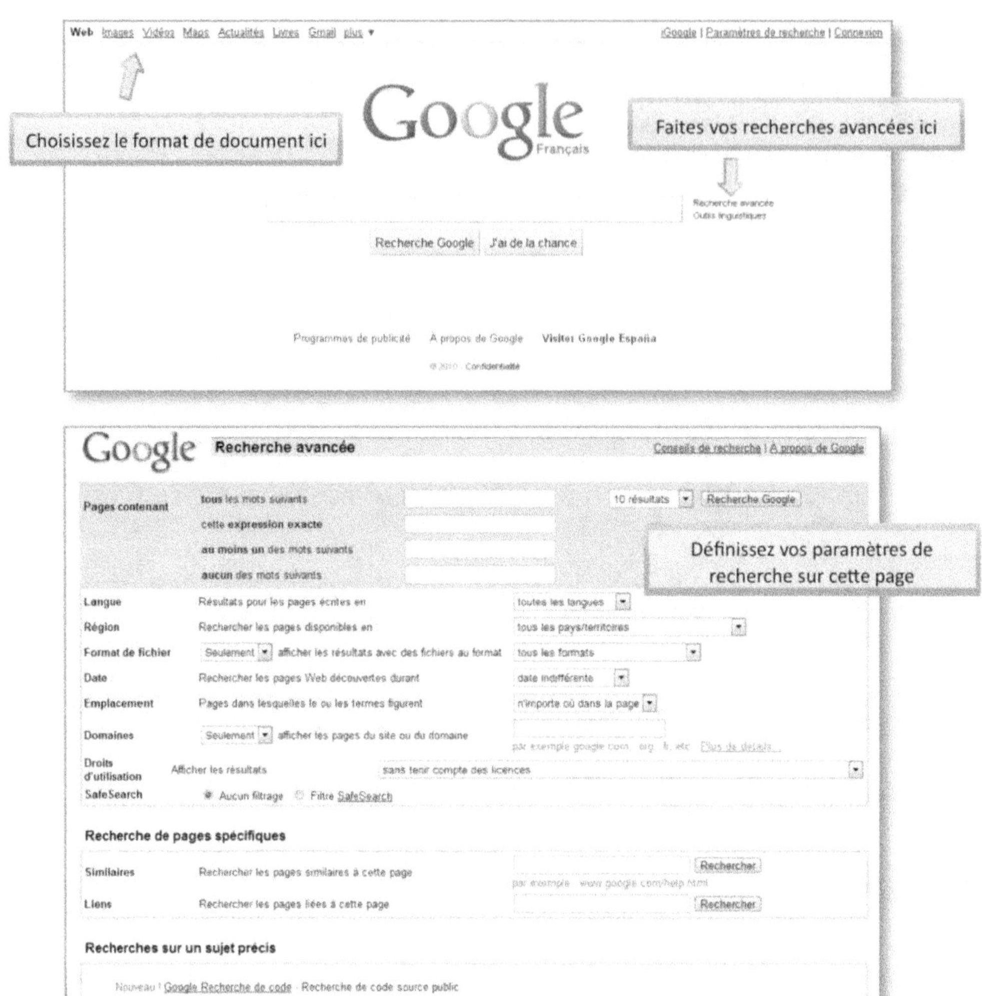

Les autres sources d'information de l'Internet

Un grand choix de sites

De nombreux sites proposent des informations regroupées par thème, classifiées et contrôlées. Il s'agit principalement des :
✓ encyclopédies en ligne, qui peuvent être généralistes ou spécifiques à une thématique ;
✓ • sites regroupant les blogs spécialisés sur une thématique précise, ainsi que des pages personnelles d'internautes passionnés ou professionnels.
✓ des sites portail, regroupant toutes les informations d'un secteur ou d'une activité (principalement professionnelles, commerciales, associatives, syndicales, événementielles, etc.) ;
✓ des annuaires en ligne regroupant des listes de professionnels, commerçants, entreprises, etc.

Ces sites sont le plus souvent gratuits, mais parfois une inscription est nécessaire et vous expose à la réception d'e-mails, de *spams* ou de *newsletters*.

Définitions : freeware, shareware

Un *freeware* ou « gratuiciel » est un logiciel gratuit. Vous pouvez le télécharger, l'installer sur votre machine et l'utiliser gratuitement.

Un *shareware* ou « partagiciel » est un logiciel que vous pouvez télécharger, installer et utiliser gratuitement dans une version d'essai (limitée dans le temps ou incomplète) et que vous devrez acheter pour pouvoir utiliser de plein droit.

L'information que l'on trouve sur Internet est-elle fiable ?

Sur Internet, on trouve de tout. Pour vérifier la fiabilité d'une information trouvée sur la Toile, quelques réflexes sont utiles :

→ Le site qui donne cette information est-il, au moins en apparence, « sérieux » ? Est-ce le site d'une entreprise, d'une association, d'un organisme de presse ou une page Web d'un particulier ? Ce site donne-t-il ses sources ?

→ Cette information se retrouve-t-elle, sous des formes différentes, sur plusieurs sites ?

Attention, de nombreux sites ne font que des copier/coller d'autres sites, cela se repère facilement (formulation en tous points identique) et n'est pas un gage de fiabilité.

Parole de pro

Michel Ventura, P-DG, Ventura Consultants :
« Pour faciliter l'utilisation du navigateur Internet, j'ai créé mes propres abréviations pour les noms de sites que je visite fréquemment ("yt" pour YouTube, "w" pour Wikipédia», "syn" pour mon dictionnaire des synonymes, etc.). Une fois intégrées dans la barre de mon navigateur, ces abréviations me font gagner un temps précieux. »

Comment sauvegarder une information trouvée sur Internet ?

Plusieurs options sont possibles, en fonction de la nature du document trouvé.

→ Si c'est l'ensemble du site qui vous intéresse et vous voulez pouvoir y retourner sans refaire de recherche : enregistrez l'adresse du site dans vos favoris.

→ Si vous souhaitez conserver un article ou un texte lu dans un site : le plus simple est de sélectionner ce texte grâce à votre souris et de le copier (bouton droit de la souris, puis « copier » ou « Ctrl » + c), puis de créer un document texte grâce à Word ou tout autre logiciel de traitement de texte et de coller votre sélection dedans (menu « coller » ou « Ctrl » + v). Cela vous permettra d'identifier ce texte dans un fichier, avec un nom, et de pouvoir l'archiver convenablement.

→ Si c'est une image que vous voulez sauvegarder : faites un clic droit sur l'image et cliquez sur « Enregistrer l'image sous… ».

→ Si c'est une page d'un site, vous pouvez, à tout moment, appuyer sur la touche « Impécr Syst » de votre clavier. Cela crée une copie de votre écran d'ordinateur sous la forme d'une image et la place dans votre presse-papiers (comme si vous l'aviez copiée quelque part). Pour l'utiliser, il vous suffit de la « coller » dans un document texte ou dans un document image.

Gagner du temps grâce aux logiciels gratuits

Internet n'est pas seulement une source d'informations. C'est aussi une source de logiciels dont certains sont gratuits et très intéressants. De nombreux sites proposent de télécharger des «*sharewares*» (partagiciels) ou des «*freewares*» (gratuiciels). J'utilise www.01net.com/telecharger, qui propose une offre très complète (vous pouvez aussi y accéder directement en tapant www.telecharger.com).

De nombreux *freewares* et *sharewares* ont été développés pour faciliter la bureautique, l'organisation de votre travail, l'utilisation de l'Internet... Faites des recherches pour découvrir l'offre disponible et trouver votre bonheur.

Attention toutefois, certaines entreprises n'autorisent pas leurs employés à installer librement un nouveau logiciel sur leur machine. Renseignez-vous auprès de votre service informatique.

Comment gagner du temps dans la lecture de mon courrier et de mes messages ?

Cette question se pose quand :

✓ vous recevez beaucoup de courrier ou de messages (électroniques ou téléphoniques);

✓ une part importante de votre temps de travail est consacrée à la lecture de ces messages.

		Comment gagner du temps dans la lecture de mon courrier et de mes messages ?	Privilégiez le temps 1. dédié au temps masqué
Les règles de messagerie 3.a. électronique 3.b. Les bannettes pour les lettres	Mettez en place votre 3. propre centre de tri		La règle d'or : ne lire les 2. messages qu'une seule fois

Nos boîtes e-mails sont de plus en plus saturées de messages. Quelques règles permettent de ne pas se sentir submergé et de traiter tout cela en toute efficacité.

Privilégiez le temps dédié au temps masqué

Comme la lecture d'un message est une tâche de très courte durée, on peut avoir l'impression qu'on n'a pas besoin d'y consacrer une plage bien définie à l'avance et que l'on gagne du temps à le faire au fur et à mesure que les messages arrivent. En fait, c'est exactement le contraire. La bonne pratique consiste à bloquer dans votre agenda une plage de temps pour lire et traiter ses e-mails, écouter et répondre à ses messages téléphoniques. Ainsi, l'on regroupe plusieurs petites tâches en une seule grande. Cela vous évite :

✓ d'être interrompu dans une autre tâche;

✓ d'avoir à vous reconcentrer;

✓ d'avoir à faire ce qu'il y a de pire en termes de perte de temps, à savoir lire un message deux fois !

Gardez en tête que ce n'est pas parce qu'un message arrive que vous êtes disponible pour lui. C'est vous qui gardez la main sur votre agenda et sur votre organisation, **pas les expéditeurs**.

La règle d'or : ne lire les messages qu'une seule fois

Lire deux fois un e-mail ou une lettre, écouter deux fois un message est l'assurance de perdre au moins 50 % de notre temps. Bien souvent, nous lisons un e-mail une première fois lorsqu'il arrive, par curiosité. Une deuxième fois quand nous répondons que nous le traiterons plus tard, et une troisième fois lorsque nous le traitons et effectuons le travail qu'il implique. La bonne pratique consiste à passer directement à l'étape 3. Pour cela, une certaine organisation est nécessaire.

Ces e-mails et messages sont si nombreux que leur lecture prend un temps considérable dans la semaine. Ne la faire qu'une fois au lieu de deux ou trois constitue un gain de temps précieux, mais demande aussi un certain lâcher-prise. Nos correspondants ont pris l'habitude que nous décrochions le téléphone à tout heure et que nous répondions au e-mail par retour. Le temps choisi suppose de renverser la tendance pour reprendre le contrôle.

Définition : temps dédié, temps masqué

Temps dédié : c'est vous qui choisissez quand vous devez faire une tâche. Vous y consacrez une période de temps bien définie et prévue à l'avance.

Temps masqué : vous faites cette tâche au fil de l'eau, en même temps que d'autres, sans y consacrer une période à proprement parler.

Ne lisez vos e-mails que lorsque :	**Ne lisez votre courrier que lorsque :**	**N'écoutez vos messages téléphoniques que lorsque :**
• Vous avez du temps pour y répondre et pour les traiter. • Vous êtes à votre bureau ou avez avec vous tous les documents, dossiers, fichiers nécessaires au parfait accomplissement de votre travail.	• Idem e-mails. • Vous avez devant vous le matériel adéquat pour répondre (imprimante en état de marche, papier à en-tête, enveloppes, agrafeuse, timbres ou machine à affranchir, etc.).	• Vous avez du temps pour rappeler vos interlocuteurs. • Vous êtes à votre bureau ou avez avec vous de quoi accomplir votre travail. • Vous avez sous la main de quoi prendre des notes (informations importantes, noms, coordonnées, etc.).

Mettez en place votre propre centre de tri

Un autre moyen de gagner du temps dans la lecture des messages est de ne pas lire tous les messages. Lorsqu'un e-mail arrive dans votre boîte de réception, êtes-vous sûr d'être le principal intéressé, ou êtes-vous l'une des nombreuses personnes mises en copie «pour information» ou pour couvrir les arrières de l'expéditeur? Ne pas lire tous les e-mails ou en tout cas, ne pas les lire tous, tout de suite, fait gagner beaucoup de temps.

Les règles de messagerie électronique

Tous les logiciels de messagerie permettent la création de règles d'aiguillage des messages entrants. La première étape est de créer des sous-dossiers dans la boîte de réception. Cela peut être par dossier, par client, par expéditeur, etc.

Ensuite, il suffit de créer une règle de messagerie qui aiguille les messages qui arrivent dans un sous-dossier ou dans un autre en fonction d'un paramètre que vous définissez :
✓ nom de l'expéditeur ;
✓ mot-clé dans l'objet de l'e-mail ;
✓ mot-clé dans le corps de l'e-mail ;
✓ présence d'une pièce jointe ;
✓ votre adresse dans la catégorie «À :» ou dans la catégorie «Copie :».

Parole de pro

Brahim Aioun, stagiaire en management :
« Pour gagner du temps, je lis mes e-mails avant même de sortir de chez moi. Ainsi, je dispose du temps de trajet pour réfléchir aux sujets épineux. Une fois arrivé au bureau, je réponds aux messages les plus urgents et appelle les personnes concernées pour leur faire part du travail que j'attends d'elles et leur annoncer qu'elles disposent déjà de toutes les informations dans leur boîte de réception. »

Parole de pro

Carole Vidal, International Account Director, EURO RSCG - groupe Havas :
« Aux e-mails qui demandent une réponse ou une action de ma part, j'attribue une échéance. À ceux qui sont importants, je mets un drapeau. Ainsi, je peux les trier pour ne faire apparaître que ceux-là ou les trier par ordre d'échéance, du plus urgent au moins urgent. »

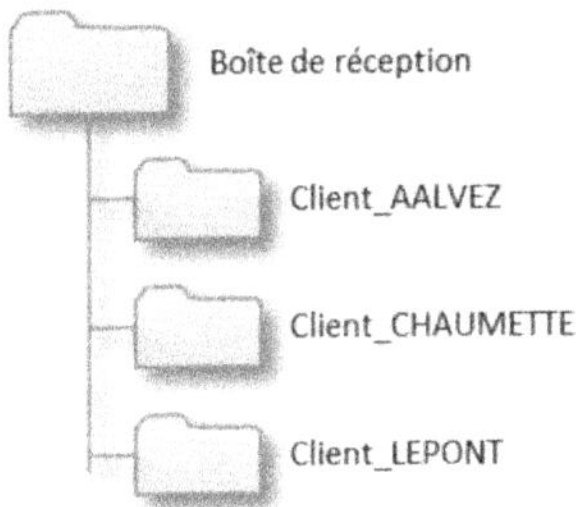

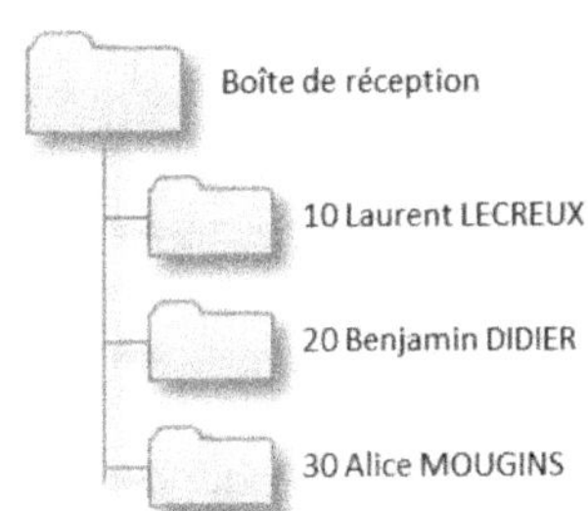

Ainsi par exemple, tous les e-mails qui concernent le projet «Oméga», arrivent directement dans le dossier «Oméga». Si vous n'avez pas prévu de travailler sur ce dossier avant jeudi, vous ne lirez les e-mails relatifs à ce projet que jeudi. Vous ne lisez ces e-mails qu'une fois (gain de temps), tous ensemble (gain de concentration), au moment où vous avez décidé de les traiter (gain d'efficacité).

Les bannettes pour les lettres

On a rarement besoin d'ouvrir une enveloppe pour savoir ce qu'elle contient, ou en tout cas qui en est l'expéditeur et à quel dossier elle fait référence. Avoir sur votre bureau trois ou quatre bannettes pour le courrier entrant permet de faire un tri efficace, avant d'ouvrir les enveloppes, et de ne traiter le courrier que lorsque vous avez décidé de travailler sur le dossier correspondant. On retrouve la même logique et les mêmes gains qu'avec les e-mails

Parole de pro

Sylvia Robert, ingénieur pédagogue, Tellen :
« Grâce à la création de dossiers dans ma boîte de réception et à la configuration de règles de messages, le tri des e-mails entrants se fait automatiquement. Un aperçu sur l'objet, l'expéditeur et au besoin sur le corps me permet de tagger (marquer) d'un drapeau ceux auxquels il faudra que je réponde ou qui nécessitent une action de ma part. »

Vous pouvez choisir de créer une bannette par dossier important que vous gérez ou par thématique «administratif», «commercial», «factures»...

Vous pouvez aussi vous inspirer de la matrice d'Eisenhower et créer quatre bannettes «urgent et important», «urgent mais non important», «important mais non urgent» et «ni urgent, ni important» (voir fiche «Comment prioriser toutes les tâches qui composent ma journée?» page 32).

En résumé

Ne laissez pas l'arrivée d'un message chambouler votre planning et décider de votre agenda : c'est vous qui décidez quand vous êtes disponible pour vos interlocuteurs et pas le contraire. Mettez en place un centre de tri pour les messages entrants de sorte à les traiter en ensembles cohérents et au meilleur moment. Prenez l'habitude de ne lire les e-mails et les lettres qu'une seule fois et de n'écouter vos messages téléphoniques qu'une seule fois.

Fiches reliées

Fiche n° 10 : «Comment gagner du temps à l'ordinateur?»
Fiche n° 23 : «Comment archiver mes e-mails?»
Fiche n° 37 : «Comment laisser un message téléphonique et prendre un message pour quelqu'un d'autre?»

Comment ne plus être en retard à mes rendez-vous ?

Cette question se pose quand :

✓ vous avez une tendance naturelle à ne pas être ponctuel ;
✓ vos rendez-vous s'enchaînent avec peu de marge de retard entre eux.

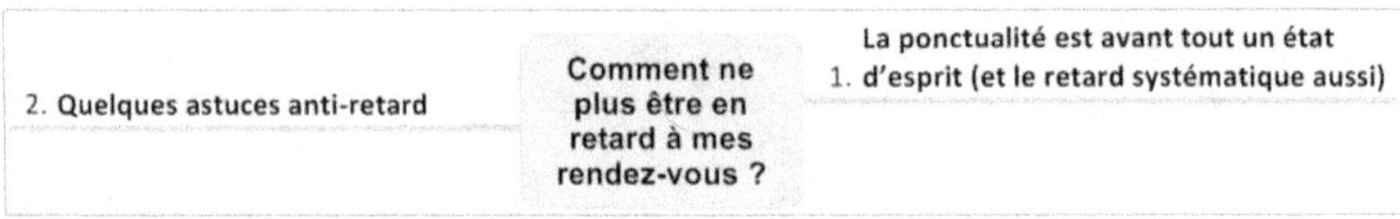

La ponctualité est réellement une règle de savoir-vivre essentielle dans le monde de l'entreprise. Toutefois, certaines personnes ont vraiment du mal à s'y plier.

La ponctualité est avant tout un état d'esprit (et le retard systématique aussi)

Certaines personnes ont une tendance chronique au retard, peut-être en faites-vous partie ? Si c'est le cas, il est urgent de vous demander pourquoi. Sans faire de la psychologie de comptoir, on peut quand même dire qu'une personne qui arrive systématiquement en retard à ses rendez-vous le fait un peu exprès. Ce comportement génère certainement chez elle un bénéfice qu'il lui faut d'abord comprendre, si elle veut changer d'état d'esprit.

Comme beaucoup de gens, je n'aime pas être en retard, mais je n'aime pas non plus arriver en avance et attendre. Comme les contraintes de la vie de bureau, le trafic routier ou des transports en commun et les divers impondérables font qu'il est difficile d'être toujours à l'heure exacte, on se trouve là face à une contradiction.

Pour ma part, j'ai résolu cette contradiction en changeant d'état d'esprit. Plutôt que de prendre le risque de faire attendre mon interlocuteur, je m'arrange pour être celui qui attendra l'autre et je transforme cette attente en moment agréable et positif. J'apporte avec moi une lecture distrayante que je n'ai jamais le temps de faire, ou alors je me renseigne sur les environs du lieu de rendez-vous, et je planifie une courte promenade. Bref, **je fais de cette attente probable un moment voulu, préparé et attendu.** Si par hasard, je n'arrive pas aussi tôt que prévu, cet agréable moment sera remis à plus tard, mais au moins, je n'ai pas fait attendre mon interlocuteur.

Vous verrez aussi qu'à l'usage, il est fort agréable de développer l'image de quelqu'un de ponctuel. Cela renforce le côté sérieux et professionnel. C'est toujours bon de commencer un rendez-vous en s'entendant dire : *« Bonjour Monsieur, vous êtes pile à l'heure, comme d'habitude. »*

Quelques astuces anti-retard

Voici un inventaire des quelques astuces que j'ai pu glaner ici et là :

→ Je prépare mes affaires, mes dossiers, je cherche les clés de ma voiture, je prends mon parapluie... bien avant l'heure de partir en rendez-vous ou en réunion.

→ Je tiens à jour une liste des lieux dans lesquels je me rends souvent (bureaux des clients, différents sites de l'entreprise, etc.) et pour chaque lieu, je consigne mes temps de parcours. Cela m'aide à évaluer la durée prévisible de mon prochain trajet.

→ Je repère le lieu du rendez-vous, j'imprime un plan sur Internet, j'achète un GPS. En ce qui me concerne, je n'ai pas vraiment le sens de l'orientation et il faut bien reconnaître que lire une carte routière pendant que l'on roule n'est ni pratique, ni autorisé par la loi. L'arrivée des GPS sur le marché a radicalement changé ma vie !

→ Avant de partir pour un rendez-vous, j'évite les endroits chronophages et les activités dont je ne maîtrise pas la durée (bureau, lecture des e-mails, appels téléphoniques, etc.).

→ Lorsque je prends un rendez-vous éloigné, je négocie un temps de battement avec mon interlocuteur, je le préviens que je serai peut-être en retard.

→ Je prends le transport le plus rapide et non pas le plus confortable. Une autre variante consiste à ne pas prendre le moyen de transport le plus rapide, mais le plus fiable, celui pour lequel le temps de parcours est le plus régulier.

→ J'avance mon réveil de cinq minutes (une variante consiste à avancer de cinq minutes l'heure de sa montre ou de son téléphone). L'idée ici est de se mettre faussement en retard, pour se presser afin de ne pas être vraiment en retard.

Astuce

Si vous devez prendre le métro à Paris, vous pouvez évaluer votre temps de trajet en comptant une minute trente pour passer d'une station à la suivante et cinq minutes pour un changement.

En résumé

La ponctualité est un état d'esprit. J'arrive systématiquement en avance et je transforme ce temps d'attente en moment agréable.
Certaines astuces permettent de limiter les risques d'être en retard :
▸ préparer ses affaires à l'avance ;
▸ tenir à jour une liste des temps de parcours ;
▸ repérer les lieux, avoir une carte ou un GPS ;
▸ éviter les endroits chronophages ;
▸ négocier un temps de battement ;
▸ prendre le moyen de transport le plus rapide ou le plus fiable ;
▸ avancer sa montre.

Fiches reliées

Fiche n° 2 : « Comment améliorer la gestion de mon temps ? »
Fiche n° 73 : « Comment rendre mes déplacements professionnels moins stressants ? »

Comment organiser mon temps en télétravail à domicile ?

Cette question se pose quand vous êtes télétravailleur à temps plein ou partiel.

Définissez un cadre de travail
1. proche de celui d'un bureau

Profitez du travail à domicile
3. sans abuser de la situation

Comment organiser mon temps en télétravail à domicile ?

Négociez les conditions de votre
2. télétravail avec votre famille

Deux pièges guettent le télétravailleur à domicile : travailler trop (ne plus faire la différence entre le temps de travail et le temps de la famille) ou travailler trop peu (ne pas arriver à s'y mettre, à se concentrer). Comment trouver le juste milieu?

Définissez un cadre de travail proche de celui d'un bureau

Des horaires fixes, définis à l'avance vous permettront de vous mettre au travail plus facilement. De même, prévoir à l'avance l'heure de fin de votre journée de travail permet de mettre une limite. Un des pièges du télétravail consiste à ne plus faire la différence entre le temps de travail et le temps de loisir ou entre l'espace de travail et l'espace familial.

Votre journée doit être organisée avec la même rigueur que celle de quelqu'un qui travaille au bureau. Utilisez un agenda, définissez des plages horaires pour chaque tâche importante. Définissez à l'avance vos horaires de pause, si possible fixes. Faites-vous un café, mangez un fruit, lisez la presse, en un mot prenez une pause équivalente à celle que vous prendriez au bureau. Évitez de grignoter toute la journée, mais arrêtez-vous pour manger quelque chose à heure fixe.

Habillez-vous systématiquement dans un esprit de travail. Gardez un style décontracté si c'est là l'un des avantages que vous voyez à travailler chez vous, mais faites un effort tout de même. Le rituel de la toilette et de l'habillement qui est imposé à toute personne se rendant au bureau permet de commencer « officiellement » la journée et de partir du bon pied.

De même, commencez votre journée par une marche de dix à quinze minutes dans votre quartier, comme si vous deviez cheminer un peu pour vous rendre sur votre lieu de travail. Cela vous oxygènera et marquera un sas entre l'espace-temps privé et celui réservé à votre activité professionnelle. Le soir, un autre tour dans le quartier ou une course marquera le sas de fin de journée de travail et de retour à la vie familiale.

Négociez les conditions de votre télétravail avec votre famille

Avant de s'installer en télétravailleur, il faut évoquer les conditions de votre travail avec votre famille. Quelques points sont à aborder impérativement :

→ Où se fera le travail ? Y a-t-il une pièce dédiée ? Que faire pour que la famille ne se sente pas envahie par votre espace de travail, votre matériel, vos dossiers ?
→ Quels seront le rythme de travail, les horaires ?

Astuce

Passez un peu de temps, lorsque vous les croisez, à expliquer à vos voisins et aux commerçants de votre quartier votre situation particulière. Cela leur évitera de se faire des idées fausses sur votre compte et sur le fait qu'ils ne vous voient jamais « partir au travail » ou qu'ils vous rencontrent en pleine journée, là où d'habitude ils ne croisent que des chômeurs ou des retraités.

→ Qui s'occupe des enfants et des tâches ménagères ? Ce n'est pas parce que l'on travaille à la maison que l'on a plus de temps libre que quelqu'un qui part au bureau.

→ La famille aide-t-elle à votre activité professionnelle ? Comment ? Avec quelle charge de travail et quelles responsabilités ?

Gardez en mémoire que cette négociation doit se faire avec la famille et non pas contre la famille. Il est évident que vie familiale et contraintes de travail sont difficilement compatibles dans un même lieu si on ne s'organise pas. Les enfants font forcément plus de bruit qu'un voisin de bureau, les animaux domestiques font des bêtises et la belle-mère téléphone systématiquement au moment où vous avez le plus besoin de vous concentrer... Une organisation concertée pour délimiter l'espace et le temps de travail à domicile évitera bien des tensions.

Profitez du travail à domicile sans abuser de la situation

Les avantages du travail à domicile sont nombreux. On ne perd pas de temps dans les transports ou les embouteillages. On profite d'un cadre de travail agréable, que l'on a choisi, décoré et aménagé confortablement. On a des horaires plus souples et on peut s'organiser librement. Vous pouvez profiter de ces avantages et améliorer votre confort de vie. Toutefois attention, les tentations sont nombreuses :

✓ travailler plus « cool », plus lentement, sans le stress minimum qui aide à la performance ;
✓ allumer la télévision ou prendre un livre ;
✓ aller prendre un café au bar ;
✓ surfer sur Internet, jouer, etc.

Ces mauvaises habitudes conduisent vite à la perte d'efficacité, voire à l'oisiveté et il vous faudra chaque jour vous faire violence pour ne pas tomber dans ces travers.

En résumé

Définissez un cadre de travail proche de celui du bureau en ce qui concerne les horaires, la tenue vestimentaire et les rituels de début et de fin de journée. Négociez les conditions de votre télétravail avec votre famille. Profitez de tous les avantages de cette situation sans tomber dans les excès qui vous feraient perdre en efficacité.

Fiches reliées

Fiche n° 3 : « Comment planifier mon travail ? »
Fiche n° 21 : « Comment organiser mon espace de télétravail ? »
Fiche n° 78 : « Comment cultiver mon réseau ? »

Chapitre 2

Organiser votre espace

Comment agencer mon bureau (la pièce) ?

Cette question se pose quand :

✓ vous avez votre propre bureau ;

✓ vous perdez du temps à chercher des affaires ou des dossiers ;

✓ vous voudriez avoir un environnement de travail plus fonctionnel et dans lequel vous seriez plus à l'aise.

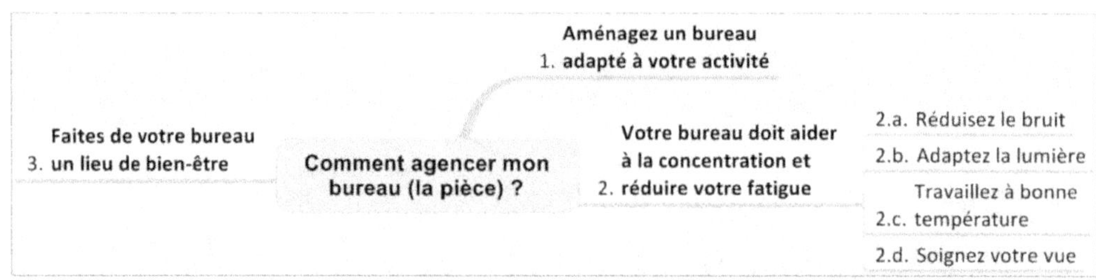

Un bureau fonctionnel incite au travail et aide à la concentration. Le placement des éléments les uns par rapport aux autres joue un rôle essentiel dans cet aménagement.

Aménagez un bureau adapté à votre activité

Le bureau est le cadre dans lequel se passe le plus clair de votre activité professionnelle ; il se doit d'être une aide à la performance et non pas une entrave.

Pour organiser votre bureau, commencez par inventorier les activités que vous pouvez faire en fonction du déplacement que cela suppose pour vous. Pour cela, je vous propose de remplir la grille suivante :

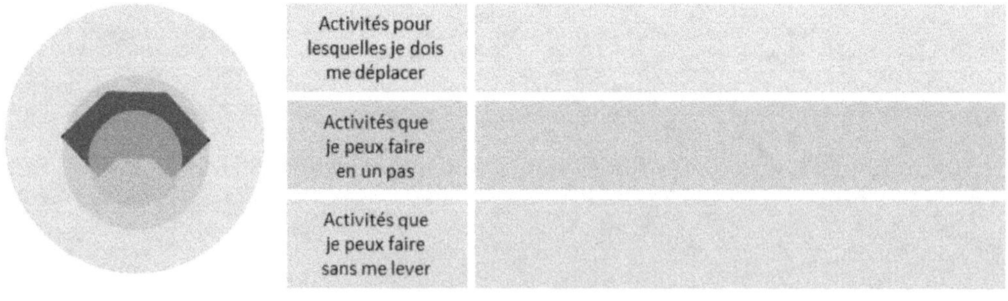

Les trois zones qui entourent votre bureau

Une fois le tableau rempli, vous pouvez l'analyser. Plus une activité revient souvent dans votre journée, plus elle doit pouvoir se faire avec un minimum de déplacement. Réorganisez votre bureau en fonction de la fréquence et de la longueur des déplacements que votre travail induit.

Une autre bonne manière d'aménager votre espace est d'identifier les grands ensembles qui composent la surface de votre bureau et de voir s'ils correspondent à votre activité. Par exemple, si vous avez une table de réunion dans votre bureau mais que vous n'y recevez que rarement du monde, cela constitue un espace improductif. Dès lors, la tentation d'y empiler des dossiers est grande. Dans ce cas, je vous suggère d'enlever la table de réunion inutile et de la remplacer par une armoire fonctionnelle qui vous fera gagner du temps lorsque vous chercherez un document.

Votre bureau doit aider à la concentration et réduire votre fatigue

Réduisez le bruit

Veillez à fermer la porte de votre bureau aussi souvent que possible. La pose d'une moquette épaisse est aussi une bonne idée, car elle absorbera les bruits et les vibrations qui peuvent causer des troubles articulaires et musculaires.

Adaptez la lumière

Travaillez autant que possible à la lumière naturelle du jour, et évitez les éclairages trop crus, trop blancs qui fatiguent la vue. En dépit des considérations écologiques, veillez à ce que votre bureau soit toujours bien éclairé lorsque vous êtes dedans. Au besoin, préférez des ampoules peu consommatrices d'énergie.

Placez l'écran de votre ordinateur de manière à ne pas souffrir d'un contre-jour ou d'un reflet de lampe.

Astuce

Vous pouvez télécharger gratuitement cette grille prête à l'emploi sur le site www.bourrelly.org, rubrique « publications ».

Utilisez une lampe de bureau lorsque vous devez lire un document papier, cela reposera votre vue.

Si vous recevez des visiteurs, faites attention à leur confort. Ne les exposez pas à une lumière trop directe ou à un contre-jour lorsqu'ils sont face à vous. Une bonne manière de s'assurer de cela est de s'asseoir, pour une fois, à la place qu'ils occupent lorsqu'ils viennent vous voir. Ainsi, vous saurez exactement dans quelles conditions de confort ils sont et ce qu'ils voient. Avez-vous déjà pris trente secondes pour le faire ?

Parole de pro

Alain Hubrecht, directeur d'entreprises :
« J'ai toujours un tableau blanc, des feutres effaçables et un effaceur à moins de dix pas de mon bureau. »

Travaillez à bonne température

Soyez très vigilant à adapter la température de votre bureau à vos besoins. Bien souvent, lorsque nous nous apercevons que nous avons trop chaud ou trop froid, cela fait plusieurs heures que notre corps en souffre. Il n'y a pas de température idéale. Cela dépend principalement de vous, de votre activité, du temps qu'il fait dehors… Un thermomètre électronique posé sur votre bureau vous rappellera, aussi souvent que votre regard se posera dessus, que la température est importante et qu'il vous faut interroger votre corps et lui demander si elle est adaptée.

Pensez à aérer votre bureau lorsque vous quittez la pièce pour une réunion ou une pause-café.

En revanche, si vous travaillez en ville, gardez la fenêtre fermée aussi longtemps que vous êtes dans la pièce, cela vous protégera du bruit de la rue.

Soignez votre vue

Il s'agit ici de la vue que vous avez depuis votre fenêtre. Elle doit être une source d'inspiration et de concentration, surtout pas de distraction. Certaines personnes aiment travailler face à la fenêtre et d'autres dos à elle. D'autres, enfin, ne se posent pas la question et s'installent comme leur prédécesseur l'a fait. C'est dommage : la vue constitue un point important de l'aménagement du bureau et votre efficacité dans celui-ci. Posez-vous la question, testez différentes positions pour trouver la vôtre.

Faites de votre bureau un lieu de bien-être

Si vous le pouvez, choisissez un mobilier design, c'est-à-dire alliant les aspects esthétiques et fonctionnels. Choisissez un style qui vous plaît et un mobilier confortable.

Soignez l'ergonomie : adaptez la hauteur de votre siège à votre morphologie et assurez-vous que le clavier et l'écran de votre ordinateur ne vous procurent aucune gêne. Une mauvaise position, souvent répétée, entraînera des traumatismes et des lésions qui vous feront souffrir.

Plusieurs formes de bureau sont disponibles : plus ou moins ronde, plus ou moins courbe, avec une partie table de réunion intégrée au bout, plus ou moins large ou profonde... Choisissez la forme qui convient le mieux à votre activité. Renseignez-vous et testez différentes options avant de vous décider.

Vous avez chez vous un parfum d'intérieur, des bougies, de l'encens, des photos, des objets d'arts ou des bibelots ? Faites de même au bureau ! Personnalisez-le, mais sans excès, pour qu'il vous ressemble : vous y serez mieux et cela renforcera aussi votre image professionnelle. Ne craignez pas de vous dévoiler au travers de votre espace de travail. Au contraire, cela montrera que vous vous assumez comme vous êtes et que vous avez une vie en dehors du travail.

Enfin, ayez toujours de quoi proposer une boisson chaude ou fraîche à vos visiteurs, une boîte de mouchoirs en papier, des stylos, une prise électrique libre... Bref, des petites attentions qui agrémenteront votre quotidien et celui de vos interlocuteurs.

En résumé

Faites de votre bureau un véritable instrument de votre efficacité et non pas une contrainte à surmonter.
Adaptez la disposition des meubles et le système de rangement à votre activité quotidienne, en vous basant sur une analyse objective.
Réduisez toutes les nuisances et les sources de stress, pensez tout d'abord à votre confort et à votre bien-être.
Aménagez votre bureau avec le même soin que votre appartement.

Fiches reliées

Fiche n° 18 : « Comment agencer mon bureau pour un entretien à deux ou à trois ? »
Fiche n° 20 : « Comment optimiser le rangement du matériel ? »
Fiche n° 21 : « Comment organiser mon espace de télétravail ? »

Comment ranger mon bureau (le meuble) ?

Cette question se pose quand :

✓ trop de choses s'amoncellent sur votre bureau ;
✓ vous n'avez pas assez de place pour tout ranger.

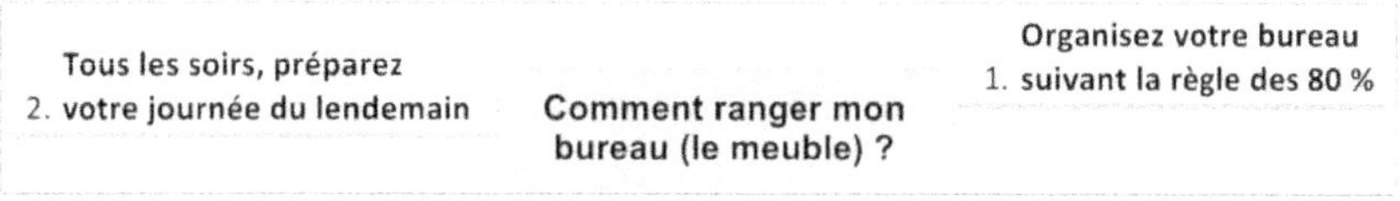

Tous les soirs, préparez 2. votre journée du lendemain	**Comment ranger mon bureau (le meuble) ?**	Organisez votre bureau 1. suivant la règle des 80 %

Un bureau net incite au travail et donne une bonne image de vous.

Organisez votre bureau suivant la règle des 80 %

Lorsque vous êtes assis à votre bureau, vous devez avoir accès à 80 % des informations dont vous avez besoin et pouvoir faire 80 % des tâches qui composent votre activité sans vous lever. Assurez-vous que le matériel indispensable est à portée de main, profitez-en pour mettre de l'ordre dans vos tiroirs. Tout est-il à sa place, facile à trouver et en état de marche ? Procurez-vous des bannettes pour le courrier entrant et sortant ainsi que pour les dossiers en cours. En début de journée, révisez votre agenda et disposez tous les dossiers sur lesquels vous allez travailler sur le coin de votre bureau.

Parole de pro

Fabiole Moreddu, pharmacien-consultante, D-Talents : « *Votre bureau est encombré de piles de documents ? Vous ne savez jamais retrouver le courrier urgent qui vous a été récemment adressé ? Vous avez lu un article intéressant, vous l'avez mis de côté, mais ne parvenez plus à mettre la main dessus ? Voici mon astuce toute simple et peu onéreuse :*

1. *Achetez un stock de chemises cartonnées de différentes couleurs (à élastiques pour que rien ne s'en échappe !).*
2. *Notez sur la tranche la nature du contenu (Exemple : "factures", "impôts", "notes de service", "articles", "divers", etc.).*
3. *Rangez IMMÉDIATEMENT à réception tout document dans sa pochette correspondante.*
4. *Empilez les pochettes TRANCHE VISIBLE dans un endroit (étagère, placard, etc.) facilement accessible ou même directement sur votre bureau.* »

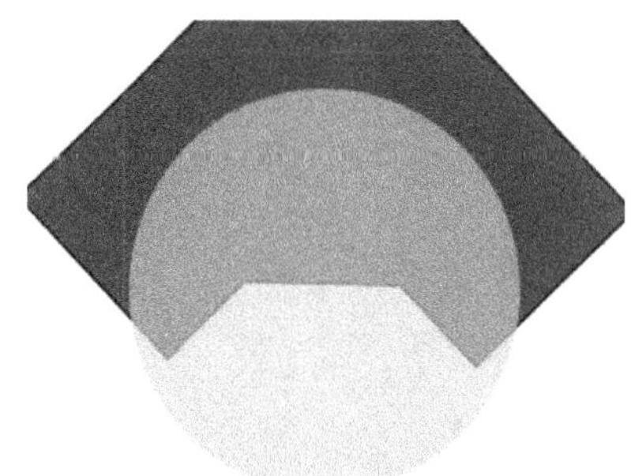

La zone des 80 %

Parole de pro

Carole Vidal, International Account Director, EURO RSCG - Groupe Havas :
« Je sépare mon bureau en deux espaces distincts : ordinateur - téléphone - crayons et dossiers en cours. À chaque fois qu'un collègue vient m'interroger pour avoir une information, elle est forcément dans l'une de ces deux moitiés. »
Christophe Gauthier, responsable des Ressources Humaines, Leader Price :
« Lorsque je m'attelle à une tâche, je libère mon bureau de tout ce qui n'est pas en rapport direct avec elle. Ainsi, mon esprit n'est pas distrait par des éléments qui me rappellent d'autres travaux. Dans le même ordre d'idée, je prends tous mes rendez-vous hors de mon bureau. Ceci facilite ma concentration et ma focalisation sur le sujet traité sans être dérangé. »

Tous les soirs, préparez votre journée du lendemain

Avoir un bureau ordonné et efficace pendant la journée commence par avoir ce même bureau lorsque vous arrivez le matin.

Tous les soirs, faites le vide de votre bureau avant de partir. Cela vous aidera aussi à faire le vide dans votre tête et à quitter le monde du travail sereinement pour entrer dans celui de la vie privée. Préparez soigneusement tout ce dont vous aurez besoin le lendemain. Laissez-vous une note si quelque chose d'important risque de vous échapper.

Prenez vraiment ce temps pour vous, un peu comme si votre « moi » présent prenait soin de votre « moi » futur et le maternait. Demain matin, votre « moi » d'aujourd'hui remerciera votre « moi » d'hier !

En résumé

Vous devez pouvoir atteindre 80 % des informations dont vous avez besoin dans la journée sans vous lever.
Vous devez pouvoir faire 80 % des tâches qui composent votre journée sans vous lever.
Tous les soirs, rangez votre bureau et préparez votre journée du lendemain.

Fiches reliées

Fiche n° 24 : « Comment classer mes papiers efficacement ? »
Fiche n° 67 : « Comment limiter les facteurs de fatigue ? »

Comment organiser mon bureau (d'ordinateur) ?

Cette question se pose quand :

✓ trop de fichiers et de raccourcis s'accumulent sur le bureau de votre ordinateur ;
✓ vous perdez trop de temps à chercher où cliquer.

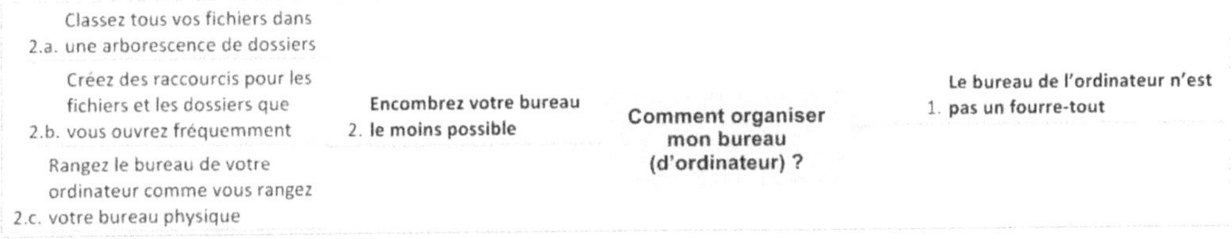

2.a.	Classez tous vos fichiers dans une arborescence de dossiers		
2.b.	Créez des raccourcis pour les fichiers et les dossiers que vous ouvrez fréquemment	2. Encombrez votre bureau le moins possible	**Comment organiser mon bureau (d'ordinateur) ?**
2.c.	Rangez le bureau de votre ordinateur comme vous rangez votre bureau physique		
		1. Le bureau de l'ordinateur n'est pas un fourre-tout	

Fichiers, dossiers, raccourcis, gadgets… Ils sont nombreux, les éléments qui viennent s'accumuler sur le bureau de l'ordinateur. Apprendre à ranger cette partie de la mémoire de votre ordinateur, c'est avant tout comprendre comment vous pouvez vous en servir.

Le bureau de l'ordinateur n'est pas un fourre-tout

Le bureau de votre ordinateur est ce sur quoi vous arrivez lorsque vous l'allumez. C'est le point de départ de l'utilisation de ce qui est, et qui doit rester, un outil de travail et de performance, et non une source de perte de temps. Imaginez que vous alliez dans une maison dans laquelle le couloir d'entrée est encombré de tout le mobilier, le matériel de cuisine, les produits de beauté, les outils… Quelle image auriez-vous des occupants de cette maison ?

Voudriez-vous vivre dans un endroit où tout ce que vous cherchez est entassé dans l'entrée et les autres pièces vides ? Serait-ce pratique ?

De même que la fonction d'un couloir d'entrée est de vous donner un accès facile aux pièces de la maison, le bureau de votre ordinateur doit vous aiguiller sur les endroits où se trouvent les informations que vous cherchez. Autrement dit, **rangement et organisation sont les maîtres mots de l'utilisation d'un ordinateur** et ceci se voit avant tout sur l'espace nommé « bureau ».

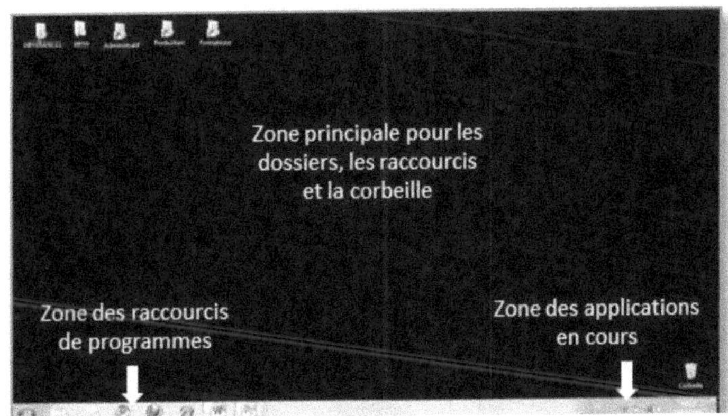

Les principales zones du bureau du PC

Définitions : fichier, dossier, raccourci

Le fichier est un document créé à partir d'un programme. Ce peut être une image, un texte, un son, une vidéo, un diaporama, etc.

Le dossier désigne un classeur, qui a un nom et dans lequel on peut ranger des fichiers. Les dossiers servent à archiver des fichiers dans des arborescences (un dossier peut lui-même contenir un ou plusieurs dossiers) pour faciliter leur recherche.

Le raccourci est un lien direct vers un fichier ou un programme qui se trouve ailleurs.

L'écran précédent montre les différentes parties qui composent le bureau.

La zone principale sert à contenir des dossiers, des fichiers et des raccourcis et contient aussi la corbeille.

La zone en bas à gauche ne contient que des raccourcis vers les programmes que vous utilisez fréquemment ou qui sont en cours d'utilisation.

La zone en bas à droite contient des raccourcis vers des fenêtres d'applications qui tournent en ce moment sur votre ordinateur, ainsi que la date et l'heure.

Encombrez votre bureau le moins possible

Voici quelques conseils pour organiser efficacement votre bureau.

Classez tous vos fichiers dans une arborescence de dossiers

Créez une arborescence qui soit logique par rapport à votre activité. Voici quelques exemples :

✓ un dossier racine « clients », qui contient un dossier pour chacun de vos clients dans lequel vous archivez tous les fichiers relatifs à ce client ;
✓ un dossier racine « projets », qui contient un dossier pour chaque projet dans lequel vous intervenez ;
✓ un dossier racine « employés », qui contient un dossier par employé ;
✓ un dossier « compta_gestion », qui contient les dossiers « paye », « comptabilité », « fiscalité », « administratif », etc.

Seuls les dossiers racines (« Clients », « Projets », « Compta_Gestion », etc.) doivent être présents sur le bureau.

Pour créer un dossier, où que vous soyez, cliquez avec le bouton droit de la souris. Choisissez « nouveau », puis « dossier ». Il ne vous reste plus qu'à taper son nom.

Créez des raccourcis pour les fichiers et les dossiers que vous ouvrez fréquemment

L'avantage de l'arborescence, c'est qu'elle permet d'organiser les fichiers de manière cohérente et intuitive. L'inconvénient est que si

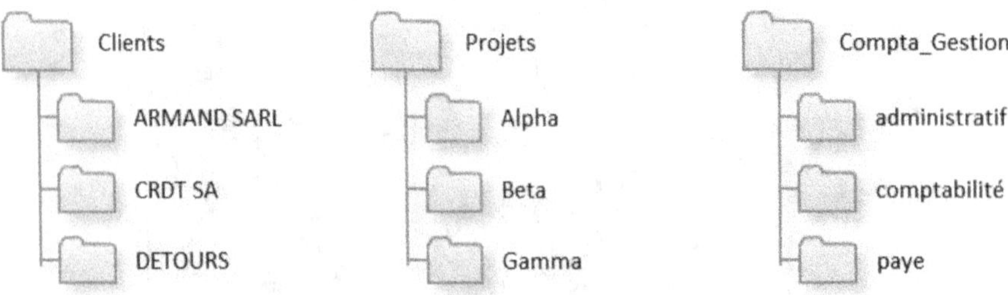

Trois exemples d'arborescence de dossiers

vous avez cinq ou six niveaux dans votre arbre, il faut faire de nombreux clics pour parvenir à ouvrir le fichier désiré. Pour éviter cela, créez sur votre bureau des raccourcis qui pointent vers les fichiers que vous ouvrez souvent (idem pour les programmes que vous ouvrez souvent). Pour ce faire, faites un clic droit lorsque vous êtes sur le bureau. Sélectionnez « nouveau » puis raccourci et cliquez sur parcourir. Parcourez votre arborescence jusqu'à ce que vous trouviez le fichier désiré, puis cliquez sur « OK », « suivant » et « terminer ». Votre raccourci est prêt : si vous double-cliquez dessus, cela ouvrira automatiquement votre fichier sans avoir besoin de parcourir votre arborescence.

Rangez le bureau de votre ordinateur

Tous les soirs, débarrassez votre bureau des fichiers que vous avez créés pendant la journée et archivez-les à l'endroit approprié de votre arborescence. Moins il y aura de choses sur votre bureau demain matin, lorsque vous commencerez votre journée de travail, plus vous aurez l'esprit libre. À ce propos, un autre conseil pas très réjouissant mais très utile quand même : ne mettez pas de photo en fond d'écran et préférez plutôt un fond uni (de préférence noir). C'est ce qui vous permettra de trouver vos dossiers et raccourcis le plus vite et de reposer votre vue (désolé pour vos photos de vacances, vos enfants, votre chat ou votre star préférée).

En résumé

Le bureau de votre ordinateur doit être le moins encombré possible.
Idéalement, il ne doit pas contenir de fichiers, mais uniquement des dossiers racines d'arborescences et des raccourcis.
Rangez-le tous les soirs comme vous rangez votre bureau physique.

Fiches reliées

Fiche n° 10 : « Comment gagner du temps à l'ordinateur ? »
Fiche n° 22 : « Comment archiver l'information dans mon ordinateur ? »

Comment agencer mon bureau pour un entretien à deux ou à trois ?

Cette question se pose quand vous devez recevoir un collègue, un client, un fournisseur, etc., dans votre bureau.

		1. Rangez votre bureau
3. Faites de la place sur votre bureau	**Comment agencer mon bureau pour un entretien à deux ou à trois ?**	
		2. Préparez votre table de réunion

Lorsque votre bureau dispose d'une table de réunion, vous avez déjà fait une grande partie de la préparation en débarrassant cette dernière des éventuels classeurs, dossiers et livres qui l'encombrent lorsque vous êtes seul. Toutefois, d'autres détails qui ont leur importance restent à régler. Si vous n'avez pas de table de réunion, c'est un obstacle supplémentaire à lever.

Rangez votre bureau

La première chose à faire avant de recevoir un visiteur est de ranger votre bureau. Pas forcément de fond en comble, mais suffisamment pour que le gros désordre éventuel disparaisse. Dites-vous bien que la première chose que fera votre visiteur en entrant sera de jeter un coup d'œil circulaire autour de lui et cela participera de l'image qu'il se fera de vous. Pour éviter de renvoyer une impression négative, placez-vous à la porte de votre bureau et regardez à l'intérieur comme si c'était votre première visite :

→ Que remarquez-vous en premier ?
→ Y a-t-il des choses qui vous choquent ?
→ Quelle est l'impression générale qui se dégage ?
→ Que pouvez-vous en déduire sur la personne qui travaille ici ?

Rangez vote bureau en fonction de ces observations.

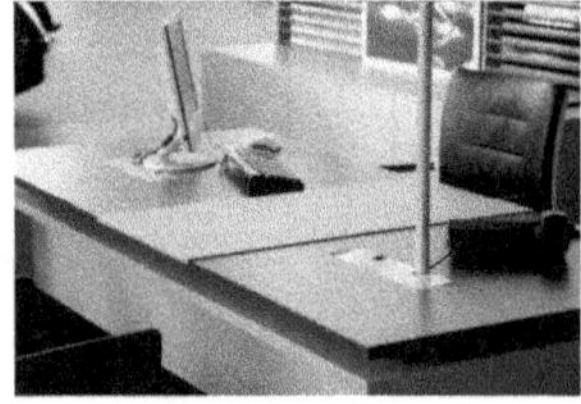

Préparez votre table de réunion

Puisque votre bureau est à présent rangé, on suppose que votre table de réunion est nette. Plus aucun document ne l'encombre.

Placez maintenant les chaises (deux ou trois, en fonction du nombre de visiteurs). La façon dont les interlocuteurs vont s'asseoir les uns par rapport aux autres n'est pas anodine et influera sur l'ambiance de l'entretien, et peut-être son issue. Revenez sur l'objectif de l'entretien. Est-ce une réunion de présentation (d'un document, d'un produit, etc.), une discussion

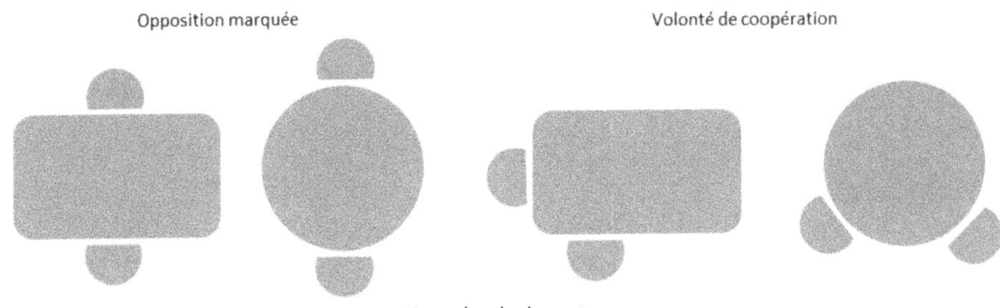

collaborative (*brainstorming*, prise de décision, etc.), une négociation, un entretien qui promet d'être conflictuel (recadrage, entretien préalable au licenciement, etc.)? Suivant l'objectif de l'entretien, le placement des chaises devra être différent. Deux principes sont à garder en mémoire :

→ Plus les chaises sont éloignées, plus cela marque la distance dans les opinions des interlocuteurs.

→ Plus les chaises sont face-à-face, plus cela marque l'aspect conflictuel de la réunion.

Les tables rondes sont toujours à privilégier, car elles offrent plus de possibilités de placer les chaises, en faisant varier l'angle, que les tables rectangulaires.

Une fois les chaises placées, voici une liste de matériel que vous pouvez placer sur la table :

✓ pot à crayons ;
✓ feuilles vierges ou bloc-notes ;
✓ verres et bouteilles d'eau ;
✓ documents que vous allez utiliser pendant la réunion ;
✓ cartes de visites, etc.

Faites de la place sur votre bureau

Si vous n'avez pas de table de réunion, il vous faudra recevoir votre visiteur à votre bureau. Dans ce cas, débarrassez-le autant que possible pour que votre interlocuteur ait la place de prendre des notes et ne puisse pas avoir accès à des informations confidentielles.

Disposez, à portée de main, le même matériel que sur une table de réunion (voir ci-dessus).

Placez la chaise sur laquelle votre visiteur va s'asseoir légèrement en biais.

Astuce

Placez toujours dans votre bureau une horloge visible depuis la table de réunion. Cela vous permettra de garder un œil sur la pendule et de ne pas terminer votre entretien en retard.

En résumé

Avant de recevoir un visiteur, rangez votre bureau, car la vision qu'il aura de la pièce participera de l'image qu'il aura de vous. Disposez sur la table tout le matériel dont vous pourriez avoir besoin. Faites comprendre à votre visiteur qu'il est attendu et qu'il est le bienvenu.
Faites attention à la manière dont vous disposez les chaises. Cela doit être fait en fonction de l'objectif de l'entretien et du type de relation que vous voulez favoriser entre votre interlocuteur et vous.

Fiches reliées

Fiche n° 5 : «Comment prioriser toutes les tâches qui composent ma journée ? »
Fiche n° 19 : «Comment préparer la salle pour une réunion ? »
Fiche n° 30 : «Comment organiser des réunions productives ? »

Comment préparer la salle pour une réunion ?

Cette question se pose quand :

✓ vous devez organiser une réunion ;

✓ vous devez organiser une formation ou des ateliers de travail en groupe ;

✓ vous devez organiser une conférence, une « table ronde » ou une présentation en public.

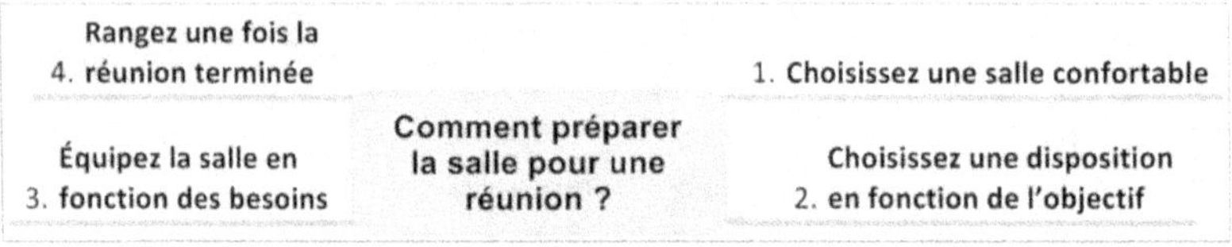

4. Rangez une fois la réunion terminée		**1. Choisissez une salle confortable**
3. Équipez la salle en fonction des besoins	**Comment préparer la salle pour une réunion ?**	**2. Choisissez une disposition en fonction de l'objectif**

L'organisation logistique compte pour beaucoup dans la réussite d'une réunion.

Choisissez une salle bien adaptée

Le premier critère de choix de la salle est sa taille par rapport au nombre de participants à la réunion. Renseignez-vous sur le nombre d'invités ou d'inscrits, ainsi que sur les éventuels changements de dernière minute pour choisir la taille de la salle. Retenez que :

→ Une salle trop petite n'offre pas le confort nécessaire au travail et chauffe vite.

→ Une salle trop grande, résonne, se révèle bruyante et favorise la dispersion des esprits et le manque de concentration.

Privilégiez les salles avec des fenêtres et un éclairage naturel. Le travail dans ces salles-ci est toujours moins fatigant et plus productif. Préférez les salles dans lesquelles vous pouvez changer la disposition des chaises et des tables et que vous pourrez organiser en fonction de vos besoins. Deux heures avant la réunion, faites un tour de la salle pour vous assurer que le matériel nécessaire est bien disponible et pour en ajuster la température.

Choisissez une disposition en fonction de l'objectif

La disposition des tables et des chaises doit être faite en fonction de la nature et de l'objectif de la réunion. Voici les grands principes.

Lorsque les participants font face à l'orateur, cela favorise l'écoute

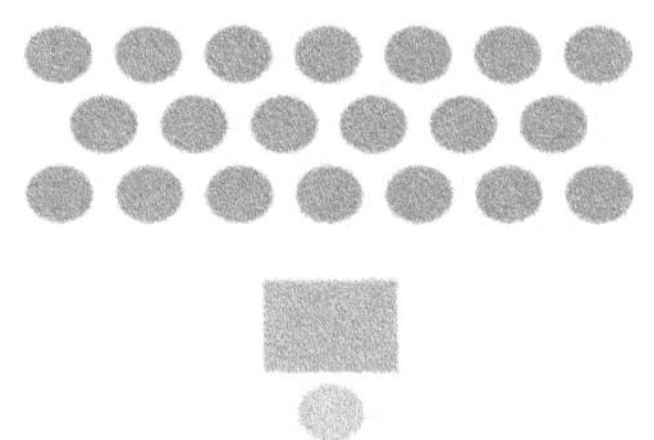

Cette disposition de salle peut être utilisée pour des grands groupes qui assistent à :

✓ une conférence ;

✓ une présentation ;

✓ un discours.

La présence de tables favorise la prise de notes

Cette disposition de salle peut être utilisée pour des petits groupes qui assistent à :
✓ une conférence ;
✓ une présentation ;
✓ un discours ;
✓ une formation technique.

Lorsque les participants se font face, cela favorise les échanges entre eux

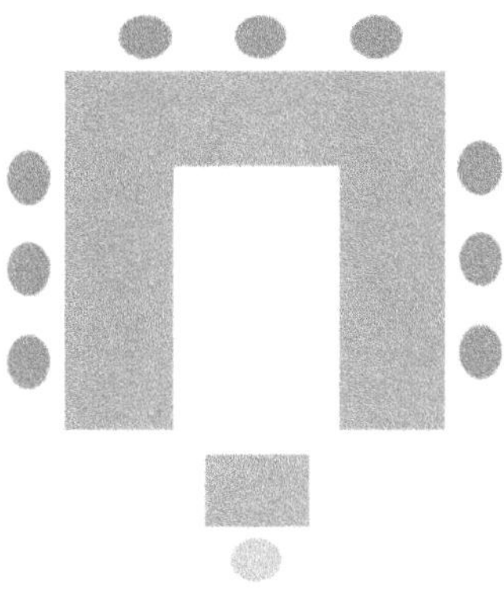

Cette disposition de salle peut être utilisée pour :
✓ une réunion de travail ;
✓ une formation.

Lorsque l'orateur est assis à la même table que les participants, cela favorise les échanges entre eux et lui

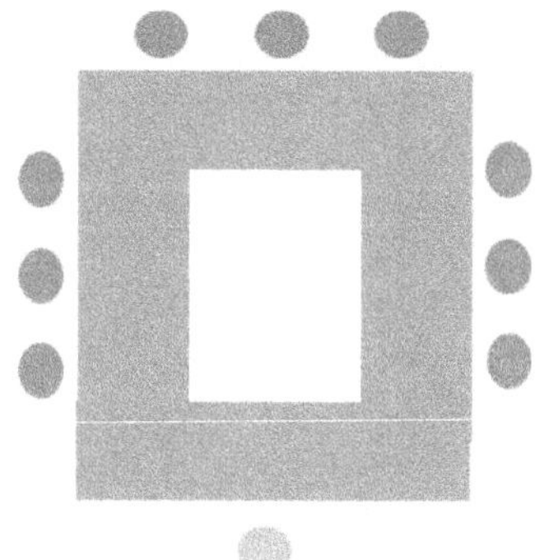

Cette disposition de salle peut être utilisée pour :
✓ une réunion de travail ;
✓ une formation.

Lorsque les participants sont assis en petits groupes, cela favorise le travail en commun

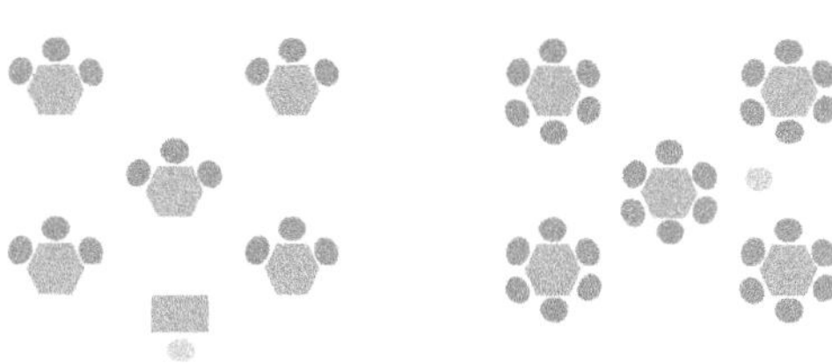

Cette disposition de salle peut être utilisée pour :
✓ des ateliers de réflexion ;
✓ des travaux de groupes ;
✓ une formation interactive.

Équipez la salle en fonction des besoins

Voici la liste du matériel avec lequel je vous préconise d'équiper la salle choisie :
✓ une horloge pour que l'orateur sache quand il doit commencer et quand finir ;
✓ un vidéoprojecteur avec enceintes ;
✓ un stylo ou un crayon par participant ;
✓ un bloc-notes par participant ;
✓ un tableau, des feutres de différentes couleurs en état de marche et un effaceur ;
✓ des affiches en lien avec le sujet traité ;
✓ des verres et des bouteilles d'eau.

Rangez une fois la réunion terminée

Lorsque la réunion est terminée, éteignez le vidéoprojecteur, baissez le chauffage, ramassez et triez tous les déchets, récupérez le matériel réutilisable et remettez la salle dans la même disposition que celle dans laquelle vous l'avez trouvée. De même, effacez le tableau blanc, déchirez puis jetez les feuilles que vous avez utilisées. C'est à la fois une marque de correction et de confidentialité. Voulez-vous que les prochains occupants de la salle, qui n'étaient pas invités à votre réunion sachent tout ce qui s'y est dit ?

En résumé

Choisissez une salle fonctionnelle et bien adaptée.
Organisez une disposition correspondant aux objectifs de la réunion.
Assurez-vous de la présence de tout le matériel nécessaire.

Fiches reliées

Fiche n° 18 : « Comment agencer mon bureau pour un entretien à deux ou à trois ? »
Fiche n° 30 : « Comment organiser des réunions productives ? »
Fiche n° 34 : « Comment organiser une vidéo-conférence ou une conférence téléphonique ? »

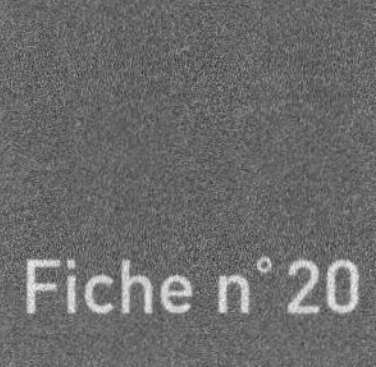

Comment optimiser le rangement du matériel ?

Cette question se pose quand :

✓ vous maniez de nombreuses fournitures ;
✓ vous avez besoin de beaucoup de matériel ;
✓ vous maniez des choses lourdes ou encombrantes.

			Conservez tout le matériel nécessaire et uniquement 1.a. le matériel nécessaire
Pour les choses lourdes ou encombrantes, 3. réduisez la distance	**Comment optimiser le rangement du matériel ?**	**Gérez votre stock, créez** 1. **une zone de « picking »**	Créez une zone de « picking » 1.b. proche de vous
		Pour les choses légères, réduisez 2. **le nombre de trajets**	

Rien de plus fatigant que de devoir faire des allers-retours incessants entre les armoires et le bureau. Surtout si on le fait les bras chargés d'objets encombrants.

Gérez votre stock, créez une zone de « picking »

En matière de rangement, vous devez considérer votre bureau comme un entrepôt. Tout le matériel dont vous avez besoin doit être disponible sur place et uniquement le matériel nécessaire. Par ailleurs, plus un matériel est utile souvent, plus il doit être accessible.

Conservez tout le matériel nécessaire et uniquement le matériel nécessaire

À chaque fin de mois, faites le tour de votre bureau et mettez de côté ce qui ne vous a pas servi pendant les trente derniers jours :

→ Jetez ce qui peut l'être.
→ Archivez dans une autre pièce ce qui ne vous servira plus.
→ Éloignez au maximum de vous ce qui pourrait servir un jour, mais sans savoir quand.

Par ailleurs, rapprochez de vous tout le matériel qui vous a servi plusieurs fois dans le mois. Tenez à jour une liste du matériel dont vous avez eu besoin et qui n'était pas disponible dans votre bureau, que ce soit du petit matériel comme des fournitures de bureau ou du matériel plus important, voire essentiel à votre travail. Tâchez de vous procurer tout ce qui vous a manqué et de lui trouver une place adaptée à la fréquence d'utilisation.

Créez une zone de « picking » proche de vous

Tout le matériel dont vous vous servez quotidiennement, ou plusieurs fois par semaine (fournitures, dossiers en cours, classeurs, parapheurs, etc.) doit être à portée de main. Idéalement, accessible sans que vous ayez besoin de vous lever pour l'attraper. Si cette zone de votre espace de travail n'est pas très cohérente (on y trouve de tout) ni très bien rangée, ce n'est pas très grave, du moment que vous vous y retrouvez et que tout y est facile d'accès.

Définitions : stock et zone de « picking »

Le stock désigne l'ensemble des marchandises à votre disposition. Par extension, endroit où sont entreposées les marchandises.
La zone de « picking » est l'endroit où des marchandises dont on a besoin souvent sont facilement accessibles, en petites quantités, et dans lequel on peut venir piocher.

Pour les choses légères, réduisez le nombre de trajets

Les choses légères peuvent être rangées loin de vous, car vous ne ferez pas d'effort pour les porter. Mais dans ce cas, vous avez intérêt à réduire le nombre de trajets pour aller les chercher. D'autant plus que, comme elles sont légères, vous pouvez peut-être en prendre plusieurs à la fois.

Pour réduire le nombre de trajets, vous pouvez appliquer les deux conseils suivants :

→ Réfléchissez à tout ce dont vous avez besoin (c'est-à-dire tout ce que vous devez prendre) avant de vous lever (un peu comme quand vous faites votre liste de courses avant d'aller au supermarché).
→ Groupez le matériel en ensembles cohérents de choses dont vous avez généralement besoin en même temps (un peu comme lorsque vous rangez, chez vous, le fer à repasser à côté de la table à repasser).

Pour les choses encombrantes, réduisez la distance

Rangez toujours le matériel pesant ou volumineux au plus près de vous. Ainsi, vous n'aurez pas à le transporter sur de longues distances et vous réduirez votre fatigue ainsi que les risques de vous faire mal.

Astuce

Gardez toujours dans un tiroir de votre bureau un grand sac de type cabas de courses, il vous servira à transporter le matériel et à réduire le nombre de trajets.

En résumé

Soyez sûr d'avoir toujours, dans votre bureau, tout le matériel dont vous avez besoin.
Faites de la place en archivant ou en jetant ce dont vous ne vous servez pas.
Créez une zone de « picking » à portée de main pour le matériel dont vous vous servez souvent.
Réduisez le nombre de trajets lorsque vous allez chercher du matériel léger et peu encombrant.
Réduisez la distance pour aller chercher ce qui est lourd ou volumineux.

Fiches reliées

Fiche n° 15 : « Comment agencer mon bureau (la pièce) ? »
Fiche n° 24 : « Comment classer mes papiers efficacement ? »

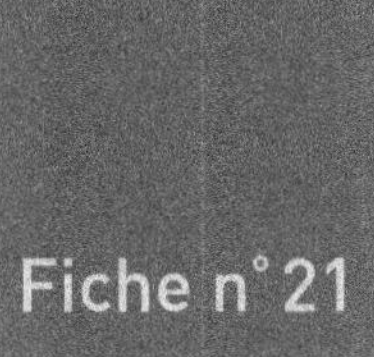

Comment organiser mon espace de télétravail ?

Cette question se pose quand :

✓ vous travaillez chez vous ;

✓ vous voulez séparer votre espace de travail et votre espace privé.

	Votre bureau est chez vous, 1. **mais ce n'est pas chez vous**	1.a. Trouvez la bonne distance 1.b. Soignez votre entrée
On peut (sûrement) vivre dans une maison mal rangée, mais on ne peut pas 3. **travailler dans un bureau désordonné**	**Comment organiser mon espace de télétravail ?**	
		Votre bureau est-il un 2. **lieu privé ou familial ?**

Avoir un espace de travail fonctionnel chez soi tout en respectant les espaces réservés à la vie de famille est un véritable défi, pourtant essentiel à relever.

Votre bureau est chez vous, mais ce n'est pas chez vous

Votre bureau est avant tout l'espace réservé à votre activité professionnelle. Qu'elle soit salariée, indépendante ou encore libérale, ce n'est pas à proprement parler vous qui occupez le bureau, mais plutôt votre activité.

Trouvez la bonne distance

Afin de travailler en toute sérénité, je vous conseille de vous éloigner au maximum des espaces de vie. Cela vous évitera d'être dérangé par les enfants ou les animaux domestiques, par les appels téléphoniques personnels, les visites impromptues et autres odeurs de cuisine ou bruits de vaisselle. Si votre logement est petit, je vous suggère tout de même d'isoler votre espace de travail en utilisant un rideau ou un paravent.

Pensez à réserver un espace, toujours le même, pour votre activité professionnelle. Cela vous donnera des repères et facilitera le cloisonnement entre vie professionnelle et vie personnelle.

Soignez votre entrée

Si vous devez recevoir des visiteurs dans votre espace de travail, le mieux est encore de disposer d'une entrée indépendante. Lorsque cela est impossible, veillez à ce que l'entrée de votre logement soit la plus neutre et discrète possible. Réduisez la décoration et la personnalisation afin que votre visiteur, même s'il vient chez vous, ne pénètre pas dans votre intimité. L'idée est de faire venir votre visiteur dans un espace neutre, à partir duquel on peut aller chez vous ou dans votre bureau.

Parole de pro

Alain Gouriou, cadre commercial : « *Comme je me déplace beaucoup, mon principe d'organisation de l'espace de travail tourne autour de mon PC portable. Presque toute l'information que je manie est stockée dessus et il est protégé contre une lecture indiscrète de la part d'autres personnes.* »

Votre bureau est-il un lieu privé ou familial ?

Lorsque vous installez votre bureau chez vous, un certain nombre de choses sont à discuter avec votre famille :

➜ Qui a le droit d'aller dans le bureau et à quelle heure ?
➜ L'ordinateur est-il le vôtre (celui de votre activité) ou celui de la famille ?
➜ Le meuble dans lequel vous mettez vos dossiers sert-il aussi à archiver les papiers du ménage ?
➜ La bibliothèque est-elle réservée à vos livres de travail ou est-ce aussi la bibliothèque de tout le monde ?
➜ Qui fait le ménage dans le bureau ? Quelles sont les consignes, que peut-on jeter, que peut-on déplacer ?
➜ La ligne de téléphone et par extension l'abonnement Internet sont-ils à usage professionnel uniquement ?

On ne peut pas travailler dans un bureau désordonné

La concentration, la gestion du stress, et plus généralement l'efficacité au travail ne peuvent se développer que dans un environnement clair, ordonné et pratique. Tous les soirs, rangez votre bureau avec soin, quittez la pièce en étant fier de vous et de son état.

Pour l'ameublement, choisissez un mobilier au design agréable et confortable. Ne lésinez pas sur la qualité. Les enjeux sont votre bien-être au travail et la préservation de votre santé.

Installez de nombreux rangements, adaptés à votre activité. Mettez près de vous ce qui vous servira souvent, éloignez ce qui est accessoire.

Pensez à décorer le bureau et à le rendre agréable. N'oubliez pas que c'est aussi une pièce de votre foyer !

En résumé

Isolez et délimitez au maximum votre espace de télétravail.
Parlez de l'utilisation du bureau et de son statut avec votre famille.
Prenez un grand soin à l'aménager de manière cohérente avec votre activité.
Décorez, rangez et faites le ménage comme si c'était chez vous (d'autant qu'en plus, c'est chez vous !).

Fiches reliées

Fiche n° 14 : « Comment organiser mon temps en télétravail à domicile ? »
Fiche n° 15 : « Comment agencer mon bureau (la pièce) ? »

Chapitre 3
Organiser les informations

Comment archiver l'information dans mon ordinateur ?

Cette question se pose quand :

✓ vous passez trop de temps à chercher une information dans votre ordinateur ;
✓ vous perdez parfois des informations, des documents ou des fichiers.

	Comment archiver l'information dans mon ordinateur ?	1. Soignez vos noms de fichiers	Choisissez des noms de 1.a. fichiers explicites
Trouvez un fichier en deux clics 3. grâce à la fonction « rechercher »			Élaborez une 1.b. nomenclature pertinente
		2. Créez une arborescence adaptée	

L'archivage de l'information à l'intérieur du disque dur de l'ordinateur est une science complexe.
Si vous n'y prenez pas garde, vous pouvez très vite vous retrouver dans l'une des situations suivantes :
– le bureau de votre PC est saturé d'icônes de fichiers, tout est illisible, vous ne retrouvez plus rien.

Soignez vos noms de fichiers

Certains de vos fichiers ont le même nom et vous ne savez plus où retrouver une information précise. (Par exemple, vous avez des fichiers nommés lettre_client1, lettre_client2, lettre_client3, etc., ou encore doc vanessa1, doc vanessa2, doc vanessa3, etc.). Lorsque vous faites une modification sur un document, vous écrasez la version précédente et risquez de perdre de l'information.

Le but de la manœuvre est donc de distinguer tous vos fichiers par un nom unique.

Choisissez des noms de fichiers explicites

La simple lecture du nom de fichier doit nous renseigner sur le contenu exact du fichier.

Voici quelques exemples de mauvais noms de fichier et de bons noms de fichiers. Vous remarquerez que les noms explicites sont plus longs, mais ce n'est pas problématique.

Parole de pro

Hubert Sauvageot, délégué, Comité International de la Croix-Rouge : « *Pour retrouver facilement un fichier, je note toujours les dates sous cette forme AAAA/ MM/JJ par exemple 2011/05/30. Ainsi, les fichiers apparaissent toujours par ordre chronologique. Par ailleurs, je m'efforce toujours de leur donner un intitulé explicité et compréhensible.* »

Mauvais nom de fichier	Nom explicite
Lettre_fournisseur.doc	Lettre_reclamation_GDSA.doc
Doc_impots.doc	Reponse_demande _d_info.doc
Tableau_excel.xls	Plan_de_treso_previsionnelle.xls

Élaborez une nomenclature pertinente

La nomenclature est ce qui suit le nom du fichier et qui en facilite l'archivage. Un peu comme la petite étiquette collée sur les livres de la bibliothèque municipale qui permet d'archiver le livre et de le retrouver facilement.

Une nomenclature doit faire figurer un numéro de version, surtout pour les documents qui évoluent dans le temps ou qui subissent des corrections. Elle doit aussi faire figurer une date qui renseigne sur la création de chaque version du document.

Voici la nomenclature que j'utilise :

Nom explicite v101 du [date sous la forme JJ-MM-AA]

Je note la version sous la forme « v » et un nombre qui commence à 101.
À chaque nouvelle version du document, on incrémente de un : v102, v103, v104, etc. Si on opère une modification majeure sur le document, on passe directement à v201, puis v202, v203, etc. Dans votre dossier, les documents apparaîtront dans l'ordre des versions successives.

Le mot « du » permet d'indiquer que la date qui suit est celle de création de cette version du document.
La date permet de suivre l'historique des versions du document dans le temps : combien de temps sépare deux versions, combien de version dans le dernier mois...

Créez une arborescence adaptée

Aucun fichier ne doit être visible sur le bureau de votre ordinateur ou dans le dossier «Mes Documents». Tous doivent être classés dans des dossiers (voir fiche n° 17).

Une arborescence de fichiers permettra un archivage optimal et facilitera la recherche des informations. Vous pouvez utiliser, voire combiner plusieurs types d'arborescences.

Le classement par dossier, par client, par produit...

Clients
- ARMAND SARL
- CRDT SA
- DETOURS

Produits
- alpha
- Beta
- gamma

Le classement par date

Factures
- 2010-01
- 2010-02
- 2010-03

Actions commerciales
- 2009
- 2010
- 2011

Astuce

Windows classe, par défaut, vos dossiers par ordre alphabétique. Si vous voulez lui imposer un ordre différent pour une plus grande clarté de lecture et de recherche, faites commencer vos noms de dossiers par un nombre. Commencez à 10 et incrémentez de 10 en 10, ce qui vous permettra d'intercaler d'autres dossiers si besoin.
Exemple :
- 10_dossiers clients
- 20_dossiers fournisseurs
- 30_dossiers administratifs

Le classement alphabétique

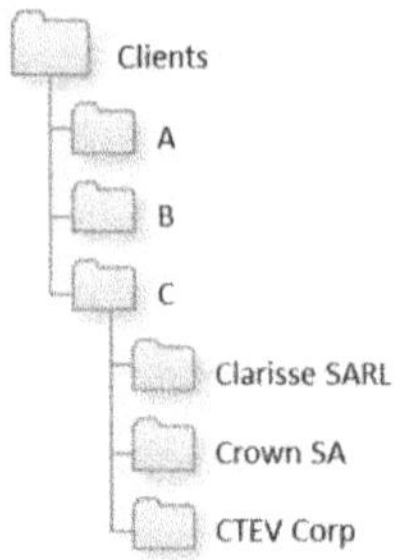

Le classement par catégories

Trouvez l'arborescence qui convient le mieux à votre activité et qui deviendra vite intuitive pour vous. Limitez la longueur des noms de dossiers pour ne pas que votre ordinateur vous refuse l'ouverture d'un fichier dont le chemin d'accès serait trop long.

Trouvez un fichier en deux clics grâce à la fonction « rechercher »

Pour retrouver rapidement un fichier sans passer en revue toute votre arborescence, vous pouvez utiliser la fonction « Rechercher » de Windows :

➜ Allez dans le menu « démarrer » (représenté par l'icône Windows en bas à gauche de votre écran).

➜ Tapez dans la fenêtre de recherche un mot ou un groupe de mots qui, selon vous, se trouve :

✓ soit dans le nom du fichier recherché ;

✓ soit dans le contenu du fichier recherché.

Privilégiez un mot spécifique pour réduire le champ des recherches et afficher moins de résultats.

Si vous savez déjà dans quel dossier votre document se trouve, ouvrez ce dossier et tapez votre critère de recherche dans la zone prévue à cet effet, en haut à droite, de la fenêtre. Ainsi, vous limiterez la recherche à ce dossier uniquement.

En résumé

Un archivage efficace demande avant tout rigueur et méthode.
Donnez des noms explicites à vos fichiers, trouvez une nomenclature qui vous convient et utilisez-la systématiquement.
Créez des arborescences de dossiers qui vont contenir tous vos fichiers. Choisissez-en une qui correspond à votre activité.
Utilisez la fonction « recherche » plutôt que de passer beaucoup de temps à parcourir les arborescences.

Fiches reliées

Fiche n° 17 : « Comment organiser mon bureau (d'ordinateur) ? »
Fiche n° 23 : « Comment archiver mes e-mails ? »

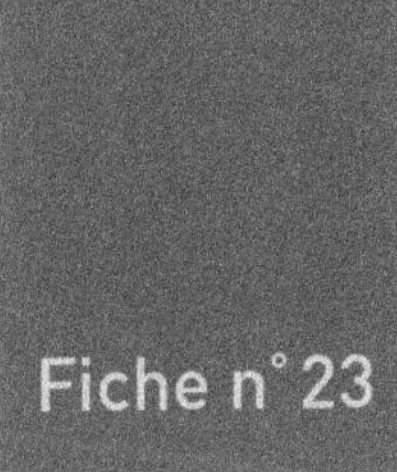

Comment archiver mes e-mails ?

Cette question se pose quand vous avez besoin d'accéder à d'anciens e-mails et vous perdez trop de temps à les rechercher.

	Comment archiver mes e-mails ?		
1. Créez une arborescence dans votre boîte de réception			
2. Archivez vos e-mails dans vos dossiers, comme pour n'importe quel fichier		2.a. Déplacez vos e-mails par « glisser-déposer »	
		2.b. Créez une règle de courrier pour un archivage automatique	
3. Sauvegardez vos e-mails une fois de temps en temps			

Globalement, les e-mails s'archivent comme des fichiers. Il faut créer des arborescences de dossiers dans lesquels on les fait glisser.

Créez une arborescence dans votre boîte de réception

Parole de pro

Ingrid Nevicato, directeur adjoint des achats, collectivité territoriale : *« Je trie mes e-mails en créant une arborescence dans ma boîte de réception ainsi que dans la boîte de mes courriers envoyés. Dès qu'un message part, je l'archive afin de pouvoir le retrouver plus facilement. »*

Tous les e-mails arrivent dans ce que l'on appelle une boîte de réception. Il s'agit d'un dossier que l'on peut subdiviser en sous-boîtes, elles-mêmes fractionnables…

Voici la procédure pour effectuer cela avec le logiciel Outlook ; cependant, c'est le même fonctionnement global quelle que soit la messagerie que vous utilisez.

1. Ouvrez Outlook et allez dans l'onglet courrier.
2. Faites un clic droit sur votre dossier « Boîte de réception » et cliquez sur « Nouveau dossier ».
3. Nommez votre dossier et cliquez sur « OK ».

Pour créer une arborescence, vous pouvez créer d'autres sous-boîtes au sein de la boîte principale « Boîte de réception », mais aussi créer des subdivisions de chaque dossier que vous venez de créer.

Voici les types d'arborescences auxquels je vous conseille de réfléchir avant de vous lancer :
- ✓ par client ;
- ✓ par dossier ;
- ✓ par activité ou pôle de l'entreprise, etc.

Parole de pro

Arnaud Scheffer, adjoint au directeur des achats Go Sport : *« Pour l'archivage de mes e-mails, je n'utilise pas un dossier par expéditeur, mais par sujet que je traite. Avec la recherche par mots clés des logiciels de messagerie, les expéditeurs sont faciles à retrouver de toute manière. »*

Définition : règle de courrier électronique

C'est une action que vous demandez à Outlook de faire lorsqu'un courrier spécifique arrive dans votre boîte de réception.

1. Outlook repère l'e-mail sur lequel il doit agir en fonction de critères que vous lui donnez :
▸ nom de l'expéditeur ;
▸ un mot dans l'objet ;
▸ un mot dans le corps du texte ;
▸ présence ou non de pièce jointe...

2. Lorsqu'Outlook reçoit un e-mail qui correspond au critère que vous avez défini, il effectue automatiquement une action :
▸ supprimer l'e-mail ;
▸ le déplacer dans tel ou tel dossier...

Archivez vos e-mails dans vos dossiers

La première chose à comprendre est qu'un e-mail est un fichier comme un autre. En tant que tel, il peut être déplacé là où on le souhaite dans la mémoire de l'ordinateur ; laisser ses e-mails s'empiler dans la boîte de réception serait comme encombrer le bureau de son ordinateur avec tous ses fichiers.

Deux techniques permettent de déplacer un e-mail depuis la « boîte de réception » vers un sous-dossier que vous avez créé.

Parole de pro

Alain Guillaume, ingénieur développement Web, Lucca : « *Objectif zéro e-mail le vendredi soir : à chaque fin de semaine, je supprime tous les messages inutiles, je transfère ceux qui ne me sont pas destinés et j'archive, par thème, ceux que je dois garder. Je sais que cette opération est terminée lorsqu'il ne reste plus aucun e-mail dans ma boîte de réception. Je peux alors partir en week-end l'esprit libre.* »

Déplacez vos e-mails par « glisser-déposer »

Pour archiver un message au bon endroit de votre arborescence de dossiers, suivez la procédure ci-dessous :
→ Assurez-vous que le dossier dans lequel vous voulez déplacer votre e-mail est bien visible. Si ce n'est pas le cas, cliquez sur le petit « + » qui s'affiche à côté du nom de son dossier parent (celui qui le contient).
→ Cliquez sur votre e-mail sans relâcher le bouton de la souris et glissez-le dans le dossier visé. Relâchez le bouton pour le déposer.

Astuce

Comme un e-mail est un fichier comme un autre, vous pouvez aussi le copier-coller. Cela peut être utile lorsqu'un message doit être archivé dans deux dossiers différents. Toutefois, si vous devez faire cette manipulation trop souvent, c'est probablement un signe que votre système de classement (c'est-à-dire votre arborescence) n'est pas optimisé.

Créez une règle de courrier pour un archivage automatique

La procédure pour créer une règle de messagerie est assez complexe la première fois. Aussi, reportez-vous directement au menu d'aide d'Outlook ou tapez « créer une règle de message » dans la fenêtre de recherche du site www.microsoft.com. Les explications y sont très claires.

Une fois votre règle créée, vos e-mails se placeront automatiquement dans le dossier adéquat.

Sauvegardez vos e-mails une fois de temps en temps

À moins que votre entreprise se charge des sauvegardes automatiques de tous vos fichiers, il est important de sauvegarder vos e-mails (comme nombre de vos autres fichiers d'ailleurs) sur un support externe à votre ordinateur.

Pour cela, avec Outlook toujours :

→ Allez dans le menu « Fichier », puis « Importer et exporter ».
→ Sélectionnez « Exporter des données vers un fichier », puis cliquez sur « Suivant ».
→ Sélectionnez « Fichier de dossiers personnels », puis cliquez sur « Suivant ».
→ Sélectionnez « Boîte de Réception », cochez la case « Inclure les sous-dossiers » et cliquez sur « Suivant ».
→ Donnez un nom à votre sauvegarde (en y incluant la date), cliquez sur parcourir pour indiquer où vous voulez la faire (faites-la sur un disque dur externe, une clé USB ou un cédérom), puis cliquez sur « Terminer ».

D'autres systèmes de sauvegarde existent, notamment automatisées par Internet. À heure fixe, votre ordinateur envoie sur un serveur sécurisé les fichiers nouvellement créés et ceux qui ont été modifiés depuis la dernière sauvegarde. Cette solution offre l'avantage d'une sécurité optimale et d'un travail minimal pour vous. Son inconvénient reste un coût élevé pour les indépendants et petites entreprises.

En résumé

Les e-mails sont des fichiers comme les autres, il faut donc les archiver dans un système organisé.
Ce système est une arborescence de dossiers au sein de votre boîte de réception.
Pour archiver un e-mail, déposez-le depuis la boîte de réception vers le dossier adéquat ou créez une règle de message pour que cela se fasse automatiquement à l'arrivée de l'e-mail.
Sauvegardez vos e-mails archivés de temps en temps.

Fiches reliées

Fiche n° 11 : « Comment gagner du temps grâce à Internet ? »
Fiche n° 12 : « Comment gagner du temps dans la lecture de mon courrier et de mes messages ? »
Fiche n° 22 : « Comment archiver l'information dans mon ordinateur ? »

Comment classer mes papiers efficacement ?

Cette question se pose quand :

✓ vous maniez beaucoup de livres, de brochures ou de catalogues ;
✓ vous maniez de nombreux dossiers, pochettes, archives, documents, etc.

	Réduisez la masse de **1. papiers que vous conservez**	Une fois par trimestre, faites 1.a. le ménage par le vide ! 1.b. Au fil de l'eau, numérisez et recyclez
Cas particulier de l'archivage **3. des livres : la bibliothèque**	**Comment classer** **mes papiers** **efficacement ?**	
	2. Créez un système de classement pertinent	

Au bureau, une surabondance de papiers entraîne de nombreux désagréments : ils prennent de la place, sont lourds à transporter et il est toujours difficile d'y trouver le petit morceau d'information que l'on recherche. Deux réflexes permettent d'améliorer la situation : conserver moins de papiers et archiver efficacement.

Réduisez la masse de papiers que vous conservez

Une fois par trimestre, faites le ménage par le vide !

Prenez une demi-heure tous les trois mois pour fouiller dans vos armoires à la recherche de papiers que vous n'utilisez plus. Pour les documents que vous n'avez pas utilisés depuis plusieurs semaines, il existe trois destinations possibles :

→ S'ils ne vous sont plus d'aucune utilité et ne le seront jamais, détruisez le document et recyclez le papier.

→ S'ils ne vous sont plus d'aucune utilité, mais doivent être archivés, en cas de contrôle par exemple, placez-les dans des boîtes à archives et rangez ces boîtes-là où elles vous gêneront le moins. Si votre entreprise est équipée d'une salle des archives, c'est probablement là que doivent aller ces boîtes.

→ S'ils risquent de vous resservir bientôt, laissez-les là où ils sont après vous être assuré que vous mémoriserez bien leur emplacement et n'aurez pas besoin de les chercher.

Parole de pro

Jean-Luc Kastner, responsable du développement, Stonfield : « *Je range tous mes documents dans des pochettes que je fabrique moi-même. J'imprime, sur une feuille de papier A3, deux cent cinquante grammes, tous les renseignements que ma pochette doit contenir, puis je la plie en deux pour obtenir un format A4. Titres, illustrations, dates, etc., sont ainsi très explicites et cela facilite mon rangement et mon organisation.* »

Au fil de l'eau, numérisez et recyclez

Avant d'archiver un document papier, demandez-vous si vous devez le garder tel quel en tant qu'original ou si une copie fera l'affaire. Les documents dont il faut conserver les originaux sont, à vrai dire, peu nombreux. Ce sont principalement ceux comportant une mention manuscrite ou une signature et ceux dont l'archivage en original est imposé légalement.

Pour les autres documents, les copies, vous pouvez tout à fait les archiver sous forme numérique, à l'intérieur de l'ordinateur. Pour cela, vous pouvez utiliser un scanner. La numérisation comporte plusieurs avantages :

→ Vous n'êtes plus encombré par le papier, cela libère de la place.

→ Le document est plus facile à trouver dans la mémoire de l'ordinateur, grâce à la fonction « Rechercher », que dans une pile au fond de l'armoire.

→ Vous pouvez recycler le papier.

Parole de pro

Rose Bouthors, responsable développement : « *Je favorise le plus possible la dématérialisation des documents, ce qui permet de les retrouver très facilement sur l'ordinateur (en faisant une recherche). De plus, cela permet de ne pas conserver inutilement des tas de papiers sur le bureau ou dans les armoires et de ne pas me sentir étouffée sous toutes ces tâches qui nous appellent et qui verront de toutes les manières leur tour arriver ! Cette méthode me permet également d'être plus réactive pour répondre à une demande précise d'un collègue, client, partenaire ou toute autre question.* »

Lorsque vous vous débarrassez d'un papier, il est parfois dangereux de simplement le jeter dans la corbeille. Des dispositifs de déchiquetage permettent de détruire le document et de préserver la confidentialité.

Créez un système de classement pertinent

Pour les documents que vous conservez, il existe de nombreux systèmes d'archivage : boîtes, pochettes, dossiers suspendus, etc. Cependant, ils ne sont pas suffisants à eux seuls. Il faut les organiser à l'intérieur d'un système de tri qui correspond à votre activité.

Parole de pro

Carole Vidal, International Account Director, EURO RSCG - Groupe Havas : « *Pour chaque thème important, je me fais des lutins qui regroupent toute l'information nécessaire. Celle-ci est directement lisible et facile à trouver.* »

Vous pouvez choisir de trier vos papiers de façon alphabétique, chronologique, par catégories, etc. L'important est que ce tri corresponde à la nature de votre activité. Si vous triez vos documents de la même manière que celle dont vous les utilisez, ce sera simple et efficace. Posez-vous vraiment la question : comment est-ce que je travaille ? Quel est le critère qui organise mon activité ?

Astuce

Pour perfectionner votre système de recherche, utilisez des codes couleur, des formes, des autocollants, des étiquettes, des pictogrammes, etc., pour retrouver facilement et visuellement vos boîtes, pochettes et dossiers.

Bien souvent, ce tri doit s'accompagner d'un code. Par exemple, si vous devez trier des rapports par ordre alphabétique du titre, allez-vous prendre en compte les articles ? Par exemple, « La refonte du contrôle de gestion » doit-elle être classée à « L » ou à « R » ? Si vous optez pour un tri chronologique, prenez-vous en compte la date de création du document, celle de la dernière mise à jour, celle de la réunion pour laquelle il a été créé, celle où il a été envoyé, reçu ?

Parole de pro

Arnaud Scheffer, adjoint au directeur des achats Go Sport : « *Pour archiver l'information, j'utilise des dossiers suspendus auxquels je ne donne pas de nom, mais juste un numéro. Une liste que j'affiche au-dessus de mon casier indique la correspondance entre le numéro de chaque dossier et son contenu. Cela me fait gagner un temps précieux lorsque je recherche un dossier, car il est plus facile de repérer un mot dans une liste affichée qu'au fin fond d'un tiroir. La mise à jour est aussi plus simple lorsque je dois remplacer un dossier par un autre.* »

Cas particulier de l'archivage des livres : la bibliothèque

Dans une bibliothèque municipale, les livres sont souvent classés par genre, puis par ordre alphabétique du nom de l'auteur. Ce classement est celui qui convient le mieux lorsque l'on cherche un livre sur une étagère à partir d'une cote donnée par la base informatique. Dans le même esprit, vous devez trouver le système de classement qui correspond à vos besoins. Plusieurs systèmes peuvent aussi être combinés. Voici quelques exemples :
- ✓ par genre, par thématique ;
- ✓ par ordre alphabétique du titre ;
- ✓ par date de parution ;
- ✓ par intérêt (des plus lus vers les moins lus).

Un point important est le choix du meuble dans lequel vous allez placer les livres. Il ne doit pas être trop haut pour que les ouvrages soient tous accessibles. Les étagères ne doivent pas dépasser quatre-vingts centimètres de large pour ne pas se cintrer sous le poids du papier.

Pour parfaire votre bibliothèque, tenez à jour une fiche des prêts et des retours. C'est certainement le problème le plus délicat.

En résumé

Les deux clés du classement sont la réduction du nombre de papiers à archiver et la mise en place d'un système de tri. Pour archiver correctement, privilégiez les formes différentes (boîtes, pochettes, dossiers suspendus), les couleurs, les étiquettes, etc.
Si vous devez mettre en place ou organiser une bibliothèque, prévoyez un système de classement efficace par rapport à l'usage prévu de la bibliothèque. Choisissez le mobilier avec soin et mettez en place un fichier de gestion des prêts et des retours.

Fiches reliées

Fiche n° 16 : « Comment ranger mon bureau (le meuble) ? »
Fiche n° 20 : « Comment optimiser le rangement du matériel ? »
Fiche n° 65 : « Comment contribuer à la politique de développement durable de mon entreprise ? »

Partie II

Communiquer

Comprendre, vous faire comprendre, convaincre

Chapitre 1
Communiquer à l'oral

Comment délivrer des messages clairs et percutants ?

Cette question se pose quand :

✓ vous devez donner de l'information à l'oral ;

✓ vous n'avez pas beaucoup de temps pour communiquer.

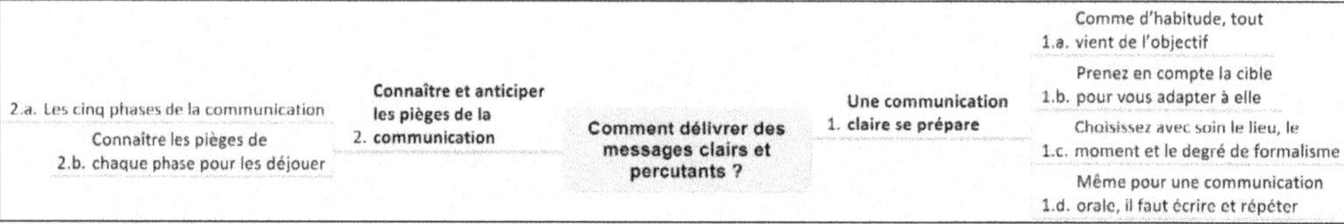

Quels que soient la forme et le contenu du message que vous vous apprêtez à délivrer, il va falloir éviter certains pièges pour que votre communication soit comprise et percutante. Ils viennent de la structure même de la communication orale. Bien entendu, tout ceci sera facilité par une préparation sérieuse.

Une communication claire se prépare

Assurer une communication claire demande de prendre en compte un certain nombre de facteurs qui s'articulent entre eux :

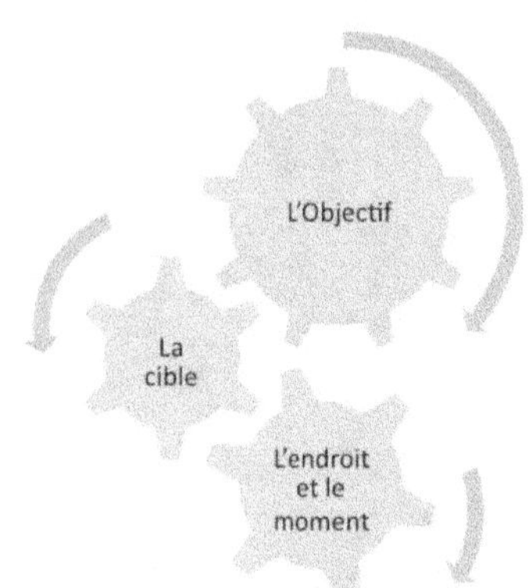

Les trois facteurs à prendre en compte pour une communication claire

Comme d'habitude, tout vient de l'objectif

La première question à se poser au moment de préparer votre message est «quel est mon objectif?» :

➜ Sur quoi est-ce que je veux communiquer ?

➜ Quel est le contexte ?

➜ Quels changements ma communication veut-elle opérer ?

➜ De quel type de communication s'agit-il (donner une information, convaincre, détromper, recadrer, mobiliser, rassurer, remercier, etc.) ?

Sans objectif clair, votre message risque d'être mal perçu. La communication n'est jamais une fin en soi. Elle est l'instrument, le moyen d'un changement que vous désirez opérer. Prendre cinq minutes ou même trente secondes pour vous demander quel est l'état initial et quel est l'état souhaité vous aidera à définir le changement que vous souhaitez obtenir.

Parole de pro

Michel Ventura, P-DG, Ventura Consultants : *« Lorsque je communique à l'oral auprès d'un interlocuteur, je prends toujours garde à commencer mon discours par l'objectif que je poursuis et éventuellement le contexte dans lequel cette communication s'inscrit. Donner ces éléments structurants au tout début facilite la compréhension de mes messages. »*

Prenez en compte la cible pour vous adapter à elle

Là encore, vous devez vous poser quelques questions avant de rédiger le message à délivrer :

➜ Auprès de qui dois-je communiquer ?
➜ Est-ce une personne seule ou un groupe de personnes ?
➜ Quelle est la spécificité de ma cible ?
➜ Sont-elles acquises à ma cause ou réticentes ?
➜ Quelle est l'information dont ma cible dispose déjà, quelle est l'information qui lui manque ?
➜ Quel effort d'adaptation sera nécessaire pour une communication efficace, aussi bien sur le fond que sur la forme ?
➜ Quelle durée prévoir ?
➜ Quel ton adopter ?

Choisissez avec soin le lieu, le moment et le degré de formalisme

Une grande partie de votre communication se joue sur la forme. Le moment et le contexte dans lequel vous allez prendre la parole, l'état d'esprit de votre cible à ce moment-là seront essentiels pour la compréhension/mémorisation de votre message :

➜ Quel est le meilleur moment pour l'adresser à ma cible ?
➜ Dois-je privilégier une communication formelle, officielle (conférence, entretien individuel) ou informelle (machine à café, appel téléphonique) ?
➜ Est-ce un message à faire passer en face-à-face ou un appel téléphonique suffit-il ? Et si la personne ne décroche pas, puis-je laisser un message ou vaut-il mieux que je rappelle ?
➜ Si j'opte pour une communication en face-à-face, quel est le meilleur endroit (seul, devant d'autres personnes, dans mon

Parole de pro

Catherine Duval, consultante en organisation et conduite du changement : *« Pour préparer une présentation orale, mettez-vous à la place de vos auditeurs : qu'aimeriez-vous apprendre et comment ? Cela vous permettra d'adapter la forme de votre message. En effet, celle-ci a bien plus d'impact que le fond du message, même s'il faut que ce dernier reste professionnel. Nous utilisons tous au moins un canal sensoriel de manière préférentielle : nous sommes plutôt visuels, plutôt auditifs ou plutôt kinesthésiques (toucher, odeurs). Ainsi, lors d'une présentation orale, il est très efficace de disposer d'illustrations visuelles (diapositives, images, schémas, illustrations, etc.); de bien ponctuer son message oral pour les auditifs (utiliser une musique à certains moments, des silences, une intensité de voix variable, etc.). Pour les kinesthésiques, et si cela se prête au contexte, montrez un échantillon du produit dont vous parlez, faites-le circuler et faites-le toucher ou respirer. La portée du message sera plus efficace et bien après la présentation, les personnes se souviendront encore longtemps de votre prestation ! »*

bureau, dans celui de mon interlocuteur, en terrain neutre, hors de l'entreprise, etc.) ?

→ Cette communication orale doit-elle s'accompagner de la remise d'un document ? Doit-elle être suivie par un compte-rendu, dois-je laisser une trace ?

→ Quel degré d'interactivité ? Vais-je parler seul ? Vaut-il mieux un dialogue, des questions/réponses ?

Même pour une communication orale, il faut écrire et répéter

Si le message est important, il faut limiter les risques de vous tromper en écrivant au moins une partie de votre communication afin de pouvoir la répéter. Pour ma part, afin de gagner du temps, j'écris les deux premières phrases (introduction) et les deux dernières (conclusion). Entre ces parties, je me contente d'un plan détaillé ou d'une carte mentale.

Deux règles sont à retenir pour faire de votre communication orale un succès :
✓ commencer fort ;
✓ finir fort.

Commencer fort pour capter l'attention et favoriser la mémorisation

Puisque votre message est important, ne laissez aucun doute à votre ou à vos interlocuteurs sur leur intérêt à vous écouter. Par ailleurs, il n'y a rien de plus contre-productif que de commencer un discours (même en face-à-face) mollement, sans que la cible sache *« si cela a vraiment commencé »*. Les deux premières phrases doivent :
✓ informer sur le fait que vous commencez là une communication importante ;
✓ capter l'attention ;
✓ annoncer votre objectif ;
✓ entrer le plus vite possible dans le vif du sujet.

Finir fort pour ancrer votre message

Un auditoire qui ne sait pas s'il doit applaudir ou un interlocuteur qui ne sait pas s'il peut partir sont les signes d'une communication orale mal conclue. À l'inverse, « finir fort » signifie trouver deux phrases qui :
→ Ne laissent aucun doute sur le fait que vous avez dit tout ce que vous deviez dire.
→ Renforcent le fait que le message a été important et qu'il suppose un changement (d'avis ou de comportement), de la part de la cible.

S'entraîner et répéter pour être plus persuasif

Une communication importante, porteuse d'enjeu, doit être répétée. C'est cela qui vous mettra à l'abri des impondérables, des déstabilisations ou tout simplement du risque d'oublier une partie du message. Plutôt que de répéter seul devant votre miroir, trouvez une oreille extérieure qui vous donnera un retour constructif.

Connaître et anticiper les pièges de la communication

Lorsque nous passons un message à l'oral, celui-ci traverse cinq phases qui recèlent des pièges à même de le fragiliser.

Les cinq phases de la communication

Les cinq phases de la communication

L'**encodage** est le processus qui consiste à transformer une idée en mots, en langage (code).

L'**émission** consiste à parler, c'est-à-dire à transformer les mots que nous avons choisis en paroles.

Au cours du **transfert,** nos paroles traversent l'espace depuis notre bouche jusqu'aux oreilles de l'interlocuteur.

La **réception** permet à l'interlocuteur d'entendre les paroles.

Le **décodage,** dernière étape, permet à l'interlocuteur de transformer les sons qu'il a entendus en idées. Il décode nos mots.

Connaître les pièges de chaque phase pour les déjouer

Les pièges de l'encodage

Lorsque nous transformons nos idées en mots, nous sommes limités par plusieurs facteurs :
➜ Le temps dont nous disposons ne nous permet souvent pas de choisir autant de mots que nous le voudrions.
➜ Le vocabulaire que nous connaissons ne nous permet pas toujours de trouver le mot qui exprime exactement notre idée. C'est d'autant plus vrai dans un univers technique ou lorsque nous parlons une langue étrangère.
➜ Le vocabulaire connu de notre interlocuteur réduit parfois le nombre de mots que nous pouvons utiliser.

➡ La bonne pratique : pour encoder efficacement vos messages, vous devez vraiment réfléchir à la portée de chaque mot que vous employez et tenter de trouver les termes les plus efficaces pour représenter les idées que vous communiquez.

Les pièges de l'émission

Lorsque nous parlons, différents facteurs fragilisent notre message :
✓ avoir la bouche pleine ;
✓ avoir un accent (régional ou étranger) ;
✓ parler trop vite ;
✓ ne pas articuler ;
✓ parler trop bas, pas assez fort ;
✓ se tromper de ton (adopter un ton qui ne correspond pas à l'idée que vous voulez faire passer).

➡ La bonne pratique consiste à se montrer le plus clair possible. Articulez, parlez assez fort, soignez vos intonations pour délivrer un message parfaitement intelligible.

Les pièges du transfert

Pendant le transfert, votre message sera fragilisé par :
✓ la distance ;
✓ les bruits ;
✓ les obstacles.

➡ La bonne pratique consiste à se placer dans les meilleures conditions pour communiquer, choisir un lieu calme et adapté, se placer à bonne distance de l'interlocuteur ou de l'auditoire.

Les pièges de la réception

Étape qui fait le pendant avec l'émission, la réception est fragilisée par certaines caractéristiques ou comportements de notre interlocuteur :
➜ A-t-il des problèmes d'audition ?
➜ Peut-il vous entendre (casque de moto, écouteurs de musique, bonnet, etc.) ?
➜ Est-il à l'écoute (veut-il écouter, l'intéressez-vous, est-il distrait par autre chose, etc.) ?

➡ Pour limiter les risques d'incompréhension liés aux pièges de la réception, vous devez vous assurer de l'attention et de l'écoute de votre interlocuteur et adapter votre émission à ses contraintes (surdité, obstacles à l'écoute, etc.).

Le piège du décodage

Même si votre interlocuteur a bien entendu tous les mots que vous avez émis, rien ne vous garantit qu'il en fera la même interprétation que vous. Lors du décodage, de nombreux facteurs viennent altérer sa compréhension :
- ✓ a priori ;
- ✓ interprétations ;
- ✓ manque de référentiel commun ;
- ✓ manque de connaissance du sujet, etc.

La bonne pratique consiste à vous assurer, à chaque étape importante de votre message, du niveau de compréhension de votre cible en lui demandant du feed-back sur ce qu'il a compris.

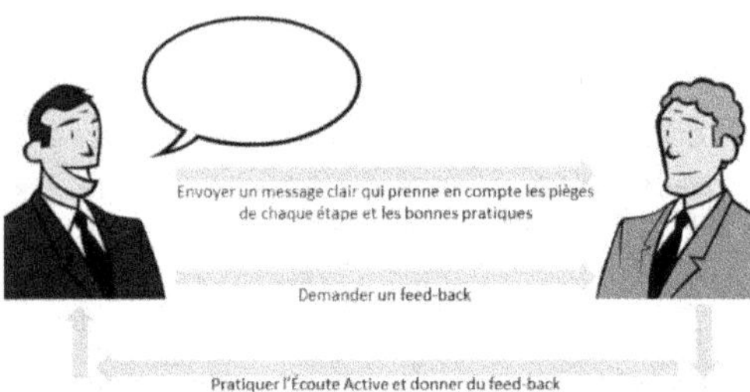

Le cycle de la bonne communication

En résumé

Préparez votre communication en partant de votre objectif et en intégrant le contexte et les spécificités de votre cible.
Répétez pour vous sécuriser.
Commencez fort et finissez fort.
Prenez l'habitude de communiquer en prenant en compte les cinq étapes par lesquelles passent vos messages et les pièges qui y sont associés :
- ▶ encodage ;
- ▶ émission ;
- ▶ transfert ;
- ▶ réception ;
- ▶ décodage.
Adoptez les bonnes pratiques de communication orale pour éviter les pièges.

Fiches reliées

Fiche n° 32 : « Comment prendre la parole et convaincre en réunion ? »
Fiche n° 33 : « Comment être écouté et convaincant en public ? »
Fiche n° 39 : « Comment développer mon pouvoir de persuasion ? »

Comment développer mon sens de l'écoute ?

Cette question se pose quand :

✓ vos interlocuteurs vous transmettent oralement des informations importantes ;
✓ vous passez beaucoup de temps en réunion, en entretien ou au téléphone.

Observez le langage du corps de votre				1.a. E comme... j'Écoute
2.a. interlocuteur			Développez votre	M comme... je Montre
			1. écoute active	1.b. que j'écoute
Les clés d'accès visuel pour savoir ce que l'interlocuteur	Écouter, c'est	Comment développer mon sens de		C² comme... je montre que j'ai Compris, je montre
2.b. pense !	2. également observer	l'écoute ?		1.c. jusqu'où j'ai Compris

L'écoute est un comportement et en tant que tel, il peut être appris et amélioré. On parle d'ailleurs d'« écoute active » pour qualifier ce comportement affiné.

Développez votre écoute active

Pratiquer l'écoute active signifie que l'on n'écoute pas une personne comme on écoute la radio. Capter 100 % d'un message, lire entre les lignes, décoder les sous-entendus, éclaircir des propos... Tout ceci suppose la maîtrise d'une forme particulière d'écoute.

Afin de vous faciliter la tâche, j'ai regroupé les trois règles de l'écoute active dans un moyen mnémotechnique : une célèbre formule, facile à retenir.

$$e=mc^2$$

La formule magique de l'écoute active

E comme... j'Écoute

Pour pratiquer l'écoute active, il faut, bien sûr, commencer par écouter. Cela suppose d'écouter jusqu'au bout et sans couper la parole. Or, nous savons bien que cela est parfois terriblement difficile à faire dans l'univers de l'entreprise. Un argument banal, une demande attendue ou encore une idée toute faite et l'on n'a qu'une envie : couper la parole de l'interlocuteur pour lui répondre ! Le problème c'est qu'en faisant cela, on s'expose à deux dangers :

→ On ne laisse pas l'interlocuteur finir sa phrase et on perd de l'information qui peut s'avérer importante.
→ On montre à l'interlocuteur qu'on n'est plus en train de l'écouter et on fait monter son niveau de stress (quoi de plus stressant que de parler à quelqu'un qui ne vous écoute pas ?)

Montrer que l'on est en train d'écouter est aussi important que l'acte d'écouter en soi.

M comme... je Montre que j'écoute

Au-delà du simple fait d'écouter, il est toujours bon de rassurer l'émetteur du message sur le fait que l'on est attentif à ses propos. Pour cela, quelques comportements sont de mise :

✓ le regarder dans les yeux ;
✓ hocher la tête ;
✓ prononcer des onomatopées comme « humm », « ah », « oui », « hanhan », etc. ;
✓ prendre des notes.

La prise de notes est un point essentiel pour montrer à l'interlocuteur que l'on est en train de l'écouter. C'est rassurant. Bien entendu, votre prise de notes ne doit pas se transformer en dictée. Si vous cherchez à tout écrire, vous ne lèverez plus la tête et perdrez le contact visuel, ainsi que votre capacité à questionner.

Astuce

Lorsque je prends des notes, face à un interlocuteur et que je perçois qu'il vient de me donner une information qu'il considère comme essentielle (intonation spécifique, utilisation des silences, etc.), je prends en note et je souligne ostensiblement. Le message que je renvoie est « *c'est de toute évidence important pour vous, ça le devient pour moi aussi* ». En procédant de la sorte, vous valorisez votre interlocuteur et son message, ce qui est toujours bon pour la suite.

C² comme... je montre que j'ai Compris, je montre jusqu'où j'ai Compris

Donner du feed-back sur ce que vous avez compris et pas compris constitue un élément essentiel d'une bonne communication. C'est ce qui permet à votre interlocuteur de répéter certains points, d'en illustrer d'autres, d'approfondir et de clarifier...

C'est principalement au travers de la reformulation et du questionnement que vous pourrez montrer jusqu'où vous avez compris le message.

Écouter, c'est également observer

Prendre 100 % de la substance d'un message ne passe pas uniquement par les oreilles, mais aussi par les yeux.

Observez le langage du corps de votre interlocuteur

Posture, mains, mimiques, regard, etc., sont autant d'indices qui permettent de mettre en perspective le message délivré. Voici quelques exemples des sentiments que peut éprouver votre interlocuteur et la gestuelle couramment associée.

Votre interlocuteur est à l'aise :
✓ regard franc ;
✓ poignée de main franche ;
✓ sourire ;
✓ respire amplement et lentement ;
✓ se tient droit, face à vous ;
✓ fait des gestes d'ouverture, qui vont vers vous, paumes ouvertes et visibles.

Votre interlocuteur s'ennuie, voudrait passer à autre chose, est pressé :
✓ regard fuyant ;
✓ se gratte l'avant-bras ;
✓ soupire ;
✓ regarde sa montre ;
✓ agite ses jambes.

Votre interlocuteur est mal à l'aise, préférerait ne pas avoir cette discussion :
✓ regard fuyant ;
✓ transpire ;
✓ se gratte le visage ou le crâne (hommes), se touche les cheveux (femmes) ;
✓ pupille dilatée ;
✓ buste de côté, en arrière ;
✓ bras croisés.

Votre interlocuteur est en demande :
✓ se penche vers vous ;
✓ se rapproche, vous touche ;
✓ parle bas ;
✓ a un sourire forcé ;
✓ regarde vers le bas ;
✓ adopte une intonation fluctuante de la voix.

Votre interlocuteur refuse, n'est pas d'accord :
- ✓ buste tendu, en arrière ;
- ✓ regard vers le haut, fuyant ;
- ✓ bras et jambes croisés ;
- ✓ secoue la tête de gauche à droite ;
- ✓ parle peu.

L'observation attentive de votre interlocuteur permet d'en savoir beaucoup plus sur ce qu'il pense que ce qu'il dit. La parfaite compréhension d'un message passe par le décryptage des attitudes de l'émetteur.

Les clés d'accès visuel pour savoir ce que l'interlocuteur pense !

Plus exactement pour savoir comment il pense, c'est-à-dire quel processus cognitif il vient d'enclencher. C'est l'observation du mouvement de ses yeux qui met sur la piste.

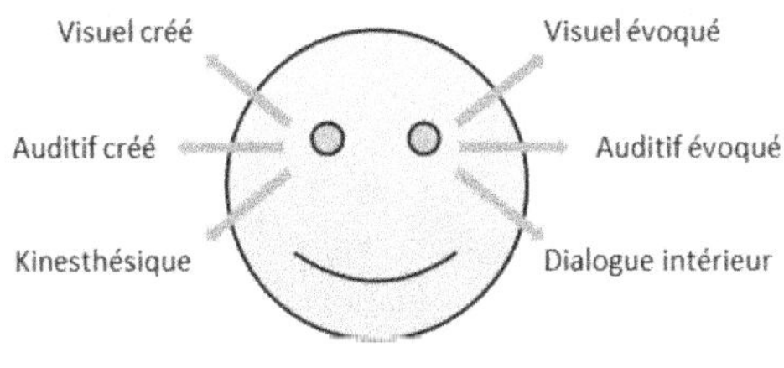

Les clés d'accès visuel

Lorsque votre interlocuteur regarde en haut à gauche, il est en train de rappeler une image stockée dans sa mémoire. Il cherche à se remémorer quelque chose qu'il connaît et a déjà vu ou lu. Il fait appel à sa mémoire visuelle.

Lorsque ses yeux vont en haut à droite, il est en train de créer, d'inventer une image. Il assemble des éléments connus pour en faire une image nouvelle.

Lorsque les yeux se déplacent latéralement, au niveau des oreilles, on est dans la zone auditive. À gauche, votre interlocuteur se souvient d'un son, d'une musique, d'une parole, d'un dialogue ; à droite, il invente, il crée. Toutefois, il ne s'agit pas de preuves juridiques formelles : la latéralisation des clés d'accès visuel est inversée dans cinq pour cent des cas. Par ailleurs elle est inversée chez les gauchers et on ne dispose pas d'étude complète pour les ambidextres.

La zone correspondant au bas à gauche est le dialogue intérieur : votre interlocuteur se parle, se fait un commentaire ou encore négocie avec lui-même. Selon les cas, vous aurez intérêt à l'interrompre dans ce processus (l'empêcher de réfléchir) ou à le laisser terminer, puis à l'interroger... La zone en bas à droite correspond au sens de la kinesthésie. Pour en savoir plus sur ce sens, voir la fiche n° 40.

En résumé

Retenez la différence entre «écoute» et «écoute active».
Mémorisez les bons comportements grâce à la formule magique de l'écoute active, e = mc·:
▶ E comme j'Écoute ;
▶ M comme je Montre que j'écoute ;
▶ C comme je montre que j'ai Compris, je montre jusqu'où j'ai Compris ;
Observez votre interlocuteur autant que vous l'écoutez, notamment au niveau des yeux et des clés d'accès visuel.

Fiches reliées

Fiche n° 27 : «Comment prendre des notes efficacement ?»
Fiche n° 40 : «Comment adapter ma communication à chacun de mes interlocuteurs ?»

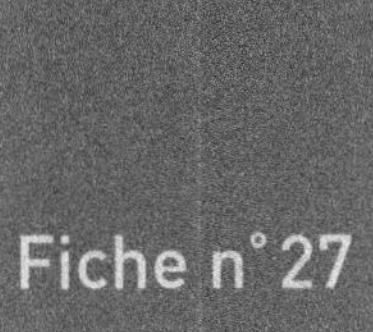

Comment prendre des notes efficacement ?

Cette question se pose quand :

✓ vous assistez à des réunions ou à des entretiens ;
✓ vous devez prendre de l'information par téléphone.

4. Utilisez la correction en cours de frappe avec Word

1. Préparez votre prise de notes

3.a. Enrichissez votre liste personnelle

Familiarisez-vous avec
3. une liste d'abréviations

Comment prendre des notes efficacement ?

Utilisez le format « cartes
2. mentales »

2.a. Commencez par un thème central et ramifiez

Utilisez des mots clés, dessins et couleurs
2.b. pour faciliter la lecture de votre carte

3.b. Décryptez les abréviations étrangères

2.c. Utilisez un logiciel pour mettre en forme

La prise de notes est un élément fondamental de l'efficacité au bureau. Elle permet de ne pas oublier une information importante, de consigner ce qui est dit à l'oral ainsi que d'archiver ces éléments.

Préparez votre prise de notes

Prendre des notes ne sert à rien si on perd ses notes ! Pour pouvoir les archiver, les retrouver et les réutiliser, les notes doivent comporter un en-tête. Avant un rendez-vous, un entretien ou une réunion, préparez une feuille en haut de laquelle vous noterez les éléments suivants :

✓ sujet de l'entretien ou de la réunion ;
✓ date ;
✓ personnes présentes.

Astuce

Il peut être également utile de préparer une marge à gauche de la page dans laquelle on inscrit ce qui doit être fait par chacun des participants à la réunion. Il s'agit d'une sorte de « TO DO LIST » spécifique à ce travail en commun et générale à tous les intervenants. Elle sert souvent de point de départ à la réunion suivante.

Définition : carte mentale

Une carte mentale, aussi appelée « carte heuristique », est la représentation d'un enchaînement de données ou d'idées telles que le fait le cerveau humain.

Utilisez le format « cartes mentales »

Le grand avantage de cette méthode, appliquée à la prise de notes, est qu'elle permet d'avoir un fonctionnement proche de celui naturel du cerveau et donc très intuitif. Par ailleurs, elle aide à profiter du pouvoir de la représentation graphique et d'une simplicité de mise en œuvre.

Commencez par un thème central et ramifiez

Pour prendre des notes sous forme de carte mentale, prenez une feuille A3 et passez-la au format « paysage » (à l'horizontale).

Parole de pro

Écrivez le thème de la réunion ou de l'entretien au centre de la feuille. Puis pour chaque grande idée, directement liée au thème central, faites une ramification et écrivez un mot-clé qui représente cette idée. À chaque fois qu'une nouvelle idée est abordée dans la réunion (ou une nouvelle information est apportée), recherchez avec quoi elle est directement en lien et créez une nouvelle ramification (à partir du thème central ou d'une ramification existante).

Utilisez des mots clés, dessins et couleurs pour faciliter la lecture de votre carte

Le thème central et les ramifications doivent être représentés sous forme de dessins et de mots clés, aussi souvent que cela est possible. En effet, cela favorise le travail alterné du cerveau gauche et du cerveau droit, ce qui aide à la créativité. Par ailleurs, l'usage de dessins permet de remplacer le texte par des images souvent bien plus explicites. L'utilisation d'un code couleur (qui vous est propre) permettra une lecture plus facile des différentes branches ou des différents niveaux de ramification.

Astuce

L'exemple suivant illustre comment rédiger et lire une carte mentale.

Un exemple de carte mentale :
les notes qu'aurait pu prendre mon éditrice lorsque je lui ai proposé le projet de ce livre

Utilisez un logiciel pour mettre en forme

Si vous le souhaitez, de nombreux logiciels gratuits permettent de mettre en forme vos cartes mentales. Certains sont même assez pratiques pour vous permettre de prendre vos notes directement à partir du logiciel sans avoir à les recopier. Gain de temps assuré ! Vous trouverez ces logiciels facilement en faisant une recherche sur Internet ou en vous rendant sur le site www.telecharger.com.

Familiarisez-vous avec une liste d'abréviations

Enrichissez votre liste personnelle

Prendre des notes rapidement et efficacement suppose la maîtrise des abréviations. Développez et enrichissez sans cesse votre liste. Attention, elle est personnelle : ne l'imposez pas aux autres qui ne la connaissent pas et qui en utilisent peut-être une très différente.

Elle est donc utile pour prendre des notes, mais doit être proscrite pour la rédaction d'un document qui sera diffusé : tout le monde n'a pas vocation à connaître les mêmes abréviations.

Décryptez les abréviations étrangères

Dans les rapports, les courriers et surtout dans les e-mails, des abréviations d'origine étrangère (principalement anglo-saxonnes) fleurissent de plus en plus. À défaut de les employer vous-même, vous devez, au moins, en connaître le sens. Le tableau ci-après éclaire sur les plus courantes.

Utilisez la correction en cours de frappe avec Word

Pour plus d'efficacité de votre traitement de texte, vous pouvez définir vos abréviations et demander une correction en cours de frappe. Ceci est très pratique pour prendre des notes directement à l'ordinateur ou améliorer sa vitesse de frappe.

Avec le logiciel Word, voici la procédure :
➜ Tapez votre abréviation et placez votre curseur dessus.
➜ Allez dans le menu « Révision » puis « Grammaire et orthographe ».
➜ Cliquez sur « Options... ».
➜ Cliquez sur « Options de correction automatique... ».

Abréviation	Expression entière	Signification
AKA	*Also Known As*	Alias
AM	*Ante Meridiem*	Avant midi, le matin
ASAP	*As Soon As Possible*	Dès que possible
B to B (ou B 2 B)	*Business To Business*	Commerce entre entreprises
B to C (ou B 2 C)	*Business To Consumer*	Commerce aux particuliers
CEO	*Chief Executive Officer*	P.-D.G.
CFO	*Chief Financial Officer*	Directeur administratif et financier
COO	*Chief Operative Officer*	Directeur des Opérations
CRM,	*Consumer Relationship Management*	Gestion de la relation client
SRM	*Supplier Relationship Management*	Gestion de la relation fournisseur
FAQ	*Frequently Asked Questions*	Questions Fréquemment posées / Foire aux questions
FYI	*For Your Information*	Pour Information
PhD	*Philosophiæ Doctor*	Docteur (qui possède un doctorat)
PM	*Post Meridiem*	Après-midi
VP	*Vice President*	Vice-Président
Vs	*Versus*	Contre (marque une opposition)

➜ Cochez «Correction en cours de frappe»
et dans la zone du dessous écrivez
l'abréviation à gauche et le mot en entier
à droite.
➜ Cliquez sur «ajouter» puis «OK» puis
«OK» une seconde fois.

À chaque fois que vous taperez cette abréviation dans un document Word, elle sera directement remplacée par le mot en entier.

Attention toutefois à choisir une abréviation
que vous serez sûr de ne jamais devoir utiliser
telle. Par exemple, si vous abrégez «boîte aux
lettres» en «bal», vous pourriez un jour vous
retrouver avec la phrase suivante dans un
courrier : «C'est en allant danser au boîte aux
lettres qu'ils se sont rencontrés». De même,
choisissez de ne manier qu'un nombre raisonnable d'abréviations pour les mémoriser
facilement. Une autre pratique consiste aussi
à éditer une liste de vos abréviations et à la
relire de temps en temps ou de l'afficher en
face de vous.

Parole de pro

Karin Le Borgne, assistante, mairie de
Cannes : *« Durant la journée, je note tout,
tout, tout sur un calepin unique : ce que
j'ai à faire, les informations importantes,
les messages à transmettre, etc. Cela me
permet de tout avoir au même endroit et
de pouvoir emporter mon calepin avec moi
dans un autre bureau ou dans certaines
réunions. Au fur et à mesure que j'accomplis
une tâche, je la raye et je fais de même
avec les informations qui deviennent
obsolètes ou inutiles. Le soir, je fais le
point sur tout ce qui a été accompli et ce
qui reste à faire. Je commence toujours la
journée sur une nouvelle page, sur laquelle
je recopie les tâches restantes de la veille;
cela aide à la mémorisation. »*

En résumé

Préparez votre prise de notes.
Utilisez les cartes mentales.
Utilisez une liste d'abréviations.

Fiches reliées

Fiche n° 26 : « Comment développer mon
sens de l'écoute ? »
Fiche n° 40 : « Comment adapter ma
communication à chacun de
mes interlocuteurs ? »

Comment préparer et mener des entretiens productifs ?

Cette question se pose quand vous devez recevoir un collègue, un client, un fournisseur ou un partenaire.

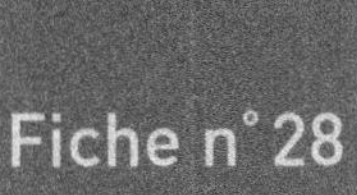

Les entretiens professionnels s'avèrent toujours des moments importants. Il peut s'y passer beaucoup de choses et leur efficacité tient avant tout à votre préparation et à votre comportement.

Identifiez clairement votre objectif

À chaque entretien correspond un objectif spécifique. Identifier cet objectif et vous y tenir pendant toute la durée de l'entretien est la garantie de ne pas vous fourvoyer ou perdre du temps.

Le tableau suivant donne des exemples d'objectifs pour les principaux types d'entretiens.

Bien entendu, ces objectifs doivent ensuite être précisés, quantifiés et limités dans le temps pour devenir de véritables facteurs de changement.

Type d'entretien	Avec	Exemples d'objectifs
Entretien de motivation	Un subordonné	- Présenter le projet Alpha à M. X et le motiver à y participer activement. - Remotiver M. X, dont les résultats trimestriels sont en baisse.
Entretien de recadrage	Un subordonné	- Amener M. X à adopter un comportement plus professionnel. - Faire cesser le comportement contreproductif de M. X.
Entretien de délégation	Un subordonné, un collègue	- Déléguer le dossier Beta à M. X, fixer les conditions de cette délégation.
Entretien d'information	Toute personne	- Passer l'information sur les retards de plannings à M. X, s'assurer de sa bonne compréhension.
Entretien d'embauche	Un postulant	- S'assurer des compétences et de la motivation de M. X.
Entretien de négociation	Un client, un fournisseur, un patron	- Négocier les conditions du contrat Dumoux. - Renégocier mon salaire.
Entretien de vente	Un prospect, un client	- Présenter le projet Gamma à l'entreprise Ducreux. - Faire signer le bon de commande « Zeta » à M. X.
Entretien annuel d'évaluation	Un subordonné	- Faire le point avec M. X sur ses compétences, ses résultats et son évolution au sein du service.
Entretien préalable au licenciement	Un subordonné	- Initier la procédure de licenciement de M. X.

Définissez un plan

La qualité de votre entretien se verra dans votre capacité à maîtriser son déroulement. Pour cela, rien de tel que de préparer un plan précis et de s'y tenir.

Règles générales

Voici quelques règles à suivre dans l'élaboration d'un plan pour un entretien individuel :

> ## Élaborer le plan d'un entretien individuel
>
> - Préparez l'introduction et la conclusion, sachez d'où vous partez et où vous voulez arriver.
> - Préparez un enchaînement logique d'étapes qui vous mène là où vous voulez aller.
> - Alternez l'occupation du temps de parole, entre les phases où vous parlez et celles où vous laissez votre interlocuteur s'exprimer.
> - Écrivez vos arguments clés et les questions importantes.

Quelques exemples de plan pour les différents types d'entretiens

Entretien de motivation et entretien de recadrage : le plan DESC

1. Décrire objectivement la situation problématique.
2. Exprimer vos sentiments sur cette situation, votre désaccord.
3. Spécifier le changement que vous voulez voir se réaliser, les comportements que vous voulez voir changer.
4. Conséquences. Décrivez les conséquences négatives d'un non-changement et les conséquences positives du changement que vous attendez.

Entretien de délégation

1. Présentez factuellement votre situation et votre besoin de délégation.
2. Présentez la tâche à effectuer, les objectifs à atteindre, les livrables, les moyens et les responsabilités.
3. Demandez à votre interlocuteur de se positionner et de vous poser toutes les questions utiles.
4. Négociez un véritable contrat de délégation et planifiez la mise en œuvre et les modalités du contrôle.
5. Concluez l'entretien, décrivez les étapes suivantes et incitez à l'action.

Entretien d'information

1. Introduisez le contexte de votre communication.
2. Passez les informations dans un ordre logique et assurez-vous de la bonne compréhension de votre interlocuteur.
3. Demandez à votre interlocuteur de réagir et de vous poser les questions qu'il souhaite.
4. Concluez par une phrase choc et décrivez les prochaines étapes.

Entretien d'embauche

1. Introduisez l'entretien, décrivez le contexte du besoin d'embauche.
2. Demandez au candidat de se présenter, posez-lui des questions sur son parcours et sa motivation.
3. Présentez l'entreprise, le poste et votre niveau d'exigence.
4. Demandez au candidat de réagir sur votre présentation, posez-lui des questions d'approfondissement.
5. Demandez au postulant s'il a des questions à vous poser.
6. Concluez l'entretien et décrivez les étapes de suivi.

Entretien de négociation

1. Prenez contact avec votre interlocuteur, échangez des amabilités, prenez place.

2. Demandez à votre interlocuteur quels sont ses objectifs pour cette négociation.
3. Dévoilez vos propres objectifs.
4. Questionnez votre interlocuteur pour connaître ses objectifs profonds et réels au-delà de ceux qu'il vous a annoncés.
5. Procédez à des échanges de type concession contre contrepartie et avancez des solutions pour sortir de la négociation.
6. Une fois une solution acceptable trouvée, concluez la négociation et formalisez l'accord.

Entretien de vente

1. Saluez votre client ou votre prospect, installez-vous.
2. Introduisez le contexte de votre rencontre en insistant sur le bénéfice qu'il pourrait en tirer.
3. Posez des questions pour identifier son besoin ou sa demande.
4. Reformulez et faites-lui valider son besoin.
5. Faites une proposition de produit, de service ou de solution.
6. Argumentez votre offre.
7. Traitez les éventuelles objections.
8. Annoncez votre prix.
9. Éventuellement, négociez le prix ou les conditions.
10. Concluez la vente et obtenez l'accord formalisé du client.

Entretien annuel d'évaluation

1. Accueillez votre interlocuteur, mettez-le à l'aise.
2. Exposez le contexte et l'objectif de cet entretien.
3. Faites le bilan objectif de l'année écoulée.
4. Présentez le support d'évaluation des compétences et commentez vos évaluations.
5. Demandez à votre interlocuteur de réagir à vos évaluations.

6. Exposez vos objectifs pour l'année à venir.
7. Demandez à votre interlocuteur de vous indiquer ses propres objectifs pour l'année à venir, ainsi que ses besoins (accompagnement, formation, matériel, etc.).
8. Faites une conclusion de l'entretien et décrivez les étapes de suivi.

Entretien préalable au licenciement

1. Décrivez objectivement la situation actuelle et vos griefs.
2. Exprimez vos sentiments sur cette situation, votre désaccord.
3. Demandez au salarié de vous donner des explications, de se justifier et de donner son ressenti.
4. Faites-lui part de la suite de la procédure.
5. Concluez l'entretien.

Préparez votre bureau ou la salle de réunion

À chaque entretien son objectif particulier. Votre environnement doit être adapté à la nature de l'entretien et à l'objectif que vous poursuivez.

Deux règles sont à respecter en tout état de cause :

→ Votre interlocuteur doit toujours être à l'aise. Assurez-vous de son confort. Offrez-lui une boisson chaude ou fraîche, mettez du papier et un pot à crayons à sa disposition.
→ Disposez les chaises conformément à l'ambiance que vous voulez instaurer. Un face-à-face suggérera davantage le conflit et l'affrontement que des chaises placées en biais ou côte à côte. L'éloignement des chaises traduit aussi la distance que vous souhaitez mettre entre votre interlocuteur et vous (voir fiche n° 18).

Adoptez toujours un comportement professionnel

Votre professionnalisme sera jugé à l'issue de chaque entretien que vous mènerez. Veillez à toujours respecter les règles suivantes :

→ Soyez ponctuel, annoncez un horaire de début et un horaire de fin et tenez-vous y en gardant toujours un œil sur la montre.

→ Commencez toujours par une introduction qui précise le contexte, vos objectifs et qui donne l'ordre du jour.

→ N'acceptez aucune interruption, ne répondez pas au téléphone, ne lisez pas vos e-mails du coin de l'œil, soyez à 100 % avec votre interlocuteur.

→ Donnez la parole à la personne que vous recevez aussi souvent que possible, écoutez-la vraiment, sans l'interrompre et prenez des notes.

→ Veillez au temps de parole de chacun.

→ Soyez affirmé et cordial, toujours poli.

→ Concluez toujours l'entretien par un résumé, remerciez votre interlocuteur et assurez-le d'un suivi rapide.

→ Accueillez votre interlocuteur avec un mot aimable, invitez-le à s'assoir, proposez-lui une boisson et assurez-vous qu'il dispose, à portée de main, de tout le matériel nécessaire à son confort et à son efficacité (pot à crayons, feuilles de papier, corbeille à papier, prise électrique...).

En résumé

Préparez votre entretien consciencieusement en identifiant votre objectif et en définissant un plan cohérent. Rédigez les étapes, arguments clés et questions importantes.
Préparez votre bureau en fonction de l'entretien que vous allez y mener.
Adoptez un comportement professionnel à tout moment de l'entretien.

Fiches reliées

Fiche n° 6 : « Comment déléguer efficacement ? »
Fiche n° 29 : « Comment me préparer à être reçu pour un entretien ? »
Fiche n° 42 : « La communication non verbale est-elle un piège ou un atout ? »

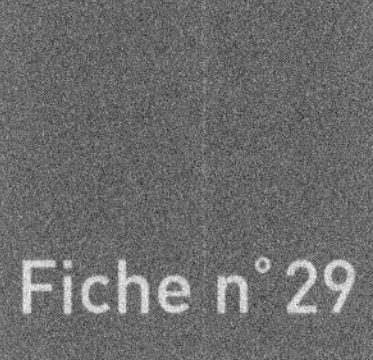

Comment me préparer à être reçu pour un entretien ?

Cette question se pose quand :

✓ vous êtes convoqué à un entretien par votre patron ;
✓ vous allez chez un client, un fournisseur ou un partenaire.

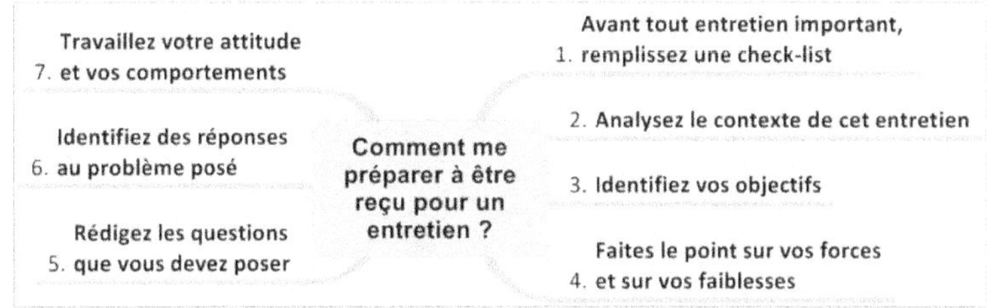

Certains entretiens professionnels peuvent être cruciaux pour la suite de votre carrière. Soit en bien, soit en mal. Ces entretiens-là, porteurs d'enjeux importants, doivent être soigneusement préparés.

Avant tout entretien important, remplissez une check-list

Préparer un entretien, c'est se poser un certain nombre de questions et formaliser les réponses. La *check-list* suivante reprend cette démarche :

Check-list pour un entretien

▸ Quel est le contexte ?
▸ Quels sont mes objectifs ?
▸ Quelles sont mes forces (mes arguments) ?
  Quelles sont ses forces (ses arguments) ?
▸ Quelles questions dois-je poser ?
▸ Quelles solutions puis-je apporter ?
▸ Quels sont mes points de vigilance comportementaux ?

Les conseils suivants vous aideront à remplir cette *check-list* au mieux et à parfaire votre préparation.

Astuce

Vous pouvez télécharger gratuitement cette check-list prête à l'emploi sur le site www.bourrelly.org, rubrique « publications ».

Analysez le contexte de cet entretien

Première question à vous poser : connaissez-vous le pourquoi de cette convocation et de quel type d'entretien il s'agit ? Voici une liste des types d'entretiens les plus fréquents :

✓ entretien de motivation ;
✓ entretien de recadrage ;
✓ entretien de félicitation ;
✓ entretien de délégation ;
✓ entretien d'information ;

✓ entretien d'embauche/de proposition d'un nouveau poste/de proposition d'un nouveau projet ;
✓ entretien de négociation ;
✓ entretien annuel d'évaluation ;
✓ entretien préalable au licenciement.

Une fois que vous savez à quel type d'entretien vous avez affaire, il faut analyser le contexte :
✓ pourquoi vous ?
✓ pourquoi maintenant ?
✓ pourquoi cet entretien ?
✓ que pense de vous la personne qui vous convoque, connaît-elle vos résultats ?
✓ vous connaît-elle personnellement ?

Mieux vous connaîtrez le contexte dans lequel s'inscrit cet entretien, mieux vous pourrez anticiper son déroulement et surtout son issue.

Identifiez vos objectifs

Impossible de faire un bon entretien sans objectif concret. Que vous soyez en position offensive (entretien d'embauche, de félicitation, annuel ou de délégation) ou défensive (recadrage, motivation, licenciement, etc.), cet entretien permet toujours d'améliorer sa situation, de briller, de favoriser sa carrière ou, au pire, de « sauver les meubles ».

Dans toutes ces situations, le meilleur moyen de formaliser vos objectifs consiste à utiliser la méthode SMART.

S Spécifique

M Mesurable

A Ambitieux

R Réaliste

T Temps

La méthode SMART

Votre objectif doit être Spécifique

Ici, spécifique signifie à la fois parfaitement adapté à votre situation propre (personnalisé) et décrit avec précision. Le pire serait de vous tromper d'objectif pour un entretien si important. Formalisez tous les aspects du changement que vous attendez.

Les questions qui vous permettent de définir un objectif spécifique sont :
✓ quoi exactement ?
✓ sous quelle forme ?
✓ comment ?

Exemple

J'attends de cet entretien qu'à l'issue de celui-ci, mon patron me propose d'intégrer le projet « Omega » avec le titre et la fonction de chef de projet, et un pouvoir hiérarchique sur les autres membres du projet.

Votre objectif doit être Mesurable

Pour savoir si vous l'avez atteint ou non, votre objectif doit être mesurable. Ainsi, cela vous fournira un indicateur de succès en temps réel. Les questions qui vous permettent de définir un projet mesurable sont :
✓ combien/en quelle quantité ?
✓ quand ?

Exemple

Je veux intégrer le projet « Omega » au plus tard le 1er mars prochain, avec le statut de chef de projet et une prime de 200 euros par mois, et avec un remboursement intégral des frais de déplacement en voiture liés au projet.

Votre objectif doit être Ambitieux

Dans la mesure où vous restez réaliste (voir point suivant), plus vous demanderez, plus vous obtiendrez. Cela est valable dans toutes les situations. Se montrer ambitieux et défendre âprement et intelligemment sa position génère toujours des résultats positifs. Les questions qui vous permettent d'augmenter votre niveau d'exigence sont :

✓ pourquoi pas plus ? Serait-ce toujours crédible de demander plus ?
✓ que puis-je demander en plus ?
✓ quelles concessions peut faire mon interlocuteur ?

Exemple

Je veux intégrer le projet « Omega » au plus tard le 1er février prochain (pour obtenir 1er mars) avec le statut de chef de projet et une prime de 300 euros par mois (pour obtenir 200), et avec un remboursement forfaitaire des repas et des frais de déplacement en voiture liés au projet.

Souvenez-vous que cette méthode vaut aussi bien pour les entretiens où vous êtes en position de demande que pour ceux où vous êtes sur la défensive. Ne rien lâcher, s'arc-bouter sur une position sont des comportements tout aussi ambitieux que demander beaucoup.

Votre objectif doit être Réaliste

Se fixer un objectif ambitieux mais inatteignable ne sert à rien. Sachez rester professionnel et taper juste. Demander à peine plus que ce que l'on peut vous donner est l'assurance de ressortir de l'entretien avec le maximum.

Votre objectif doit être délimité dans le Temps

Souvent, la question qui se pose à l'issue des entretiens professionnels où l'on vous demande quelque chose, aussi bien que dans ceux où vous demandez quelque chose est « quand ? » plutôt que « oui » ou « non ». Définir, à l'avance, quand vous voulez atteindre votre objectif c'est-à-dire quand vous voulez le voir produire ses effets bénéfiques, permet de ne pas se laisser berner par une promesse du type « *Oui, pourquoi pas, on verra plus tard* ».

Faites le point sur vos forces et sur vos faiblesses

Faites la liste de vos points forts et de vos points faibles, compte tenu du contexte et de vos objectifs. Profitez-en pour dresser la liste des arguments que vous allez pouvoir utiliser pendant l'entretien.

De même, anticipez les arguments qui seront développés par la personne qui vous convoque et préparez des réponses. Plus vous pourrez apporter d'éléments de preuve, des faits, des documents, plus votre argumentation sera efficace.

Rédigez les questions que vous devez poser

Quel que soit le type d'entretien, la personne qui vous reçoit vous laissera forcément la parole à un moment ou à un autre. Profitez-en pour prendre de l'information qui vous sera utile à la fin de la rencontre. Préparer ses questions à l'avance permet de ne pas être pris de court et de se montrer pertinent.

Identifiez des réponses au problème posé

Si vous savez, à l'avance, de quoi il retournera dans cet entretien et que vous avez une vue sur le problème posé (mauvais résultats, comportement, manque de motivation, nouveau travail, changements, etc.), n'hésitez pas à réfléchir pour pouvoir proposer des solutions innovantes et constructives. Vous n'avez aucune garantie que vos solutions seront validées, mais le fait de se montrer informé, réfléchi, créatif et constructif valorisera votre image professionnelle en toutes circonstances. Pour cela, revenez aux fondamentaux et demandez-vous ce que l'on attend de vous. Quelle est la source du problème ou de la situation posée ? Que pouvez-vous changer, sur quoi avez-vous une prise ? Définissez des objectifs de changement réalistes et pensez un plan d'actions opérationnelles.

Travaillez votre attitude et vos comportements

Stress, fatigue, pression, etc., sont autant de facteurs qui peuvent faire perdre ses moyens lors d'un entretien important. Pour ne pas vous laisser paralyser par l'enjeu, réfléchissez au comportement idéal pour atteindre vos objectifs. Comment devez-vous vous montrer ? Impliqué ou distant, à l'écoute ou loquace, ouvert ou fermé, offensif ou défensif ? Puis traduisez l'attitude que vous avez choisi de «jouer» en comportement facile à mettre en œuvre et à observer (par exemple : sourire, se tenir bien droit, ne pas jouer avec son stylo, écouter sans couper la parole, prendre des notes, etc.). Pendant l'entretien, relisez de temps en temps ces points pour vous assurer que l'image que vous renvoyez correspond bien à celle que vous aviez prévu de renvoyer, car elle est cohérente avec vos objectifs.

En résumé

Pour préparer un entretien important, utilisez la check-list.
Analysez le contexte.
Identifiez vos objectifs avec la méthode SMART.
Préparez une liste d'arguments et de contre-arguments objectifs et documentés.
Listez les questions que vous voulez poser.
Réfléchissez à des réponses, à des solutions créatives et constructives.
Identifiez le comportement le plus adapté et préparez-le.

Fiches reliées

Fiche n° 28 : «Comment préparer et mener des entretiens productifs ?»
Fiche n° 42 : «La communication non verbale est-elle un piège ou un atout ?»
Fiche n° 82 : «Comment préparer et réussir un entretien de recrutement ?»

Comment organiser des réunions productives ?

Cette question se pose quand vous devez organiser une réunion ou un travail de groupe.

Qui n'a jamais eu l'impression de perdre un temps précieux dans d'infinis bavardages ? Dès lors, une pression pèse sur ceux qui organisent de telles réunions. Peut-être est-ce votre cas ?

Prenez conscience du coût de la réunion

Comme toute action managériale, l'organisation d'une réunion a un coût. S'il est trop important par rapport au résultat attendu, l'action sera, par nature, improductive et il faudra trouver une autre manière de travailler.

Comment évaluer le coût d'une réunion ?

Le principal coût d'une réunion se mesure en temps :

→ Le temps passé par l'ensemble des présents pendant lequel ils perçoivent un salaire.

→ Le temps pendant lequel ils ne feront pas autre chose qui pourrait être plus productif (que l'on appelle aussi coût d'opportunité).

À ce coût principal, il convient d'ajouter des coûts annexes :

✓ déplacement des participants (temps de déplacement, billets de train, d'avion, etc.);

✓ plateaux-repas ;

✓ matériel nécessaire ;

✓ salle de réunion (certaines entreprises louent leurs salles à leurs différents services, mais même lorsque ce n'est pas le cas, chaque mètre carré occupé coûte un loyer ou un amortissement).

Exemple

Une réunion de huit personnes qui dure deux heures consomme 8 x 2 h = 16 h, soit pratiquement la moitié d'une semaine de travail de trente-cinq heures. Dans ce cas, il faut bien s'assurer que le travail produit en réunion sera de meilleure qualité ou plus quantitatif que celui d'un seul salarié, travaillant sur ce sujet à temps plein pendant plus de deux jours.

Comment réduire le coût d'une réunion ?

Pour amoindrir le coût de votre réunion, passez en revue les idées suivantes :

→ Diminuez le temps de la réunion et finissez quoiqu'il arrive à l'heure. Plus vous pré voyez un temps long, plus votre réunion durera longtemps, et ce, indépendamment de ce que vous avez à y faire.

→ Diminuez le nombre d'invités. N'invitez que ceux dont la présence est indispensable à l'atteinte des objectifs. La présence à une réunion doit être justifiée par une valeur ajoutée certaine pour le groupe.

→ Favorisez le travail à distance (conférences téléphoniques, visioconférences, échanges d'e-mails, etc.).

Comment trouver un bon retour sur investissement pour une réunion ?

Pour que vos réunions soient productives, il faut qu'elles apportent plus que ce qu'elles coûtent. Pour cela, faites bien attention à n'organiser une réunion que lorsque cela est absolument nécessaire.

Visez un retour sur investissement quantitatif

Pour qu'une réunion soit quantitativement intéressante, il faut que le travail du groupe soit supérieur en quantité au travail qu'auraient accompli les membres du groupe individuellement, mis bout à bout. Autant dire que c'est rarement le cas. Huit personnes seules à leur bureau pendant deux heures, qui font chacune un travail différent et complémentaire, sont pratiquement toujours plus productives que huit personnes dans la même salle à faire le même travail pendant deux heures.

D'une manière générale, réunir des individus pour les faire travailler à la même tâche se révèle rarement productif du point de vue quantitatif.

Visez un retour sur investissement qualitatif

Pour qu'une réunion soit qualitativement rentable, il faut que le résultat auquel parvient le groupe soit impossible à atteindre avec un

groupe plus petit dans le même laps de temps. Chacun doit apporter aux autres une pierre qu'il est le seul à pouvoir apporter. Cela limite pas mal le champ d'application des réunions de plus de quatre ou cinq personnes !

Quand les réunions sont-elles appropriées ?

Voici un inventaire d'objectifs qu'il est souvent opportun de traiter en réunion :

→ Brainstorming (« remue-méninges » en français nouveau) : chacun peut apporter une idée créative.

→ Résolution d'un problème, choix à faire ou prise de décision qui demande le point de vue de différents acteurs : chacun peut apporter sa vision propre du problème, sa connaissance d'un aspect du dossier.

→ Motivation d'une équipe : la motivation des uns joue sur la motivation des autres et on mise sur la dynamique positive qui s'instaure dans le groupe au fur et à mesure que la réunion avance.

→ Négociation multipartite : chacun doit pouvoir défendre son point de vue et ses intérêts, l'accord ne peut être que global.

→ Vote : on a besoin que chacun exprime sa voix.

En dehors de ces cas bien précis, on doit se demander si une solution alternative n'est pas plus appropriée. Ceci est d'autant plus vrai avec le développement des technologies, qui permet une communication à distance très facile.

Quelles sont les solutions alternatives ?

Le tableau qui suit présente un inventaire de différents objectifs qu'il vaut mieux ne pas traiter en réunion. Si vous organisez une réunion non productive, vos invités s'en apercevront et auront l'impression d'avoir perdu leur temps. Ils viendront à votre prochaine réunion avec d'autant moins d'enthousiasme. Ce nouvel essai se révélera, du coup, encore moins fructueux et une véritable spirale de réunions inefficaces se mettra en place.

Objectif	Plutôt que d'organiser une réunion faites plutôt	Avantages
Passer une information sans feed-back	- envoyez un e-mail ; - enregistrez un fichier son avec votre discours et diffusez-le par e-mail.	- vos interlocuteurs ne sont pas obligés de se déplacer ; - ni de changer leur emploi du temps ; - ils auront accès à votre information quand ils le souhaiteront c'est-à-dire au meilleur moment pour eux, lorsqu'ils seront concentrés et à l'écoute ; - ils pourront archiver cette information.
Passer une information avec feed-back ou questions	Idem + demandez aux participants de vous poser les questions par retour d'e-mail en utilisant la fonction « répondre à tous » afin que tout le monde profite des questions et de vos réponses.	Idem + - les questions et les réponses peuvent être archivées.
Consultation/vote	Organisez cela sous forme informatique (questionnaire en ligne ou par e-mail).	- les interrogés peuvent prendre le temps de la réflexion ; - anonymat des réponses ; - traitement graphique et statistique facile à faire et à automatiser.
Recueillir de l'information	Une première phase de consultation par e-mail puis une réunion pour approfondir avec seulement les personnes concernées par l'approfondissement.	- gain de temps global important ; - évite les répétitions.

Parole de pro

Organisez la réunion comme un événement important

Définissez l'objectif avec soin

Pour que votre réunion soit productive, votre objectif doit répondre aux exigences de la méthode SMART et être :

- ✓ Spécifique ;
- ✓ Mesurable ;
- ✓ Ambitieux ;
- ✓ Réaliste ;
- ✓ Défini dans le Temps.

Pour plus d'informations sur la méthode SMART, voir la fiche n° 29.

Donnez un titre et au besoin un sous-titre à votre réunion qui fasse apparaître clairement l'objectif. Pensez « marketing » pour attirer le chaland !

Parole de pro

Définition : **dress code**

Manière dont il est convenu de s'habiller. L'avantage d'établir un *dress code* est d'éviter à une personne de se présenter dans une tenue inappropriée au moment ou en décalage avec celle des autres.

Identifiez le meilleur moment et la bonne durée

Ne pensez pas qu'à vous et à vos contraintes. Si vous voulez que toutes les personnes qui doivent contribuer au succès de la réunion soient présentes, pensez à elles, à leur emploi du temps, à leur charge de travail, à leurs contraintes professionnelles et personnelles. Choisissez un moment pratique pour tous et dans lequel chacun a les meilleures chances d'être en forme. Privilégiez les débuts de journée et évitez les retours de déjeuner et les soirées trop tardives.

Ajustez la liste des invités

Invitez toutes les personnes qui peuvent apporter leur valeur ajoutée à la réunion et sans qui on ne peut pas atteindre les objectifs fixés. N'invitez qu'elles.

Rédigez une invitation professionnelle et attractive

Rédigez une invitation ou une convocation (en fonction du contexte) qui détaille :
- le titre de la réunion ;
- quelques mots de contexte ;
- l'objectif fixé, le résultat attendu (livrables, décisions, etc.) et son importance (enjeux pour vous et pour les participants) ;
- l'ordre du jour ;
- les actions du suivi qui seront entreprises (diffusion d'un compte-rendu, décisions, programmation d'autres réunions, etc.) ;
- la date, l'horaire de début, la durée exacte (avec une promesse de s'y tenir), le lieu (avec un plan d'accès si besoin) ;
- le matériel, les données, les dossiers, les informations avec lesquelles les participants doivent venir ;
- le « *dress code* » (si besoin) ;
- un mot de remerciements anticipés pour la participation de chacun.

Préparez-vous à accueillir vos invités

→ Assurez-vous que tous vos invités ont bien reçu la convocation.
→ Tenez à jour une liste des participants qui ont confirmé leur venue.
→ Réservez la salle bien avant la réunion.
→ Assurez-vous de la présence de tout le matériel nécessaire (tables, chaises, écran, vidéoprojecteur, tableau + feuilles vierges + feutres, blocs de papier, pot à crayons, eau + verres, etc.).
→ Prévoyez d'arriver le premier.

En résumé

Avant d'organiser une réunion, demandez-vous si elle est le meilleur moyen d'atteindre un bon retour sur investissement (quantitatif et qualitatif). Réduisez autant que possible le coût de votre réunion.
Organisez-la avec soin, comme un événement important.

Fiches reliées

Fiche n° 18 : « Comment agencer mon bureau pour un entretien à deux ou à trois ? »
Fiche n° 19 : « Comment préparer la salle pour une réunion ? »
Fiche n° 31 : « Comment animer une réunion efficace ? »

Comment animer une réunion efficace ?

Cette question se pose quand vous devez animer une réunion ou des ateliers de travail.

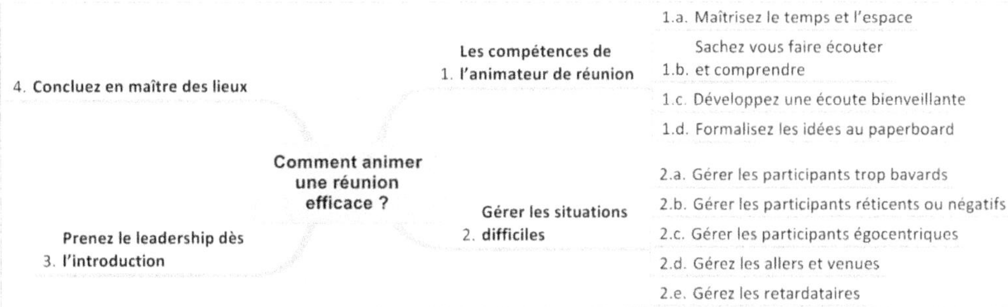

Lorsque vous animez une réunion, vous vous placez sur le devant de la scène, aussi bien au sens propre qu'au sens figuré. Votre prestation en tant qu'animateur de la réunion sera jugée et il faut y voir une occasion de briller devant des collègues.

Les compétences de l'animateur de réunion

Maîtrisez le temps et l'espace

Gardez toujours en tête qu'il s'agit de votre réunion. C'est à vous de la conduire sans pour autant vous imposer et écraser le groupe. Restez debout aussi souvent que possible et occupez tout l'espace en vous déplaçant. Ainsi, vous aurez une vue sur tout ce qui se passe dans la salle, tout en vous octroyant un statut particulier (debout), au-dessus de celui des autres participants (assis).

Rapprochez-vous de la personne qui intervient pour marquer votre intérêt et votre attention, placez-vous bien au centre, face à l'auditoire, quand vous prenez la parole pour vous faire écouter.

Gardez toujours un œil sur la montre pour respecter votre agenda et l'horaire de fin. N'hésitez pas à interrompre un débat s'il n'entre pas directement dans le cadre de la réunion.

Sachez vous faire écouter et comprendre

Avant de prendre la parole, prenez une grande inspiration pour assurer votre voix. Parlez clairement, suffisamment fort pour que tout le monde vous entende sans avoir à tendre l'oreille, et articulez. Préparez vos interventions importantes (introduction et conclusion entre autres) à l'avance, et répétez-les pour les délivrer sans hésitation. Soyez clair dans vos raisonnements, prenez des exemples, demandez du feed-back à vos invités.

Développez une écoute bienveillante

Assurez-vous que tous les participants se sentent libres de parler. S'ils ne se connaissent pas, organisez un tour de table, en début de réunion, lors duquel tout le monde aura l'opportunité de se présenter. Lorsque vous posez une question à la cantonade, balayez toute l'assistance du regard pour ne pas induire que vous attendez une réponse de quelqu'un en particulier et sollicitez tout le monde. Souriez pour inciter les participants à prendre la parole. Écoutez les interventions jusqu'au bout, sans couper la parole. Valorisez ce qui a été dit en cherchant toujours le positif et sans vous focaliser sur les erreurs. Remerciez toujours un participant pour son intervention et notez au tableau, aussi souvent que possible, ce qui a été dit pour le valoriser. Si besoin, reformulez une intervention longue avant de passer la parole à un autre participant.

Assurez-vous toujours que c'est bien vous qui donnez la parole et non pas les participants qui la prennent. C'est vous qui organisez la répartition du temps de parole, pas les invités.

Cherchez l'interactivité en sollicitant le groupe aussi souvent que possible. Veillez à ce que tout le monde pratique l'écoute bienveillante et en particulier que toutes les opinions et interventions soient respectées.

Formalisez les idées au paperboard

Lorsque vous prenez la parole, illustrez vos propos par un dessin ou un schéma au *paperboard*. De même, lorsqu'un participant avance une idée ou répond à une question, notez consciencieusement ce qui est dit. Une fois la page remplie, affichez-la dans la salle plutôt que de la tourner. **Une page tournée est une page oubliée, une page affichée est une page importante !**

Gérer les situations difficiles

Gérer les participants trop bavards

Certains participants prennent la parole et ne la lâchent plus. Pour ceux-là :
→ Évitez de leur donner la parole en premier lorsque vous posez une question, ils risqueraient de «tout dire» et de frustrer les autres participants. Au contraire, laissez trois ou quatre personnes s'exprimer avant eux.
→ Profitez d'un temps de respiration, pour reformuler leur dernière phrase et demander à un autre participant ce qu'il en pense.
→ Lorsque vous leur donnez la parole, précisez-leur d'être bref.
→ Si vous n'avez pas le choix, coupez-leur la parole en leur demandant de vous en excuser et en précisant que vous le faites parce que l'heure tourne ; reformulez leur idée principale et passez la parole à quelqu'un d'autre.

Parfois, c'est entre eux que les participants bavardent, sans écouter la personne qui parle. Dans ce cas, interrompez-les en leur précisant qu'on ne peut pas avoir deux réunions en parallèle et demandez-leur de partager leurs idées avec le reste du groupe.

Parole de pro

Pierre Monteaux, dirigeant, Management § Paradoxes Conseil Ressources Humaines : « *J'utilise les cartes mentales (cartes heuristiques) depuis plusieurs années dans mes réunions. Cela permet de faire émerger des idées en groupe et de les organiser, avec rien de plus qu'un papier et un crayon, sous forme d'une arborescence partant du centre (la problématique) et chaque branche (les idées ou solutions). Cette technique est fondamentale pour structurer les projets, mais surtout elle permet de gagner du temps et de l'efficacité en partageant en groupe les mêmes points de vue. Chacun y gagne dans son emploi du temps en organisation personnelle, en passant moins de temps en réunion.* »

Gérer les participants réticents ou négatifs

Il se peut que vous soyez amené à convoquer en réunion quelqu'un qui n'aurait pas eu envie de venir ou serait en désaccord avec l'objet de la réunion ou la direction qu'elle prend. Selon leur personnalité, ces participants peuvent :

➜ Se mettre dans un coin, bouder et ne rien faire.

➜ Faire ostensiblement autre chose (lire leurs e-mails sur leur smartphone, ouvrir leur ordinateur portable, dessiner, etc.).

➜ Attaquer tout ce que vous dites, ne faire que des objections, se montrer négatif sur tout ce qui est dit ou fait pendant la réunion.

La bonne tactique consiste à impliquer ce type de personne en lui posant une question qui ne soit bien sûr pas une question piège, à écouter sa réponse avec bienveillance et sourire, à la noter au paperboard, à valoriser ce que vous y voyez de positif, à la remercier sans arrière-pensée et à faire rebondir quelqu'un d'autre dessus. Montrez-lui que vous ne lui en voulez pas de mal se conduire, mais que ce type de comportement ne vous atteint pas et qu'il fait partie de la règle du jeu, que vous maîtrisez parfaitement.

Gérer les participants égocentriques

Certaines personnes ne viennent en réunion que pour aborder leur problème et y trouver une solution, même si ce n'est pas le lieu. Elles reviennent sans cesse sur le sujet qui n'est pas dans le périmètre de la réunion. Trois tactiques fonctionnent :

➜ Remercier le participant et lui dire que c'est un sujet qui ne concerne pas tout le monde et que vous en parlerez avec lui à la prochaine pause.

➜ Remercier le participant et lui proposer de prendre rendez-vous avec lui pour aborder ce sujet dans un autre cadre, plus approprié.

➜ Refuser poliment d'aborder le sujet, en arguant du fait que ce n'est pas en lien direct avec la réunion, rappeler à tout le monde l'objectif de la réunion et les prier de ne pas en sortir.

Gérez les allers et venues

Rien de plus déplaisant qu'un participant qui se lève et sort de la salle. Toutefois, vous pouvez comprendre que certaines urgences nécessitent une sortie rapide. Pour prévenir au maximum ce genre de comportement, prévoyez de faire une pause toutes les quatre-vingt-dix minutes de réunion. Annoncez cela dès le début et, au bout d'une heure et quart, rappelez que la prochaine pause arrive dans quinze minutes. Si malgré toutes ces précautions, un participant se lève et sort, c'est probablement pour une excellente raison ; laissez-le faire.

Gérez les retardataires

Lorsqu'un participant arrive en retard sans vous en avoir prévenu à l'avance, interrompez la réunion ostensiblement pendant tout le temps qu'il lui est nécessaire pour trouver une place et s'installer, tout en le regardant faire. Aucune remarque n'est nécessaire et vous verrez qu'à votre prochaine réunion, tout le monde sera à l'heure.

Prenez le leadership dès l'introduction

Voici quelques astuces qui vous aideront à bien démarrer vos réunions :

➜ Arrivez en avance pour pouvoir accueillir vos participants.

➜ Préparez une feuille d'accueil au tableau et laissez-la bien visible. Inscrivez-y le titre de la réunion, votre nom, les horaires et le mot « Bienvenue » en grand. Utilisez dessins et couleurs pour l'égayer.

Feuille de bienvenue à une réunion

→ Tenez-vous à l'entrée de la salle lorsque les participants arrivent, accueillez-les en leur serrant la main et ayez un mot gentil pour chacun. Remerciez-les de leur venue.

→ Laissez-leur le temps de s'installer, proposez-leur de l'eau ou une boisson chaude.

→ Lorsque tout le monde est arrivé et bien installé, placez-vous bien au centre, regardez tout le monde et commencez par un « *Je vous propose de commencer* » tonitruant.

→ Souriez.

→ Remerciez tout les participants pour leur présence et leur ponctualité.

→ Rappelez le contexte de la réunion, son objectif, son ordre du jour et sa durée. Pour ce faire, récitez un texte que vous aurez travaillé en amont. Il est important de faire bonne impression dans cette phase.

→ Commencez par un tour de table de présentation ou une question ouverte à l'attention des participants pour jauger l'état de forme et la volonté de participer de chacun.

Parole de pro

Marc Tatillon, président : « *Conduire efficacement une réunion n'est jamais facile et représente souvent pour l'organisateur un vrai challenge. Pour ma part, j'ai fait un constat simple : les réunions qui commencent bien finissent souvent bien et se terminent toujours plus vite, pour le plus grand bénéfice de tous. J'utilise une astuce venue de la vente : une trame particulièrement efficace de cadrage de l'entretien commercial, que j'applique dès le début de chacune de mes réunions. Voici les cinq points à dérouler pour prendre le pouvoir sur l'assemblée (après les remerciements d'usage) :*

▶ *durée (on indique une heure de fin, plutôt qu'une durée);*

▶ *but (quel est l'objectif de cette réunion ? Ce point répond à la question : pourquoi sommes-nous ici ?);*

▶ *processus (comment va se dérouler notre réunion ? Qui va intervenir et pourquoi ?);*

▶ *enjeu (souvent oublié, ce point aide à motiver les équipes en répondant à la question : avec quoi devons-nous quitter cette réunion tout à l'heure ?);*

▶ *validation (êtes-vous d'accord ?).*

Concrètement, voilà ce que cela donne : « Bonjour à toutes et à tous et merci de votre présence et de votre ponctualité. Comme, grâce à vous, nous allons commencer à l'heure, nous devrions terminer notre réunion vers 17 heures. Je vous rappelle que nous sommes ici pour traiter le dossier du X32, qui nous pose à tous un certain nombre de problèmes. Pour commencer, j'ai demandé à Carine de nous résumer rapidement la situation, puis à Jérôme de nous montrer les solutions possibles. On organisera ensuite un tour de table pour recueillir vos avis et nous prendrons une décision. Ce soir en nous quittant, nous devons avoir résolu ensemble cette difficulté et ne plus avoir jamais à en reparler. Est-ce que ce programme vous convient ? » *Pourquoi parle-t-on de prise de pouvoir ? Simplement parce que lorsque vous indiquez à des personnes que vous avez réunies :*

▶ *pourquoi elles sont là;*

▶ *combien de temps cela va durer;*

▶ *comment cela va se passer;*

▶ *avec quoi on va repartir;*

▶ *et qu'elles vous donnent leur accord...*

Que voulez-vous qu'il se produise d'imprévisible ? »

Concluez en maître des lieux

Lorsque l'heure de fin de la réunion est arrivée :
→ Levez-vous, reformulez les points importants de ce qui a été dit.
→ Ajoutez quelques mots de conclusion que vous aurez préparés à l'avance.

→ Précisez les étapes suivantes et rassurez les participants sur le fait qu'un compte-rendu leur sera envoyé.
→ Remerciez les participants et accompagnez-les à la porte.
→ Ne laissez personne parler après vous, ce serait une remise en cause de votre leadership.

En résumé

Préparez votre introduction et votre conclusion à l'avance.
Maîtrisez les compétences de l'animateur de réunion.
Soyez leader sans écraser le groupe.
Proposez plutôt qu'imposez.
Apprenez à gérer les situations difficiles.

Fiches reliées

Fiche n° 30 : « Comment organiser des réunions productives ? »
Fiche n° 33 : « Comment être écouté et convaincant en public ? »
Fiche n° 34 : « Comment organiser une vidéo-conférence ou une conférence téléphonique ? »

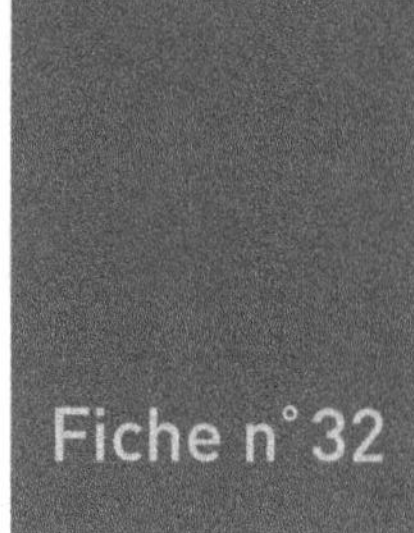

Comment prendre la parole et convaincre en réunion ?

Cette question se pose quand :

✓ vous devez intervenir lors d'une réunion ;

✓ vous voulez que vos avis soient mieux pris en compte.

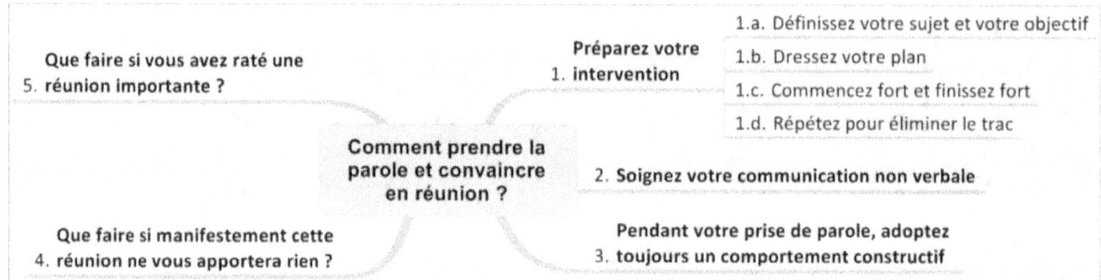

En réunion, la façon de dire les choses compte tout autant que ce que l'on dit. Avoir de l'impact et se montrer brillant et persuasif suppose de maîtriser cet exercice à part.

Préparez votre intervention

Avant chaque réunion à laquelle vous êtes invité à participer, demandez-vous s'il y a quelque chose, un message que vous voulez absolument faire passer. Si c'est le cas, cette communication importante doit être préparée à l'écrit, puis répétée.

Définissez votre sujet et votre objectif

Écrivez sur une feuille le thème général de votre intervention. Cela vous aidera à savoir quand vous devez prendre la parole. Si vous connaissez l'ordre du jour de la réunion, décidez du moment où vous allez intervenir. Une fois que vous avez défini de quoi vous aller parler et quand vous allez le faire, écrivez votre objectif en commençant votre phrase par « Lorsque j'aurai fini de parler, il faut que les participants à la réunion… », et en la continuant par :

✓ sachent que… ;

✓ aient compris que… ;

✓ soient mobilisés autour de… ;

✓ m'aident à…

Dressez votre plan

N'écrivez pas l'intégralité de votre intervention, sous peine d'être tenté de la lire, ce qui serait tout sauf naturel.

En revanche, rédigez-en le plan surtout si vous la prévoyez longue. Écrivez les idées principales et l'ordre dans lequel elles s'enchaînent.

Commencez fort et finissez fort

Pour gagner en impact, il faut que votre prise de parole mobilise immédiatement l'attention de tous les participants. Il faut qu'ils sachent tout de suite de quoi vous allez parler et l'importance que revêt votre message. Il faut les captiver.

Pour cela, rédigez intégralement votre première phrase et apprenez-la par cœur. Choisissez une formulation claire et courte, des mots forts et un sens fédérateur. Procédez de même avec votre dernière phrase, que vous voulez tout aussi marquante pour terminer en beauté.

Répétez pour éliminer le trac

Le manque de répétition entraîne le trac au moment de prendre la parole et ce dernier se traduit par des tremblements, de la transpiration, une voix chevrotante... Éliminez ces signes de manque d'assurance par l'entraînement. Répétez votre discours, votre intervention devant la glace ou devant une caméra jusqu'à obtenir l'aisance et l'effet désirés.

Soignez votre communication non verbale

Que votre intervention soit préparée ou qu'elle vienne naturellement dans le cours de la réunion, quelques règles de communication non verbale vous aideront à en maximiser l'impact.

Avant de prendre la parole, écoutez et prenez des notes

Vous ne pouvez pas espérer être écouté si vous n'écoutez pas les autres. De plus, prendre des notes vous mettra à l'abri de redire ce qui a déjà été formalisé par un autre.

Levez-vous si vous le pouvez

Si le cadre de la réunion s'y prête, levez-vous lorsque vous parlez et déplacez-vous vers l'organisateur de la réunion. Circulez, occupez l'espace et rapprochez-vous des personnes auxquelles vous vous adressez.

Parlez à tout le monde

Durant votre prise de parole, balayez tous les participants du regard pour que chacun ait l'impression d'être pris en considération et soit valorisé.

Ne parlez pas trop vite

Maîtrisez votre débit de parole pour donner du poids à vos propos. Utilisez les pauses, les silences et variez vos intonations pour souligner certains passages et rendre votre communication vivante et agréable à écouter.

Écrivez pour faire durer votre message dans le temps

Toutes les salles de réunion sont équipées d'un *paperboard* ou d'un tableau blanc. Profitez-en pour illustrer vos propos d'un schéma ou d'un graphique, ou pour écrire les mots clés ou les idées maîtresses de votre message. Souvenez-vous que les paroles s'envolent alors que les écrits restent. Si vous avez pu préparer votre intervention à l'avance, rédigez un court document que vous pouvez distribuer aux participants à l'issue de votre discours.

Pendant votre prise de parole, adoptez toujours un comportement constructif

→ Soyez bref, concentrez-vous sur l'essentiel de votre message et sachez rendre la parole rapidement.

→ Gardez toujours en tête l'objectif de la réunion et faites bien en sorte que votre intervention aille dans le sens de cet objectif. Ne sortez pas du sujet.

→ Ne critiquez pas et ne jugez pas les propos qui ont été tenus avant vous. Apportez votre pierre à l'édifice sans chercher à détruire ce qui a déjà été construit.

→ Parlez toujours en votre nom uniquement et non à la place du groupe (« *Je souhaiterais que...* » plutôt qu'« *Il faut que nous...* », « *Je ne souhaite pas...* » à la place d'« *On ne doit pas...* », par exemple).

→ Ne critiquez pas le cadre de la réunion, son organisation, ses règles de fonctionnement, la méthode de travail que l'on vous propose... Sachez jouer le jeu et faire avec ce que l'on vous donne et vous montrer brillant en respectant les règles plutôt que de chercher à les contourner.

Astuce

Lorsque vous ne prenez pas la parole lors d'une réunion, comportez-vous avec les orateurs de la même manière que celle que vous voudriez les voir adopter lorsque c'est vous qui parlez :

- Écoutez attentivement et en prenant des notes.
- Soyez bienveillant.
- Ne manifestez pas de signes de désapprobation, d'énervement ou d'impatience (mimiques, soupirs, etc.).
- Ne répondez pas de manière épidermique et respectez les temps de parole de chacun.
- Ne parlez pas à votre voisin, même si ce que vous lui dites est en rapport direct avec l'objet de la réunion.

Que faire si manifestement cette réunion ne vous apportera rien ?

Votre temps est trop précieux pour que vous vous permettiez de le perdre dans des réunions improductives. Si cette réunion est la première d'une série qui promet le même manque d'apports pour vous, restez jusqu'à la fin, puis parlez de vos doutes à l'organisateur et négociez de ne plus venir aux prochaines ou d'en sauter une sur deux par exemple. Si cette réunion est unique, prenez la parole et invoquez un prétexte crédible pour vous absenter. Une fois la réunion terminée, envoyez un message à l'organisateur pour le remercier de vous avoir convié et lui demander de vous excuser d'avoir dû partir avant la fin. La prochaine fois que cette personne vous invitera à participer à une réunion, vérifiez bien que toutes les conditions de votre présence sont bien réunies avant d'accepter (intérêt pour vous et disponibilité par exemple).

Ce qu'il ne faut pas faire est de rester en réunion jusqu'au bout sans s'intéresser au sujet et en faisant autre chose, comme lire ses e-mails sur son smartphone ou rédiger le plan de son prochain entretien. Ceci n'est jamais aussi discret que nous le souhaiterions et dégrade sensiblement l'ambiance de la réunion et la possibilité de produire un résultat pour les autres participants et l'organisateur.

Que faire si vous avez raté une réunion importante ?

Tout d'abord, priez l'organisateur de vous en excuser. Puis, renseignez-vous pour savoir si un compte-rendu a été rédigé. Si ce n'est pas le cas, renseignez-vous auprès des collègues qui y ont participé ou auprès de l'organisateur directement. Enfin, montrez votre intérêt en vous servant de cette information collectée pour poser une question d'approfondissement ou apporter une idée nouvelle. Vous n'avez aucune garantie que cela sera suivi d'effet, mais cela montrera au moins votre intérêt pour le sujet et rassurera l'organisateur sur les véritables raisons de votre absence.

En résumé

Préparez-vous soigneusement lorsque vous savez, à l'avance, que vous aurez un message à passer.

Pendant votre prise de parole, utilisez la communication non verbale pour donner du poids à vos propos.

Respectez les codes de la réunion et restez toujours dans le sujet et dans l'intérêt des participants.

Fiches reliées

Fiche n° 25 : « Comment délivrer des messages clairs et percutants ? »
Fiche n° 33 : « Comment être écouté et convaincant en public ? »
Fiche n° 39 : « Comment développer mon pouvoir de persuasion ? »

Comment être écouté et convaincant en public ?

Cette question se pose quand :

✓ vous devez prendre la parole devant un auditoire ;
✓ vous devez faire une présentation orale devant un parterre de décideurs.

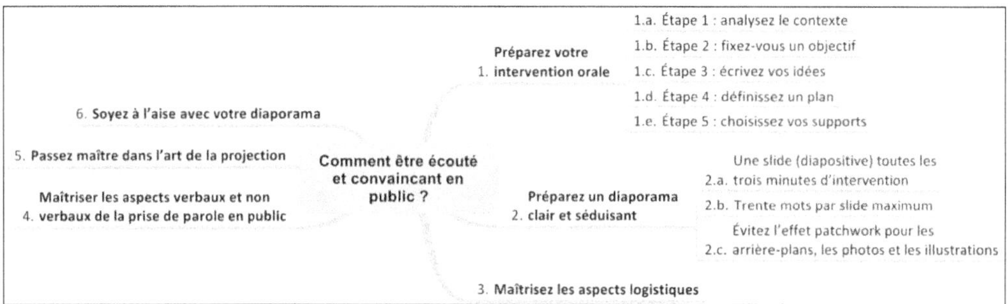

Une intervention en public peut être un moment décisif dans votre carrière si elle est réussie. Pour cela, il vous faut maîtriser votre communication, verbale et non verbale, ainsi que des aspects logistiques et matériels.

Préparez votre intervention orale

La préparation d'une intervention orale suit un schéma en cinq étapes.

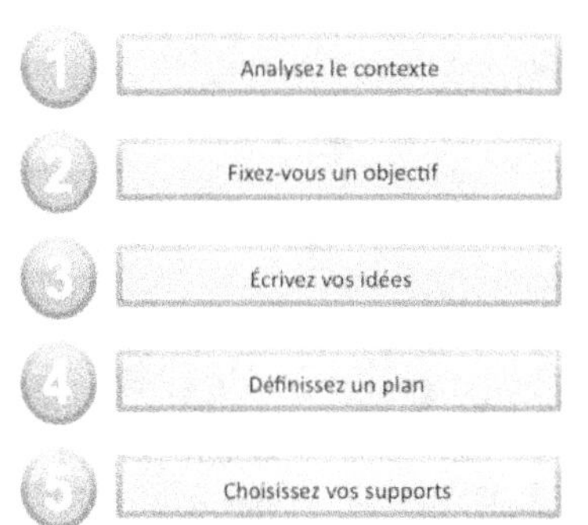

La préparation d'une intervention orale en cinq étapes

Étape 1 : analysez le contexte

Avant de rédiger le plan de votre discours, un questionnement préalable en plusieurs étapes est nécessaire :

→ Dans quel contexte se passe votre intervention ? Qu'est-ce qui la justifie ?
→ Qui est votre auditoire ? Comment se compose-t-il ?
→ Vous est-il acquis ou hostile ? Comment et pourquoi pourrait-il résister ?
→ Qu'attend-il de vous ? Lesquels de ses questions ou problèmes pouvez-vous résoudre ?
→ Comment va-t-il mesurer concrètement sa satisfaction à l'issue de votre intervention ? Selon quels critères ?
→ Quel est son niveau d'information actuel ? Quelles informations lui font défaut ?
→ Quel est le meilleur moyen de communiquer auprès de lui ?

Étape 2 : fixez-vous un objectif

Une fois ces questions soulevées et les réponses formalisées, il vous sera possible de définir un objectif pour votre présentation orale. Cet objectif doit être formulé par

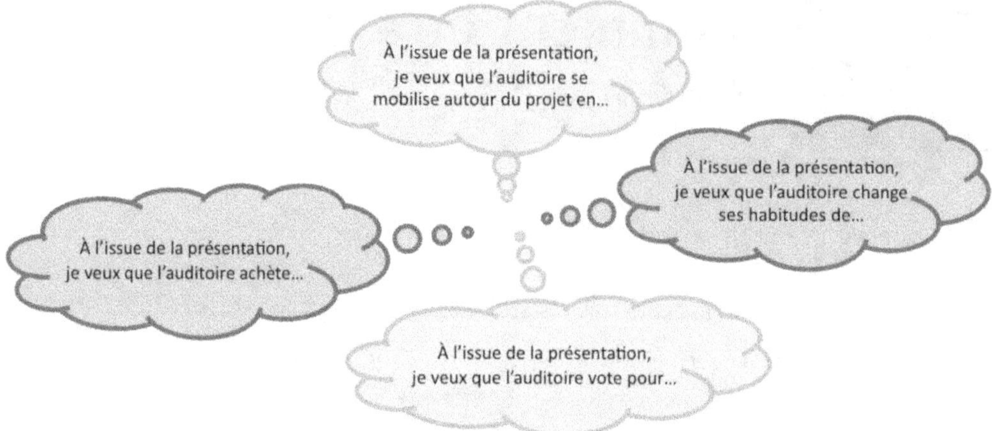

Exemples d'objectifs pour une présentation orale

rapport à ce que vous attendez de l'auditoire à l'issue de votre présentation. Voici quelques exemples dans le schéma ci-dessus.

La description de votre objectif est bien ce que vous attendez de votre auditoire comme suite immédiate à votre intervention. Une fois l'objectif éclairci, il sera facile de déterminer votre stratégie de communication.

C'est en fait le moyen par lequel vous allez atteindre votre but, ce que vous allez faire concrètement. Voici différents exemples :

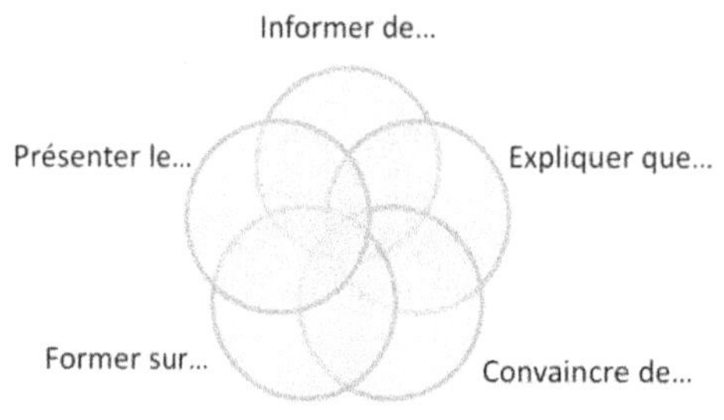

Exemples de stratégies de communication

Retenez bien que les actions ci-dessus ne sont pas des objectifs de communication en soi. Ils ne sont que les moyens d'un objectif plus haut placé, qui est le résultat observable de votre communication sur votre auditoire.

Étape 3 : écrivez vos idées

Pour cette étape, utilisez une carte mentale non comme méthode de prise de notes (voir fiche n° 27), mais comme une technique de créativité.

➜ Prenez une feuille au format paysage.
➜ Écrivez votre idée principale, votre point de départ ou le titre de votre conférence ou intervention au centre. Illustrez cette mention d'un dessin à la main (les dessins sont très importants dans la technique des cartes mentales, car ils font travailler une autre partie du cerveau que l'écriture et cela favorise la créativité). Par exemple :

➜ Dessinez des branches qui partent de votre idée centrale et écrivez dessus les idées qui vous passent par la tête. Ne vous censurez pas, ce n'est qu'un brouillon, une

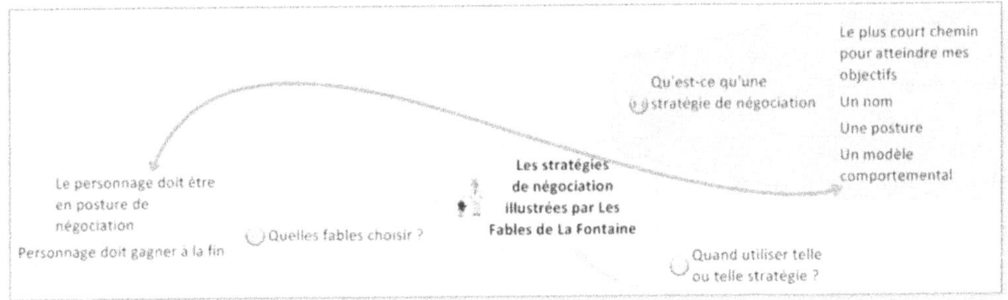

mauvaise idée peut toujours conduire à une bonne idée par la suite.

→ Pour chaque branche procédez de même : à quoi cela vous fait-il penser ? Quelles sont les idées en lien, les enchaînements logiques, etc. ? Aussi souvent que possible, dessinez et utilisez la couleur.

→ Une fois votre carte terminée et toutes les idées jetées sur le papier, voyez comment elles s'enchaînent. Notez les liens qui existent. Faites apparaître celles qui vous semblent fondamentales.

Étape 4 : définissez un plan

Astuce

Rédigez complètement l'introduction et la conclusion de votre discours, car :

▶ Lorsque l'on prend la parole en public, il faut commencer fort et finir fort (pas question que l'auditoire hésite une seule seconde avant de savoir s'il doit applaudir). Ceci vous interdit de soumettre ces parties importantes aux aléas de l'improvisation.

▶ Cela vous permettra de les apprendre par cœur et de les répéter.

▶ Au besoin, vous pourrez les avoir sous les yeux et les lire.

En revanche, n'écrivez pas l'intégralité de votre discours, car vous serez tenté de le lire et de perdre ainsi toute spontanéité. Si vous rédigez l'intégralité du texte, autant l'envoyer par e-mail plutôt que de faire venir tout le monde pour vous écouter le lire.

Organisez vos idées dans un plan logique :

→ Par quoi allez-vous commencer, quel est le point de départ de votre intervention ?

→ Quelle est la conclusion, où souhaitez-vous emmener votre auditoire ?

→ Quel est le cheminement logique qui permet de comprendre le passage du point de départ à la conclusion ? Quelles sont les étapes clés ? Comment s'enchaînent les raisonnements et les idées ?

Étape 5 : choisissez vos supports

→ Allez-vous projeter un diaporama ?
→ Allez-vous distribuer un support écrit ?
→ Allez-vous demander aux auditeurs de prendre des notes ?

Une fois ces cinq étapes travaillées, votre discours est prêt.

Préparez un diaporama clair et séduisant

Créer un diaporama est facile, créer un bon diaporama est d'une grande complexité. Voici quelques conseils qui vont vous assurer un franc succès lors de vos projections. Effet garanti !

Une diapositive toutes les trois minutes d'intervention

Le premier piège qui vous guette en tant qu'orateur est celui de céder à la tentation de faire beaucoup de diapositive, parce que c'est rassurant. Toutefois, attention, nous sommes bien dans le cadre d'une présentation orale. Les messages doivent être entendus de votre bouche et non pas lus, même si c'est de votre plume. Le diaporama n'est pas le message, il n'est que le support à un discours. Il est l'accessoire qui renforce les messages oraux. D'où l'idée de vous conseiller de réduire autant que possible le nombre de diapositives et le nombre de mots par diapositive.

Pour ce qui est du nombre de *slides* «autorisé», il dépend de la durée de l'intervention, mais est aussi régi par des règles strictes :

→ Dix *slides* est le nombre maximum, car il est difficile pour un auditoire de retenir plus de dix concepts forts dans une seule session de communication. Par ailleurs, si vous ne pouvez pas délivrer votre message en moins de dix concepts clés, c'est qu'il est mal structuré.

→ Une diapositive sert de support à trois minutes de discours, soit trente minutes de discours effectif pour dix diapositives, ce qui est déjà très long. C'est ce que vous devez prévoir pour une intervention d'une heure (qui commence forcément en retard, parce que certains arrivent après d'autres et qui prévoit quelques questions à la fin de l'intervention).

Trente mots par diapositive maximum

Pour ce qui est du texte, là encore il faut le réduire au strict minimum. Si votre auditoire ne peut pas prendre connaissance de l'intégralité des messages de la diapositive en trois secondes, c'est qu'il y a trop d'éléments.

Si, après l'affichage d'une diapositive, le temps de lecture est trop long, il va se passer l'une des choses suivantes :

→ Vous reprendrez la parole alors que l'auditoire sera encore en train de lire, ce qui perturbera à la fois l'écoute et la lecture et le public décrochera.

→ Vous devrez attendre que tout le monde ait fini de lire avant de recommencer à parler, ce qui hachera votre discours, vous fera perdre le fil de vos idées et fera aussi décrocher le public.

Retenez bien qu'une diapositive doit être aussi facile à lire qu'un panneau publicitaire. S'il faut dix secondes pour tout lire, l'automobiliste qui passe sous votre panneau grille le feu rouge et a un accident.

Trente mots sont un maximum à ne pas dépasser pour que le temps de lecture passe sous la barre des cinq secondes.

Astuce

Pour réduire le nombre de mots et pour assurer la lisibilité de votre diapositive, imposez-vous une taille de texte minimum. Je travaille avec une taille de caractères de 30, voire plus, mais je ne passe jamais en dessous.

Nancy Duarte, experte en design de présentation et auteur du livre *Slide : ologie* (Pearson Education, 2010) donne quelques règles intéressantes pour déterminer la bonne taille de police :

• divisez la taille de votre écran (donnée en pouces, par exemple dix-sept pouces ou dix-neuf pouces) par trois et placez-vous à cette distance, en mètres, de votre ordinateur. Tout ce que vous n'arrivez pas à lire sur votre diapositive ne sera certainement pas visible du fond de votre salle.

• regardez votre diaporama en taille d'affichage à l'écran de 66 %. Tout ce que vous n'arrivez pas à lire ne sera pas non plus lisible du fond de la salle.

Elle cite aussi Guy Kawasaki, investisseur qui a l'habitude qu'on lui fasse des présentations orales, qui propose la règle suivante : divisez par deux l'âge de la personne la plus âgée de votre auditoire et servez-vous de ce chiffre comme taille tre police minimum. J'adore la créativité et le bon sens de cette règle.

Évitez l'effet patchwork

Le principal défaut des diaporamas que l'on me demande de corriger est leur aspect monstrueux, au sens premier du terme, c'est-à-dire difforme. Trop de polices, trop de couleurs, trop d'images différentes donnent un résultat sans aucune cohérence, comme le Sphinx, monstre de la mythologie grecque à corps de lion, ailes d'aigle, buste de femme et esprit taquin.

Formalisez votre texte sobrement

Deux polices de caractères et deux couleurs de texte suffisent amplement à créer des effets de contraste et à souligner certains passages.

Pour choisir quelles polices et quelles couleurs utiliser, voici quelques conseils :
➜ Conservez la charte graphique de votre entreprise.
➜ Utilisez les codes couleur implicites de votre secteur d'activité (par exemple pour la santé : blanc, rouge, vert, bleu et pour l'agriculture marron, sable, vert, jaune et roux).
➜ Si vous prévoyez d'utiliser des photos, prenez-les toutes dans les mêmes teintes et réutilisez ces teintes pour votre texte.
➜ Choisissez une police qui se situe au même endroit sur l'échelle sérieux/ludique que votre message.

Illustrez de manière coordonnée et efficace

La tentation d'illustrer vos diapositives avec des photos ou des dessins est toujours grande, n'est-ce pas ? Ce n'est pas une mauvaise chose, mais il faut savoir ce que vous souhaitez obtenir. L'illustration n'est pas une fin en soi. Elle ne doit être utilisée que pour faire comprendre immédiatement un message qu'il serait long ou difficile de faire passer par des mots, à l'oral ou à l'écrit. L'illustration doit être conçue pour faire partie intégrante de votre message, pas pour faire joli.
➜ Si vous décidez d'illustrer avec des photos, prenez garde à ce qu'elles soient toutes dans le même style.

➜ Si vous décidez de prendre des dessins (par exemple des cliparts gratuits sur Internet), prenez garde à ce qu'ils soient tous dans le même style, c'est-à-dire réalisés par le même artiste.
➜ Si vous décidez d'utiliser des schémas ou des graphiques, prenez garde à ce que leur forme soit adaptée au message que vous voulez faire passer :
✓ des flux, des mouvements, des déplacements se représentent à l'aide de flèches ;
✓ des structures ou des ensembles se représentent à l'aide d'organigrammes, d'arbres, de regroupements de formes, d'empilements ;
✓ des comparaisons se représentent à l'aide de camemberts, d'histogrammes, de tableaux ;
✓ des tendances, des évolutions se représentent à l'aide de courbes ;
✓ des concepts se représentent à l'aide de pictogrammes.

Pour des exemples, de dessins, cliparts, schémas et graphiques qu'il convient d'utiliser, voir la fiche n° 48.

OUI
Même cadre, même fond, même format

NON
Formes tout à fait différentes

Placez les éléments sur une grille

Dans son ouvrage *Slide : ologie*, cité plus haut, Nancy Duarte propose différentes techniques. Une en particulier m'a inspiré pour vous donner le conseil ci-dessous :

→ Divisez toutes vos *slides* en vingt zones.

→ Les quatre zones du haut restent identiques d'une slide à l'autre. Elles sont réservées au titre de la diapositive, au logo de l'entreprise, etc.

→ Les quatre zones du bas restent également immuables tout au long du diaporama. On y trouve par exemple le titre de la présentation, le nom de l'orateur, le numéro de diapositive, etc.

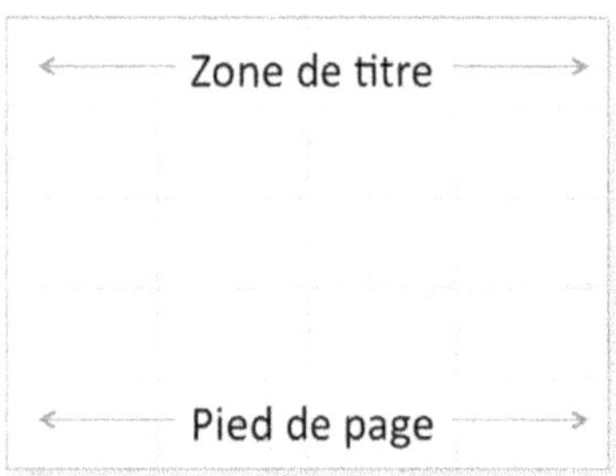

Le découpage des diapositives en vingt zones de travail

→ Votre zone de travail se compose réellement des douze zones restantes et sert à calibrer les éléments intégrés aux diapositives et à les positionner les uns par rapport aux autres : toutes les zones de textes et toutes les images doivent correspondre à une, deux, quatre ou six zones unitaires.

Ainsi, toutes vos diapositives auront la même structure, ce qui est graphiquement satisfaisant, et l'œil de vos auditeurs saura tout de suite où trouver l'information nouvelle.

Réservez les animations aux messages qui doivent arriver par étapes

Beaucoup d'orateurs pensent que les animations font joli et cassent la monotonie du diaporama. Ils ont raison et c'est bien là le problème ! En attirant l'œil, l'animation d'un ou de plusieurs éléments distrait l'auditoire et, à la longue, le fatigue. Animer un élément sans visée pédagogique reviendrait, pour un orateur, à faire un tour sur lui-même ou faire un grand écart de temps en temps pour « casser la monotonie du discours ».

L'animation ne doit avoir qu'un seul objectif : faire comprendre quelque chose d'incompréhensible sans elle.

Voici quelques exemples :

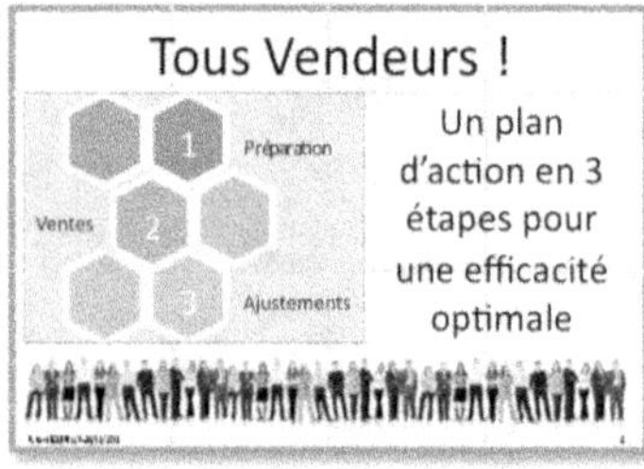

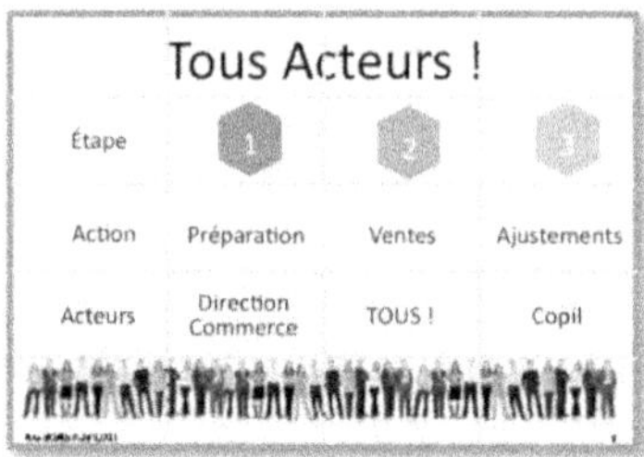

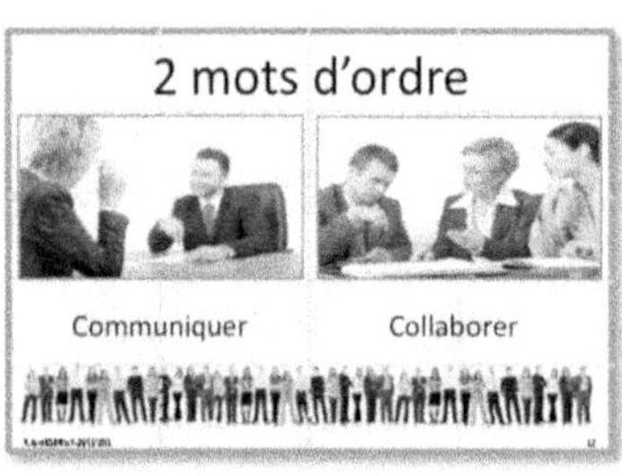

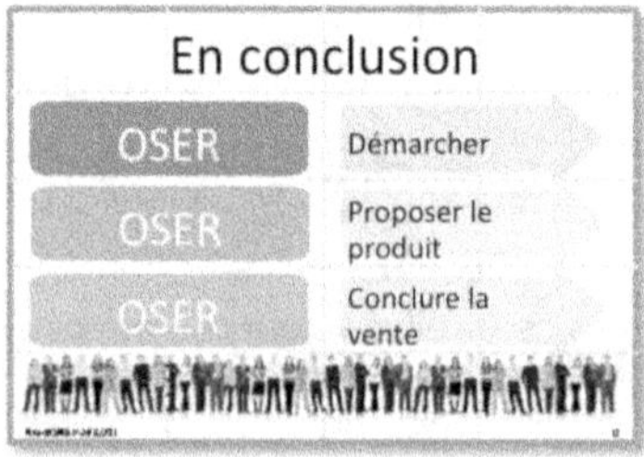

Vous voulez faire comprendre…	Utilisez une animation de type…
L'apparition d'un nouvel élément, l'arrivée de quelque chose, une nouveauté.	Apparition
Un déplacement, un changement de lieu, un flux.	Déplacement
Un changement d'état, une transformation.	Remplacement d'un objet par un autre
Une augmentation, un changement de périmètre, d'ampleur, d'importance, etc.	Emphase

Tenez-vous en à cela : n'animez que ce qui doit l'être pour être compris. Ne faites pas d'animation pour des raisons esthétiques ou ludiques.

Plus vous aurez d'animations, moins vous saurez ce qu'il se passera la prochaine fois que vous appuierez sur la barre espace : une nouvelle animation ou une nouvelle diapositive ?

Il peut être bon de surprendre l'auditoire, rarement l'orateur.

Maîtrisez les aspects logistiques

Pour le choix et l'aménagement de la salle, voir la fiche n° 19.

Gérez votre stress avant de prendre la parole

La préparation est votre meilleure arme anti-stress. Plus vous vous sentirez prêt, plus vous entrerez dans l'arène sereinement.

Quelques minutes avant de prendre la parole, faites des exercices de diction. Répétez « *Ba-beu-bi-bo-bu, ka-keu-ki-ko-ku, la-leu-li-lo-lu…* », et ainsi de suite avec toutes les consonnes, de plus en plus fort. Répétez votre introduction à voix haute et en articulant au maximum.

Juste avant de prendre la parole, respirez lentement et en profondeur, détendez-vous, souriez, prenez une gorgée d'eau.

Maîtriser les aspects verbaux et non verbaux

Une bonne communication orale en public passe par l'accomplissement de quatre véritables exploits. Les conseils suivants vont vous permettre de les accomplir en héros.

Suscitez l'attention par une introduction percutante

Commencez toujours votre intervention par rappeler l'objectif de celle-ci. Attention, ne vous focalisez pas sur votre objectif, mais plutôt sur celui des auditeurs. Rassurez-les sur le fait que vous avez compris les raisons de leur présence et leurs attentes. Dites-leur clairement ce que le fait de vous écouter va leur apporter.

Puis annoncez votre plan afin que le chemin soit tracé. Cela facilitera la compréhension des différentes étapes de votre raisonnement.

Créez le contact en faisant par exemple un trait d'humour ou en rappelant une anecdote.

Intéressez votre public

Tout au long de votre intervention, il va vous falloir maintenir, au plus haut niveau possible, l'intérêt de votre auditoire :

→ Soyez logique, faites des enchaînements clairs entre les parties et les idées.
→ Illustrez votre propos d'exemples, de citations, de métaphores.
→ Communiquez simplement, faites des phrases courtes, utilisez un vocabulaire simple, évitez les expressions à la mode ou l'argot.
→ Parlez fort, distinctement et en articulant.
→ Variez vos intonations pour souligner les passages importants.
→ Utilisez le silence pour donner du poids à certaines de vos idées.
→ Balayez la salle du regard. Même si vous ne voyez pas tout le monde, faites en sorte que chacun pense que vous l'avez regardé.
→ Si vous n'êtes pas derrière un pupitre (ce que je vous déconseille en tout état de cause), soyez mobile, occupez tout l'espace, rapprochez-vous de l'auditoire pour créer de la proximité, allez vers l'écran pour souligner un élément important dans une diapositive.

Facilitez la compréhension

Suivez toujours le plan annoncé et rappelez-le de temps en temps. Indiquez là où vous en êtes de votre démonstration et là où vous allez.

Après chaque partie de votre discours, faites un résumé des principales idées, puis faites une pause avant de passer à la partie suivante pour permettre l'assimilation des messages.

Aussi souvent que possible, interrompez la projection de votre diaporama pour faire un schéma explicatif au paperboard ou pour y souligner un mot ou une expression importante.

Concluez avec brio

Concluez fort pour que vos auditeurs n'aient aucun doute sur le fait que vous avez terminé et qu'ils peuvent maintenant vous applaudir. Rien de pire que de conclure mollement par un « *Bon bah, voilà...* » et de laisser l'auditoire sur cette note.

Aussi souvent que possible, concluez par une ouverture sur l'avenir et incitez au passage à l'action. Vous aviez un objectif clair concernant votre auditoire, c'est le moment de leur dire clairement ce que vous attendez d'eux.

Si besoin, passez la parole au prochain auditeur et remerciez tout le monde.

Parole de pro

Hubert Sauvageot, délégué, Comité International de la Croix-Rouge : « *Lorsque je dois faire une conférence ou une présentation orale, un bon moyen de gérer mon stress consiste à faire une étude approfondie de l'auditoire présent aux deux premiers rangs, lorsque l'on me présente ou lit mon CV. En particulier, j'analyse qui sont les personnes que je vois ; est-ce que je les connais ? Est-ce que ce sont majoritairement des personnes âgées, des hommes, des femmes, à quels groupes appartiennent-ils ? Ces informations occupent mon esprit, font baisser mon niveau de stress et me sont utiles pour personnaliser mon discours.* »

Maîtriser l'art de la projection

Surpassez les problèmes techniques

Rien de pire que de commencer une présentation par des problèmes techniques de branchement et de projection. Avant toute chose, vérifiez bien que vous disposez de tout le matériel nécessaire :

✓ un ordinateur avec le fichier à projeter et le logiciel correspondant au fichier (en général PowerPoint) ;

✓ le vidéoprojecteur portable ou au plafond (dans ce cas, il faut aussi la télécommande) ;

✓ le câble d'alimentation du vidéoprojecteur ;

✓ le câble vidéo reliant le PC au vidéoprojecteur : les prises ressemblent à cela :

La prise du câble vidéo

Une fois le vidéoprojecteur branché sur le secteur, la connexion avec le PC peut encore comporter des pièges :

➜ Branchez le câble dans l'ordinateur en utilisant la seule prise qui convienne.

➜ Parfois, plusieurs prises se ressemblent dans le vidéoprojecteur et il est difficile de savoir à laquelle se brancher : si l'une de ces prises mentionne « PC IN » ou « COMPUTER IN », n'hésitez plus, c'est celle-là. À défaut, branchez-vous dans la prise « PC » ou « IN » ou « SOURCE ».

Pour lancer la vidéoprojection, suivez les étapes ci-dessous :

➜ Allumez le vidéoprojecteur. Certains modèles sont équipés d'un interrupteur situé à l'arrière ou sur le côté. Pour d'autres, le branchement au secteur suffit et il faut presser la touche « on » située sur le capot.

➜ Allumez le PC.

➜ Repérez sur votre clavier la touche qui va vous permettre d'envoyer l'image de votre écran d'ordinateur vers le vidéoprojecteur. Il s'agit toujours d'une des touches situées sur la première ligne du clavier. Elle est notée (F4, F5, etc., et il y a deux écrans côte à côte dessinés dessus).

La touche de basculement d'écrans

➜ Pour activer cette touche il faut appuyer sur la touche « fonction » de votre clavier (qui est parfois notée « Fn ») et, sans la relâcher, appuyer sur la touche aux deux écrans.

➜ À ce moment-là, un menu apparaît et il ne faut toujours pas relâcher « Fn », sinon il disparaît.

➜ Ce menu vous propose différentes options de vidéoprojection. En gros, la question qui se pose à vous est : « *Ne voulez-vous l'image que sur le vidéoprojecteur ou voulez-vous la garder aussi sur l'écran de votre ordinateur ?* » Mieux vaut garder les deux images, ainsi vous pourrez voir ce que vous projetez sans tourner le dos à votre auditoire. Choisissez l'icône correspondante en appuyant plusieurs fois sur la touche aux écrans (toujours en maintenant Fn enfoncée).

➜ Lorsque vous avez choisi l'icône qui correspond à l'option de vidéoprojection que vous souhaitez, relâchez Fn, ce qui entérine votre choix et envoie l'image de votre ordinateur sur le grand écran. Vous pouvez le constater en vous retournant.

➜ Là, respirez un grand coup, sourirez et buvez une grande rasade d'eau. Tout s'est bien passé et vous venez d'éviter plein de désagréments. Il ne vous reste plus qu'à régler la taille de l'image et la netteté grâce à l'objectif du vidéoprojecteur.

➜ Si l'image n'apparaît pas, appuyez sur le bouton « SOURCE » ou « INPUT » du vidéoprojecteur jusqu'à ce que celui-ci trouve tout seul le PC qui lui envoie du signal ou jusqu'à ce que vous ayez pu sélectionner « PC » ou « COMPUTER ».

Astuce

Si la manipulation avec Fn + F5 (ou F4, etc.) ne fonctionne pas :

- vous ne trouvez pas la bonne touche avec les deux écrans ;
- le menu n'apparaît pas ;
- rien ne va de toute façon.

Vous pouvez choisir votre option de vidéoprojection d'une autre manière :

1. Allez sur le bureau de votre ordinateur.
2. Faites un clic droit sur un endroit vide.
3. Cliquez sur « Résolution d'écran ».

Un menu apparaîtra, permettant de choisir comment envoyer le signal de l'ordinateur vers le vidéoprojecteur.

NB : il est aussi possible de faire la manipulation par le menu « Démarrer », puis « Panneau de configuration » et « Se connecter à un projecteur ».

Si la manipulation ne fonctionne pas, refaites-la après avoir bien vérifié tous les branchements.

Si cela ne fonctionne toujours pas, recommencez toute la manipulation en allumant le PC d'abord, puis ensuite le vidéoprojecteur.

Astuce

Si vous ne voulez pas que le faisceau de lumière soit interrompu lorsque vous passez devant, ou si vous ne voulez pas avoir la lumière dans les yeux lorsque vous êtes devant l'écran, il est possible de faire de la projection arrière (certains disent aussi qu'ainsi, l'image est plus nette…). Pour ce faire, placez le vidéoprojecteur derrière l'écran et inversez l'image projetée, soit au niveau de l'ordinateur, soit au niveau du projecteur. Cela nécessite toutefois plus de place, puisqu'il faut prévoir un dégagement derrière l'écran qui ne peut plus être collé au mur.

Parole de pro

1. Vous "dépolluer" l'esprit des problèmes pratiques et matériels :

- *prendre possession de la salle en amont de la présentation et prévoir des bouteilles d'eau pour les participants ;*
- *vérifier le fonctionnement de l'ordinateur portable et du vidéo-projecteur ;*
- *imprimer les supports pour les participants.*

2. Préparer votre intervention :

- *maîtriser votre support de A à Z ;*
- *travailler votre entrée en matière (impact des premiers mots) ;*
- *préparer quelques anecdotes directement liées aux sujets évoqués.*

3. Vous positionner en "acteur" lors de l'intervention :

- *créer un lien avec le public et vous adapter à ses réactions ;*
- *ne pas lire votre "texte" ;*
- *regarder individuellement les participants (éviter le regard d'ensemble) ;*
- *laisser une place à l'interactivité ;*
- *prévoir un "entracte" et respecter l'horaire de fin de la (re-) présentation. »*

Soyez à l'aise avec votre diaporama

Une fois la vidéoprojection enclenchée et le diaporama lancé, voici quelques astuces bien utiles aux orateurs :

→ Pour passer d'une diapositive à la suivante ou pour lancer une animation, utilisez de préférence la touche « espace ». C'est la plus neutre et c'est celle avec laquelle vous courez le moins de risque de faire quelque chose d'inattendu.

→ Pour revenir une diapositive en arrière, appuyez sur la flèche « haut ».

→ Pour aller directement à une diapositive, tapez son numéro (n'oubliez pas d'utiliser la touche « maj » sur un ordinateur portable) et appuyez sur « entrée ».

→ Faites un clic droit sur la diapositive, toujours en mode diaporama, puis « Options du pointeur » pour changer la flèche de votre souris en stylo, feutre ou surligneur et pouvoir écrire directement sur votre diaporama (pour entourer un mot important par exemple).

→ Pour passer de votre diaporama à un écran noir, appuyez sur la touche « n » de votre clavier. C'est très utile lorsque vous voulez attirer l'attention du public vers un autre point de la pièce, le tableau par exemple. Appuyez de nouveau sur « n » pour revenir à l'affichage normal.

→ Pour passer de votre diaporama à un écran blanc, appuyez sur la touche « b » de votre clavier. C'est très utile lorsque vous voulez vous mettre en valeur ou attirer l'attention du public sur ce que vous faites. Placez-vous alors devant l'écran blanc, en pleine lumière. Appuyez de nouveau sur « b » pour revenir à l'affichage normal.

En résumé

Préparez votre intervention orale en cinq étapes :
▸ Étape 1 : analysez le contexte
▸ Étape 2 : fixez-vous un objectif
▸ Étape 3 : écrivez vos idées
▸ Étape 4 : définissez un plan
▸ Étape 5 : choisissez vos supports

Préparez un diaporama clair et séduisant :
▸ 1 *slide* (diapositive) toutes les trois minutes d'intervention ;
▸ 30 mots par *slide* maximum ;
▸ évitez l'effet patchwork pour les arrière-plans, les photos et les illustrations.

Maîtrisez les aspects logistiques.
Gérez votre stress avant de prendre la parole.
Maîtriser les aspects verbaux et non verbaux de la prise de parole en public.
Passez maître dans l'art de la projection.

Fiches reliées

Fiche n° 25 : « Comment délivrer des messages clairs et percutants ? »
Fiche n° 30 : « Comment organiser des réunions productives ? »
Fiche n° 32 : « Comment prendre la parole et convaincre en réunion ? »

Comment organiser une conférence téléphonique ou une vidéo-conférence ?

Cette question se pose quand vos interlocuteurs se trouvent sur différents sites.

3. Organiser une vidéo-conférence	Comment organiser une conférence téléphonique ou une vidéo-conférence ?	1. Organiser une conférence téléphonique Comment se comporter lors 2. d'une conférence téléphonique ?

Les conférences téléphoniques sont un moyen de communiquer de plus en plus répandu et qu'il faut maîtriser pour ne pas être dépassé.

Organiser une conférence téléphonique

Aujourd'hui, deux systèmes permettent de mettre en relation plus de deux interlocuteurs par téléphone :

→ Un même appelant contacte successivement plusieurs interlocuteurs et les ajoute à la discussion en cours.

→ Un organisateur met en place une conférence et donne un numéro de téléphone que tous les participants peuvent appeler pour être connectés automatiquement.

Du point de vue du matériel, la mise en place d'une conférence téléphonique ne nécessite qu'un téléphone par interlocuteur. Où qu'il soit dans le monde. Des appareils mobiles font aussi l'affaire.

Du point de vue technique, il faut passer par une société opératrice qui va mettre en place la «conf'call» et mettre les divers interlocuteurs en liaison. Tous les grands opérateurs proposent ces services, de même que des opérateurs spécialisés. Certains sites Internet offrent même ce service gratuitement.

Concrètement, l'organisateur de la conférence devra signaler à quel horaire et quel jour il

Définition : conférence téléphonique

Appel téléphonique concernant plus de deux interlocuteurs simultanément. On dit aussi *« conference call»* en anglais, raccourci en «conf'call».

souhaite faire sa conférence et, éventuellement, anticiper le nombre de participants. L'opérateur lui donnera le numéro de téléphone que les participants et lui devront composer pour se joindre à la discussion. Ce numéro est souvent assorti d'un code qu'il faut taper sur le clavier pour préserver la confidentialité de l'appel.

Lorsqu'un participant veut se joindre à la discussion, il compose, depuis son téléphone, le numéro qu'on lui a fourni ainsi que le code. Il est alors automatiquement intégré à la discussion en cours. Une petite sonnerie prévient les interlocuteurs qu'une nouvelle personne vient de se joindre à eux.

Lorsqu'un participant raccroche pour quitter la discussion (ou qu'il est involontairement déconnecté, ce qui arrive encore parfois), une autre sonnerie prévient les participants.

Définition : vidéo-conférence

Système qui permet à deux ou plusieurs personnes de se voir tout en ayant un échange audio.
On parle aussi de visio-conférence ou visiophonie.

Comment se comporter lors d'une conférence téléphonique ?

Lorsque vous entrez dans la discussion, les autres participants sont prévenus, mais ne savent pas qui est arrivé. Il vous appartient de saluer à la cantonade et de vous présenter en donnant votre nom.

Un des rôles de l'organisateur de la conférence est de présenter tout le monde ou de laisser à chacun la possibilité de se présenter. Il doit aussi introduire la discussion en précisant :
- ✓ le contexte ;
- ✓ l'objectif ;
- ✓ les raisons de la présence de tous les participants ;
- ✓ l'ordre du jour ;
- ✓ l'horaire de fin.

Lorsque les participants sont nombreux ou très éloignés (par exemple sur des continents différents), il est possible qu'il y ait un certain délai entre les émissions et les réceptions. Dès lors, il est très important, même plus qu'en face-à-face, de s'écouter et de ne pas se couper la parole.

Comme vos interlocuteurs ne vous voient pas, il est d'usage de donner votre nom à chaque fois que vous prenez la parole.

Organiser une vidéo-conférence

Trois systèmes permettent à des interlocuteurs qui ne sont pas sur le même site de partager une réunion tout en se voyant :
- ✓ des logiciels permettent à des ordinateurs munis de *webcams* de se connecter entre eux *via* Internet ;
- ✓ des dispositifs vidéo personnels, ressemblant à des télévisions équipées d'une caméra, permettent de voir son ou ses interlocuteurs. La communication passe par la ligne téléphonique ;
- ✓ des dispositifs haut de gamme équipent certaines salles de réunion et permettent de relier deux ou plusieurs salles entre elles. Ils se composent de grands écrans, de caméras grand-angle et de micros de table.

Comme pour la conférence téléphonique, il faut passer par un opérateur pour la mise en place.

Du point de vue comportemental, on se rapproche ici fortement de la réunion classique. La seule différence réside dans la nécessité d'être encore plus rigoureux sur l'écoute et le fait de ne pas se couper la parole. En effet, avec un dispositif audio, on arrive vite à une cacophonie inaudible.

En résumé

Avant d'organiser une conférence téléphonique ou une visioconférence, assurez-vous que tous les participants disposent du matériel nécessaire et contactez un opérateur.
Ces modes de communication supposent de faire un effort accru sur l'écoute et le respect du temps de parole des autres participants, ainsi que sur l'acquisition de certains réflexes.

Fiches reliées

Fiche n° 19 : « Comment préparer la salle pour une réunion ? »
Fiche n° 31 : « Comment animer une réunion efficace ? »
Fiche n° 35 : « Comment fonctionne la téléphonie sur Internet ? »

Comment fonctionne la téléphonie sur Internet ?

Cette question se pose quand :

✓ vous avez entendu parler de la « voix sur IP », mais ne savez pas comment cela fonctionne ;

✓ vous voulez téléphoner moins cher.

2. Les logiciels	**Comment fonctionne la téléphonie sur Internet ?**	1. Le matériel nécessaire

La téléphonie sur Internet est de plus en plus répandue ; ne pas la maîtriser vous expose au risque de passer pour quelqu'un d'allergique aux nouvelles technologies.

Concrètement, ce système permet de communiquer, sans coût additionnel autre que votre abonnement Internet, depuis un ordinateur vers un autre ordinateur, comme s'il s'agissait de deux téléphones. C'est particulièrement intéressant lorsque vous devez joindre une personne dans un autre pays.

Par ailleurs, la technologie VoIP permet de nombreux services associés (messagerie, conférence à plusieurs, messages textes, etc.).

Le matériel nécessaire

Si vous disposez d'un ordinateur et d'une ligne Internet haut débit, les seuls éléments qui vous manquent sont :

✓ un micro ;

✓ un casque d'écoute.

Il est facile de trouver des combinés casque + micro en magasin d'informatique ou sur Internet.

Si vous disposez d'un ordinateur portable, le

Définition : téléphonie sur Internet ou encore VoIP (Voice over Internet Protocol)

Technique qui permet de communiquer en faisant passer les sons de la voix par deux ordinateurs reliés par le réseau Internet.

micro et les enceintes intégrés font généralement l'affaire.

Certaines marques ont développé des téléphones spéciaux qui fonctionnent sur votre réseau Wi-Fi personnel et qui vous permettent de téléphoner gratuitement.

Les logiciels

Pour faire fonctionner votre ordinateur comme un téléphone sur Internet, il vous faut un logiciel. Il en existe de nombreux, notamment gratuits, le plus connu étant Skype. En particulier, ce logiciel permet de :

✓ communiquer gratuitement avec tous les autres utilisateurs connectés à ce moment-là ;

✓ communiquer à tarif très réduit vers les mobiles et les fixes de toute la planète. Pour utiliser cette fonctionnalité, il faut créditer un compte à l'aide de sa carte bancaire.

Accessoirement ces logiciels vous permettent aussi d'envoyer des sms et des mms, ainsi que de vous connecter au réseau Wi-Fi le plus proche. Les smartphones permettent de télécharger ces programmes et de téléphoner à un autre utilisateur, lui aussi connecté, sans consommer votre forfait. Certaines marques vendent même des téléphones spécialisés pour communiquer en VoIP avec le logiciel intégré.

En résumé

La téléphonie sur Internet permet de communiquer gratuitement entre deux ordinateurs, où qu'ils soient dans le monde. Le matériel nécessaire est constitué de :
▶ un ordinateur ;
▶ un casque et un micro ;
▶ un logiciel gratuit.

Fiches reliées

Fiche n° 11 : « Comment gagner du temps grâce à Internet ? »
Fiche n° 34 : « Comment organiser une vidéo-conférence ou une conférence téléphonique ? »
Fiche n° 36 : « Comment bien communiquer au téléphone ? »

Comment bien communiquer au téléphone ?

Cette question se pose quand :

✓ vous passez une grande partie de votre temps au téléphone ;

✓ vous devez communiquer souvent avec des interlocuteurs éloignés.

4. Après l'entretien	**Comment bien communiquer au téléphone ?**	1. Les pièges de la communication au téléphone
3. Pendant l'appel, soignez votre communication orale		2. Préparez votre appel téléphonique

La communication au téléphone fait partie des plus difficiles qui soient. Elle sous-tend de nombreux pièges qui viennent mettre en péril la bonne compréhension des interlocuteurs.

Les pièges de la communication au téléphone

De par sa nature orale et à distance, la communication par téléphone n'est pas facile :

→ Lorsque l'interlocuteur appelle, on n'est pas forcément concentré sur son propos ni disponible pour lui, ce qui nuit à la qualité de l'écoute. Dans ce cas, prenez l'habitude de ne pas décrocher et de rappeler votre interlocuteur quand vous serez disponible pour lui.

→ On ne voit pas son interlocuteur, donc on ne peut pas ajuster ses propos ni le ton en fonction de ses réactions, en particulier ses mimiques. On ne s'en rend pas toujours compte, mais c'est là un élément essentiel de la communication en face-à-face que l'on perd lorsque l'on passe par le téléphone.

→ Avec les mobiles, on téléphone partout, y compris dans des endroits bruyants (rue, voiture, etc.) ou alors qu'on est en train de faire autre chose.

→ Les communications longue distance peuvent encore être assez mauvaises et cela nuit à la bonne compréhension.

Préparez votre appel téléphonique

Afin de mettre toutes les chances de votre côté, suivez ces quelques conseils de préparation :

→ Faites une fiche avec l'objectif de votre appel, un plan pour l'entretien et les noms et données importants et difficiles à mémoriser.

→ Prévoyez de quoi prendre des notes.

→ Ayez votre agenda à portée de main au cas où il faudrait prendre un rendez-vous.

→ Demandez-vous quel est le meilleur moment pour téléphoner, faites attention à un éventuel décalage horaire.

→ Préparez-vous à laisser un message au cas où vous seriez en communication avec une boîte vocale. Qu'allez-vous laisser comme message ? Seulement vos coordonnées pour que l'on vous rappelle ou une partie de l'information que vous deviez transmettre ? Si oui, laquelle ?

→ Entraînez-vous à prononcer les noms difficiles, en particulier celui de votre interlocuteur.

Parole de pro

Rachid El Meherzi, directeur pôle formation, El Quorum : « *Au téléphone, votre interlocuteur ne vous voit pas, dès lors votre voix devient essentielle. En particulier, vous devez faire attention à plusieurs éléments :*

▶ *Votre intonation : elle permet à votre interlocuteur de sentir vos émotions, vos sentiments.*

▶ *Votre sourire : il s'entend au téléphone, apporte de la chaleur et témoigne de votre prévenance ; il donne une note plus agréable à l'entretien téléphonique.*

▶ *Votre débit : s'il est trop rapide, vous donnerez l'impression à votre interlocuteur que vous n'avez pas de temps à lui accorder. S'il est trop lent, il peut être infantilisant. Sachez varier votre débit en fonction de l'importance du message à transmettre et adaptez-le à votre interlocuteur.*

▶ *Votre articulation : une articulation mécanique, inanimée et sans force ne suggère pas la vie.*

▶ *Votre volume : trop important, il est perçu comme une agression et énerve, tandis que trop faible, il gêne la communication en générant de l'incompréhension et finit par agacer.*

▶ *Votre respiration : elle régule le rythme cardiaque et diminue le trac. Si votre débit est trop rapide, vous communiquerez en apnée. Cela aura pour effet d'accélérer votre rythme cardiaque et d'augmenter votre stress.*

Pendant l'appel, soignez votre communication orale

→ Articulez, parlez lentement et suffisamment fort.

→ Écoutez votre interlocuteur sans lui couper la parole ; on peut rarement bien écouter pendant que l'on parle au téléphone.

→ Certaines parties de votre communication non verbale passent par le téléphone et s'entendent de l'autre côté de la ligne. En particulier : souriez, ne soupirez pas, ne tapez pas au clavier, ne jouez pas avec votre stylo…

→ Reformulez aussi souvent que possible et avant tout les données importantes et les lieux et horaires du prochain rendez-vous.

Astuce

Lorsque votre interlocuteur vous donne un numéro de téléphone, répétez, après lui, les nombres qui composent le numéro un à un et notez-les au fur et à mesure. Cela limite votre risque d'erreur et rassure votre interlocuteur.

Après l'entretien

Faites un résumé de la discussion et archivez-le. Les paroles s'envolent et seuls les écrits restent. Vous pouvez aussi envoyer ce résumé par e-mail à votre correspondant qui pourra le conserver à son tour.

En résumé

Prenez conscience que la communication au téléphone est difficile.
Préparez soigneusement un appel important.
Pendant la communication, soignez votre expression orale et prenez garde à contrôler ce qui est non verbal.

Fiches reliées

Fiche n° 35 : « Comment fonctionne la téléphonie sur Internet ? »
Fiche n° 37 : « Comment laisser un message téléphonique et prendre un message pour quelqu'un d'autre ? »

Comment laisser un message téléphonique et prendre un message pour quelqu'un d'autre ?

Cette question se pose quand :

✓ vous êtes au standard téléphonique d'une entreprise ;

✓ vos collègues basculent leurs appels sur votre ligne ;

✓ vous n'obtenez pas toujours votre interlocuteur lorsque vous l'appelez.

Quelle annonce laisser 4. **sur votre messagerie ?**	**Comment laisser un message téléphonique et prendre un message pour quelqu'un d'autre ?**	1. **Laisser un message sur une boîte vocale**
Prendre un message 3. **pour une autre personne**		**Laisser un message à destination** 2. **d'une autre personne**

Voici ici quelques évidences qu'il est toujours bon de rappeler, tant sont rares les personnes qui savent les appliquer !

Laisser un message sur une boîte vocale

➜ Lorsque vous appelez, préparez-vous toujours à la possibilité de ne pas avoir votre interlocuteur et de devoir laisser un message. Il arrive souvent qu'un interlocuteur laisse un message confus, tout simplement parce qu'il s'est retrouvé surpris et désemparé de tomber sur une boîte vocale.

➜ Faites court : un message de plus d'une minute ne sera pas écouté jusqu'au bout.

➜ Commencez systématiquement votre message par votre nom.

➜ Le plus souvent, terminez en laissant vos coordonnées.

Astuce

Afin de laisser un message dynamique d'une voix bien assurée, prenez toujours une large inspiration juste avant le « bip ».

Laisser un message à destination d'une autre personne

Lorsque votre correspondant est en ligne ou absent, il se peut que sa ligne soit basculée vers celle de l'un de ses collègues ou vers le standard. L'opération qui consiste alors à demander à cette personne de prendre un message, pour le compte de votre interlocuteur, se déroule suivant un plan précis :

➜ Précisez qui vous êtes, laissez vos nom et prénom ainsi que votre numéro de téléphone.

➜ Précisez le nom de la personne à laquelle vous voulez laisser ce message.

➜ Si le message est particulièrement urgent et/ou important, faites-le savoir.

➜ Donnez l'objet du message, le sujet, le dossier avec lequel il est en rapport.

➜ Délivrez un message court.

➜ Indiquez quelle action vous souhaitez que votre interlocuteur fasse dès la réception :

✓ vous rappeler ;

✓ traiter l'information donnée ;

✓ accomplir une tâche précise.

Prendre un message pour une autre personne

Lorsque vous êtes justement la personne vers qui un collègue a basculé ses appels, il faut prendre des messages pour son compte. Le questionnement à destination de l'appelant suit le plan énoncé ci-dessus.

Quelle annonce laisser sur votre messagerie ?

L'annonce de votre répondeur professionnel est bien souvent la première image que vos nouveaux interlocuteurs se feront de vous. Elle doit être travaillée.

→ Évitez la musique qui ne sert qu'à brouiller l'écoute.

→ Donnez clairement votre prénom et votre nom, pour éviter d'avoir à écouter des messages qui ne vous concernent pas si l'appelant a composé un faux numéro.

→ Rassurez l'interlocuteur sur le fait que vous aurez son message et que vous le rappellerez dès que possible.

→ Si besoin, précisez les horaires où vous n'êtes jamais disponible ou les horaires où vous préférez que l'on vous appelle.

→ Évitez, sauf si c'est vraiment impératif, le message en plusieurs langues qui est donc, au moins, deux fois plus long que le message initial. Même si vos interlocuteurs étrangers ne comprennent pas votre langue, ils ont tous la connaissance intuitive suffisante pour savoir qu'après le « bip », ils doivent parler.

Astuce

Téléchargez gratuitement et imprimez des mémos de prise de messages téléphoniques, qui contiennent les rubriques susmentionnées, sur www.bourrelly.org, rubrique « publications ».

En résumé

Préparez-vous à laisser un message, faites court et laissez vos coordonnées.
Lorsque vous laissez un message à destination d'une autre personne, prenez garde à n'oublier aucune information importante.
Utilisez un mémo lorsque vous prenez un message à destination d'une tierce personne, pour n'oublier aucune information, ni aucune question importante.
Soignez votre annonce de répondeur, c'est parfois la première impression que les gens ont de vous.

Fiches reliées

Fiche n° 12 : « Comment gagner du temps dans la lecture de mon courrier et de mes messages ? »
Fiche n° 36 : « Comment bien communiquer au téléphone ? »
Fiche n° 51 : « Comment m'assurer que mes e-mails seront bien lus et pris en compte ? »

Comment gérer la communication informelle ?

Cette question se pose quand :

✓ vous rencontrez vos interlocuteurs en dehors du bureau ;

✓ vous entretenez des relations personnelles avec certains collègues.

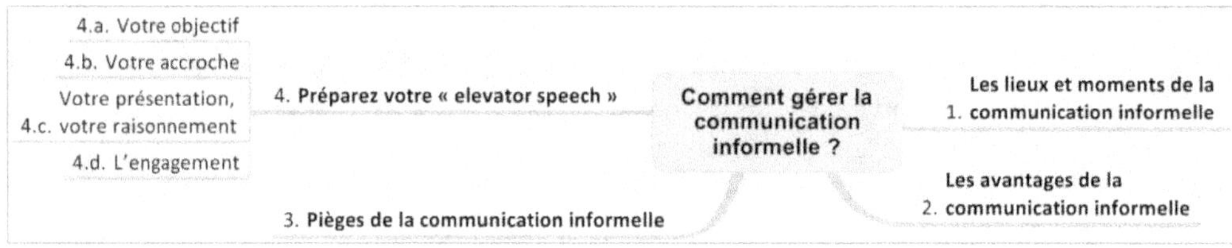

Beaucoup de choses se disent devant la machine à café ou au restaurant. Parfois, c'est l'information la plus importante de la journée ! Dans ces moments « privilégiés », nos interlocuteurs sont souvent plus détendus. Ce peut être un bon *timing* pour donner une information délicate. Attention toutefois, ce type de communication ne comporte pas que des avantages.

Les lieux et moments de la communication informelle

D'une manière générale, la communication informelle est associée aux lieux où l'on ne parle pas forcément de «travail», mais où cela peut se produire sans être incongru :

✓ machine à café ;
✓ hall d'entrée, couloirs ;
✓ ascenseurs ;
✓ self, restaurant d'entreprise, restaurant hors de l'entreprise ;
✓ terrain de golf ;
✓ train, avion.

Certains moments spéciaux de la vie de l'entreprise se prêtent aussi très bien à la communication informelle :

✓ pot de départ ;
✓ fête, soirée d'entreprise ;
✓ formation ;
✓ événement à l'extérieur, *incentive, team building*.

Les avantages de la communication informelle

La communication informelle offre de nombreux avantages lorsque l'on veut convaincre un interlocuteur d'accepter une idée, un projet ou un accord :

➜ L'interlocuteur est plus détendu, moins sur la défensive.
➜ On peut sortir du cadre, surprendre l'interlocuteur, lui parler de choses auxquelles il ne s'attend pas venant de nous.
➜ On peut tester des idées, des hypothèses, sans trop s'engager.

Pièges à éviter

Parce qu'elle est moins formelle, justement, elle est moins codifiée, ce qui comporte de nombreux désavantages :

➜ On a généralement moins de temps que lors d'un rendez-vous formalisé.
➜ On peut être interrompu à tout moment.

→ On ne sait pas toujours qui est à côté et qui écoute. Ce peut être un collègue ou un concurrent. Ceci est valable dans le train ou au restaurant, mais est d'autant plus vrai dans le restaurant en bas de l'entreprise dans laquelle on a rendez-vous dans une heure.
→ Elle est difficile à formaliser.
→ Il est difficile d'y obtenir un compromis ferme, un accord formel.

Préparez votre « elevator speech »

Vous avez un projet à présenter, vous voulez convaincre d'une idée ou vendre quelque chose et avez décidé de le faire à l'occasion d'une communication informelle, car habituellement, vous ne pouvez pas contacter cette personne. Il va vous falloir surprendre votre interlocuteur, l'intéresser et le convaincre en deux minutes. C'est ce qu'on appelle un « *elevator speech* » (un discours, « *speech* », taillé pour pouvoir être délivré dans un trajet d'ascenseur, « *elevator* », de deux minutes).

Votre objectif

Il doit être préparé avec soin pour être efficace :
→ Que voulez-vous obtenir exactement de cette personne ?
→ Sous quelle forme ?
→ Quand ?
→ Quelle suite souhaitez-vous donner, idéalement, à cette rencontre informelle ?

Votre accroche

Elle doit être courte et dévoiler non pas l'intérêt du projet pour vous, mais l'intérêt que pourrait avoir votre interlocuteur à vous écouter. Votre première phrase ne doit pas parler de vous, mais de lui, de son contexte, d'une de ses problématiques, de son actualité… Plus vous vous montrerez informé et pertinent dans votre accroche, plus vous susciterez d'intérêt.

Une autre bonne manière de procéder consiste à poser une question ouverte et pertinente qui amène votre interlocuteur à penser que vous savez de quoi vous parlez, tout en lui laissant la possibilité de s'exprimer et de faire montre de son expertise (ce que les gens adorent faire en général).

Exemple

Je me souviens d'avoir croisé l'animateur Patrice Laffont dans un cocktail alors que je travaillais justement à la création d'un jeu télévisé pour un client. J'y ai vu, tout de suite, l'occasion de recueillir l'avis et pourquoi pas l'appui d'un professionnel influent du secteur. Il était entouré de nombreuses personnes et en train de parler. Je me suis approché, sûr de moi, et me suis placé face à lui, puis j'ai attendu qu'il remarque ma présence. Lorsqu'il m'a interrogé du regard, du genre « *Qui t'es, toi ?* » je l'ai salué poliment et lui ai demandé « *Monsieur Laffont, en tant que professionnel du secteur, pensez-vous qu'il existe une place, dans le paysage audiovisuel mondial, pour des jeux télévisés de création française ?* » Il a d'abord été surpris, puis a trouvé la question intéressante et m'a donné sa vision argumentée. Je lui ai dit que j'étais tout à fait d'accord et que c'était justement pour cela que je travaillais à la création d'un jeu d'un type nouveau. Je lui ai demandé s'il était intéressé par une présentation de mon projet et il m'a accordé un rendez-vous que nous avons pris sur le champ, sous le regard médusé des autres convives.

Votre présentation, votre raisonnement

Sans surprise, en deux minutes, il va vous falloir aller droit au but. Être clair, concis et focalisé sur une bonne idée et une seule. Orientez-vous tout de suite sur le bénéfice que votre projet apporte à votre interlocuteur, séduisez-le avec une promesse, faites-le rêver. Si vous pouvez identifier un problème réel qu'a votre interlocuteur et le rassurer sur le fait que vous pouvez lui apporter une solution, il décuplera son attention pour vous.

L'engagement

Une fois votre démonstration faite, il vous faut valider l'intérêt de votre interlocuteur par un engagement de sa part :

- ✓ un rendez-vous ;
- ✓ la promesse de lire votre courrier (et donc il vous donne sa carte de visite) ;
- ✓ un accord informel, mais sur lequel vous pourrez le relancer...

Si vous n'obtenez aucun engagement de sa part, vous aurez loupé votre cible. Soit qu'il ne compte donner aucune suite à votre courte présentation, soit qu'il va, au contraire, s'inspirer de l'excellente idée que vous venez de lui communiquer, sans vous impliquer plus avant. Voyez la fin de cet entretien éclair comme un contrat du type : je peux vous en dire plus si vous m'accordez plus de temps. Ou encore, je vous ai déjà donné une bonne idée (c'est-à-dire apporté de la valeur) en deux minutes, imaginez ce que ce sera quand nous nous serons vus deux heures !

En résumé

La communication informelle présente des avantages, mais aussi des inconvénients.
L'*elevator speech* permet de présenter un projet ou de convaincre une personne à qui on n'a pas accès d'ordinaire.
Il doit être soigneusement préparé comme toute communication.

Fiches reliées

Fiche n° 40 : « Comment adapter ma communication à chacun de mes interlocuteurs ? »
Fiche n° 59 : « Comment adapter mon relationnel aux différents moments de la vie de l'entreprise ? »

Comment développer mon pouvoir de persuasion ?

Cette question se pose quand vous devez convaincre vos interlocuteurs.

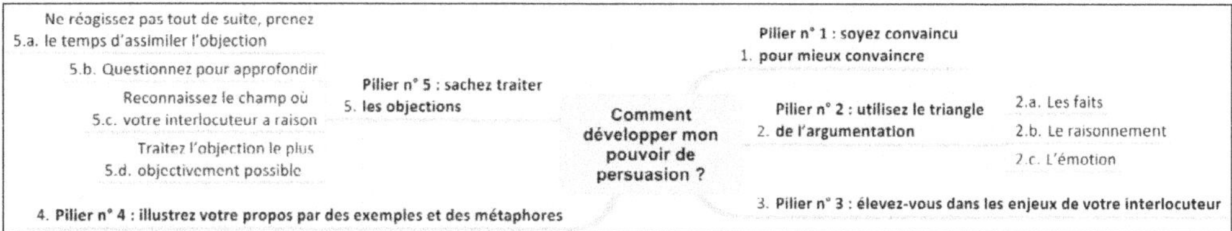

La persuasion s'appuie sur cinq piliers. L'application de cette méthode dans votre communication professionnelle garantit le développement de votre pouvoir de conviction.

Pilier n° 1 : soyez convaincu pour mieux convaincre

Il est toujours plus facile d'être convaincant lorsqu'on est soi-même convaincu. Si vous devez faire passer une idée, demandez-vous d'abord à quel point vous y croyez vous-même. Délimitez précisément le périmètre dans lequel vous êtes d'accord avec ce message et voyez en quoi vous y êtes opposé. Tâchez de vous convaincre vous-même en développant des arguments et des contre-arguments efficaces pour vous. Ce travail a deux vertus : il prépare l'argumentation que vous déploierez ; il renforce votre auto-conviction, qui vous rendra plus sincère et donc plus persuasif.

Pilier n° 2 : utilisez le triangle de l'argumentation

Parfois improprement appelé « triangle d'Aristote », cette figure dispose que toute argumentation doit comporter des éléments de trois ordres.

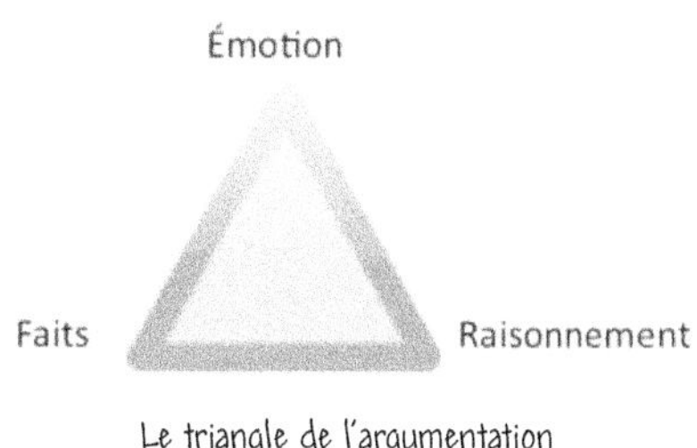

Le triangle de l'argumentation

Les faits

Ils sont la base sur laquelle vous pourrez appuyer votre argumentation de façon inattaquable. Un fait objectif est incontestable et sert donc de support solide à un raisonnement.

Exemple

Observez un vendeur de boissons fraîches sur une plage du sud de la France. Il cherche à convaincre les vacanciers d'acheter ses bouteilles. « *Il fait chaud* » ou « *Le bar le plus proche est à cinq cents mètres* » sont des faits objectifs qu'il peut tout à fait utiliser.

Le raisonnement

C'est la relation logique entre deux éléments. Là encore, c'est inattaquable, parce que la logique est censée être la même pour tout le monde.

> ## Exemple
>
> La relation « Il fait chaud, donc les gens de la plage ont soif, donc ils ont besoin de boissons fraîches, donc ils vont me les acheter » comporte une logique tout à fait acceptable.

L'émotion

> ## Exemple
>
> Notre vendeur peut observer ses clients mettre en avant certaines caractéristiques personnelles pour appuyer son argumentation :
>
> - *« Madame, je vois que vous êtes enceinte. »*
> - *« Votre petit garçon court beaucoup derrière son ballon. »*
> - *« Votre bouteille d'eau est vide. »*
>
> Pour ce vendeur, une argumentation persuasive, fondée sur l'utilisation du triangle pourrait être : *« Bonjour Madame, il fait très chaud et je vois que votre petit garçon court beaucoup en jouant au ballon, puis-je vous proposer une bouteille d'eau fraîche ? »*
>
> Dans cet exemple :
>
> - *« Il fait très chaud »* et *« Votre petit garçon court beaucoup »* sont des faits.
> - La relation *« Il fait chaud »* + *« Votre garçon court beaucoup »* = *« Il doit avoir soif »* = *« Vous devez m'acheter une bouteille d'eau »* est le raisonnement.
> - Le fait qu'il s'adresse à une mère de famille en tant que telle, qu'il lui parle de la santé et du confort de son petit garçon est l'émotion.

Étymologiquement, l'émotion est ce qui met en mouvement. Pour convaincre quelqu'un, il faut le faire bouger, l'attirer vers soi. Pour cela, il faut personnaliser son argumentation : parler de votre interlocuteur plutôt que de parler de vous, s'intéresser à lui et prendre en compte sa situation particulière.

Pilier n° 3 : élevez-vous dans les enjeux de votre interlocuteur

> ## Exemple
>
> Au Moyen Âge, trois chefs de chantier discutent de la manière de convaincre leurs tailleurs de pierre de bien faire leur travail :
>
> *« Je leur demande de bien tailler leurs pierres »*, annonce le premier.
>
> *« Je leur montre qu'ils sont en train de construire une cathédrale »*, explique le deuxième.
>
> *« Je leur affirme qu'ils sont en train de gagner leur place au paradis »*, dit le troisième.

Pour convaincre quelqu'un de faire quelque chose ou d'adopter une idée, un point de vue, il faut avant tout lui montrer son intérêt dans ce changement. C'est le but de toute argumentation :

- « Achetez tel yaourt, il fera du bien à votre santé. »
- « Achetez telle voiture, vous aurez l'air d'une star. »
- « Pensez comme moi, cela vous fera passer pour intelligent auprès de votre entourage. »

Plus vous situez cet intérêt haut dans les enjeux de votre interlocuteur, plus il sera sensible à votre argumentation. Pour cela, vous devez vous intéresser à lui pour identifier ses leviers de motivation. Est-ce l'argent, le pouvoir, la carrière, la famille, etc. ? Quelles sont ses attentes et ses problématiques ? Puis voyez en quoi vous pouvez relier ce dont vous cherchez à le convaincre aux enjeux particuliers que vous avez identifiés. Pouvez-vous lui donner quelque chose qu'il recherche ? Pouvez-vous résoudre un problème ? Plus vous vous rapprocherez de ses enjeux importants, cruciaux, voire vitaux, plus vous serez persuasif. Dire d'un yaourt qu'il fait baisser le taux de cholestérol et qu'il sauve potentiellement votre vie est plus convaincant que d'affirmer qu'il a bon goût !

Astuce

Commencez votre argumentation par la formulation du bénéfice que retirera votre interlocuteur. « *Je viens vous voir pour vous proposer une solution à...* » ; « *Avez-vous la préoccupation de... ? Oui ? Eh bien moi aussi ! C'est pourquoi je voudrais vous parler de...* ». Ainsi, vous commencez tout de suite par lui parler de lui et vous lui montrez que vous vous êtes intéressé à sa situation particulière et que vous avez des bénéfices importants à lui apporter sur ses enjeux les plus élevés. Vous mettez toutes les chances de votre côté pour obtenir une écoute attentive et déjà intéressée.

Pilier n° 4 : illustrez votre propos par des exemples et des métaphores

La puissance de persuasion des exemples, illustrations et autres métaphores n'est plus à démontrer. Prenez le temps de connaître votre interlocuteur pour identifier ses centres d'intérêt et ses champs d'expertise.

Il pratique le tennis ? Dites-lui que manquer ce rendez-vous serait comme faire une double faute.

Il joue de la musique ? Dites-lui que de ne pas préparer ce rendez-vous serait comme entrer dans un orchestre pour un concert sans avoir répété.

C'est un expert de l'informatique ? Dites-lui que prendre cette décision doit se faire en toute logique, en ne se basant que sur les faits, comme le ferait un ordinateur.

L'histoire des chefs de chantier et des tailleurs de pierre ci-dessus constitue un parfait exemple du pouvoir d'illustration des métaphores pour faire comprendre quelque chose de difficile.

Parole de pro

Éric Faure, responsable de la pédagogie, Corelations : « *Pour convaincre, ce qui compte n'est pas de donner l'argument qui vous persuaderait, mais celui auquel l'autre est sensible. Au total, il existe six leviers de motivation. Ils interviennent dans tous nos choix, professionnels comme personnels. En général, nous en avons chacun deux favoris :*
- *techniques, chiffres, argent : performance, démonstration "carrée", logique chiffrée ;*
- *confort : les aspects pratiques, la fonctionnalité, "ne pas s'embêter avec ça" ;*
- *sécurité : la garantie, les références, la fiabilité, la tradition, le sérieux de l'interlocuteur ou du produit ;*
- *sympathie : la qualité relationnelle, le contact, la proximité ;*
- *valorisation : unicité, différence, être reconnu comme "pas pareil que les autres" ;*
- *nouveauté : aimer la technologie, le changement, l'inédit.*
D'abord, les utilisez-vous tous ? N'y en a-t-il pas un ou deux que vous privilégiez systématiquement, et d'autres que vous négligez systématiquement ? Quand on n'arrive pas à convaincre, c'est tout simplement que nous avons mal sélectionné nos arguments ! Solution : demandez-vous systématiquement quelle est la motivation de telle personne ou de tel groupe et agissez en conséquence. »

Pilier n° 5 : sachez traiter les objections

La capacité à traiter les objections représente une grande part du pouvoir de persuasion. En effet, personne n'est facile à convaincre et vos interlocuteurs auront bien souvent tendance à vous contredire. Le risque lorsque vous vous voyez objecter un contre-argument est de répondre tout de suite, de façon épidermique, et de montrer à l'autre en quoi il a tort et vous raison. Ce faisant, vous risquez fort de verser dans la polémique et l'affrontement, de ne pas être entendu ou compris et d'aboutir à un conflit relationnel. La méthode que je vous propose de suivre pour le traitement des objections évite ces problèmes. Elle se décompose en quatre étapes.

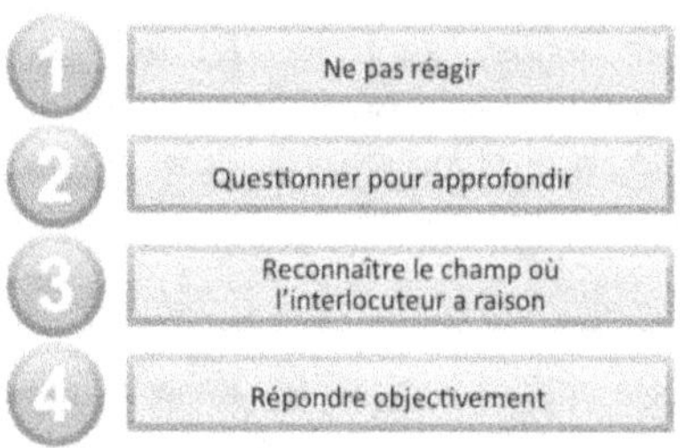

Les quatre étapes clés du traitement des objections

Ne réagissez pas tout de suite, prenez le temps d'assimiler l'objection

Du point de vue personnel et comportemental, les objections sont difficiles à vivre. Elles peuvent être formulées violemment ou encore vous remettre en cause directement en tant que personne plutôt que de cibler ce que vous dites. Quelque part, les objections sont une négation de vos idées et de ce en quoi vous croyez. Les traiter efficacement signifie d'abord les remettre à leur juste place. Ne les considérez pas comme des attaques personnelles, mais voyez-les plutôt comme une opportunité de poursuivre sur le chemin de la persuasion. Ne réagissez pas fortement à une objection et prenez le temps de l'écouter jusqu'au bout. Le meilleur moyen d'assimiler sereinement une objection consiste à :

✓ l'écouter jusqu'au bout, sans interrompre votre interlocuteur ;
✓ respecter une pause silencieuse avant de passer à l'étape suivante.

Questionnez pour approfondir

Une objection peut en cacher une autre. De même, votre interlocuteur hésitera peut-être à vous donner d'un coup l'ensemble de ses points de réticence. C'est pourquoi il est essentiel d'approfondir le contre-argument par un questionnement visant à cerner la nature et le périmètre exacts de l'objection. Utilisez des questions ouvertes : « *Que voulez-vous dire par là ?* », « *En quoi exactement cela vous pose-t-il problème ?* », « *Quelle solution vous paraîtrait la meilleure ?* », « *Quelles sont les conséquences négatives dont vous parlez ?* », etc.

Ne passez à l'étape suivante que lorsque vous êtes sûr d'avoir cerné avec précision la nature et l'importance de toutes les objections.

Reconnaissez le champ où votre interlocuteur a raison

Votre interlocuteur n'a probablement pas tort dans tout ce qu'il dit. Pour crédibiliser votre opinion, ne vous lancez pas dans une dénégation systématique de tout ce qu'il avance.

Au contraire, sachez reconnaître là où il a raison pour mieux traiter là où vous n'êtes pas d'accord : « *Je vous rejoins sur l'importance du coût de cette solution, mais je voudrais insister sur les nombreux avantages* », « *Vous avez raison de souligner les difficultés que cela pose, toutefois…* »

Traitez l'objection le plus objectivement possible

Une fois que vous avez abondé partiellement dans le sens de votre interlocuteur, il sera plus enclin à vous écouter avec bienveillance. Profitez-en pour apporter une réponse à ses questions, une explication à ses doutes ou une affirmation à ses contradictions. Pour cela, utilisez autant que possible des faits connus de tous, des raisonnements logiques et appuyez-vous sur des documents. Plus vous apporterez de preuves, plus votre traitement des objections sera pertinent et efficace.

Traitez l'objection champ pour champ

Traiter l'objection champ pour champ n'est pas un défaut de prononciation. Cela veut dire qu'à une objection de type financier, «votre projet coûtera trop cher», il faut répondre par un argument financier, «c'est vrai que c'est onéreux mais le retour sur investissement se fait sur un an à peine». À une objection sur la qualité, «votre aspirateur est moins puissant que celui de la concurrence», il faut répondre par la qualité, «c'est vrai, c'est pour qu'il soit plus silencieux et économe en énergie». Répondez toujours sur l'axe que votre interlocuteur a utilisé pour faire son objection.

En résumé

Le pouvoir de persuasion s'appuie sur :
▸ l'auto-conviction ;
▸ l'équilibre de l'argumentation ;
▸ le ciblage des enjeux de l'interlocuteur ;
▸ l'illustration des propos ;
▸ le traitement des objections.
L'équilibre de l'argumentation s'obtient par l'utilisation de trois sortes d'arguments, schématisés dans le «triangle de l'argumentation».
Le ciblage des enjeux de l'interlocuteur sert à lui parler de lui et en priorité de ce qui l'intéresse au plus haut point.
L'illustration des propos doit se faire par le biais d'exemples ou de métaphores en lien direct avec les centres d'intérêt ou d'expertise de l'interlocuteur.
Le traitement des objections doit se faire en quatre étapes :
▸ ne pas réagir ;
▸ approfondir ;
▸ délimiter la zone où l'interlocuteur a raison ;
▸ répondre factuellement.

Parole de pro

Éric Faure, responsable de la pédagogie, Corelations : «*Pour les rendez-vous importants (embauche, vente, demande d'augmentation de salaire, etc.), il y a un horaire idéal : à partir de 16 heures. Il y a bien sûr des exceptions, mais statistiquement, les personnes sont plus réceptives, moins critiques, plus "acheteuses" à ces horaires-là. Il est donc plus facile de les convaincre. Il y a deux raisons à cela. D'une part, l'instinct grégaire de l'homme a programmé que le matin est le moment de la chasse, et le soir, celui de la détente. Projeté dans notre société, cela se traduit par un lâcher prise beaucoup plus facile le soir que le matin. D'autre part, chez la plupart d'entre nous, l'hémisphère gauche du cerveau (rigueur, organisation, analyse) est plus performant le matin, alors que l'hémisphère droit (créativité, ouverture, relation) fonctionne mieux l'après-midi.*»

Fiches reliées

Fiche n° 25 : «Comment délivrer des messages clairs et percutants ?»
Fiche n° 32 : «Comment prendre la parole et convaincre en réunion ?»
Fiche n° 40 : «Comment adapter ma communication à chacun de mes interlocuteurs ?»

Comment adapter ma communication à chacun de mes interlocuteurs ?

Cette question se pose quand :

✓ vous avez des interlocuteurs différents ;

✓ il est plus facile pour vous de communiquer avec certains qu'avec d'autres.

2.a. La matrice et les quatre quadrants de base	**2. La méthode DISC**	**Comment adapter ma communication à chacun de mes interlocuteurs ?**	**Les systèmes de représentation sensorielle dominants**	**1.a.** Comment repérer le système de représentation sensorielle dominant de votre interlocuteur ?
2.b. Comment adapter votre communication			**1.**	**1.b.** Comment vous adapter au système de représentation sensorielle dominant de votre interlocuteur ?

Tous vos interlocuteurs sont différents et, dès lors, vous ne pouvez pas les convaincre ou les motiver de la même manière, ni même vous faire comprendre d'eux par les mêmes voies. Vous devez adapter votre discours à chaque personne, aussi bien du point de vue de la forme que du fond. Deux approches permettent de réaliser cet objectif.

Les systèmes de représentation sensorielle dominants

Chaque individu n'utilise pas ses cinq sens de la même manière. Nous avons tous un sens «préféré». Parmi toutes les informations que nous renvoie notre environnement, certains privilégient les sons, la musique ou les paroles, alors que d'autres s'intéressent davantage aux images, couleurs et mouvements. On dit des premiers qu'ils sont «auditifs» et des seconds qu'ils sont «visuels». Une troisième catégorie de personnes est appelée «kinesthésiques». La kinesthésie désigne l'ensemble des trois autres sens (le goût, le toucher et l'odorat), ainsi que le sens de la sensation interne et du déplacement. « *Je me sens bien*», « *J'ai chaud*», « *J'ai faim*», « *Je suis assis confortablement*», « *Je bouge vers l'avant*», sont des phrases à connotation kinesthésique.

Bien entendu, nous utilisons tous nos cinq sens, c'est pourquoi nous parlons ici de système de représentation sensorielle **dominant**. Être visuel signifie avoir une préférence pour les informations de type visuel (images, écrits, vidéos, etc.). Ceci a une influence sur la manière dont ces personnes comprennent, apprennent, retiennent et apprécient une information. Il en est de même pour les auditifs et les kinesthésiques.

Si vous parvenez à repérer le système de représentation sensorielle dominant de votre interlocuteur, vous pourrez adapter votre communication pour vous rapprocher de ce qui est facile pour lui de comprendre, d'apprendre, de retenir ou d'aimer.

À savoir

50 % de la population est à dominante visuelle, 30 % à dominante auditive et 20 % à dominante kinesthésique[1].

1. Données citées par Jérôme Boutillier, thérapeute et coach, enseignant à l'Institut Normand de coaching et de thérapies brèves sur son site Internet : www.hypno-solutions.net.

Comment repérer le système de représentation sensorielle dominant de votre interlocuteur ?

Plusieurs indices permettent de se faire une idée précise de la préférence de son interlocuteur.

Identifiez les centres d'intérêts

Les passions, les hobbies, les occupations et le métier d'une personne sont très souvent en lien avec son système de représentation sensorielle dominant. Voici quelques exemples :

Système dominant	Exemples de passions, de centres d'intérêts
Visuel	photographie, cinéma ; mode, luxe, décoration ; lecture ; événementiel, marketing, publicité.
Auditif	musique, chanson ; dialogue, discussions entre amis ; communication, négociation, vente, management.
Kinesthésique	sport, activités physiques ; confort, repos, détente, massages, balnéothérapie ; gastronomie.

Repérez l'environnement de travail

Le bureau de votre interlocuteur en dit long sur ses préférences. Un visuel est dérangé par un bureau en désordre et a du mal à s'y concentrer tant son regard est sans cesse captivé par les objets accumulés. Un kinesthésique, lui, privilégie sans doute son confort et l'ambiance de travail. Enfin, un auditif peut travailler en musique ou a, au contraire, besoin du silence.

Faites attention aux détails

Parfois, un vêtement ou une expression peuvent mettre sur la voie. Retenez qu'une kinesthésique préfère une paire de chaussures confortable à une jolie paire douloureuse. Chaque système de représentation sensorielle dominant va avec son lot de mots et d'expressions adaptés. Voici quelques exemples détaillés dans le tableau suivant :

Système dominant	Exemples de mots et d'expressions courants
Visuel	• « Je vois ce que vous voulez dire » ; • « C'est clair » ; • « Être sage comme une image » ; • « Porter un regard sur » ; • « Avoir un point de vue sur ».
Auditif	• « C'est réglé comme du papier à musique » ; • « Je suis le chef d'orchestre de cette équipe » ; • « Nous sommes sur la même longueur d'ondes » ; • « Je vous reçois cinq sur cinq » ; • « Je suis tout ouïe ».
Kinesthésique	• « Tourner en rond » ; • « Se mettre en mouvement » ; • « Se sentir mal à l'aise à l'idée que » ; • « Avoir le sentiment que ».

Bien sûr, ces détails ne sont pas une science exacte et chacun est susceptible d'utiliser chacune de ces expressions, quel que soit son système dominant. Ils peuvent toutefois vous mettre sur la voie ou confirmer une intuition.

Comment vous adapter au système de représentation sensorielle dominant de votre interlocuteur ?

Adaptez-vous sur le fond

Lorsque vous devez motiver ou convaincre quelqu'un, rapprochez-vous de ce qui le concerne vraiment au plus profond de son être. Les centres d'intérêt et les motivations profondes sont étroitement liés aux préférences des individus. Adaptez vos propositions, les challenges que vous mettez en place ou encore les récompenses données, aux attentes de votre interlocuteur. C'est ainsi que vous produirez le plus d'impact sur lui.

Adaptez la forme de votre communication

Lorsque vous avez repéré le système de représentation sensorielle dominant de votre interlocuteur, adaptez votre communication en choisissant :
✓ les mots et expressions ayant le plus de chances de le toucher (voir plus haut) ;
✓ les métaphores ayant le plus de chances de le marquer ;
✓ les exemples qui vont vraiment faciliter sa compréhension ;
✓ les supports et canaux de communication les plus efficaces (par exemple, un support écrit, un schéma ou une vidéo pour un visuel ; une expérience vécue pour un kinesthésique ; ou un exposé ou de la musique pour un auditif).

La méthode DISC

Issue des travaux en psychologie de William Moulton Marston, de Carl Jung et du cabinet TTI[2], cette méthode permet de classer les individus suivant quatre typologies de comportements. En connaissant votre profil et celui de votre interlocuteur vous pourrez adapter votre communication pour :
✓ éviter les erreurs et les impairs ;
✓ améliorer l'impact de vos messages ;
✓ augmenter votre pouvoir de persuasion.

La matrice et les quatre quadrants de base

On peut classer les comportements individuels selon deux axes :
✓ agir sur l'environnement ou l'accepter tel quel ;
✓ percevoir l'environnement comme hostile ou favorable.

En construisant une matrice avec ces deux axes, les quatre quadrants définissent quatre profils comportementaux bien distincts.

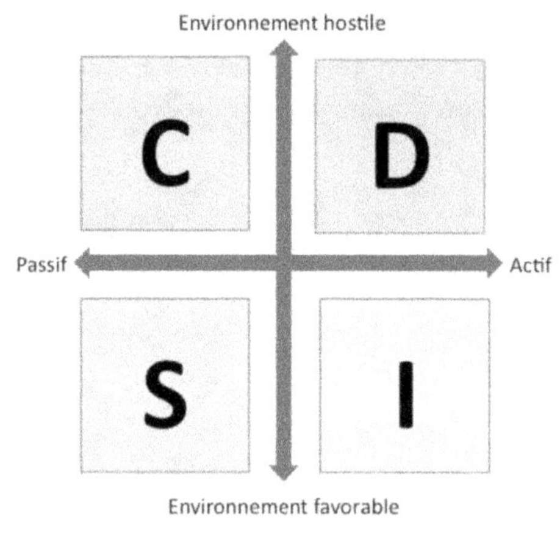

Les quatre profils DISC

---

2. Fondé en 1984 aux États-Unis, le cabinet Target Training International est spécialiste de l'élaboration de tests d'évaluation et de personnalité.

Nous avons tous en nous les quatre profils, mais un ou deux d'entre eux s'expriment majoritairement. C'est ce qui fait que les individus sont tous différents et se comportent différemment.

Le profil D – DOMINANCE

Les personnes à forte DOMINANCE sont centrées sur l'action et la recherche de résultats. Elles sont directes, rapides et ont une forte volonté de contrôle des événements. Elles sont froides, stratèges et rationnelles. On peut les reconnaître :

- ✓ à leur volonté d'agir sur leur environnement, de changer les choses, de gagner (de l'argent ou du pouvoir);
- ✓ aux relations franches, directes et «orientées résultats» qu'elles entretiennent avec autrui;
- ✓ à leur style de communication très rapide, voire sec, centré sur la parole et non sur l'écoute;
- ✓ aux défis qu'elles se fixent, aux risques qu'elles prennent, à leur capacité à toujours se relever et poursuivre leur but.

Le profil I – INFLUENCE

Les personnes à forte INFLUENCE sont relationnelles et extraverties; elles ont une facilité à approcher les autres et à s'en faire apprécier. Elles aiment être entourées et développent des relations amicales et agréables. Elles sont positives et sociables. On peut les reconnaître :

- ✓ à leur vision optimiste de leur environnement;
- ✓ à leur besoin d'être en relation et d'interagir avec de nombreuses personnes;
- ✓ à leur capacité à exprimer facilement leurs émotions et à se montrer chaleureuses et charmeuses;
- ✓ à leur côté créatif et impulsif.

Le profil S – STABILITÉ

Les personnes à forte STABILITÉ s'appliquent à être sérieuses et fiables. Elles se définissent comme faisant partie d'un ou de plusieurs groupes à qui elles apportent leur soutien. Posées, elles agissent avec précaution, sur un rythme plutôt lent. Attentionnées et coopératives, elles cherchent à défendre leurs valeurs et à mener leurs tâches jusqu'au bout. On peut les reconnaître :

- ✓ à leur vision confiante de leur environnement qu'elles ne vont pas chercher à changer;
- ✓ à leur sens de l'équipe, de la coopération, de l'écoute, de la médiation et à leur aversion pour le conflit;
- ✓ à leur fidélité et à leur persévérance;
- ✓ à leur besoin de calme, de confiance et de relations profondes et sincères.

Le profil C – CONFORMITÉ

Les personnes à forte CONFORMITÉ s'attachent avant tout à respecter les lois, les procédures, les ordres, les conseils. Elles cherchent à ne pas faire de vague. Elles ont

---

À savoir

La méthode DISC a donné naissance à trois autres méthodes principalement, qui sont très utilisées dans le monde de l'entreprise :
- ▶ l'APP de Thomas International;
- ▶ la méthode des couleurs Success Insights;
- ▶ la méthode Arc-en-Ciel.

Ces trois méthodes ont toutes offert des apports complémentaires par rapport à la méthode DISC. Par exemple, un code couleur mnémotechnique pour chaque quadrant ou encore la définition de profils mixtes sur deux cadrants. Pour en savoir plus, voir la fiche n° 41.

un fort besoin de connaître, d'apprendre et de comprendre. Elles sont orientées vers la recherche d'informations et la réflexion avant l'action. On peut les reconnaître :

- ✓ à leur préférence à communiquer par écrit ;
- ✓ à leur fonctionnement méthodique, pointilleux, perfectionniste, cartésien et logique ;
- ✓ à leur prudence, leur volonté d'avancer étape par étape ;
- ✓ à leur capacité à questionner, enquêter, rechercher l'information, la classer et l'utiliser rationnellement ;
- ✓ à leur capacité à s'organiser.

Comment adapter votre communication

Vous avez, comme tout le monde, un profil privilégié. Dans ce sens, vous allez avoir tendance à communiquer comme le font les gens ayant votre profil (D, I, S ou C). Or, votre interlocuteur a lui aussi son profil, qui peut être bien différent du vôtre. Vous ne devez pas communiquer avec autrui comme vous aimeriez qu'on le fasse avec vous, mais bien comme cette personne voudrait qu'on communique avec elle. Savoir communiquer, c'est avant tout s'adapter à l'autre.

Votre interlocuteur est...	Centrez vos messages sur...	Développez un style de communication...	Astuce
DOMINANT	Ses objectifs, ses défis, son avenir, ce que vous pouvez lui apporter, ses résultats. Des faits concrets, des preuves et non des intuitions ou des sentiments. Une vision objective des choses sans chercher à masquer les éventuelles difficultés.	Rapide, clair, direct et concis. Centré sur l'argumentation et non sur les justifications.	Laissez-le parler, écoutez-le avec attention et laissez-le décider en dernier ressort.
INFLUENT	Ses opinions, sa personnalité, sa sympathie ; flattez-le. L'optimisme, le futur partagé, le plaisir. Faites-le rêver.	Sympathique, amical, créatif, charmeur. Dans lequel vous prenez le temps de le connaître et de vous faire connaître par lui. Basé sur l'écoute bienveillante et le partage des sentiments.	N'hésitez pas à vous rapprocher physiquement de lui, voire de lui toucher l'avant-bras lors de vos échanges.
STABLE	L'intérêt que vous lui portez en tant que personne ainsi qu'à ses sentiments et émotions. La confiance mutuelle et l'écoute qui existent entre vous. Les objectifs du groupe dont il fait partie, le soutien que vous pouvez apporter. Les accords équilibrés, gagnant-gagnant.	Lent, pas à pas, centré sur l'écoute ; ne le forcez pas à prendre position trop rapidement. Amical, bienveillant, protecteur. Faisant la part belle aux sentiments.	Soyez toujours en harmonie avec lui et son environnement.
CONFORME	Les faits, les documents, les preuves, les calculs, les chiffres. Les règles, les normes, les lois, les principes.	Précis, factuel, organisé et logique. Documenté, écrit.	Préparez-vous soigneusement avant de communiquer avec lui : il déteste les approximations.

Astuce

Partagez largement vos nouvelles connaissances en matière de communication. Souvenez-vous qu'on ne communique jamais seul ! Plus votre interlocuteur partagera les mêmes outils d'efficacité au bureau que vous, plus vous communiquerez harmonieusement. Diffusez largement votre savoir, cela renforcera votre image de bon professionnel.

En résumé

Vous ne devez pas communiquer avec quelqu'un comme vous aimeriez que l'on communique avec vous, mais bien comme il voudrait que l'on communique avec lui. Il vous faut donc connaître votre interlocuteur pour pouvoir vous adapter. Deux méthodes permettent de dresser le profil de vos interlocuteurs afin d'améliorer la connaissance que vous en avez.
La première méthode est le repérage du système de représentation sensorielle dominant :
▶ auditif ;
▶ visuel ;
▶ kinesthésique.
La seconde est le profilage DISC :
▶ Dominant ;
▶ Influent ;
▶ Stable ;
▶ Conforme.
Vous connaître sur ces deux profils et connaître votre interlocuteur vous permet de :
▶ éviter les erreurs et les impairs de communication ;
▶ adapter votre communication à votre interlocuteur tout en restant vous-même ;
▶ atteindre un plus grand niveau de performance pour convaincre, motiver, vous faire comprendre, etc.

Les clés de l'adaptation sont avant tout l'écoute et l'observation. Elles permettent de prendre conscience que l'interlocuteur est différent de nous, mais aussi de savoir en quoi et combien. Les deux méthodes ci-dessus sont de bonnes approches, en ce sens qu'elles sont opérationnelles (je les utilise quotidiennement) et simples d'accès. Beaucoup d'autres existent qui mériteraient aussi votre attention. La fiche suivante en liste d'ailleurs quelques-unes. Mais, au-delà de toutes ces techniques, c'est bien votre sens de l'autre, de son écoute, de son observation qui vous permettront de vous adapter. Intéressez-vous vraiment aux autres, à ce qu'ils pensent, à ce qui les motive, à leur fonctionnement propre et vous trouverez instinctivement les clés de l'adaptation. Lorsque quelque chose vous surprend sur quelqu'un, notez-le. Lorsqu'un type d'argument ou de raisonnement semble porter ses fruits, notez-le aussi. Relisez ces notes avant d'entrer de nouveau en contact avec cette personne, cela vous aidera à ne pas faire deux fois les mêmes erreurs et à enrichir votre connaissance de sa personnalité d'une fois sur l'autre.

Fiches reliées

Fiche n° 26 : « Comment développer mon sens de l'écoute ? »
Fiche n° 38 : « Comment gérer la communication informelle ? »
Fiche n° 39 : « Comment développer mon pouvoir de persuasion ? »

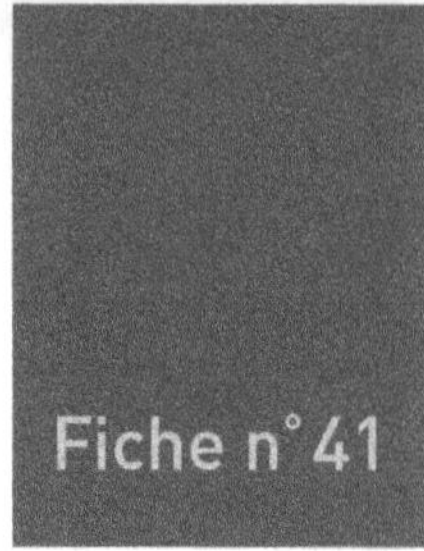

Les différentes approches psychologiques de communication

Cette question se pose quand :

✓ vous avez entendu parler de différentes approches ou méthodes et voulez en savoir plus ;

✓ certaines méthodes sont employées au sein de votre entreprise, mais vous ne les connaissez pas.

À quoi correspondent les différentes approches psychologiques de communication ?

- 1. Qu'est-ce que l'analyse transactionnelle (AT) ?
- 2. Qu'est-ce que la programmation neuro-linguistique (PNL) ?
- 3. Qu'est-ce que la Process Communication ?
- 4. Qu'est-ce que le MBTI (Myers Briggs Type Indicator) ?
- 5. Qu'est-ce que le modèle des Préférences Cérébrales d'Herrmann ?
- 6. Que sont les méthodes DISC, Success Insights et Arc-En-Ciel ?
- 7. Qu'est-ce que l'Ennéagramme ?

Très à la mode depuis le début des années 1980, ces approches et ce qu'elles apportent à la communication font aujourd'hui partie du quotidien et des réflexes de nombreuses personnes en entreprise. Il y en a beaucoup et il est important de connaître quelques éléments sur chacune d'elles.

Qu'est-ce que l'analyse transactionnelle (AT) ?

Définition[3] : analyse transactionnelle

« L'analyse transactionnelle est une théorie de la personnalité et une psychothérapie systématique en vue d'une croissance personnelle et d'un changement personnel. »
« L'analyse transactionnelle est une théorie de la personnalité et de la communication, et un outil concret d'analyse qui prend en compte la totalité de la personne dans ses fonctions biologiques, psychologiques et sociales. Ses principaux concepts sont ceux d' "états du moi", de "transactions", de "besoins de signes de reconnaissance et de structure", de "position de vie", de "racket et émotions", de "scénario de vie", de "jeux psychologiques" et d' "autonomie". »

3. Sources : Association Internationale d'Analyse Transactionnelle (ITAA), puis Institut Français d'Analyse Transactionnelle (www.ifat.net).

Principaux concepts

Les états du Moi

Selon Eric Berne, le créateur de l'AT, « *un état du Moi est un système cohérent de pensées et de sentiments mis en évidence par un type de comportement correspondant* ». L'ensemble de ces états du moi constitue la personnalité de l'individu. Les trois états du Moi sont :

✓ le Parent ;
✓ l'Adulte ;
✓ l'Enfant

On les note comme l'indique l'illustration suivante :

Les trois états du Moi

L'état du Moi Adulte est constitué des comportements qui sont une simple et logique réaction à l'environnement et à la situation présente.

L'état du Moi Parent d'une personne représente les comportements qu'une personne adopte lorsqu'elle pense et agit comme le faisaient ses parents, ses figures parentales influentes ou toute personne auprès de qui elle a pu prendre conseil.

L'état du Moi Enfant est l'ensemble des comportements qu'une personne adopte lorsqu'elle agit comme elle le faisait quand elle était enfant.

Les transactions

On appelle «transaction» un échange entre deux états du moi de deux personnes qui dialoguent. Elle est constituée d'un stimulus et d'une réponse à ce stimulus. L'analyse des transactions permet de comprendre comment nous communiquons, de repérer et de traiter les problèmes de communication.

La transaction Parent-Enfant La transaction Adulte-Adulte

Utilisation de l'AT dans le monde de l'entreprise

L'AT est utilisée par les managers pour :
- ✓ améliorer leur communication auprès de leur équipe ;
- ✓ améliorer la communication entre les membres de l'équipe ;
- ✓ prévenir et gérer les conflits relationnels au sein de leur équipe ;
- ✓ mieux connaître leurs collaborateurs et leur fonctionnement.

D'autres concepts de l'AT, comme les «scénarios de vie», les «positions de vie» et les «jeux» entre les personnes, constituent aussi des éléments de développement personnel et d'amélioration des relations et de la communication au sein de l'entreprise.

Qu'est-ce que la programmation neuro-linguistique (PNL) ?

Le principe de base : la carte n'est pas le territoire

L'Homme n'agit pas à partir des propriétés objectives de son environnement, mais bien à partir d'une représentation qu'il s'en fait. C'est la représentation que nous nous faisons du monde qui guide nos actions et non le monde tel qu'il est objectivement.

Définition[4] : programmation neuro-linguistique

La PNL est une approche du comportement et du psychisme humain, la synthèse pragmatique de différentes théories et courants de pensées. Elle se situe au carrefour de la psychologie, des neurosciences, de l'anthropologie, de la cybernétique et de l'intelligence artificielle.

4. Source : www.pnl.fr.

Comprendre et changer nos représentations du monde peut nous conduire à :
- ✓ faire de meilleurs choix ;
- ✓ améliorer nos comportements ;
- ✓ nous développer individuellement et professionnellement.

Les principaux outils de la PNL

L'ancrage

Faire un ancrage consiste à associer un état interne, une émotion, une pensée, à un stimulus sensoriel externe (vue, ouïe, odorat, toucher, goût). Une fois l'ancrage réalisé, soumettre la personne au même stimulus permet de faire ressurgir l'état interne.

Lorsque nous nous sentons particulièrement bien, en forme, compétents, efficaces, en pleine capacité de nos ressources, nous pouvons faire un ancrage pour nous aider à retrouver cet état lorsque nous n'y sommes pas.

Les systèmes de représentation sensorielle dominants

La PNL établit que les personnes n'utilisent pas leurs cinq sens à égalité. Nous avons tous un sens «préféré».

→ Pour 50 % des gens, il s'agit du sens visuel.
→ Pour 30 % des gens, il s'agit du sens auditif.
→ Pour les 20 % restants[5], il s'agit du sens kinesthésique, qui regroupe le goût, le toucher et l'odorat, mais aussi les sensations internes (avoir faim, avoir froid, être assis confortablement, etc.), ainsi que le sens du déplacement.

Cette préférence influe sur :
✓ la manière d'appréhender le monde ;
✓ la manière de mémoriser (mémoire auditive ou visuelle par exemple) ;
✓ nos centres d'intérêts, nos goûts, nos choix ;
✓ la manière de communiquer, etc.

Comprendre le profil d'un interlocuteur permet de mieux le connaître et de mieux s'adapter à son fonctionnement.

Le recadrage

Le recadrage consiste à considérer une expérience vécue sous un autre point de vue. Ainsi, on peut lui donner un autre sens, développer une autre vision. Notre compréhension de cette expérience s'en trouvera modifiée, ainsi que nos réactions et comportements.

---

5. Source : J. Boutillier, thérapeute et coach. Enseignant à l'Institut normand de Coaching et de thérapies brèves sur son site : www.hypno-solutions.net

Utilisation de la PNL en entreprise

La PNL permet aux coachs de :
✓ faire du développement personnel ;
✓ aider les professionnels à résoudre leurs problématiques individuelles ;
✓ aider à une meilleure communication.

Qu'est-ce que la Process Communication ?

Définition[6] : Process Com

La Process Com est :
▶ Un outil d'analyse. La Process Communication est un outil de découverte et de compréhension de notre propre personnalité et de la personnalité des autres. Elle apporte une description systémique du fonctionnement de nos grandes parties de personnalité avec les questions identitaires, les croyances et besoins psychologiques qui conditionnent nos motivations, nos choix, notre communication et nos comportements de stress.
▶ Un outil de communication. Elle donne des clés pour développer des stratégies de communication adaptées, construire dans le court terme aussi bien que dans le long terme des relations constructives et efficaces.

---

6. Source : Institut Repère (www.institut-repere.com).

Les principaux concepts

Les six types de personnalité

Si la personnalité de chaque individu est unique, elles sont toutes composées des six mêmes briques fondamentales, *nommées* «types de personnalité» :
✓ empathique ;
✓ travaillomane ;
✓ persévérant ;
✓ rêveur ;
✓ promoteur ;
✓ rebelle.

Pour un individu, les six types de personnalités sont représentés en étage et c'est l'ordre de ces étages les uns par rapport aux autres qui marque les différences entre les personnes.

La Base est innée et conditionne nos besoins les plus profonds, ainsi que nos principaux comportements.

La Phase est notre source de motivation et d'inspiration actuelle. La base ne change pas, mais dans la vie, une personne peut connaître plusieurs changements de phase.

C'est la quantité d'énergie disponible pour les autres types de personnalité qui détermine l'ordre des autres étages.

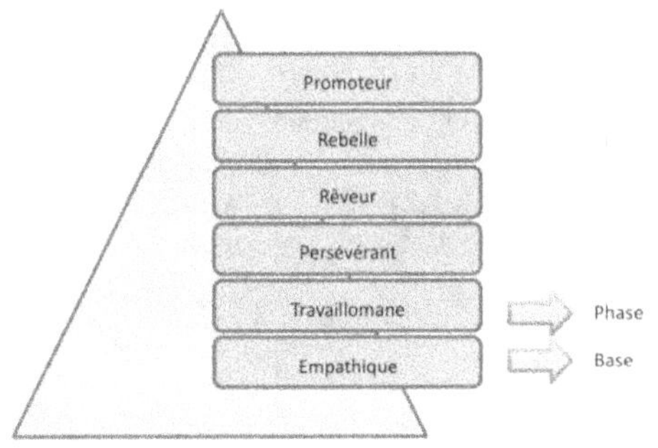

Un profil personnel « Process Com »

Utilisation de la « Process Com » en entreprise

La « process com » permet aux professionnels de :
✓ mieux se connaître ;
✓ se développer ;
✓ mieux communiquer.

Elle permet aux managers de :
✓ mieux connaître leur style de management, anticiper les points de blocage et les difficultés ;
✓ mieux connaître les membres de leur équipe, leurs besoins, leurs attentes, leur fonctionnement ;

Parole de pro

Catherine Duval, consultante en organisation et conduite du changement : « *Je trouve que la PCM (Process Communication Management) est un outil très utile pour comprendre les interactions humaines et les comportements en situation de stress, notamment au travail. La PCM nous apprend que notre personnalité est construite comme un immeuble à six étages. Nous avons tous six étages, mais leur ordre peut être différent : ainsi, dans ce modèle, la base (le rez-de-chaussée) est un étage très important, car il influence grandement nos comportements, plus particulièrement en situation de stress. Identifier chez soi et les autres (supérieur, collègues, etc.) cette base peut vous permettre de comprendre ce qui se passe, de prendre du recul et de relativiser, et aussi de savoir comment prendre soin de vos besoins (qui sont différents selon les six bases possibles) pour que ceux-ci soient satisfaits dans la relation, ce qui fera baisser très rapidement le stress.* »

✓ améliorer la communication, la prévention et la gestion des conflits.

Qu'est-ce que le MBTI (Myers Briggs Type Indicator) ?

Définition[7] : MBTI

Le questionnaire MBTI décrit les préférences liées à la personnalité d'un individu. Celles-ci sont présentées selon quatre dimensions. Les diverses combinaisons de ces préférences conduisent à seize « types » de personnalité, dont chacun est associé à un ensemble unique de caractéristiques comportementales et de valeurs. Ces « types » fournissent un point de départ utile pour un retour d'expérience individualisé, une exploration de soi et une discussion de groupe.

---

7. Source : cabinet Opp, détenteur des droits du MBTI pour l'Europe (www.opp.eu.com).

Les quatre dimensions de la personnalité selon le MBTI

→ Orientation de l'énergie : Extraversion ou Introversion.
→ Mode de recueil de l'information : Sensation ou Intuition.
→ Mode de prise de décision : Pensée ou Sentiment.
→ Mode d'action : Jugement ou Perception.

C'est à partir de ces quatre dimensions que l'on décrit les seize types de personnalité. Ils ont des noms de code qui viennent directement des dimensions dont ils sont composés, comme ISTJ ou INTP.

Le schéma suivant indique les seize types en fonction des dimensions.

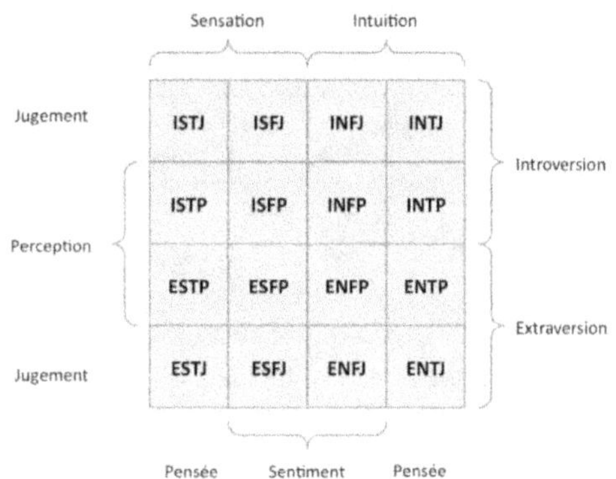

Les seize types de personnalités du MBTI

Utilisations du MBTI en entreprise

Le MBTI permet aux professionnels de :
✓ se développer ;
✓ comprendre leur style de travail préféré pour être plus efficace ;
✓ améliorer leur communication ;
✓ mieux appréhender les changements.

Il permet aux managers de constituer et développer une équipe efficace.

Dans le champ de l'épanouissement individuel, il aide à comprendre le style préféré de travail et comment développer celui-ci pour être plus efficace.

Le modèle des Préférences Cérébrales d'Herrmann

Définition

On parle des Préférences Cérébrales d'Herrmann ou de HBDI (Herrmann Brain Dominance Instrument).

> # Définition[8] : HBDI
>
> Le modèle Herrmann est une grille qui fonctionne comme une « carte » simplifiée des différents modes de pensée utilisés par l'être humain. Cette carte détermine un profil des Préférences Cérébrales.
> Le questionnaire individuel HBDI®, dont le dépouillement aboutit à un diagramme, décrit les modes de fonctionnement cérébral dominants d'un individu.
>
> 8. Source : à partir du site www.herrmann-europe.com.

Le concept du cerveau total

Le cerveau total est une métaphore du fonctionnement du cerveau humain selon quatre quadrants représentés par des couleurs, et les quatre quadrants sont définis à partir de deux notions :
→ Le cerveau fonctionne en trois niveaux, qui sont le cerveau reptilien (instincts), le cerveau limbique (émotions) et le cortex (raisonnement). Parce qu'ils fonctionnent de manière similaire, les cerveaux reptilien et limbique sont regroupés.
→ Le cerveau fonctionne en deux hémisphères, qui sont le cerveau gauche (logique, analytique, rationnel) et le cerveau droit (intuitif, global, imaginatif).

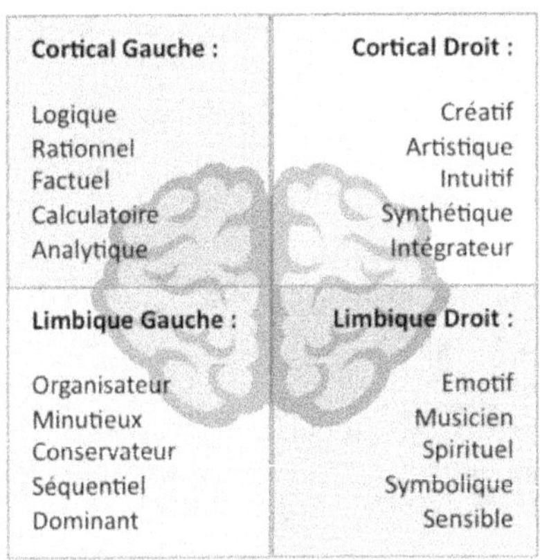

La métaphore du cerveau total

Un questionnaire permet à chacun de connaître ses préférences cérébrales, c'est-à-dire son propre fonctionnement.

La connaissance des différents fonctionnements individuels permet de communiquer « à cerveau total » c'est-à-dire de développer un style de communication efficace pour tous les interlocuteurs en dépit de leurs particularités.

Utilisation du HBDI en entreprise

Le HBDI permet aux professionnels et aux managers de mieux se connaître, de mieux connaître leur fonctionnement cérébral.

Il permet de communiquer, manager, gérer « à cerveau total », c'est-à-dire efficacement pour tous les types d'interlocuteurs.

Que sont les méthodes DISC, Success Insights et Arc-En-Ciel ?

Définitions

Ces trois méthodes sont différentes, mais elles proviennent toutes des travaux de William Moulton Marston et Carl Jung. Historiquement, DISC fut la première, Success Insights et Arc-En-Ciel en sont des ramifications.

Selon William Moulton Marston, la manière que chaque individu a de se comporter dépend de son positionnement sur deux axes : sa tendance à être plutôt « actif » ou « passif », sa vision de l'environnement où il évolue comme hostile ou favorable. En combinant ces deux axes, on obtient quatre styles comportementaux principaux.

Les profils de personnalité DISC

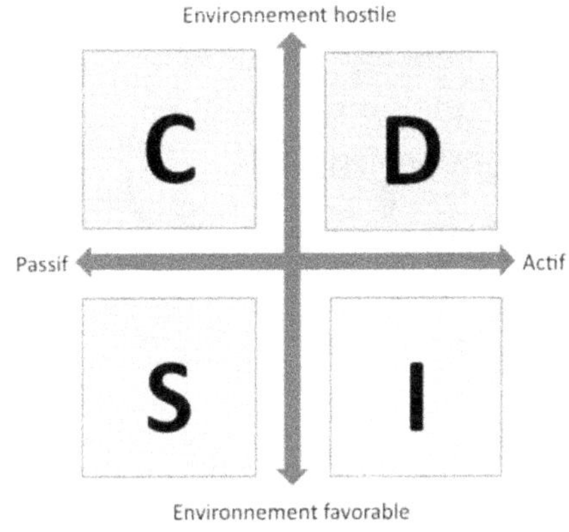

Les quatre profils DISC

Les quatre styles comportementaux décrits par cette méthode sont :
✓ Dominance ;
✓ Influence ;
✓ Stabilité ;
✓ Conformité.

À partir de ces profils principaux, les méthodes Success Insights et Arc-En-Ciel décrivent huit profils de personnalité.

Les profils Success Insights

→ Organisateur
→ Conducteur
→ Motivateur
→ Promoteur
→ Facilitateur
→ Supporteur
→ Coordinateur

→ Évaluateur

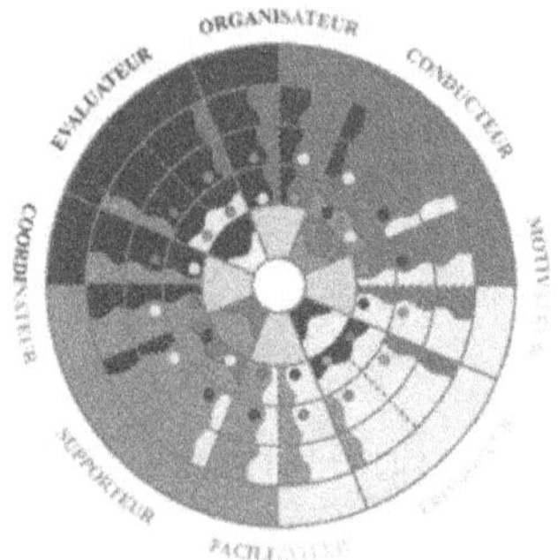

Les profils Success Insights

Les profils Arc-en-Ciel

→ Organisant
→ Directif
→ Promouvant
→ Expansif
→ Facilitant
→ Coopératif
→ Coordonnant
→ Normatif

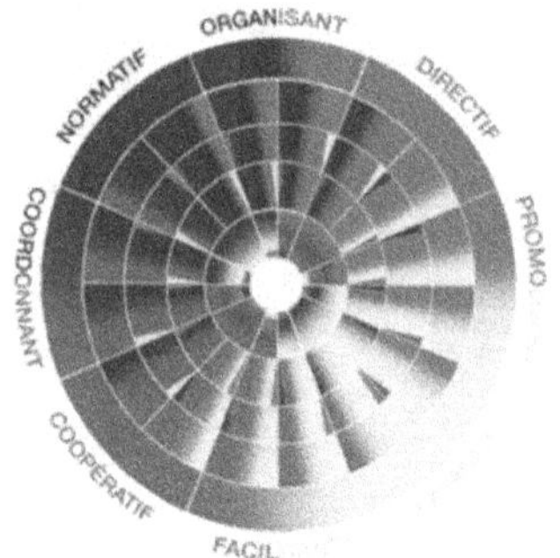

Les profils Arc-en-Ciel

Utilisation de ces trois méthodes en entreprise

DISC, Success Insights et Arc-En-Ciel sont utilisées par les professionnels pour :
✓ mieux se connaître et mieux comprendre leurs comportements dans certaines situations ;
✓ mieux communiquer ;
✓ comprendre les autres, s'y adapter tout en restant soi-même.

Ils sont utilisés par les managers pour :
✓ recruter ;
✓ communiquer ;
✓ anticiper et gérer les difficultés des membres de leur équipe.

Ces méthodes sont aussi utilisées en techniques de vente, d'achat, de recrutement, de team building...

Qu'est-ce que l'Ennéagramme ?

> ## Définition[9] : Ennéagramme
>
> L'Ennéagramme est un modèle de la structure de la personne humaine. Ce modèle aboutit à neuf configurations différentes de la personnalité, neuf manières de se définir.
>
> 9. Source : www.enneagramme.com.

Le concept des trois centres

Le concept de base de l'Ennéagramme est que les individus disposent de trois formes d'intelligence qu'on appelle les trois centres :
✓ le centre instinctif (énergie vitale, survie, spontanéité, créativité, etc.) ;
✓ le centre émotionnel (besoins, désirs, émotions, relations aux autres) ;
✓ le centre mental (raisonnement, choix, décisions, projets).

Chaque individu a un centre préféré, qu'il utilise plus souvent que les deux autres et qui l'emporte quand il est en conflit avec un autre centre.

Chaque centre préféré peut être utilisé de trois manières :
✓ vers l'intérieur ;
✓ vers l'extérieur ;
✓ en recherchant l'équilibre entre extérieur et intérieur.

Les profils de l'Ennéagramme

Le croisement des trois centres préférés avec les trois façons de les utiliser donne les neuf profils de l'Ennéagramme.

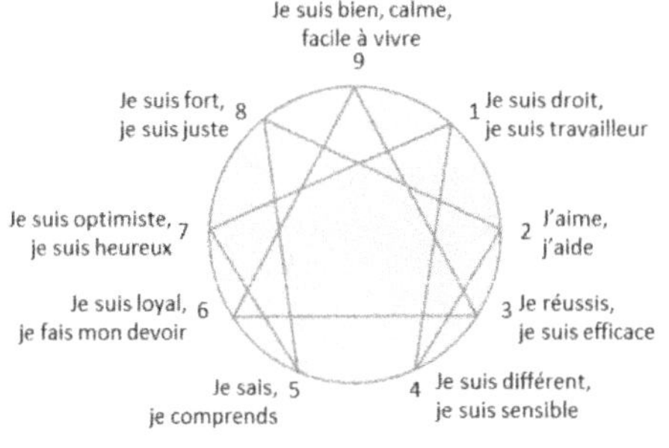

L'Ennéagramme

Utilisation en entreprise

L'Ennéagramme permet aux professionnels et aux managers de :

✓ mieux comprendre les motivations, les besoins et le fonctionnement de leurs interlocuteurs ;

✓ adapter leur propre comportement et leur communication.

Point commun à toutes ces méthodes

Toutes ces méthodes visent à simplifier votre compréhension du fonctionnement de vos interlocuteurs. Elles vous disent en quoi ils sont différents de vous et comment vous pouvez vous y adapter pour mieux communiquer, cohabiter, travailler ensemble. Bien entendu, elles généralisent la personnalité d'un individu qui est, par définition, de l'ordre de l'unique, mais c'est aussi ce qui fait leur force opérationnelle.

En résumé

L'analyse transactionnelle décrypte la façon dont les individus communiquent et vise à améliorer les communications.
La programmation neuro-linguistique explique les fonctionnements internes des individus et les liens entre état interne et comportements.
Les autres méthodes visent à classer les individus dans des profils et à décrire ces profils pour permettre à chacun de mieux se connaître et de faciliter sa communication vers les autres profils.

Fiches reliées

Fiche n° 43 : « Comment ramener au calme une personne très agressive envers moi ? »
Fiche n° 60 : « Comment prévenir et gérer les conflits relationnels ? »

La communication non verbale est-elle un piège ou un atout ?

Cette question se pose quand :

✓ vous avez entendu parler de la communication non verbale ;

✓ vous voulez contrôler les messages envoyés par votre corps ;

✓ vous voulez apprendre à décrypter le comportement non verbal de vos interlocuteurs.

Entraînez-vous à observer et à 2.a. maîtriser votre langage corporel Maîtrisez les différentes 2.b. familles de gestes 2.c. Observez les clés d'accès visuel	Faites de votre communication non verbale un atout 2. pour convaincre	La communication non verbale est-elle un piège ou un atout ?	Le piège de la communication non 1. verbale : l'incongruence

Recruteurs, psys, séries télé, livres, joueurs de poker, etc., nous disent que notre corps parle pour nous et qu'en scrutant nos gestes, un interlocuteur avisé arrive à décrypter ce que nous ne disons pas. C'est en partie vrai, même si la réalité est un peu plus complexe.

Le piège de la communication non verbale : l'incongruence

Si dans une réunion ou un entretien, vous vous sentez mal à l'aise, stressé, apeuré, en colère ou tout simplement fatigué, il se peut que vous perdiez le contrôle de votre langage non verbal. Dans ce cas, le risque de voir votre corps dire autre chose que votre bouche est fort :

✓ montrer de l'énervement alors que vous ne devriez pas ;

✓ montrer de l'impatience, de l'ennui ;

✓ montrer votre désaccord ;

✓ montrer que vous êtes en train de douter ou de mentir...

Consciemment ou inconsciemment, vos interlocuteurs décrypteront cette incongruence et pourront l'exploiter contre vous.

Définition : incongruence

On dit d'une communication qu'elle est i + ncongruente, lorsque le langage verbal (les mots prononcés) et le langage non verbal (gestes, mimiques, etc.) ne renvoient pas le même message.

À savoir

Les spécialistes[10] ont mesuré que :

▸ 7 % de l'impact de la communication vient du verbal (les mots) ;

▸ 38 % vient du paraverbal (voix, intonation, rythme, volume) ;

▸ 55 % vient du non verbal (gestes, postures, attitudes, etc.).

---

10. Albert Mehrabian, chercheur à l'université de Californie (UCLA), études menées en 1967.

Faites de votre communication non verbale un atout pour convaincre

Les acteurs, les comédiens et les hommes politiques le savent bien : si la gestuelle est en accord avec le texte, le tout est plus convaincant que la voix seule. Dans l'univers professionnel, cela se vérifie aussi, notamment dans les négociations, les entretiens individuels et les présentations orales.

Entraînez-vous à observer et à maîtriser votre langage corporel

Lorsque vous êtes en réunion, en entretien, en négociation et plus généralement dans toute situation dans laquelle vous pensez que le non verbal est important, demandez-vous à quoi vous ressemblez. Faites comme si quelqu'un vous prenait en photo et qu'il vous tende le cliché. Observez vos mains, votre buste, votre visage, vos jambes. Puis posez-vous ces quelques questions :

→ L'image globale vous satisfait-elle ? Est-elle conforme à celle que vous vouliez renvoyer ? Est-elle congruente par rapport à vos idées et à votre discours ?

→ Toutes les parties de votre corps contribuent-elles efficacement à cette image ? Certaines parties sont-elles hors de contrôle ?

Dans la même optique, profitez de tous les moments où vous pouvez être filmé (par exemple en formation) pour mettre votre comportement non verbal encore un peu plus sous contrôle.

Maîtrisez les différentes familles de gestes

Chercher à faire de votre langage corporel une arme de persuasion ne signifie pas maîtriser les moindres mouvements de toutes vos phalanges ou de tous vos cils ! La communication non verbale est avant tout une affaire de grands messages portés par des familles de gestes et de postures. Entraînez-vous à les maîtriser pour renforcer vos messages et à les observer chez vos interlocuteurs pour savoir ce qu'ils pensent au-delà de leurs beaux discours.

Les gestes d'écoute

Ils sont à maîtriser quand vous voulez pratiquer l'écoute active et souhaitez montrer à votre interlocuteur que vous l'écoutez attentivement. Ils sont à observer chez votre interlocuteur quand vous dites quelque chose d'important et n'êtes pas sûr qu'il est à 100 % à votre écoute. Les gestes d'écoute sont principalement :

✓ regarder dans les yeux ;
✓ pencher le buste en avant ;
✓ mettre les mains en avant ;
✓ hocher la tête ;
✓ produire des onomatopées comme « hum », « hanhan », etc. ;
✓ prendre des notes.

Les gestes d'accord

Ils sont à maîtriser quand vous voulez rassurer votre interlocuteur, lui signifier qu'il peut avoir confiance, lui montrer que vous êtes d'accord avec ce qu'il dit. Ils sont à observer chez votre interlocuteur quand vous souhaitez savoir si vos arguments ou vos explications portent, s'il est d'accord avec vous. Les gestes d'accord sont principalement :

✓ les mêmes que les gestes d'écoute ;
✓ les hochements de tête sont toutefois plus marqués ;
✓ le sourire ;
✓ un relâchement général, visible au niveau des épaules et des mouvements du cou (tête mobile).

Les gestes de désaccord

Ils sont à maîtriser quand vous voulez marquer votre désaccord avec ce qui est dit, marquer de la distance par rapport à un discours, une idée, une proposition, un comportement ou un interlocuteur, etc. Ils sont à observer chez votre interlocuteur quand vous tentez de le

convaincre de quelque chose de difficile, percer ses défenses ou le déstabiliser. Les gestes de désaccord sont principalement :
- ✓ croiser les bras ;
- ✓ mettre le buste de côté et en arrière ;
- ✓ s'asseoir bien en arrière sur sa chaise ;
- ✓ regarder de façon fuyante ;
- ✓ garder les jambes croisées ;
- ✓ faire un mouvement de tête de gauche à droite comme pour dire « non ».

Les gestes de colère

Ils sont à maîtriser quand vous voulez montrer votre profond désaccord sans vous laisser dominer par un véritable sentiment de colère. Ils sont à observer chez votre interlocuteur quand vous et lui êtes dans un relationnel difficile, voire conflictuel. Les gestes de colère sont principalement :
- ✓ froncer les sourcils ;
- ✓ élever la voix ;
- ✓ parler vite ;
- ✓ serrer les poings ;
- ✓ taper sur la table ;
- ✓ balancer le buste d'avant en arrière ;
- ✓ respirer fort.

Les gestes de stress

Ils sont à maîtriser quand vous êtes stressé, mais ne voulez pas le montrer. Ils sont à observer chez votre interlocuteur quand vous le pensez stressé à cause de vous ou de votre discussion. Les gestes de stress sont principalement :
- ✓ parler vite, de façon saccadée ;
- ✓ avoir des mouvements parasites des mains, jouer avec son stylo, tapoter la table, regarder sa montre sans cesse, etc. ;
- ✓ voir sa respiration et son rythme cardiaque accélérer ;
- ✓ se caresser la barbe, pour les hommes, ou se passer la main dans les cheveux pour les femmes (on appelle cela un « auto-contact ») ;
- ✓ se tortiller sur sa chaise ;
- ✓ battre la mesure avec les pieds.

Astuce

Les relations de communication entre deux personnes sont favorisées par la ressemblance. Dès lors, si vous voulez développer votre pouvoir de persuasion envers un interlocuteur, tâchez d'ajuster votre comportement au sien ; c'est ce que l'on appelle « mimétisme comportemental » ou encore « synchronisation ».

Observez les clés d'accès visuel

En fonction des mouvements des yeux de votre interlocuteur, vous pouvez identifier le processus intellectuel qu'il a lancé et donc savoir, en quelque sorte, à quoi il pense. Pour en savoir plus sur les clés d'accès visuel, voir fiche n° 26.

En résumé

Si vous ne contrôlez pas votre langage corporel (c'est-à-dire non verbal), il risque d'envoyer des messages qui ne sont pas ceux de votre discours. C'est ce que l'on nomme l'incongruence.

Maîtriser les grandes familles de gestes permet de soutenir son discours par un jeu d'acteur pertinent et donc de développer son pouvoir de persuasion.

Observer son interlocuteur permet de mieux savoir ce qu'il pense et d'anticiper ses réactions.

Fiches reliées

Fiche n° 28 : « Comment préparer et mener des entretiens productifs ? »
Fiche n° 29 : « Comment me préparer à être reçu pour un entretien ? »
Fiche n° 82 : « Comment préparer et réussir un entretien de recrutement ? »

Comment ramener au calme une personne très agressive envers moi ?

Cette question se pose quand :

✓ les relations sont tendues avec certains de vos collègues ;

✓ vous devez répondre au téléphone à des clients difficiles ;

✓ vous êtes face à un interlocuteur hors de lui qui crie, gesticule, voire vous insulte.

	Comment ramener au calme une personne très agressive envers moi ?	1. Prenez du recul et maîtrisez-vous
2. Faites-lui produire de l'information		

Les comportements ouvertement agressifs sont rares en entreprise et rien ne vous oblige à les accepter. En tout cas, vous pouvez les contrer.

Prenez du recul et maîtrisez-vous

Bien entendu, le premier conseil consiste à ne pas entrer dans le jeu de cette personne hors d'elle :

→ Gardez votre calme.

→ Gardez vos distances.

→ Ne la jugez pas, ne l'attaquez pas, commencez toutes vos phrases par « je » et jamais par « tu » ou « vous ».

→ Laissez-la vider son sac.

Parole de pro

Arnaud Scheffer, adjoint au directeur des achats Go Sport : « *Je ne réponds jamais tout de suite à un e-mail dont le contenu a suscité une vive émotion chez moi (colère le plus souvent). Ma règle est d'attendre au moins deux heures afin que mes mots ne dépassent jamais ma pensée.* »

Faites-lui produire de l'information

L'analyse transactionnelle (voir fiche n° 41), qui est une science de la communication, précise que le niveau de discours qui correspond au simple échange d'informations factuelles est dénué de toute notion affective (au contraire de l'énervement, qui est un débordement affectif). Ce niveau s'appelle, en analyse transactionnelle, le niveau Adulte-Adulte. Le fait que ce niveau soit dénué d'aspects affectifs signifie que l'on ne peut pas donner de l'information factuelle en y mettant une émotion quelconque, encore moins de la colère.

Lorsque vous demandez à quelqu'un de vous donner l'heure (demande d'information factuelle) il peut vous répondre avec un reproche : « *Il est l'heure de t'acheter une montre, tu es toujours en retard !* » Dans ce cas, il décide de ne pas vous renvoyer l'information que vous demandez et place sa communication à un niveau descendant, que l'on appelle Parent-Enfant. C'est un mode de communication dans lequel il y a de l'affect. S'il vous répond, avec malice, « *Il est la même heure qu'hier à la même heure* », il introduit de l'ironie et se place à un niveau tout aussi affectif, nommé Enfant-Parent. Mais s'il vous donne l'heure, il ne peut pas le faire avec un sentiment spécial. On n'imagine pas quelqu'un se mettre à baver, vitupérer et taper du poing sur la table pour finir pas vous annoncer qu'il est simplement trois heures moins le quart...

L'astuce, pour faire redescendre votre interlocuteur d'un niveau agressif à un niveau tout à fait neutre (Adulte-Adulte) consiste donc à lui faire produire de l'information factuelle, toute bête. Pour cela, il suffit de lui poser des questions dont la réponse est forcément dans ce champ :
→ Quand as-tu appris cela ?
→ Qui te l'a dit ?

→ Auprès de qui as-tu confirmé cette information ?
→ Quand veux-tu que nous nous voyions pour en parler ?
→ Quelle heure te convient le mieux ?

Adressez-lui une série de questions, chacune s'enchaînant avec sa réponse précédente. Ne lui laissez pas le temps de reprendre son comportement d'énervement et continuez à questionner jusqu'à ce que la personne soit tout à fait calmée. En règle générale, quatre à cinq questions et trente à quarante secondes suffisent.

En résumé

Pour calmer une personne particulièrement agressive, il suffit de garder son calme et de lui poser une série de questions dont la réponse est une information factuelle.

Fiches reliées

Fiche n° 40 : « Comment adapter ma communication à chacun de mes interlocuteurs ? »
Fiche n° 44 : « Comment déjouer les pièges d'une personne manipulatrice ? »

Comment déjouer les pièges d'une personne manipulatrice ?

Cette question se pose quand :

✓ l'un de vos interlocuteurs se montre manipulateur avec vous ;

✓ vous avez des doutes sur le comportement et les objectifs de l'un de vos collègues.

	Comment déjouer les pièges d'une personne manipulatrice ?	
3. Stratégie n° 3 : Appliquez la loi du Talion		1. Stratégie n° 1 : Dénoncez la manipulation
		2. Stratégie n° 2 : Montrez-vous plus stratège que lui

Un manipulateur est le croisement d'un séducteur et d'un stratège. Cela signifie qu'il joue de son assurance et de son charisme pour satisfaire des objectifs personnels. Il se soucie peu des intérêts d'autrui dès lors qu'il atteint son but. Une fois que vous l'avez repéré, déjouer ses pièges demande méthode et pratique. Trois stratégies peuvent être employées avec succès.

Stratégie n° 1 : Dénoncez la manipulation

Identifier le manipulateur c'est bien, mais cela ne sert à rien si vous n'identifiez pas l'acte de manipulation. Un peu comme pour un pick-pocket, il va vous falloir le prendre la main dans le sac. Le propre d'une manipulation réussie, c'est qu'on tombe dans le panneau sans le vouloir et, lorsque l'on s'en aperçoit, on n'ose pas revenir en arrière, parce que :

→ Dans la technique qu'il a employée, le manipulateur nous a fait signer un document ou verbaliser un accord. Dans ce cas, si on revenait en arrière, on aurait l'impression de rompre un engagement, de se dédire, ce qui est un comble, dans la mesure où nous avons été manipulés.

→ Il est trop tard, la manipulation a produit ses effets pervers et remettre les choses en place demanderait beaucoup d'efforts sans garantie de résultat.

→ Si l'on se plaint d'avoir été manipulé, on a peur de passer pour un faible ou un imbécile.

Mon conseil, c'est de passer outre tous ces obstacles et de montrer au manipulateur que vous n'êtes pas dupe. Vous avez compris son objectif final (même si c'est après coup…), avez décortiqué sa technique (et vous la trouvez malhonnête) et votre consentement ne vaut plus rien. Ne vous démontez pas et affrontez-le sur votre propre terrain. Un manipulateur ne peut exercer son art qu'à couvert. Dès lors que vous le démasquez au grand jour, vous avez l'ascendant.

Stratégie n° 2 : Montrez-vous plus stratège que lui

Le manipulateur utilise sa capacité à charmer pour satisfaire ses besoins de stratège (argent, pouvoir, contrôle, etc.). La relation qu'il entretient avec sa cible est le moyen de ses ambitions. Pour lui couper ses moyens d'action, il faut l'empêcher d'actionner le levier relationnel. Tenez-le à distance, refusez toute tentative de rapprochement (tutoiement, bises, invitations hors du travail, mots amicaux, demandes de services, etc.). Ne vous adressez à lui que pour parler d'objectifs, de moyens, de résultats, de process... Gardez-le dans une communication froide et impersonnelle. Ne parlez qu'en critères objectifs et factuels. Sans aucune prise sur vous, il passera vite à une autre cible et vous laissera tranquille.

Astuce

Si vous avez une astuce personnelle à partager avec les lecteurs, envoyez-la par e-mail : bible.efficacite@bourrelly.org. Si elle est sélectionnée, elle apparaîtra dans une rubrique « Parole de Pro » de la prochaine édition. Vous pouvez aussi communiquer directement avec l'auteur en vous rendant sur le site : www.bourrelly.org rubrique « publications ».

Stratégie n° 3 : Appliquez la loi du Talion

À une tentative de manipulation, répondez par une tentative de manipulation. À un coup tactique, répondez par un autre coup tactique. Cela ne vous rapportera rien directement, mais aura l'avantage de montrer que vous n'êtes pas dupe des actions du manipulateur et que vous savez exactement à qui vous avez à faire. Bien vite, il réalisera que chacune de ses tentatives contre vous est non seulement vaine, mais représente un coût pour lui, voire un risque. Sa raison (car ce sont des gens raisonnables, ne vous y trompez pas) lui dictera de se consacrer à une autre cible.

En résumé

Une fois que vous avez identifié un collègue au profil manipulatoire, scrutez ses moindres faits et gestes pour le prendre la main dans le sac.
Appliquez une des trois stratégies de riposte :
▸ dénoncez la manipulation ;
▸ montrez-vous plus stratège que lui ;
▸ appliquez la loi du Talion.

Fiches reliées

Fiche n° 43 : « Comment ramener au calme une personne très agressive envers moi ? »
Fiche n° 60 : « Comment prévenir et gérer les conflits relationnels ? »

Chapitre 2
Communiquer à l'écrit

Quelles sont les méthodes de lecture rapide ?

Cette question se pose quand :

✓ vous devez lire de nombreux documents (articles, rapports, dossiers, etc.);

✓ vous devez capter rapidement l'information contenue dans un document écrit.

Les trois principales techniques : lecture 2.a. intégrale, écrémage et repérage 2.b. Où se renseigner pour aller plus loin ?	**Apprenez les techniques** **2. de lecture rapide**	**Quelles sont les méthodes de lecture rapide ?**	**Prenez connaissance du contenu d'un** **1. document en trois observations clés**

Avez-vous déjà évalué le temps que vous passez à lire dans une journée, une semaine ou dans l'année ? Imaginez que vous puissiez en gagner 20 % ou 30 %. Que d'efficacité gagnée ! Prenez le temps de lire ce qui suit, c'est la dernière chose que vous lirez aussi lentement.

Prenez connaissance du contenu d'un document en trois observations clés

Vous devez lire un article de presse, un rapport ou un dossier volumineux ? Voici une méthode simple qui vous fera gagner beaucoup de temps.

→ Commencez par lire l'introduction. Ainsi, vous prendrez connaissance du contexte et du point de départ du raisonnement.

→ Lisez la conclusion. Ainsi, vous aurez «la fin de l'histoire», le point d'arrivée. Si vous le comparez au point de départ, cela vous donnera la thèse, c'est-à-dire le raisonnement de l'auteur, ses principales idées.

→ Lisez le plan. Si c'est un livre ou un rapport, lisez la table des matières. Si c'est un article, lisez les petits résumés ou les extraits qui sont repris au fil du texte. S'il n'y a pas de table de matières, parcourez le document en ne lisant que les titres.

Si vous voulez approfondir, lisez la première et la dernière ligne de chaque paragraphe uniquement. Si un point vous intrigue ou vous intéresse particulièrement, allez-y directement sans lire ce qui vient avant ni après.

Dans bien des cas, ces trois observations clés suffisent à avoir une bonne connaissance des messages passés par l'auteur.

Apprenez les techniques de lecture rapide

Les trois principales techniques

La lecture intégrale

Elle consiste à tout lire, mais beaucoup plus rapidement. Pour atteindre une plus grande vitesse, il faut diminuer le nombre d'arrêts que font les yeux dans leur balayage horizontal des lignes. Pour cela, il faut prendre l'habitude de lire plus de mots d'un coup.

L'écrémage

L'écrémage consiste à réduire le nombre de mots que vous pouvez lire sans endommager votre compréhension du sens du texte. L'idée est de repérer les passages importants, de se concentrer dessus, et de passer sur les phrases qui n'apportent pas de sens supplémentaire. En fonction du document que vous avez à lire et de votre besoin d'information à l'issue de cette lecture, vous pouvez plus ou moins écrémer.

Plus votre œil perçoit de mots à chaque arrêt, moins il doit s'arrêter souvent et plus vous gagnez du temps.

Un lecteur lent doit faire sept arrêts des yeux..

Plus votre œil perçoit de mots à chaque arrêt, moins il doit s'arrêter souvent et plus vous gagnez du temps.

Un lecteur rapide ne s'arrête que quatre fois.

Le repérage

Cette technique s'emploie lorsque vous savez quel type d'information vous cherchez dans un texte. Définissez des mots clés en lien avec cette information. Puis un balayage rapide du texte, en diagonale, permettra de repérer ces mots clés et de lire la phrase qui les contient.

Où se renseigner pour aller plus loin ?

Pratiquer la lecture rapide suppose de connaître les techniques et surtout de s'entraîner. De nombreux sites Internet proposent des techniques et des formations. Renseignez-vous en tapant «lecture rapide» dans un moteur de recherche.

À savoir[11]

Un lecteur lent lit deux mots par arrêt des yeux.
Un lecteur moyen lit trois à quatre mots par arrêt.
Un lecteur rapide lit cinq mots, voire plus, par arrêt.

En résumé

L'introduction, la conclusion et le plan sont trois observations clés qui permettent de prendre rapidement connaissance du contenu d'un document. Il existe trois techniques de lecture rapide :
- la lecture intégrale où l'on cherche à appréhender plus de mots à chaque arrêt des yeux ;
- l'écrémage, qui consiste à ne lire que certains passages, les plus porteurs d'information ;
- le repérage, qui est la recherche d'informations précises et des mots clés qui les relient.

Fiches reliées

Fiche n° 46 : «Comment apprendre la frappe rapide ? »

---

11. En 1892, le professeur Lamare a étudié scientifiquement les mouvements de l'œil pendant la lecture. Ses constatations montrent qu'un lecteur habile visualise en moyenne quinze à vingt signes par coup d'œil. Les mots étant généralement composés de cinq à six signes, il y a donc trois ou quatre mots visualisés par coup d'œil.

Comment apprendre la frappe rapide ?

Cette question se pose quand :

✓ vous passez beaucoup de temps à l'ordinateur ;

✓ vous devez taper de longs textes.

Perfectionnez-vous en utilisant un
4.a. logiciel d'apprentissage

Utilisez la fonction correction en
4.b. cours de frappe de Word

4.c. Ne tapez plus, parlez !

4. Comment aller plus loin ?

3. Mesurez vos progrès

Comment apprendre la frappe rapide ?

1. Utilisez tous vos doigts

2. Ne regardez plus le clavier, mais l'écran

L'enjeu d'apprendre à taper plus vite sur le clavier est important au vu du temps que nous consacrons tous à cette activité.

Utilisez tous vos doigts

Même les doigts que vous utilisez le moins, comme les auriculaires sont très agiles. Ils vous aideront à gagner du temps sur le clavier.

Premièrement, placez vos mains sous le clavier de sorte que vos index soient posés sur les touches « F » et « J ». À présent, repérez les touches situées autour de vos dix doigts et voyez quel doigt peut logiquement aller chercher chaque touche. Par exemple, vous voyez que le « Z » peut facilement être atteint par votre majeur gauche.

Efforcez-vous d'aller chercher systématiquement chaque touche avec le doigt qui en est le plus près lorsque vos mains sont dans cette position. Un bon moyen de vérifier si vous êtes sur la bonne voie est d'observer le dessus de vos mains, qui doit bouger le moins possible.

Ne regardez plus le clavier, mais l'écran

Avec un peu d'entraînement, vos doigts vont vite apprendre le mouvement qu'ils doivent faire pour aller chercher chaque lettre. Cela va devenir un réflexe. Dès lors, il sera plus utile de regarder l'écran que le clavier pour :

✓ repérer tout de suite les fautes d'orthographe ;

✓ corriger le style ;

✓ avoir une vue d'ensemble de votre écrit.

Si vous avez un document manuscrit à taper, même si c'est de plus en plus rare, ne plus avoir à regarder le clavier vous permettra de laisser votre regard sur le document source et d'éviter de nombreux allers/retours avec votre tête.

Mesurez vos progrès

Tous les mois, mesurez votre vitesse de frappe en tapant, sous Word, un texte pendant trois minutes par exemple. Puis utilisez la fonction « statistiques » de Word, que vous trouverez dans le menu « Révision » pour voir le nombre de caractères vous avez frappés. Si le nombre de mots suffit à vos statistiques personnelles, vous le trouverez au même endroit ou, plus simplement, en bas à gauche de votre fenêtre Word, à tout moment de la frappe. Vous constaterez vite les progrès réalisés et cela vous incitera à continuer vos entraînements.

Comment aller plus loin ?

Trois moyens permettent de diminuer le temps quotidien passé à taper au clavier.

Perfectionnez-vous en utilisant un logiciel d'apprentissage

Au-delà des exercices ici préconisés, des logiciels permettent d'apprendre les techniques de frappe professionnelles avec des exercices adaptés. Ils sont faciles à trouver sur Internet et certains sont même gratuits.

Utilisez la fonction correction en cours de frappe de Word

Cette fonction permet de définir des abréviations que vous tapez au clavier et que Word transforme immédiatement en mots entiers. Pour en savoir plus, voir fiche n° 27.

Ne tapez plus, parlez !

La technologie de reconnaissance vocale a fait de grands progrès ces dernières années. Certains éditeurs proposent des logiciels qui transforment directement votre voix en texte. Les prix sont très variables entre les versions grand public et les solutions professionnelles, mais les résultats sont aujourd'hui probants.

Il suffit d'habituer le logiciel à votre timbre de voix en lisant un court texte adapté. On peut même trouver sur le marché des dictaphones incluant directement le logiciel de reconnaissance vocale. Que ce soit pour une prise de notes lors d'une conférence, d'une réunion ou simplement pour éviter un oubli, une fois relié à votre ordinateur le fichier son est automatiquement converti en texte. Les quelques mots que le logiciel n'aurait pas reconnus sont soulignés de sorte que vous pouvez les repérer et les corriger rapidement.

En résumé

Pour taper plus vite, sollicitez tous vos doigts et passez d'une vue sur le clavier à une vue sur l'écran.
Utilisez des logiciels pour progresser.
Intéressez-vous à la reconnaissance vocale.

Fiches reliées

Fiche n° 10 : « Comment gagner du temps à l'ordinateur ? »
Fiche n° 45 : « Quelles sont les méthodes de lecture rapide ? »
Fiche n° 47 : « Comment améliorer mon orthographe ? »

Comment améliorer mon orthographe ?

Fiche n° 47

Cette question se pose quand :

✓ vous écrivez de longs textes ;
✓ on vous reproche vos fautes d'orthographe.

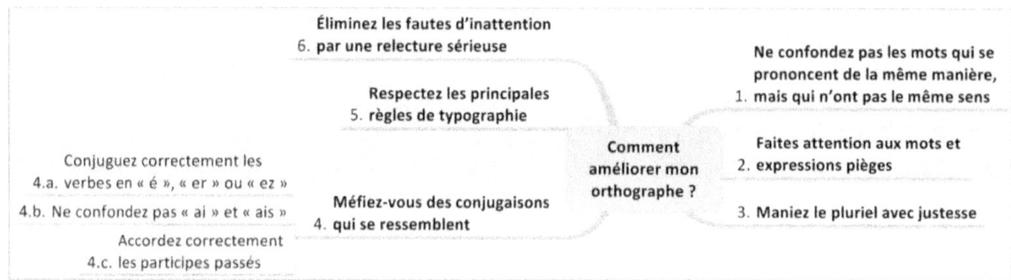

Les fautes d'orthographe les plus classiques peuvent se décomposer en cinq sources majeures.

Ne confondez pas les mots qui se prononcent de la même manière, mais qui n'ont pas le même sens

Le tableau suivant vous donne le sens des mots qui, par paires, se prononcent à l'identique, mais dont l'orthographe diffère. Je me suis cantonné aux fautes les plus fréquentes rencontrées dans les e-mails et les rapports que je reçois.

Ils ne se prononcent pas de la même manière mais ne confondez pas non plus «deuxième» et «second». Second ne s'utilise que dans une liste de deux éléments. C'est un synonyme de l'expression «deuxième et dernier». Les principales exceptions sont :

✓ la classe de seconde ;
✓ la seconde vitesse d'une voiture («passe la seconde !») ;
✓ le second étage d'un immeuble (même s'il y en a plus de deux).

Ne pas confondre...

« a » et « à »	« a » est le verbe avoir. Dans la phrase, on peut le remplacer par « avait ». Exemple : le coursier a de l'avance/le coursier avait de l'avance.	« à » exprime un rapport de lieu, de temps, de manière... On ne peut pas le remplacer par « avait ». Exemple : je vais à l'usine/~~je vais avait l'usine~~.
« ça » et « çà »	« ça » est la contraction de « cela ». Exemple : Je ne vous parle pas de ça/Je ne vous parle pas de cela.	« çà » ne s'emploie que dans les expressions « çà et là » et « alors çà ! »
« voir » et « voire »	« voir » est le verbe. Exemple : Je vais voir le directeur.	« voire » est un adverbe qui signifie « et aussi » ou « et même ». Exemple : ce prestataire est toujours à l'heure, voire en avance/ce prestataire est toujours à l'heure, et même en avance.
« session » et « cession »	« session » signifie « période », « séance ». Exemples : une session de formation. ; une session du conseil d'administration.	« cession » vient de « céder » et veut dire « vente », « transmission ». Exemple : la cession des parts de l'entreprise.
« se » et « ce »	On écrit « se » ou « s' » devant les verbes. Exemples : il se fait aider ; elle s'épanouit dans son travail ; il se démènera pour nous. Attention, devant le verbe « être », on peut trouver « se » et « ce ». Si l'on peut remplacer par « cela », on écrit « ce » (ou « c' »). Exemples : ce sera un contrat intéressant ; c'est une entreprise formidable/cela sera un contrat intéressant ; cela est une entreprise formidable ; il s'est encore trompé/~~Il cela est encore trompé~~.	On écrit « ce » devant tous les autres mots. Exemples : ce dossier ; ce que je veux ; ce dont il s'agit.
« ou » et « où »	« ou » marque un choix, une alternative. Dans une phrase, on peut le remplacer par « ou bien ». Exemple : j'irai au marketing ou au commercial /J'irai au marketing ou bien au commercial.	« où » désigne un endroit ou une période. On ne peut pas le remplacer par « ou bien ». Exemples : le bureau où je travaille ; le jour où j'irai voir le client/~~le bureau ou bien je travaille ; le jour ou bien j'irai voir le client~~.
« la » et « là »	« la » est le féminin de « le ». Exemple : la réunion ; je te la prépare.	« là » indique un lieu ou un moment. Exemples : il n'est pas là ; à ce moment-là.
« sensé » et « censé »	« sensé » vient de « sens » et signifie « avoir du sens », « avoir du bon sens », « faire sens ». Exemple : c'est une idée sensée.	« censé » veut dire « supposé ». Exemple : vous êtes censé savoir ce que vous avez à faire.
« différent » et « différend »	« différent » marque la différence. Exemple : ces deux clients sont très différents.	« différend » signifie « conflit », « opposition ». Exemple : j'ai un différend avec mon manager.
« du » et « dû »	« du » est la contraction de « de le ». Exemple : je veux du travail.	« dû » vient du verbe « devoir ». C'est ce que l'on doit à quelqu'un. Exemples : je viens réclamer mon dû ; le montant restant dû.
« votre » et « vôtre »	« votre » remplace « ton » ou « ta » lorsque l'on vouvoie l'interlocuteur. Exemple : votre bureau ; votre fonction/ton bureau ; ta fonction.	« vôtre » désigne ce qui est à l'interlocuteur que l'on vouvoie. Il est toujours précédé de « le », « les » ou « la ». Dans une phrase, on ne peut pas le remplacer par « ton » ou « ta ». Exemple : nous allons recontacter mon client et le vôtre/~~nous allons recontacter mon client et le ton~~.
« diagnostic » et « diagnostique »	« diagnostic » est le nom. Exemple : faire un diagnostic.	« diagnostique » peut être la forme conjuguée du verbe « diagnostiquer ». Exemple : ce consultant diagnostique nos dysfonctionnements. « diagnostique » peut aussi être l'adjectif. Exemples : un test diagnostique ; une évaluation diagnostique.
« repère » et « repaire »	Un repère est ce qui permet de se repérer.	Un repaire est l'antre dans laquelle on vit caché : le repaire des pirates, le repaire du dragon...
« quand » et « quant »	« Quand » exprime la correspondance entre deux moments. Exemple : J'irai travailler quand je serai prêt.	« Quant » s'utilise dans l'expression « quant à » qui veut dire « en ce qui concerne ». Exemple : Quant au patron, il fera ce qu'il veut.

Faites attention aux mots et expressions pièges

Écrivez bien…	La faute classique consistant à…
Président-directeur général	Mettre des majuscules partout ou un second trait d'union.
P-DG	Mettre des traits d'union partout ou oublier des points.
Quiz	Rajouter un second « z ».
Les lundis, les mardis, tous les mercredis…	Oublier le « s » du pluriel. Les noms de jours ne sont pas invariables, ils s'accordent. Par ailleurs, on ne met pas de majuscule aux noms de jours.
Chiffre d'affaires	Oublier le « s » final.
Savoir gré, je vous en saurais gré, nous vous saurions gré	Remplacer le verbe « savoir » par le verbe « être » ou mettre un « s » à « gré ».
M. (pour monsieur)	Écrire « Mr », qui est l'abréviation de « Mister ».

Maniez le pluriel avec justesse

« Le pluriel s'emploie à partir de 2 », vous a-t-on rabâché depuis votre enfance. Cela veut dire que tous les nombres entre 1 et 2 sont singuliers. Par exemple :

✓ 1,5 litre d'eau (pas de « s » à « litre ») ;
✓ 1,99 million de dollars (pas de « s » à « million », même si cela fait déjà beaucoup d'argent).

Méfiez-vous des conjugaisons

Conjuguez correctement les verbes en « é », « er » ou « ez »

Écrire « é » à la fin d'un verbe à la place de « er » ou de « ez » ou inversement sont des fautes très classiques. Quand vous entendez le son « é » à la fin d'un verbe et que vous ne savez pas comment l'écrire, remplacez ce verbe par un autre qui se termine par « re » comme « faire » ou « prendre ».

→ Si le remplacement donne « faire » ou « prendre », écrivez « er ». Exemple : « Il faut sécuriser », car on peut dire « il faut prendre » ou « il faut faire ».
→ Si le remplacement donne « fait » ou « pris », écrivez « é ». Exemple : « L'argent encaissé », car on peut dire « l'argent pris ».

→ Si le remplacement donne « faites » ou « prenez », écrivez « ez ». Exemple : « Sécurisez l'argent encaissé », car on peut dire « prenez l'argent encaissé ».

Ne confondez pas « ai » et « ais »

« Ai » est la marque du futur (demain, je recontacterai tous mes clients), alors que « ais » est celle du conditionnel (si j'avais un fichier clients, je passerais des appels). Pour ne pas confondre, changez la phrase pour qu'elle commence par « il » :

→ Si vous entendez le son « a », écrivez « ai ».
→ Si vous entendez le son « é (écrit ait) », écrivez « ais ».

Exemple

« Demain, je recontacterai tous mes clients » donne *« Demain, il recontactera tous ses clients ».*
« Si j'avais un fichier client, je passerais des appels » donne *« S'il avait un fichier client, il passerait des appels ».*

Accordez correctement les participes passés

Les règles grammaticales relatives aux participes passés étant très complexes, je vous propose, pour une fois, d'apprendre par cœur plutôt que de chercher à comprendre. Voici six phrases qui correspondent aux principaux cas rencontrés. Retenez-les et calquez vos propres phrases sur le modèle le plus proche.

➜ Phrase n° 1 : Ma nièce a été prise en stage. Verbe « être » donc on accorde.

➜ Phrase n° 2 : L'usine que nous avons ouverte. « Usine » placée avant « avoir » donc on accorde.

➜ Phrase n° 3 : Les secrétaires se sont prises dans les bras l'une de l'autre. Elles ont pris qui ? Elles, donc on accorde.

➜ Phrase n° 4 : Les patrons se sont parlé au téléphone. Ils ont parlé quoi ? Impossible de répondre, donc on n'accorde pas.

➜ Phrase n° 5 : Les filiales que j'ai vues fermer. J'ai vu quoi ? Les filiales. Les filiales ferment-elles ? Oui, donc on accorde.

➜ Phrase n° 6 : Les machines que j'ai fait acquérir. J'ai fait acquérir quoi ? Les machines. Les machines acquièrent-elles ? Non, donc on n'accorde pas.

Respectez les principales règles de typographie

➜ Placez une espace après les signes simples de ponctuation (« , », « . » et « … »).

➜ Placez une espace avant et une autre après les signes de ponctuation doubles (« : », « ; », « ? », « ! »).

➜ Placez une espace à l'extérieur des parenthèses et des crochets, mais pas à l'intérieur.

➜ Laissez une espace entre le nombre et l'unité (exemples : « 12 centimètres », « 27 % », « 200 € »).

➜ Séparez les milliers par une espace (exemple : « 250 000 »), sauf pour les années, les codes postaux et les numéros de page.

➜ Ne coupez pas un nombre en fin de ligne, ne rejetez pas un signe de ponctuation en début de ligne. Pour éviter cela, utilisez une espace insécable (« Ctrl » + « maj » + espace sous PC).

➜ Accentuez les majuscules (contrairement à une idée reçue), y compris en début de phrase, dans les titres et au début des noms propres.

Éliminez les fautes d'inattention par une relecture sérieuse

Le plus difficile lors des relectures est d'être attentif aux mots sans considérer le sens. En effet, si vous vous laissez porter par le texte, vous perdrez l'attention nécessaire pour débusquer les fautes. Le plus simple est de relire le texte, phrase par phrase, en commençant par la fin. Ainsi, il sera difficile de suivre le texte et vous pourrez vous focaliser sur l'orthographe et la grammaire.

Attention, l'utilisation d'un correcteur d'orthographe ne dispense pas d'une bonne relecture. Gardez en mémoire que l'ordinateur souligne les mots qui n'existent pas, mais pas ceux qui, mal orthographiés, s'écrivent comme d'autres. Si vous écrivez « çà » au lieu de « ça » (voir plus haut), pour le logiciel, c'est correct !

En résumé

N'accordez pas une confiance aveugle à votre correcteur d'orthographe et pratiquez toujours une relecture attentive, surtout des textes courts comme les e-mails.

Méfiez-vous des mots et des conjugaisons qui s'écrivent différemment, mais se prononcent de la même manière.

Apprenez par cœur les six phrases types qui faciliteront l'accord de vos participes passés.

Respectez les règles de typographie pour éliminer des fautes courantes.

Fiches reliées

Fiche n° 46 : « Comment apprendre la frappe rapide ? »
Fiche n° 48 : « Comment rédiger un rapport ou un dossier attractif ? »
Fiche n° 50 : « Quelles sont les règles de présentation d'une lettre ? »
Fiche n° 51 : « Comment m'assurer que mes e-mails seront bien lus et pris en compte ? »

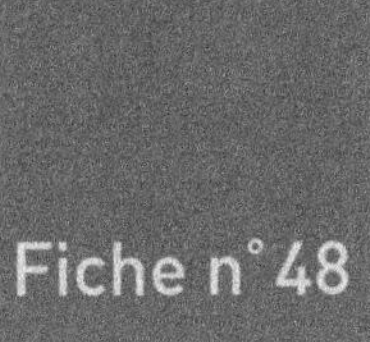

Comment rédiger un rapport ou un dossier attractif ?

Cette question se pose quand :

✓ vous devez rédiger et éditer un document important par la taille ;

✓ vous êtes attendu aussi bien sur le fond que sur la forme.

4. Surmontez les pièges de l'édition		**1. Commencez par écrire le plan**
	Comment rédiger un rapport ou un dossier attractif ?	
3. Soignez votre mise en pages		**2. Rédigez le corps du texte**

Un document de qualité se repère à son plan, sa rédaction et sa forme. Sachez impressionner dans tous ces domaines.

Commencez par écrire le plan

Le plan est la structure de votre édifice. Sans plan il n'aura pas de cohésion ni de tenue et le lecteur ne saura pas où vous voulez en venir.

Identifiez le besoin ou la question à laquelle le plan répond

Pour écrire votre plan, il faut commencer par identifier l'objectif de votre rapport ou de votre dossier. Quelle est la question à laquelle on vous demande de répondre ? Quelle est l'information que vous devez apporter ? Que veut lire le commanditaire du document ? Écrire cette question « noir sur blanc » vous aidera à identifier la problématique à laquelle vous devez répondre.

Exemple

Vous travaillez dans une entreprise de distribution informatique implantée en France, en Espagne et en Suisse. On vous demande de faire une étude de marché de la distribution informatique en Italie. En fait, vos patrons souhaitent savoir s'ils peuvent s'implanter en Italie avec des chances de succès, c'est-à-dire de rentabilité. La question qui se pose alors est la suivante : les conditions de la distribution informatique en Italie nous permettent-elles de nous y implanter rentablement ?

Parole de pro

Catherine Duval, consultante en organisation et conduite du changement : « *Lorsque l'on vous demande un rapport, validez bien, avec la personne qui vous en passe commande, l'étendue exacte de ce qu'elle attend de vous : une synthèse de quelques pages ou un rapport complet de plus de cent pages ? De même, faites-lui exprimer clairement quelle est l'échéance et surtout le temps qu'elle attend que vous y passiez. Cela vous évitera de travailler trop pour rien ou, au contraire, de passer pour un feignant.* »

Quelles sont les principales idées ?

À présent, listez toutes les idées, tous les raisonnements de tous les faits, calculs et données nécessaires pour répondre à la question posée.

> ### Exemple
>
> Dans notre exemple, il s'agirait du résultat de votre étude de marché :
> - description des principaux acteurs ;
> - comparaisons offre/demande ;
> - chiffres clés ;
> - les réseaux d'approvisionnement, etc.

Quelle réponse allez-vous apporter à la question posée ?

Une fois que vous avez la question et les idées, plus rien ne vous empêche de répondre de manière argumentée. Votre réponse doit être claire et tranchée pour que votre rapport présente un intérêt.

> ### Exemple
>
> *« Oui, les conditions de marché en Italie sont propices à ce que notre entreprise s'y implante. »*

Comment ces idées s'enchaînent-elles ?

L'enchaînement des idées doit conduire logiquement de la situation de départ à la situation ciblée. Organisez vos idées de sorte à construire une histoire cohérente qui amène le lecteur à la même conclusion que vous.

Vous le voyez, enchaîner logiquement les idées demande de faire très attention aux mots de liaison que vous allez employer : « et », « mais », « or », « toutefois », « de même », « de plus », etc.

> ### Exemple
>
> Idée n° 1 : Il n'y a qu'un seul acteur de taille comparable à la nôtre en Italie.
> Idée n° 2 : Cependant, on y trouve beaucoup plus de petits acteurs que dans les autres pays où nous sommes déjà implantés.
> Idée n° 3 : En tout cas, la demande en Italie est en forte croissance et les entreprises présentes sur ce marché sont en bonne santé financière.
> Idées n° 4, 5, 6, etc.

Si vous ne savez pas quel plan choisir, vous pouvez penser à un plan :
- chronologique (les idées s'enchaînent dans leur ordre d'apparition dans le temps) ;
- thèse/antithèse/synthèse (on commence par défendre une idée, puis on défend l'idée inverse, enfin on fait la part des choses entre les deux voies pour arriver à une solution) ;
- déductif (on part d'une règle générale et on déduit une application concrète dans un cas précis) ;
- inductif (on part d'un cas précis et on remonte à la règle générale).

Rédigez l'introduction en premier

Une fois que le plan est clair pour vous, rédigez votre introduction. Elle constitue le point de départ de votre raisonnement. De plus, une bonne introduction met le document sur de bons rails. Dans votre introduction, vous devez identifier la question à laquelle vous répondez et rappeler le contexte dans lequel elle se pose. Vous devez aussi annoncer votre plan, c'est-à-dire l'enchaînement des idées que vous avez prévu de développer. Pour être efficace et permettre de rentrer rapidement dans le vif du sujet, l'introduction doit être courte. Les messages doivent être particulièrement clairs pour rassurer votre lecteur sur votre capacité à ne pas l'embrouiller.

Les trois piliers de l'introduction

Rédigez la conclusion

Dès lors que vous avez votre point de départ, vous pouvez rédiger la fin, le point d'arrivée. Votre conclusion doit répondre très clairement à la question posée, en reprenant l'énoncé de la question et les principales étapes du raisonnement.

Soignez vos titres

Un titre doit annoncer ce que contient le chapitre ou le paragraphe suivant et donner envie de le lire, à l'instar d'un slogan ou d'une publicité. Un titre trop neutre qui se borne à annoncer de quoi on va parler sans dévoiler le contenu n'aura pas le même impact.

Pour rédiger vos titres, mettez-vous à la place d'un rédacteur en chef de journal. Vos titres doivent être explicites et vendeurs. Remplacez «Politique intérieure» par «Le scandale du financement des partis!». Attention toutefois à ce que vos titres ne soient pas trop longs. Cette méthode allonge considérablement leur phrasé, qui doit rester dans des limites raisonnables. Exceptionnellement, un titre peut s'écrire sur

deux lignes, jamais plus. Dans ce cas, faites bien attention à l'endroit où vous faites votre césure. Idéalement, chaque ligne doit rester cohérente.

Exemple

«Comment rédiger
un rapport attractif ?»
est préférable à :
«Comment rédiger un rapport
attractif ?»

Rédigez le corps du texte

Adoptez un style efficace

Simplifiez, simplifiez et simplifiez encore

Le style «business» en vigueur dans la plupart des écrits d'entreprise est clair, concis, direct et compréhensible. Ne faites pas trop de fioritures et écrivez de manière à être compris et non pour montrer votre grande culture ou l'étendue de votre vocabulaire. N'utilisez des termes techniques que si vous êtes certain qu'ils seront compris de tous vos lecteurs. En particulier, méfiez-vous des abréviations, sigles et acronymes.

Méfiez-vous des phrases trop longues

Un style efficace suppose des phrases courtes avec une structure simple et facile à comprendre. Dans le même esprit, faites un usage intensif des virgules qui donnent des respirations et structurent votre propos. Limitez-vous à une idée par paragraphe pour éclaircir l'enchaînement de vos idées.

Titre trop neutre	Titre attractif
Évolution du chiffre d'affaires	Un chiffre d'affaires en progression de 20 % depuis trois ans
Opportunités à l'étranger	La conquête des pays d'Asie
Aspects sociaux	Des difficultés sociales surmontées

Définition : acronyme et sigle

Un acronyme est un sigle que l'on peut prononcer comme un mot : par exemple, « DAF »,
pour « Directeur Administratif et Financier ». Mais « DRH », pour « Directeur des Ressources
Humaines », ne peut se prononcer comme un mot ; on prononce chacune des lettres. C'est donc
un sigle.

Évitez les répétitions

Même si votre sujet est technique, la répétition de certains mots alourdit toujours le style. Utilisez toute la richesse de la langue française pour varier votre vocabulaire et trouver des mots et expressions de substitution.

Autorisez-vous les listes à puces et les énumérations

Elles allègent le propos et rendent vos idées très lisibles.

Exemple

Remplacez « L'efficacité au bureau passe par la capacité à s'organiser. L'amélioration de la communication est aussi importante, de même que l'adoption de comportements professionnels en toutes circonstances. La capacité à gérer son stress et à maintenir son niveau d'énergie est à prendre en compte. Enfin, on peut citer la possibilité de susciter des opportunités d'évolution et d'en profiter » par :
« Les cinq facteurs clés de succès de l'efficacité au bureau sont :
- la capacité à s'organiser ;
- l'amélioration de la communication ;
- l'adoption de comportements professionnels en toutes circonstances ;
- la capacité à gérer son stress et à maintenir son niveau d'énergie ;
- la possibilité de susciter des opportunités d'évolution et d'en profiter. »
Cette formulation met beaucoup mieux en valeur le cœur de votre écrit, qui est la liste de facteurs clés de succès.

Illustrez avec des schémas et des graphiques

Pour vos rapports et dossiers, un petit dessin vaut également mieux qu'un grand discours. Voyez toujours comment vous pouvez remplacer du texte par un schéma explicatif ou une illustration. Quatre catégories peuvent être utilisées. D'une manière générale, placez vos illustrations graphiques à gauche de la page et le texte à droite. En effet, c'est l'hémisphère droit du cerveau qui traite les images et le gauche qui traite le texte. Or l'œil droit est relié à l'hémisphère gauche, et inversement.

Les photos

Si les photos sont des atouts majeurs d'une belle mise en page, elles recèlent également trois grands pièges.
- Lorsque vous en utilisez plusieurs, prenez garde à ce qu'elles aient toutes le même format. Pas question de mélanger dans le même document des photos en portrait et d'autres en paysage, des photos couleurs et d'autres noir et blanc, etc.
- Internet est une source quasi infinie d'images et de photographies. Toutefois, sachez que la plupart de celles que vous irez y glaner ne sont pas libres de droits d'auteur. La facilité d'accès à ces clichés par un simple copier-coller ne doit pas masquer le cadre juridique strict dans lequel vous vous inscrivez.
- Insérer des photos dans un document l'alourdit considérablement, en termes de mégaoctets nécessaires pour le stocker. Choisissez des photos suffisamment légères (en basse résolution et de petite taille) pour que votre document puisse être envoyé par e-mail si tel est sa destination.

Définition : «clipart»

Un «clipart» est un dessin, un symbole, un pictogramme, facile d'emploi, permettant d'illustrer des documents.

Les dessins

Les dessins, illustrations et autres «cliparts» sont aussi une bonne manière de faire passer certains messages. Là encore, Internet s'avère une source féconde mais dangereuse au regard des droits d'auteur. La plupart des logiciels de création graphique (Word et PowerPoint en tête, pour ne citer que ceux que l'on trouve habituellement sur un ordinateur de bureau), vous offrent tous une bibliothèque de «cliparts» que vous pouvez utiliser à votre guise.

Exemple

Vous ne pouvez pas utiliser dans un même document ces trois illustrations de styles graphiques tout à fait différents :

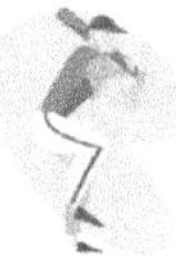  

Mais vous pouvez utiliser ces quatre illustrations du même style graphique :

Le principal piège de l'utilisation des «cliparts» se révèle être le manque de cohérence. En effet, les illustrations que l'on peut trouver sur Internet ou dans les logiciels n'ont pas toutes été réalisées par le même dessinateur. Il en résulte qu'elles ont des styles différents, ce qui se voit. Si vous mélangez dans un même document des «cliparts» différents, cela donnera un effet patchwork peu heureux.

Les schémas

Pour représenter une idée complexe, mieux vaut parfois un petit schéma qu'un long texte. Pour créer vos schémas, utilisez Word ou PowerPoint, qui proposent chacun une bibliothèque de forme et d'effets graphiques tout à fait adaptés.

Le plus difficile est de bien choisir les formes en fonction de ce que l'on souhaite représenter. En effet, le choix des éléments de base ne repose pas uniquement sur des critères esthétiques, mais surtout sur ce qui va faciliter la compréhension des lecteurs. Le tableau suivant donne les principales adéquations entre l'idée à représenter et les formes possibles.

Les graphiques

Les graphiques servent à représenter des données chiffrées. Créez-les sur Excel puis importez-les dans votre document en utilisant la fonction «copier/coller». Les dernières versions de PowerPoint et de Word font directement l'interface avec Excel. PowerPoint permet même de réaliser en deux clics des graphiques plus beaux qu'avec Word. Là encore, le choix du type de graphique dépend de ce que vous voulez représenter. Le tableau suivant indique les correspondances.

Concept à représenter	Éléments graphiques à utiliser
Pour dresser une liste d'éléments et de sous-éléments, faire apparaitre des points clés, utilisez des cadres et des listes à puce.	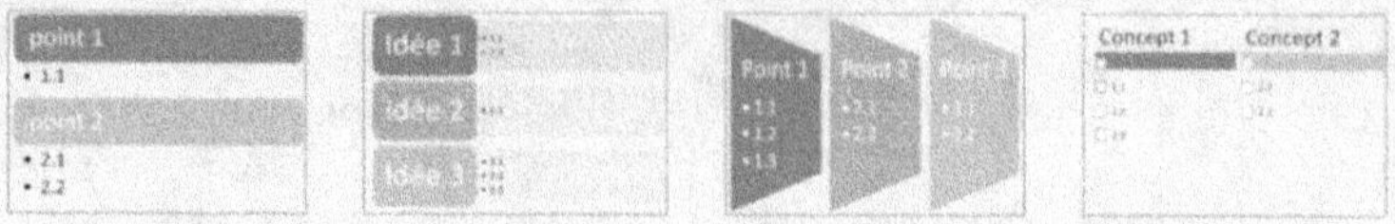
Pour montrer un processus ou un déplacement, utilisez les flèches.	
Pour hiérarchiser des éléments, montrer leur importance relative, distinguer un élément saillant parmi d'autres, utilisez organigrammes et pyramides.	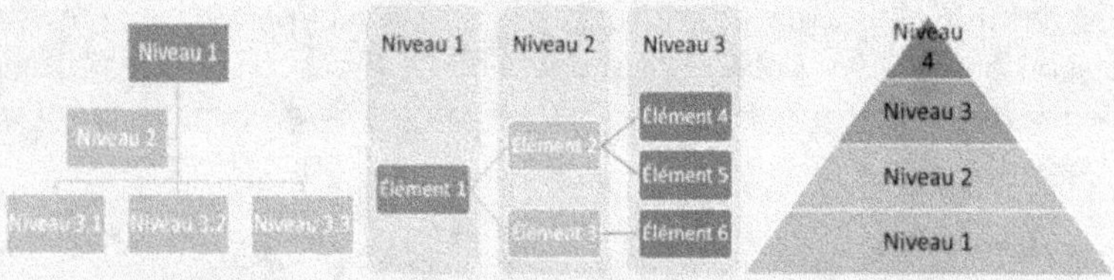
Pour montrer la relation entre plusieurs éléments, utilisez des cadres reliés entre eux.	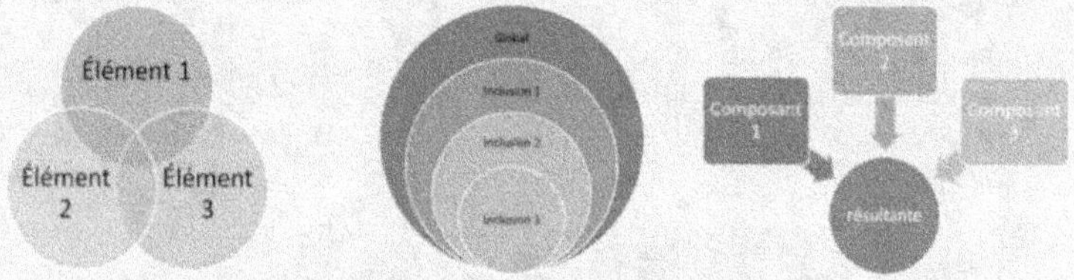
Pour montrer le positionnement des éléments les uns par rapport aux autres, utilisez des matrices.	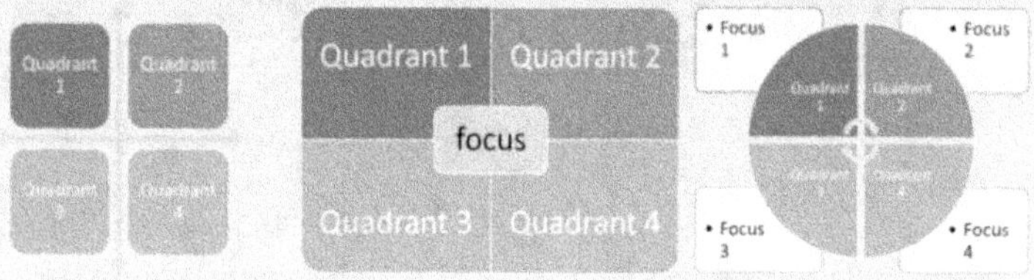

Données à représenter	Type de graphique à utiliser
Pour représenter l'importance relative de plusieurs éléments, utilisez un histogramme.	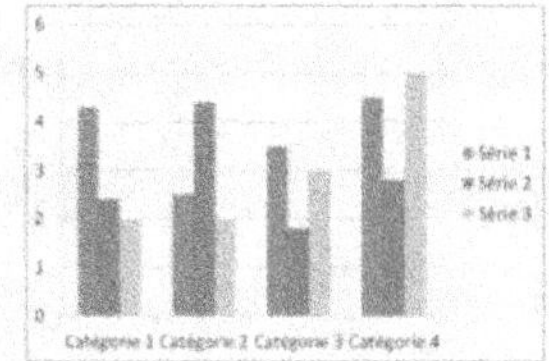 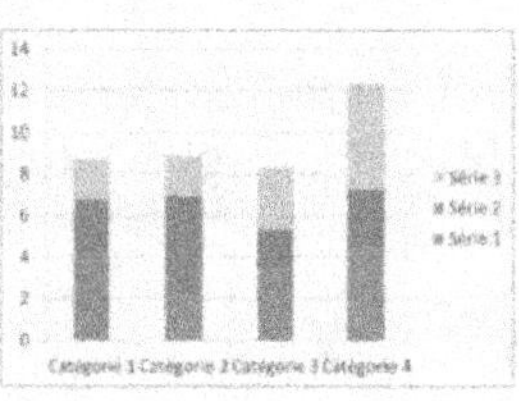
Pour représenter l'évolution d'une donnée dans le temps, utilisez une courbe.	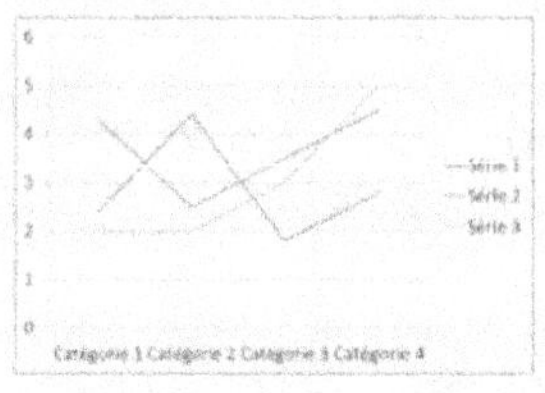 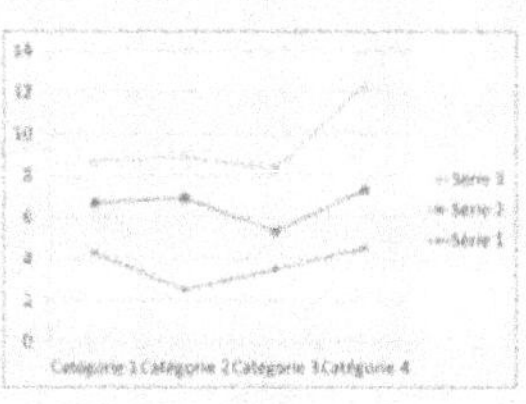
Pour montrer comment plusieurs éléments se répartissent au sein d'un ensemble, utilisez un camembert.	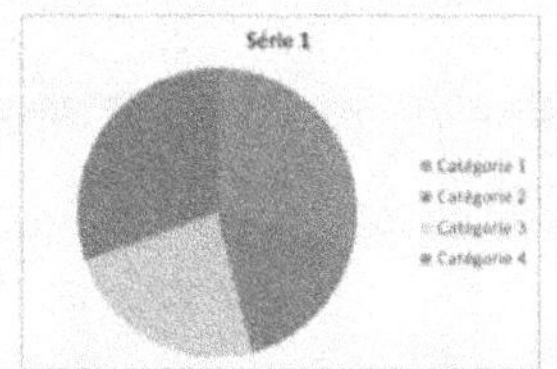 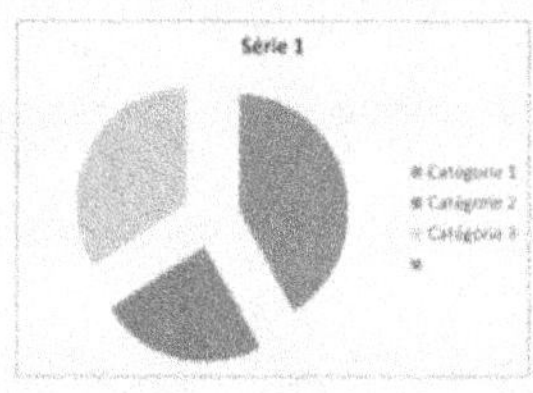
Pour montrer la répartition de plusieurs éléments qui évoluent dans le temps, utilisez les aires.	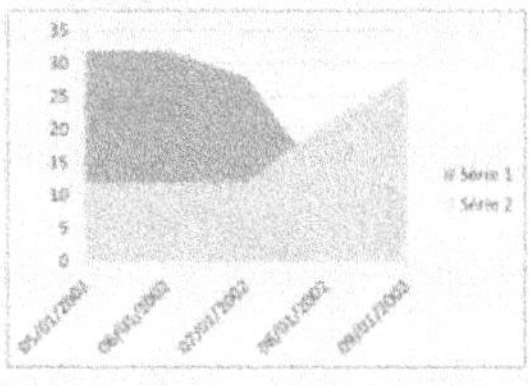 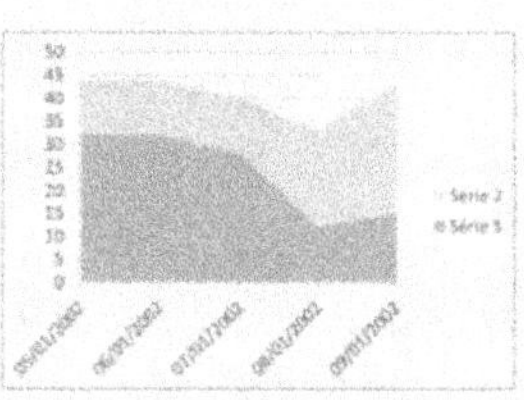
Pour montrer comment les éléments se situent les uns par rapport aux autres, utilisez les nuages de points.	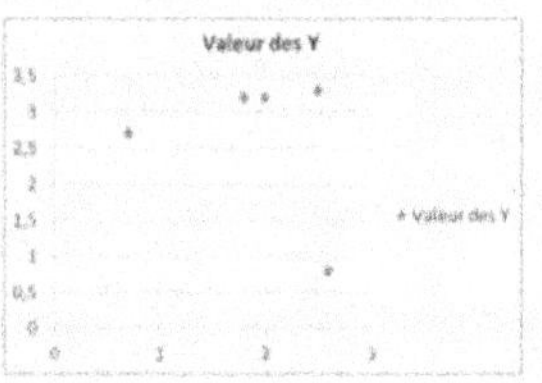 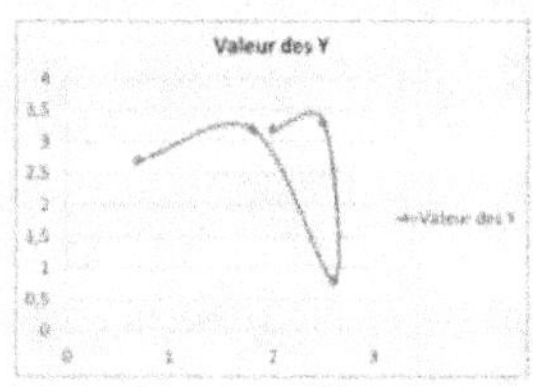
Pour montrer l'importance relative de plusieurs éléments indépendants, utilisez les radars.	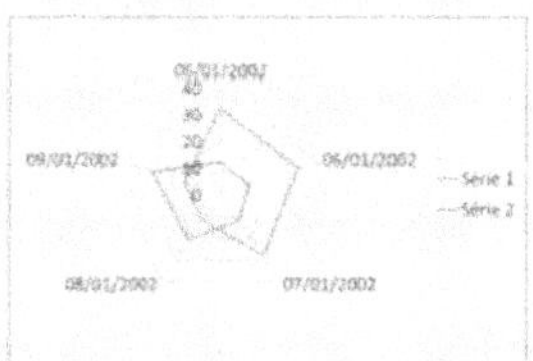 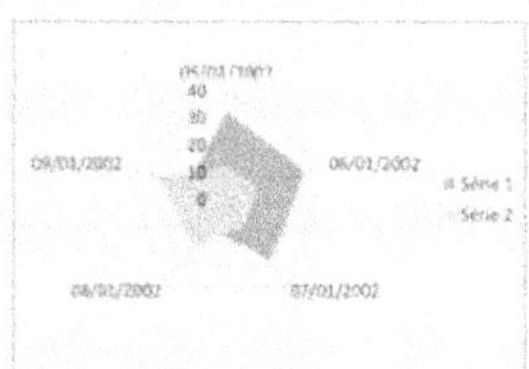

Soignez l'orthographe et la typographie

L'orthographe constitue un élément essentiel sur lequel votre travail sera jugé. Relisez-vous et, idéalement, faites-vous relire par quelqu'un. Pour en savoir plus sur ce sujet, voir la fiche n° 47.

Soignez votre mise en pages

Structurez la page dans son ensemble

Le premier choix en termes de mise en pages est l'orientation de la feuille. Vous avez le choix entre l'orientation verticale, ou encore «format portrait», ou horizontale, appelée aussi «format paysage».

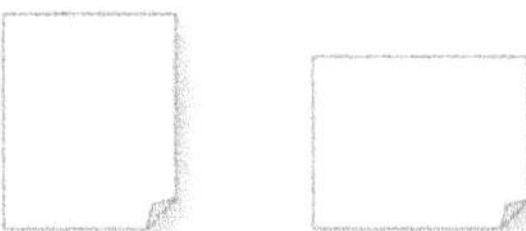

Format portrait Format paysage

La taille de la page est en général A4 (21 cm x 29,7 cm) pour pouvoir être imprimée et archivée facilement. Exceptionnellement, on peut utiliser des formats plus grands comme le A3 (deux fois plus grand). Les formats A2 jusqu'à A0 ne sont pas utilisés pour les rapports, mais pour des affiches ou des posters.

À cette étape de la mise en page, pensez bien à régler la taille des marges. Word propose des marges assez larges et l'on peut avoir intérêt, pour des raisons esthétiques ou de contenu, à les réduire. Enfin, définissez le contenu de l'en-tête et du pied de page. Faites-les toujours figurer sur un rapport ou un dossier. En effet, cela fait très «pro» et apporte des informations précieuses. Pour ma part, je place en en-tête le nom complet du document, voire le nom du fichier avec le numéro de version, ainsi que la date. Le pied de page est réservé au nom de l'auteur du document et au numéro de page indiqué sous la forme «page X sur Y» ou plus simplement «X/Y», Y étant le nombre total de pages du document.

Créez une feuille de styles

Cette étape essentielle de la mise en pages reste méconnue. Il s'agit de la création d'une feuille de styles. Cette fonctionnalité permet de définir les différentes façons d'écrire dans le document. Le style «normal» décrit le texte tapé en paragraphes. Vous pouvez aussi définir un style «titre de partie», un autre «titre de chapitre», etc. Chaque style est décrit par les éléments suivants :
- ✓ police utilisée et taille ;
- ✓ couleur de police ;
- ✓ gras, souligné, italique, ombré, etc. ;
- ✓ espacement avant et après, etc.

À chaque fois que vous taperez un titre, il suffira de cliquer sur le style «titre de partie» ou «titre de chapitre» pour en définir le style. Ainsi, si vous voulez effectuer un changement — par exemple, vous souhaitez que vos titres de chapitres soient en gras, non pas soulignés —, il suffit de changer la composition du style et toutes les modifications du document se feront automatiquement. De même, pour définir une table des matières, Word repère automatiquement les titres de parties et de chapitres.

Pour la définition des styles et donc de la forme de ce que vous écrivez, voici les huit règles d'or :
- → Si votre entreprise dispose d'une charte graphique formalisée, conformez-vous-y.
- → Jamais plus de trois polices de caractères différentes dans un document (et il est même très fortement recommandé de se limiter à deux).
- → Jamais plus de trois tailles de police sur une même page (là encore, trois doit rester une exception).
- → Pas plus de deux couleurs de police différentes sur une même page.

Définition : **édition d'un document**

L'édition est la création physique du document. Dans l'univers du bureau, cela consiste principalement à l'imprimer et à le relier.

→ Restez sobre dans l'emploi des capitales, soulignés, gras, italiques, ombrés, effets 3D, encadrés, fonds colorés, paillettes et *tutti quanti*. En particulier, pour mettre un titre en valeur, le souligné **ou** le gras suffisent ; mettre les deux équivaudrait à mettre le doublage **et** les sous-titres.

→ Justifiez votre texte à gauche et à droite, pour faire plus net.

→ Si vous devez décaler du texte vers la droite, n'utilisez pas la barre d'espace pour introduire des blancs, mais la touche tabulation « ↻ ». Ainsi, vous pourrez aligner facilement plusieurs mots de lignes différentes, ce qui est impossible à faire proprement avec la barre espace.

→ Si vous devez décaler du texte vers le bas, n'utilisez pas la touche « entrée », mais la fonction « espacement après » dans la définition de votre style.

Surmontez les pièges de l'édition

L'impression

Quel papier ?

Avant même d'imprimer le document, un premier choix vous est demandé : celui du papier. Votre entreprise dispose certainement de différentes qualités :
✓ brouillon ;
✓ recyclé ;
✓ blanc usage interne ;
✓ blanc supérieur à usage externe ;
✓ papier à en-tête, etc.

Prenez le papier qui est destiné à l'usage que vous allez faire de votre document. De même, choisissez, grâce au gestionnaire d'impression, le type d'édition qui correspond à votre usage : « brouillon », « normale », « noir et blanc/dégradé de gris », « couleurs », etc.

Que faire quand « ça n'imprime pas » ?

Si vous rencontrez des difficultés à l'impression suivez la procédure suivante en deux étapes :

→ Allez dans le gestionnaire d'impression pour annuler les travaux en cours. Lorsque vous lancez une impression, une icône apparaît en bas à droite de votre écran. « Double-cliquez » dessus pour ouvrir la boîte de dialogue du gestionnaire.

→ Prenez de l'information directement sur l'imprimante. Si celle-ci dispose d'un écran, voyez ce qu'il indique :
✓ en chauffe ;
✓ problème de connexion ;
✓ bourrage papier ;
✓ plus d'encre/plus de toner ;
✓ plus de papier, etc.

La reliure

Parole de pro

Jean-Luc Kastner, responsable du développement, Stonfield : « *Pour faire des reliures qualitatives à moindre frais, imprimez vos documents sur du papier A3, que vous plierez en deux et agraferez au milieu. Vous obtiendrez un véritable livret facile à feuilleter. Le montage du document (agencement des pages) est un peu complexe, mais tous les logiciels d'imprimantes proposent de le faire automatiquement.* »

Quatre types de reliures sont fréquemment utilisés dans les entreprises :
✓ la spirale plastique (boudin) ;
✓ la spirale métal (plus chic et celle que je préfère) ;

✓ la réglette, facile d'emploi, mais rendant la lecture à plat mal aisée ;
✓ la colle des pages entre elles pour un rendu « livre ».

Renseignez-vous sur les possibilités offertes par votre entreprise (spirales et colles nécessitent des machines spécifiques et des consommables) et choisissez le type de reliure qui conviendra le mieux à votre document, son usage et surtout son lectorat.

Un autre critère à prendre en compte est l'usage qui sera fait du document. S'il est destiné à être conservé, lu et relu, optez pour une reliure solide et fiable dans le temps, même si le coût en est un peu plus élevé.

En résumé

L'identification de la problématique à traiter est le premier facteur clé de succès de la rédaction d'un document d'entreprise.
Le plan, l'introduction et la conclusion doivent raconter l'histoire qui part de la question pour arriver à une réponse claire.
Les titres doivent être expressifs et donner envie de lire le paragraphe qu'ils introduisent.
Utilisez un style direct, clair et concis pour faire gagner du temps de lecture et de compréhension à vos lecteurs.
Illustrez votre propos de nombreux éléments graphiques, soigneusement choisis ou construits.
Soignez l'orthographe, la mise en pages et l'édition pour que votre document soit irréprochable sur la forme.
Retenez que la forme doit toujours être au service du fond.

Fiches reliées

Fiche n° 47 : « Comment améliorer mon orthographe ? »
Fiche n° 49 : « Comment synthétiser un document ? »
Fiche n° 50 : « Quelles sont les règles de présentation d'une lettre ? »

Comment synthétiser un document ?

Cette question se pose quand vous devez faire un résumé ou une synthèse d'un long document.

4. Rédigez avec la plus grande neutralité	**Comment synthétiser un document ?**	**1. Prenez conscience de l'objectif du document**
3. Faites parler les chiffres		**2. Identifiez les idées principales**

Avoir l'esprit de synthèse est un atout important du bon professionnel au bureau.

Prenez conscience de l'objectif du document

Avant de rédiger une synthèse à proprement parler, il faut analyser l'objet du document, l'intention de l'auteur. Voici une liste d'objectifs que peut poursuivre un document :

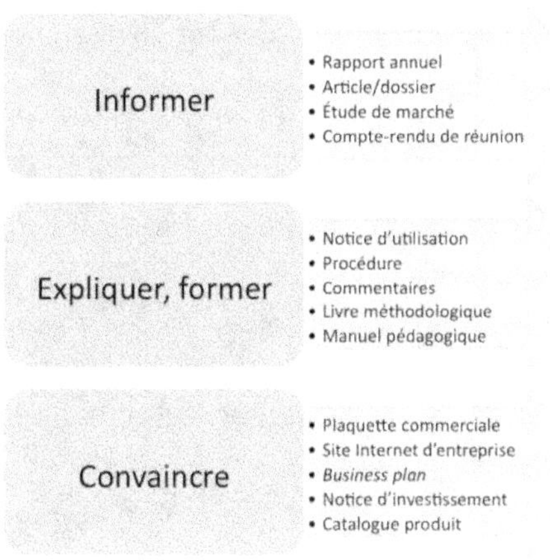

Les principaux objectifs d'un document

Une fois que vous avez identifié à quelle catégorie votre document appartient, vous pouvez en rédiger l'objectif principal :

→ Ce document explique que...
→ Ce document tente de convaincre le lecteur de...

Exemple

Le rapport annuel du groupe Lemieux-Lebond informe le lecteur de l'activité du groupe sur l'année dernière et présente les comptes.

Puis vous pouvez procéder à une spécification de l'objectif : de quoi cherche-t-on à nous informer, à nous convaincre, que cherche-t-on à nous expliquer ?

Exemple

Le rapport annuel du groupe Lemieux-Lebon informe le lecteur de l'activité du groupe l'année dernière :
▸ activité industrielle ;
▸ activité commerciale ;
▸ activité sociale ;
▸ mise en place d'une politique de développement durable.
Et présente des comptes bénéficiaires quoiqu'en net recul par rapport à ceux de l'année précédente.

Identifiez les idées principales

Ce qui différencie les idées principales des autres, c'est qu'elles contribuent directement à l'objectif de l'auteur. Les rechercher revient à se poser la question de savoir par quel moyen l'auteur cherche à informer, expliquer, convaincre.

Notez toutes les idées qui contribuent aux objectifs spécifiques que vous avez identifiés.

> ## Exemple
>
> Les bénéfices en net recul nous sont expliqués par :
> - de lourds investissements pour rénover deux usines au Danemark ;
> - la baisse des ventes en Italie due à l'arrivée d'un concurrent qui fait fabriquer en Chine, à bas coût.

Un point important de cette étape est de ne pas rater les enchaînements logiques. Les mots comme « et », « mais », « toutefois », « bien que », « de même », « de plus », et bien d'autres encore vous informent sur l'évolution du raisonnement de l'auteur.

Faites parler les chiffres

Synthétiser, ce n'est pas simplement résumer. Parfois, il faut formuler un avis à partir d'un tableau, d'un graphe, d'une citation... Dire que l'auteur présente un tableau de l'évolution du chiffre d'affaires sur dix ans ne revient pas à faire une synthèse. En revanche, dire comment ce chiffre d'affaires évolue (dans quel sens et en quelles proportions), relier cela aux causes évoquées par l'auteur dans le paragraphe précédent et aux conséquences qu'il présente pour l'avenir dans sa conclusion, cela, c'est faire une synthèse.

Rédigez avec la plus grande neutralité

Pour réaliser une synthèse efficace et selon la taille du document de départ :
→ Faites une phrase ou un paragraphe pour décrire le point de départ du document, qui est aussi le point de départ du raisonnement de l'auteur.
→ Faites une phrase pour chaque idée importante en respectant la règle de causalité : chaque idée doit être la cause de l'idée suivante et ainsi de suite jusqu'à arriver à la conclusion. Si une idée ne débouche par sur un chemin qui mène à la conclusion, ne l'inscrivez pas dans votre synthèse. Il s'agit d'une digression de l'auteur, peut-être très importante, mais qui n'a pas sa place dans une synthèse.
→ Listez ainsi toutes les idées jusqu'à la conclusion.

Restez neutre dans votre rédaction : ce n'est pas votre avis que l'on demande, mais simplement une exposition des idées et du raisonnement de l'auteur.

> ## En résumé
>
> Recherchez l'objectif du document. Où l'auteur a-t-il voulu nous emmener, quelle est son intention ?
> Identifiez les idées et les raisonnements qui contribuent directement à cet objectif.
> Rédigez avec neutralité.

> ## Fiches reliées
>
> Fiche n° 48 : « Comment rédiger un rapport ou un dossier attractif ? »

Quelles sont les règles de présentation d'une lettre ?

Cette question se pose quand vous devez écrire des lettres qui seront envoyées par courrier ou par e-mail.

4. L'envoi d'une lettre par e-mail	**Quelles sont les règles de présentation d'une lettre ?**	1. La mise en pages
3. Le papier et l'enveloppe		2. Les différentes zones de la lettre

L'Afnor a publié sous la référence NZ-11-001 la norme de disposition de la règle commerciale. En voici les principes.

La mise en pages

Les lettres s'écrivent sur des feuilles au format A4, en format « portrait », c'est-à-dire à la verticale. L'Afnor recommande une marge en haut de la feuille de 3,81 centimètres (attention à ne pas mettre 3,82 centimètres, ce qui serait décidément beaucoup trop !) et des marges de 2 centimètres à gauche et à droite.

Les différentes zones de la lettre

L'en-tête

Plutôt qu'en pied de page, c'est dans l'en-tête (à gauche) que l'on doit trouver, selon l'Afnor, les mentions légales que sont :
- ✓ la dénomination de l'entreprise ;
- ✓ la forme juridique ;
- ✓ le capital social ;
- ✓ l'adresse complète du siège social ;
- ✓ le numéro SIRET et le code NAF ;
- ✓ le numéro de téléphone.

On peut ajouter dans cette zone le logo de l'entreprise, l'adresse de son site Web, un numéro de fax, une adresse électronique de contact. Les coordonnées que l'on trouve ici sont générales et concernent l'entreprise ou l'établissement et non pas le correspondant.

L'adresse du destinataire

Elle doit être rigoureusement placée pour apparaître parfaitement dans les fenêtres des enveloppes qui en sont dotées. Placer le coin supérieur gauche de cette zone à cinq centimètres du haut de la feuille et à onze centimètres du bord gauche fonctionne parfaitement.

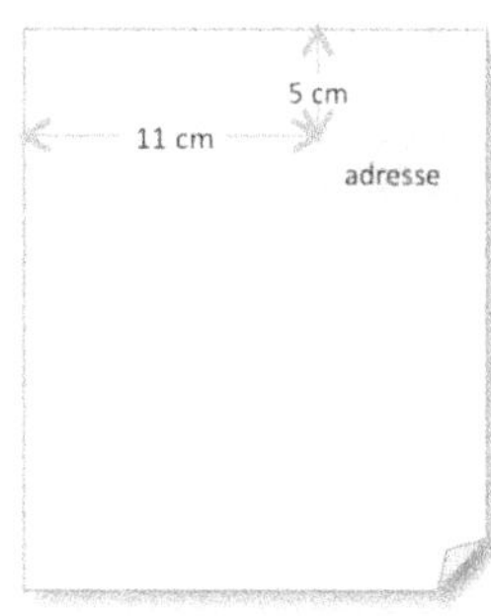

La zone idéale pour que l'adresse apparaisse bien dans la fenêtre de l'enveloppe

Le plus simple est de définir une zone de texte et de la placer au bon endroit de la page en utilisant la réglette de Word. Pour un traitement optimal de votre courrier, La Poste recommande d'écrire l'adresse du destinataire sur six lignes maximum, de trente-deux caractères au plus :

✓ ligne 1 : raison ou dénomination sociale ;
✓ ligne 2 : identité du destinataire ;
✓ ligne 3 : complément (résidence, bâtiment, immeuble, tour, entrée);
✓ ligne 4 : numéro et nom de la voie (rue, boulevard, impasse, place, etc.);
✓ ligne 5 : indications spéciales (B.P., TSA, etc.), commune si différente du bureau distributeur ;
✓ ligne 6 : code postal.

Le nom de la ville s'écrit toujours en majuscules.

La date et la ville de rédaction de la lettre

Ces deux mentions doivent être alignées sur l'adresse du destinataire, deux lignes plus bas. Écrivez d'abord le nom de la ville dans laquelle la lettre a été rédigée, puis séparée par une virgule ou à la ligne, la date du jour sous la forme (par exemple) « 30 juin 2011 », qui est la plus lisible.

Les références

L'Afnor préconise de situer la zone des références à gauche de la feuille, à la même hauteur que la ville et la date. Dans cette zone, vous devez faire figurer :
✓ la mention éventuelle « Lettre recommandée avec A. R. » (pour accusé de réception);
✓ les références du destinataire ;
✓ vos références ;
✓ l'objet de la lettre ;
✓ le nombre et la dénomination des pièces jointes.

La formule de civilité

La formule de civilité est toujours suivie d'une virgule. Utilisez « Cher » si vous connaissez votre interlocuteur depuis longtemps ou si vous entretenez des relations amicales. N'utilisez pas le nom de famille de votre interlocuteur, mais mentionnez son titre :
✓ « Monsieur, » (ou « Madame, »), ou ;
✓ « Cher Monsieur, » (« Chère Madame, »), ou ;
✓ « Cher Antoine, » (« Chère Antoinette, »), ou ;
✓ « Monsieur le Directeur, » (« Madame la Directrice, »).

Le corps de la lettre

Harmonisez la taille de vos paragraphes pour qu'ils ne comportent pas plus d'une ou deux idées (si elles sont étroitement liées) et ne soient ni trop longs, ni trop courts.

Si votre lettre fait plus d'une page, placez, dans le pied, le numéro de page ainsi que le nombre total de pages, sous la forme « 1 sur 2 ».

La formule de politesse

Quelle que soit la formule de civilité que vous avez employée (voir plus haut), vous devez la reprendre telle quelle dans votre formule de politesse.

Voici deux formules au choix assez neutres pour bien passer partout où vous les enverrez, quels que soient le sexe et le degré hiérarchique de votre correspondant :
➜ « Veuillez agréer, Monsieur/cher Monsieur/ Monsieur le Directeur, l'expression de mes salutations les meilleures. »
➜ « Veuillez agréer, Monsieur/cher Monsieur/ Monsieur le Directeur, l'expression de ma considération la meilleure. »

Les expressions « Cordialement », « Bien cordialement » ou « Très cordialement » sont à réserver aux personnes que vous connaissez depuis longtemps et avec qui vous entretenez de bonnes relations.

Votre signature

Votre signature doit être accompagnée de votre nom et du titre de votre poste. Laissez un espace libre équivalent à cinq ou six lignes sous la formule de politesse pour votre signature et mentionnez votre prénom et votre nom puis, dessous, votre titre.

Modèle lettre AFNOR

Le papier et l'enveloppe

Différentes gammes de papier existent ; il faut le choisir avec attention, car il contribue aussi à l'image de votre courrier et donc de votre entreprise. Prêtez particulièrement attention à sa blancheur et à sa tenue en main.

L'enveloppe est aussi à soigner pour les mêmes raisons.

Pour le courrier d'entreprise, privilégiez les enveloppes rectangulaires au format onze centimètres par vingt-deux centimètres dans lesquelles vous placerez vos feuilles pliées en trois.

L'envoi d'une lettre par e-mail

L'envoi d'une lettre par e-mail est devenu acceptable et cet usage tend même à se généraliser. Rédigez votre lettre comme vous le feriez pour un envoi par courrier à la seule exception de l'espace de la signature qui sera réduit (puisque vous ne pourrez pas la signer). Enregistrez votre lettre au format PDF et envoyez-la en tant que pièce jointe. Ne rédigez pas de lettre dans le corps de l'e-mail, car elle sera moins lisible une fois imprimée et plus difficile à archiver pour votre correspondant (et pour vous).

Astuce

Pour être sûr de plier votre lettre au bon endroit, servez-vous d'une enveloppe.

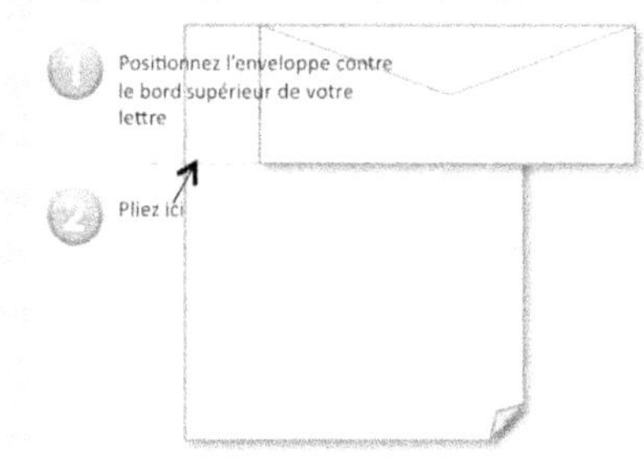

En résumé

La présentation du courrier d'entreprise est libre ; cependant, respecter certaines règles fixes permet de stabiliser votre pratique et d'éviter certaines erreurs. Des zones doivent être définies à l'avance pour chaque partie de la lettre. L'impression, le papier et l'enveloppe doivent être soignés, ils participent aussi de l'image de votre courrier.

Fiches reliées

Fiche n° 47 : « Comment améliorer mon orthographe ? »
Fiche n° 48 : « Comment rédiger un rapport ou un dossier attractif ? »

Comment m'assurer que mes e-mails seront bien lus et pris en compte ?

Cette question se pose quand :

✓ vous communiquez beaucoup par e-mail ;

✓ vous voulez améliorer l'impact de vos courriers électroniques.

5. Limitez le poids de vos pièces jointes	1. Choisissez avec soin vos destinataires
Comment m'assurer que mes e-mails seront bien lus et pris en compte ?	2. Rédigez un objet clair et pertinent
Réduisez le corps de 4. l'e-mail au strict minimum	Maniez les degrés d'urgence et 3. d'importance avec parcimonie

Au-delà du fond, quelques règles de forme permettent d'assurer un meilleur taux de lecture.

Choisissez avec soin vos destinataires

N'envoyez votre e-mail qu'aux personnes directement concernées par votre message. Ne mettez pas la moitié de votre entreprise en copie juste « Pour Info » ou pour vous couvrir au cas où. Si l'un de vos collègues ou supérieur reçoit cinq e-mails de votre part sans se sentir directement concerné, pourquoi voulez-vous qu'il ouvre et lise le sixième qui, lui, le concerne directement ?

Placez tous vos destinataires dans la case « A : » et ménagez les susceptibilités en commençant par les personnes plus hautes dans la hiérarchie, puis les femmes. Si vraiment, vous voulez informer une tierce personne qui n'est pas le destinataire direct du message, utilisez la case « copie », qui est notée « Cc : ». Limitez au maximum l'utilisation de cette case.

Si vous voulez envoyer un e-mail à quelqu'un sans que les autres destinataires le sachent, utilisez la case « Cci : ». Elle apparaît en cliquant sur « Cc ». Cette option doit rester exceptionnelle.

Rédigez un objet clair et pertinent

L'objet est le passe-partout de votre e-mail. S'il est attractif, votre destinataire voudra en savoir plus en lisant le message. Il doit être :

✓ en lien direct avec le message ;

✓ spécifique ;

✓ suffisamment court pour être lisible d'un coup.

Voici quelques exemples de bons et mauvais objets :

Mauvaise rédaction pour l'objet du message	Bonne rédaction pour l'objet du message
Message de Richard Bourrelly	Suite à notre entretien du 13 décembre dernier
Lettre	Projet de lettre pour M. Dulion
Rendez-vous	Proposition de rendez-vous pour le 13 mars
Réclamation	Réclamation client concernant le SY 245

Parole de pro

Michel Ventura, P-DG, Ventura Consultants : « *Je prends toujours le temps de rédiger un objet signifiant pour mes e-mails. En particulier, lorsque je réponds à un message pour parler d'autre chose à mon correspondant, si je ne modifie pas l'objet, ce dernier n'aura plus rien à voir avec le contenu. Mon conseil est donc de reprendre un nouveau message vierge pour chaque nouveau sujet, sans céder à la facilité d'appuyer sur le bouton "Répondre".* »
Élisabeth Muller, consultante, Qualihorg Hommes et Organisation au Service du Client : « *Lorsque j'écris un e-mail important, que je voudrais voir pris en compte ou passé sur le dessus de la pile de mon interlocuteur, j'en soigne l'objet comme un* teasing. *Il doit résumer la problématique abordée ou susciter l'intérêt du lecteur. Par exemple, "Objet : comment récupérer 1 000 euros par an par Business Unit en modifiant notre politique d'achat ?" est bien plus percutant qu' "Objet : Politique d'achat 2011".* »

Maniez les degrés d'urgence et d'importance avec parcimonie

Si tous vos e-mails sont marqués comme « urgents » ou « importants », comment fera votre interlocuteur pour savoir quand c'est vraiment le cas ? Réservez ces mentions pour les cas où elles sont vraiment justifiées. C'est votre crédibilité et celle de vos e-mails qui est en jeu.

Faites de même avec les accusés de réception et de lecture. Réservez-les aux cas où vous avez vraiment un doute :

→ Vous avez des problèmes de messagerie, vous ne savez pas si vos interlocuteurs reçoivent vos messages.
→ Vous ne savez pas si votre interlocuteur est au bureau ou en déplacement ou en congés.
→ Vous soupçonnez votre interlocuteur de ne jamais ouvrir vos e-mails...

Réduisez le corps de l'e-mail

Limitez-vous à un thème par e-mail. En effet, si vous traitez plus d'un sujet, comment votre interlocuteur pourra-t-il archiver ce message ? De même, si sa réflexion est occupée à traiter la première information, ne risque-t-il pas de passer à côté de la seconde qui n'a rien à voir ?

Parole de pro

Michel Ventura, P-DG, Ventura Consultants : « *Lorsque j'ai un long message à faire passer à mon interlocuteur, plutôt que d'écrire un long e-mail, j'enregistre un message audio que j'envoie en tant que pièce jointe. C'est rapide et tout aussi archivable qu'un e-mail. Dans le même ordre d'idée, avant d'envoyer un e-mail, je me pose toujours la question de savoir si mon interlocuteur et moi ne gagnerions pas du temps à nous appeler. En effet, il est parfois bien plus facile et rapide de s'entendre directement par téléphone que de devoir échanger une longue suite de messages écrits.* »

Du point de vue de la forme, il est tout à fait acceptable dans un e-mail de ne pas faire de longs développements, voire de procéder par listes à puces. L'important, avant le style, c'est que le message soit tout à fait clair et concis. Toutefois, si votre e-mail répond à un long message, une rédaction trop concise et sèche risque de heurter votre interlocuteur, qui y verra un manque de considération. Si vous pensez que lire un long message est une perte de temps réfléchissez : vous perdez toujours moins de temps à lire un message, même long, que votre interlocuteur n'en a pris pour l'écrire.

Les fautes d'orthographe sont inadmissibles dans le monde du travail ainsi que le langage SMS. Relisez-vous systématiquement et très précautionneusement avant d'envoyer votre e-mail.

De même, ne négligez pas les formules de salutations et de politesse. La courtoisie est la moindre des choses dans l'univers de l'entreprise.

Parole de pro

Sébastien Piffeteau, magistrat : «*Lorsque j'envoie un e-mail demandant à quelqu'un de faire quelque chose pour moi, je prends toujours le temps de l'en remercier par avance en fin de texte. En effet, ce petit mot gentil adoucit l'autorité qui peut être perçue durement par écrit, surtout si l'on n'y prend pas garde.*»

Limitez le poids de vos pièces jointes

Un e-mail lourd ne comporte que des inconvénients :
➜ Il est long à télécharger et bloque les autres e-mails en attente derrière.
➜ Il nécessite beaucoup de mémoire de la part des serveurs Internet par lesquels il transite et donc consomme beaucoup d'électricité.
➜ Il prend de la place dans la mémoire de l'ordinateur de votre correspondant.

Lorsque vous avez une pièce jointe lourde à envoyer :
➜ Limitez le nombre de destinataires.
➜ Trouvez le format le plus adapté (un fichier au format PDF est souvent moins lourd qu'une image par exemple).
➜ Utilisez un logiciel de compression pour réduire l'espace occupé par ce fichier, dans la mémoire.

En résumé

Ne surchargez pas vos interlocuteurs d'e-mails, ne surchargez pas vos e-mails de sujets, de texte ni de pièces jointes. Veillez à assurer toujours une forme polie et à respecter l'orthographe.

Fiches reliées

Fiche n° 37 : «Comment laisser un message téléphonique et prendre un message pour quelqu'un d'autre ?»
Fiche n° 47 : «Comment améliorer mon orthographe ?»

Partie III

Adopter un comportement professionnel

Connaître les codes, se faire apprécier, se rendre indispensable

Chapitre 1

Être « pro » envers vos collègues

Qu'est-ce qu'être « pro » aujourd'hui ?

Fiche n° 52

Cette question se pose quand :

✓ votre entreprise valorise le professionnalisme ;
✓ on vous reproche votre manque de professionnalisme ;
✓ vous faites vos premiers pas dans le monde de l'entreprise ;
✓ vous démarrez un nouveau poste ;
✓ vous réfléchissez au sens de votre action ;
✓ vous cherchez à développer votre employabilité.

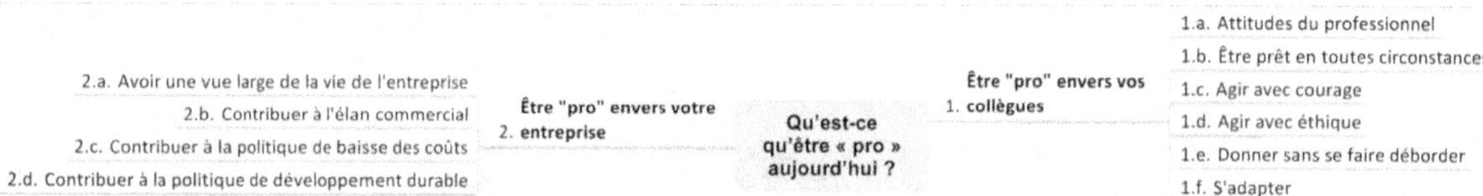

Les comportements attendus du bon professionnel sont nombreux et difficiles à acquérir.
Par ailleurs, il vous faudra aussi prendre conscience de ce que votre environnement de travail particulier attend de vous.

Plus large que votre contrat de travail, vous avez un contrat, tacite, avec votre environnement de travail. Savez-vous exactement de quelles obligations réciproques il se compose ? Avez-vous déjà pris quelques minutes pour y réfléchir, pour les formaliser ? Afin de vous aider dans cette tâche, je vous propose de remplir le tableau ci-dessous qui s'inspire de celui que Philippe de Ladebat a décrit dans son manuel de formation « Pros ».

Analysez les trois premières lignes pour écrire la dernière. Demandez-vous si ce que l'on attend de vous est conforme à ce que vous voulez faire. Êtes-vous assez exigeant avec votre environnement ? Vous donne-t-il les moyens de vos ambitions professionnelles ? Le contrat tacite entre votre environnement de travail et vous est-il le bon terreau pour développer le professionnel que vous êtes ? Que faut-il changer ? Comment ?

	L'entreprise	Mes supérieurs	Mes collègues	Mes subordonnés
Ce qu'ils attendent de moi				
Ce que j'attends d'eux				
Ce que je voudrais changer dans mes relations avec eux				
Mon plan d'action vis-à-vis d'eux				

Le contrat entre votre environnement de travail et vous

Astuce

Rendez-vous sur www.bourrelly.org, rubrique « publications », pour télécharger gratuitement ce tableau prêt à l'emploi.

Parole de pro

Stéphanie Brouard, responsable du département management et efficacité professionnelle, Groupe EFE : « *Voici mes dix clés pour m'assurer d'être considérée comme une bonne professionnelle au quotidien :*

- *Cela va de soi, mais une hygiène irréprochable et une tenue vestimentaire adéquate sont la première chose perçue de vous. Au travail, l'habit fait le moine.*
- *Adopter la même courtoisie envers toutes les personnes de l'entreprise : du personnel de ménage au directeur. Il en est de même avec les clients, quelle que soit leur attitude.*
- *Doser sa sociabilité au sein de l'entreprise : échanger régulièrement autour d'un café pour entretenir son réseau informel, sans « prendre racine » dans l'espace détente ni entretenir des commérages stériles.*
- *Laisser ce qui est de l'ordre de la sphère privée à l'extérieur du bureau. Gérer ponctuellement les choses personnelles au travail est acceptable, mais cela doit rester très court et exceptionnel.*
- *Maîtriser son domaine de compétences, se tenir au fait et à jour des évolutions.*
- *Être fier des produits ou services de son entreprise et ne pas les dénigrer devant des clients.*
- *Être fiable, c'est-à-dire arriver à l'heure, faire son travail, tenir ses engagements, rendre son travail dans les délais promis, ne pas arriver à une réunion ou à une présentation sans l'avoir préparée, tenir ses promesses.*
- *Être honnête en ne s'octroyant pas la paternité du travail ou d'une idée d'un collègue ou d'un collaborateur.*
- *Ne pas faire attendre inutilement et de façon systématique.*
- *Dire ce que l'on va faire et le faire, mais aussi ne pas soutenir une chose et faire exactement le contraire.* »

En résumé

Être « pro » suppose de développer de nombreux comportements envers vos collègues et votre entreprise.
Pour développer vos compétences correctement, vous devez bien connaître le contrat tacite entre votre environnement de travail et vous, et être capable de le faire évoluer.

Fiches reliées

Toutes les fiches de la partie III.

Quelles sont les attitudes du professionnel ?

Cette question se pose quand :

✓ votre entreprise est très à cheval sur la notion de professionnalisme ;

✓ vous voulez sortir du lot pour progresser.

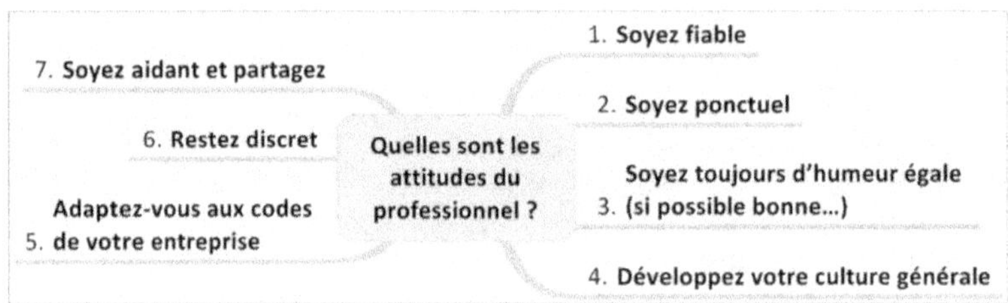

Être « pro » ce n'est pas simplement une question de résultat, c'est aussi une question d'attitude. Cela se voit, cela se sent. Voici l'inventaire des attitudes qui marqueront votre entourage professionnel et vous feront identifier comme « pro ».

Soyez fiable

La première caractéristique à laquelle on reconnaît un « pro » est sa fiabilité. Son entourage sait ce qu'il peut attendre de lui et il n'est jamais déçu du résultat. Pour développer votre fiabilité, suivez les quelques règles ci-dessous :

➜ Informez en permanence votre entourage de ce que vous pouvez faire et de ce que vous voulez faire.

➜ Informez en permanence votre entourage de ce que vous ne pouvez pas faire et de ce que vous ne voulez pas faire.

➜ Dites ce que vous faites et faites ce que vous dites.

➜ Soignez la qualité (fond et forme) de toutes vos communications, de vos documents, rapports et e-mails, etc.

➜ Demandez toujours du feed-back sur votre travail, vos comportements. N'ayez pas l'air d'aller à la pêche aux compliments, mais soyez attentifs à ce que l'on pense de vous et de votre travail. Soyez prêt à vous remettre en question.

Soyez ponctuel

Un « pro » arrive toujours un peu en avance à ses rendez-vous et les quitte à l'heure. Donnez vraiment l'habitude à votre entourage de votre ponctualité. Vos interlocuteurs vous feront moins attendre et valoriseront cette image.

Soyez toujours d'humeur égale (si possible bonne…)

Le professionnel n'est pas une machine, mais il ne laisse pas non plus ses problèmes personnels ou professionnels influer sur la qualité de son travail ou de son relationnel avec son environnement. À la question « *Comment ça va ?* » arborez toujours un large sourire et répondez que vous allez très bien, quel que soit votre état d'esprit du moment. Faites de cette bonne humeur constante votre marque de fabrique. Un grand sourire et un mot gentil auront un impact positif sur vos collègues et ils vous en sauront gré. Votre image n'en sera que meilleure.

Vous pouvez aussi utiliser un trait d'humour de temps en temps pour égayer la journée d'un de vos collègues. Quelques points d'attention sont à souligner à ce propos :

→ Cela doit rester exceptionnel : ne devenez pas le bouffon du service.
→ Évitez absolument toutes les blagues racistes, sexistes ou à caractère religieux et d'une manière générale toutes celles qui ont un objet vexatoire pour une catégorie de personnes (blondes, handicapés, patrons, etc.). Pratiquez plutôt l'autodérision et adaptez-vous systématiquement à votre interlocuteur.
→ Ne faites jamais deux fois la même blague ou le même trait d'humour ; tôt ou tard, vous vous répéterez auprès de la même personne qui vous regardera alors d'un air navré. Laissez plutôt les autres répéter vos blagues et les valoriser.

Parole de pro

Sandy Boulley, directeur d'hypermarché, Auchan : *« J'essaie toujours d'avoir un mot gentil pour mes collaborateurs. Par exemple, je note, à chaque fois que j'en ai connaissance, leur date d'anniversaire dans mon agenda. Ainsi, je peux discrètement leur formuler un joyeux anniversaire au détour d'un couloir ou à la machine à café. »*

Développez votre culture générale

On attend d'un bon «pro» qu'il puisse parler d'autre chose que de son travail. On peut vouloir lui présenter des personnes importantes de l'entreprise, des clients, des partenaires, etc. Dans ce but :

→ Intéressez-vous à l'actualité (nationale et internationale, politique, sociale, culturelle, sportive, etc.).
→ Lisez la presse (au moins sur Internet, et c'est gratuit) un petit peu tous les jours (quinze minutes suffisent pour se tenir informé).
→ Tenez-vous au courant de l'actualité littéraire et cinématographique. Lisez les critiques ou écoutez-les à la radio pour pouvoir parler des livres que vous n'avez pas lus et des films que vous n'avez pas vus.
→ Tenez-vous informé de l'actualité théâtrale et des expositions de votre région.
→ Révisez vos connaissances de l'histoire et de la géographie. Il est facile de trouver en librairie ou sur Internet des fiches synthétiques très bien faites.

Si vous avez un hobby, une passion, sachez en parler avec intérêt sans toutefois ne parler que de cela. Mettez-vous à la place d'un interlocuteur qui n'y connaît rien et évitez de l'écraser sous le poids de vos connaissances du sujet. Faites de cette passion un point de séduction et non d'arrogance.

Adaptez-vous aux codes de votre entreprise

Adoptez le bon code vestimentaire tout en respectant votre style

Dans bien des entreprises il existe un code, c'est-à-dire une façon appropriée de s'habiller. Il inclut les vêtements, mais aussi le maquillage, les bijoux, les piercings, la coiffure, les tatouages apparents... Ce code n'est pas écrit, mais résulte des habitudes et des attentes des salariés de l'entreprise. Des plus formelles (costume + cravate ou tailleur) aux plus libres (chacun s'habille comme il veut), tout un éventail pourrait être décrit.

Voici les points à observer, qui vous donneront une bonne idée du code vestimentaire en vigueur :

Hommes	Femmes
•Le port de la veste est-il systématique ? •Le port de la cravate est-il systématique ? •Tout le monde porte-t-il une chemise ? Quelles sont les autres options (polo, tee shirt ?) •Les jeans sont-ils tolérés, si oui de quelle couleur ? •Certaines couleurs sont-elles plus utilisées pour les chemises, les costumes, les cravates ? •Des vêtements de marque sont-ils de rigueur ? •Quel est le degré de tolérance pour les bijoux (chaînes, boucles d'oreille, piercings, tatouages, etc.) ? •Comment s'habille votre patron le plus proche ?	•Le port du tailleur est-il systématique ? •Quel type de chaussures portent les femmes de l'entreprise ? •Certaines couleurs sont-elles plus appréciées, certaines sont-elles à éviter ? •Comment se maquillent-elles ? •Comment se coiffent-elles ? •Quel est le degré de tolérance pour les bijoux, les tatouages et les piercings ? •Comment s'habille votre supérieure hiérarchique la plus proche ?

Toute l'astuce du bon professionnel consiste à adopter le code vestimentaire en vigueur dans son entreprise pour ne pas faire d'impairs ni être mis à l'écart, tout en apportant la touche personnelle qui le distingue. De même que vous voulez vous faire remarquer par votre esprit et votre travail, il vous faut marquer les esprits par un «look» conforme aux habitudes, mais un peu différent et facilement identifiable. À vous de trouver la petite touche qui change tout, le «détail qui tue» pour affirmer votre style dans le respect du code vestimentaire imposé.

Adoptez le bon code relationnel

Tutoiement, vouvoiement, poignée de main, bises, humour, «vannes», sorties entre collègues, discussions sur la vie privée, etc., sont autant de règles qu'il vous faut connaître et respecter, même s'ils viennent en contradiction avec vos propres habitudes ou attentes. Ne pas se fondre dans ces moules risquerait de vous faire passer pour quelqu'un de différent, de bizarre, de pas intégré, «qui s'la pète», etc., et nuirait à votre image de «pro».

Pour savoir quels comportements éviter, le plus simple est de jouer la carte de la probabilité. N'adoptez un comportement un peu saillant que lorsque vous êtes sûr qu'il ne peut heurter personne.

Restez discret

La discrétion est évidemment l'une des qualités que l'on attend du bon professionnel. Elle se montre dans sa capacité à :

✓ ne pas dévoiler les secrets et les informations stratégiques de son entreprise à l'extérieur ;
✓ ne pas faire état de ce qu'il sait et qui pourrait nuire à un collègue ;
✓ ne pas dévoiler ce qui lui a été dit au détour d'une conversation informelle.

Soyez conscient de vos obligations

Mon premier conseil est de relire attentivement les paragraphes de votre contrat de travail et du règlement intérieur qui concernent le devoir de discrétion, le devoir de réserve et l'obligation de loyauté envers l'entreprise et l'employeur.

Demandez-vous quelles seraient les conséquences de vos révélations

Avant de divulguer une information, demandez-vous toujours qui pourrait en pâtir et dans quelle mesure. Voyez large et soyez créatif, cela vous évitera d'avoir la mauvaise surprise de recevoir un appel de quelqu'un que vous ne connaissez pas et qui vous en veut d'avoir trop parlé.

Parole de pro

Tiffany Juge, assistante export et marketing : « *Le décryptage du "vous/tu" est important au début. Cependant, je tutoie toute personne qui me tutoie, idem pour le vouvoiement. Cela signifie que personne ne me tutoie si je dois vouvoyer cette personne. Je ne considère pas le tutoiement comme un manque de respect (puisque je tutoie mes parents et que je les respecte), mais je refuse cette inégalité de position (chef/employé = vous/tu). Comme je suis souvent la plus jeune, certains ont tendance à me tutoyer alors qu'ils vouvoient d'autres collègues : je les tutoie en retour.* »

Marie Laborda, responsable des compétences : « *Pour être "pro", il faut toujours se mettre à la place de l'autre : de celui qui est destinataire d'une note, d'un compte-rendu, de celui à qui s'adresse votre message, de celui qui se trouve en difficulté, de celui à qui vous demandez un travail... Comment cet autre entend-il votre message ? Êtes-vous clair ? Qu'attendez-vous de lui ? Ces questions simples sont un moyen efficace pour adapter votre propre comportement et atteindre l'objectif fixé en adaptant les moyens, pour comprendre aussi qu'il faut vous remettre en cause si votre travail ne produit pas l'effet escompté. Par exemple, une note de quatre pages a peu de chance d'être lue par un manager. Avez-vous été à l'essentiel ? Quel était votre message ?* »

En résumé

Autant que les résultats, l'attitude compte pour vous faire identifier comme « pro ». Fiabilité, ponctualité, bonne humeur, culture et adaptation aux codes renforceront votre image.
La discrétion est toujours de mise chez les « pros ».

Méfiez-vous des interlocuteurs extérieurs

Certaines personnes, externes à votre entreprise, sont passées maîtresses dans l'art de faire parler et d'obtenir des confidences, tout simplement parce qu'elles y ont un intérêt. Voici une « liste » non exhaustive de ces personnes dont vous devez vous méfier en premier chef :

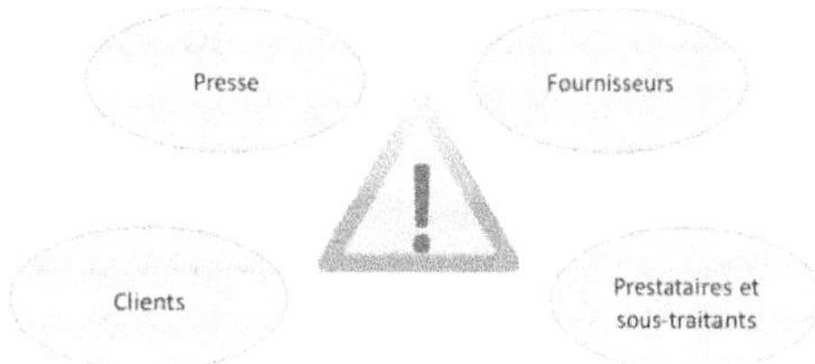

Les interlocuteurs auprès de qui il vaut mieux être discret

Soyez aidant et partagez

Les années 2000 ont définitivement sonné le glas de l'individualisme. Aujourd'hui, les réussites et les victoires se mesurent collectivement. C'est pourquoi on attend aussi d'un bon professionnel sa capacité à se montrer un coéquipier attentionné. Aidez vos collègues, prodiguez vos conseils, soyez à l'écoute des difficultés d'autrui. Partagez largement vos connaissances, vos méthodes et vos outils, par exemple en organisant des ateliers d'échange ou en animant un blog sur l'Intranet de votre entreprise.

Fiches reliées

Fiche n° 9 : « Est-il souhaitable de faire plusieurs choses en même temps ? »
Fiche n° 58 : « Comment adapter mon relationnel à mes différents interlocuteurs ? »
Fiche n° 59 : « Comment adapter mon relationnel aux différents moments de la vie de l'entreprise ? »

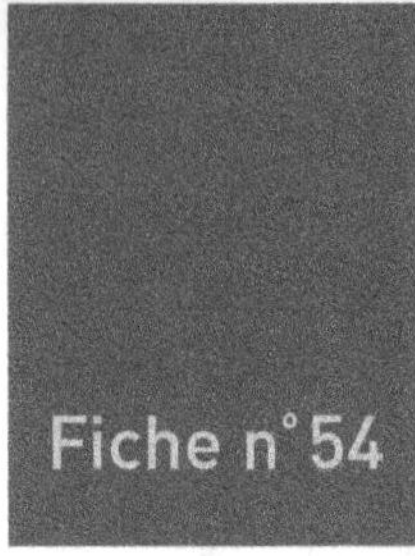

Comment être prêt en toutes circonstances ?

Cette question se pose quand :

✓ votre entreprise et votre travail vous imposent d'être réactif ;

✓ vous travaillez en collaboration avec des collègues ;

✓ vous devez assister à des réunions ou des entretiens, formels ou informels.

2. **Préparez vos dossiers**	**Comment être prêt en toutes circonstances ?**	**Préparez les entretiens et les réunions** 1. auxquels vous êtes invités

La préparation est l'arme principale du bon professionnel. C'est elle qui vous évite d'être pris au dépourvu ou de dire des âneries. Au contraire, renvoyer l'image de quelqu'un de toujours préparé vous servira dans tous les aspects de votre vie au bureau.

Préparez les entretiens et les réunions

Avant tout entretien ou réunion, passez en revue la check-list suivante :

Check-list pour un entretien ou une réunion

▸ Quel est le contexte ?

▸ Pourquoi m'a-t-on demandé de venir ?

▸ Quelles sont les informations que j'ai besoin de connaître pour me préparer ? Où les trouver ?

▸ Quel est l'objectif de la personne qui m'a convoqué ?

▸ Quelles questions va-t-il me poser ? Ai-je les réponses ? Où les trouver ?

▸ Quels sont mes objectifs ?

▸ Quelles sont mes forces et mes faiblesses pour atteindre mes objectifs ?

▸ Que dois-je dire et faire pour atteindre mes objectifs ? Quelles questions poser ?

▸ Quelle attitude attend-on de moi ?

▸ Quels sont les dossiers, les informations, les documents que je dois apporter ?

Parole de pro

Virginie Seguela, directrice France, Nars :
« *Pour être "pro" en toutes circonstances, rien ne vaut la préparation : préparer - préparer et encore préparer. Cela signifie bien connaître ses dossiers, mais également anticiper les questions, les remarques et les problématiques de vos interlocuteurs.* »
Alain Hubrecht, directeur d'entreprises :
« *Je consacre au moins dix minutes par jour à réfléchir vraiment profondément.* »

Gardez toujours en mémoire que la préparation vous permettra d'assister sereinement à votre réunion et de mieux atteindre vos objectifs. De plus, il est toujours plus agréable et efficace de travailler avec quelqu'un de préparé. Vos interlocuteurs s'en rendront vite compte et vous leur deviendrez plus rapidement indispensable.

Préparez vos dossiers

Connaître les dossiers sur lesquels vous travaillez, c'est connaître **plus** que ces dossiers. Ne vous contentez pas de savoir ce dont vous avez directement besoin, intéressez-vous aussi à la périphérie :

→ D'où ce dossier vient-il ? En quoi est-il lié aux objectifs stratégiques de l'entreprise ?
→ Quelles sont les implications de ce dossier pour les autres services ?
→ À part moi, qui intervient dessus ? Parlons-nous de ce dossier de manière transverse ?
→ Quels sont les autres dossiers de l'entreprise, en lien direct avec mon dossier ? Qu'est-ce que je connais à son propos ?

Ayez à jour une liste des tâches en cours et des échéances, ainsi que des questions et des points à résoudre.

Parole de pro

Tiffany Juge, assistante export et marketing : « *J'ai des fiches (longues et détaillées à l'excès) qui expliquent en quoi consiste mon travail : utilisation d'un logiciel, procédure lorsqu'une commande arrive, etc. Tout est détaillé en étapes successives. Cela sert à mes collègues quand je suis absente. Cela me sert aussi personnellement pour les manipulations que je fais rarement : je prends note une fois et je ne redemande plus (ce qui évite aussi les erreurs à l'avenir, normales lorsqu'il s'agit d'une manipulation peu souvent effectuée).* »

En résumé

La préparation, c'est 80 % de votre succès professionnel.
Utilisez la check-list pour préparer vos entretiens et réunions.
Pour préparer vos dossiers, sortez du cadre et renseignez-vous sur la périphérie du dossier.

Fiches reliées

Fiche n° 55 : « Comment agir avec courage ? »
Fiche n° 62 : « Comment avoir une vue plus large de la vie de mon entreprise ? »

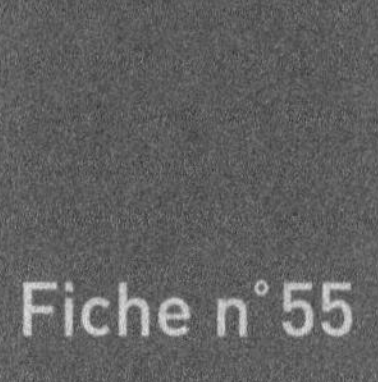

Comment agir avec courage ?

Cette question se pose quand :

✓ vous devez prendre des décisions difficiles ;

✓ vous devez affronter des changements importants ;

✓ vous devez faire face à de mauvaises nouvelles ;

✓ vous vous trouvez face à une difficulté professionnelle que vous n'arrivez pas à résoudre.

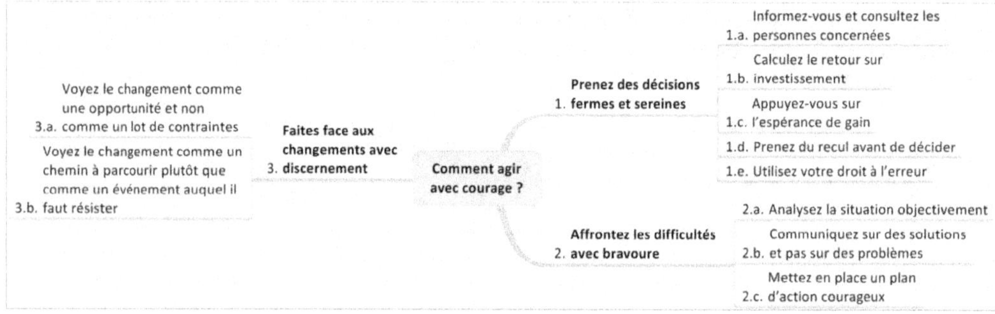

Trois types de situations nécessitent du courage au bureau :
- prendre une décision difficile ;
- faire face à un changement ;
- affronter une difficulté professionnelle.
Pour chacune, agir avec courage c'est avancer, c'est décider d'avoir une influence sur l'environnement professionnel et ne pas se positionner en simple réaction à ce qui se passe. Mais attention, courage ne signifie pas inconscience, avancer n'est pas synonyme de tâtonner à l'aveugle.

Prenez des décisions fermes et sereines

La prise de décision est un élément clé du professionnalisme. Cela demande du courage, mais il est plus facile de décider lorsque cela se fait en toute sérénité. Trois approches permettent de rationaliser la prise de décision.

Informez-vous et consultez les personnes concernées

Avant de prendre toute décision complexe, il convient de vous informer au mieux. Relisez votre dossier et vos notes. Consultez les personnes concernées et recherchez les tenants et les aboutissants. Pour vous aider, appuyez-vous sur la grille suivante.

Astuce

Rendez-vous sur www. bourrelly. org, rubrique «publications», pour télécharger gratuitement la grille suivante prête à l'emploi.

Interlocuteur (ou groupe d'interlocuteur)	Quel bénéfice attend-il de ma décision ?	Sur quels critères va-t-il mesurer ce bénéfice concrètement ?	Quelle est sa situation initiale ?	Quel est son désir de changement ?

Grille de questionnement préalable à une prise de décision

Calculez le retour sur investissement

Lorsqu'une décision est difficile à prendre, c'est souvent parce qu'elle génère un coût. Qu'il soit financier ou humain, ce coût ne se justifie que si la décision prise permet de générer des bénéfices (financiers ou humains) plus grands, ou d'éviter un coût encore plus important. Une bonne décision est une décision qui rapporte plus qu'elle ne coûte ; on dit alors qu'elle présente un retour sur investissement positif.

Pour que la notion de retour sur investissement vous soit utile, voici comment la manier :
→ Décrivez les différents scénarios auxquels peut conduire votre décision.
→ Pour chaque scénario, mesurez tous les gains, toutes les conséquences positives.
→ Retranchez tous les coûts et les conséquences négatives.
→ Prenez la décision qui mène au scénario le plus rentable.
→ Si besoin, calculez le retour sur investissement en pourcentage, en divisant le gain net (gain - coûts - investissement initial) par l'investissement initial.

Cette méthode offre l'avantage de montrer clairement les bénéfices liés à chaque solution. C'est une aide à la décision mais c'est aussi une aide sur la manière dont vous pouvez communiquer sur vos choix. Parfois, expliquer ses choix est aussi important que faire les bons choix.

Pour plus de clarté, reportez-vous à l'exemple de la page 222.

Appuyez-vous sur l'espérance de gain

Un autre appui à la décision est le calcul de l'espérance de gain. Il est particulièrement utile lorsque l'on doit prendre une décision dans un univers incertain ou qui risque de changer. Il s'agit en fait de mettre en perspective les gains potentiels que vous pouvez réaliser suite à votre décision par la probabilité que ces gains se réalisent vraiment. Allez-vous jouer à pile ou face si je vous propose de gagner 1 euro à chaque fois que pile tombe et de me donner 2 euros si face tombe ? Certainement pas !

En effet, votre espérance de gain est de 0,5 (probabilité que le côté pile tombe) multiplié par 1 euro (gain potentiel) : 0,5 x 1 = 0,50 euro. Alors que votre espérance de perte est de 0,5 (probabilité de faire face) · votre perte si le côté face tombe (2 euros) : 0,5 x 2 = 1 euro. Votre espérance de gain total est de 0,5 – 1 = - 0,50 euro, soit une perte nette moyenne de 50 centimes à chaque fois que l'on lance la pièce. Cela ne signifie pas que vous perdez à chaque coup, ni que vous n'aurez pas de chance, mais cela veut dire qu'en moyenne, sur un grand nombre de lancers (loi des grands nombres) vous perdrez 0,50 euro fois le nombre de lancers.

Exemple

Votre service sous-traite l'emballage de marchandises à expédier, soit vingt mille colis par mois, et le sous-traitant vous facture 0,15 euro par colis. Cela vous coûte 3 000 euros par mois. On vous demande d'envisager d'internaliser cette activité pour réduire les coûts.

Scénario 1 : on ne change rien.

Scénario 2 : on embauche une personne à temps plein.

Scénario 3 : on prend des stagiaires pour faire le travail.

▸ Une personne à temps plein peut faire les vingt mille colis par mois seule (cent colis par jour environ). Toutefois, elle devra être remplacée lors de ses congés, arrêts maladie, périodes de formation, grèves, empêchements personnels, etc., alors que le prestataire extérieur a l'obligation de remplacer son salarié sans coût supplémentaire lorsque celui-ci est indisponible. Le salaire d'une personne qualifiée pour ce genre de tâche est de 1300 euros nets. Le coût pour l'entreprise charges salariales et patronales comprises est donc de 2 600 euros par mois.

▸ Un stagiaire, conformément à la politique de votre entreprise, coûte 750 euros par mois, charges incluses. Compte tenu du manque de formation, du fort taux de rotation et de la motivation moyenne des stagiaires pour ce genre de tâches, vous estimez que le nombre de colis moyen qu'un stagiaire peut traiter est de quarante colis par jour environ. Il faut donc deux stagiaires et demi pour faire le travail, soit un coût de 2,5 x 750 = 1875 euros par mois.

À ce total s'ajoutent les frais de recrutement des stagiaires (se renseigner auprès des écoles, faire passer des entretiens, signer les conventions de stage, suivre les rapports de stage, assister aux soutenances, etc.) que vous évaluez à 300 euros par mois et par stagiaire soit 2,5 x 300 = 750 euros supplémentaires, soit 2 625 euros en tout.

Le tableau suivant recense les coûts associés à chaque scénario.

Scénario	Coût mensuel	Risques associés
1 : sous-traitance	3 000 €	Aucun.
2 : embauche	2 600 €	Indisponibilité du salarié pendant ses congés, maladie et autres périodes de l'année (risque certain).
3 : stagiaires	2 625 €	Difficultés à trouver des stagiaires à certaines périodes de l'année, démotivation et baisse de l'efficacité, risque sur le contentement du client final (risques forts).

▸ Dans ces hypothèses, le retour sur investissement du passage de la solution 1 à la solution 2 serait de 400 euros (3 000 2 600) et celui du passage du scénario 1 au scénario 3 serait de 375 euros (3 000 – 2 675).

Ces gains, très faibles, ne permettent pas de couvrir les risques associés qui coûteront au final bien plus cher. La bonne décision à prendre, de manière courageuse et sereine, est de ne rien changer et de conserver le prestataire.

Exemple

Le commercial qui a vendu la ligne de montage de votre usine vous propose un contrat de maintenance préventive. Ce contrat coûte 1 000 euros par mois et empêchera la machine de tomber en panne.

Aujourd'hui, la machine tombe en panne en moyenne une fois par an. Lorsque cela arrive, il faut vingt-quatre heures pour la réparer ; vous livrez vos clients avec vingt-quatre heures de retard et ceux-ci vous pénalisent à hauteur de 20 000 euros en tout. Chaque mois, la probabilité pour que cela se produise est d'une fois tous les douze mois, soit $1/12 = 8{,}3\%$.

Le tableau suivant compare les espérances de perte des deux scénarios.

Scénario	Espérance de perte chaque mois
1 : on ne touche à rien	$8{,}3\% \times 20\,000\ € = 1\,660\ €$
2 : on prend le contrat de maintenance	$1\,000\ €$

Le contrat de maintenance est donc moins cher que le risque de voir la machine tomber en panne. La décision la mieux adaptée est donc d'accepter l'offre du commercial.

Calculer l'espérance de gain ou de perte permet de prendre des décisions sereines, appuyées sur un calcul mathématique simple, comme le montre l'exemple ci-dessus.

Prenez du recul avant de décider

Moins vous déciderez dans l'urgence ou sous le coup d'une émotion forte, plus vous serez serein. Aussi souvent que possible, prenez du recul pour envisager les choses globalement, définir de nombreux scénarios, faire vos calculs de retour sur investissement et d'espérance. Alors, vous pourrez prendre vos décisions en pleine possession de vos moyens et les assumer pleinement.

Utilisez votre droit à l'erreur

Parfois, malgré tout, vous vous tromperez. Vous aurez beau consulter les bonnes personnes et calculer les conséquences positives et négatives de vos décisions, celles-ci se montreront néfastes. Savoir cela ne doit pas vous paralyser ni vous empêcher de décider courageusement. Gardez en tête que ne rien décider est pire que de prendre de mauvaises décisions. Votre service et votre entreprise ont besoin que les choses avancent. Être courageux dans votre travail, c'est être capable de faire des choix difficiles, de savoir que vous pouvez vous tromper et, éventuellement, d'assumer vos erreurs et de tenter de les corriger. Personne ne vous demande d'être parfait, ni de ne jamais vous tromper. Ce que l'on vous demande en revanche c'est de vous prémunir au maximum et de décider courageusement.

Affrontez les difficultés avec bravoure

Attentisme, politique de l'autruche et port d'œillères sont des comportements qui ne résolvent pas les problèmes. Plus vous affronterez les situations difficiles tôt, lucidement et avec recul, plus vous trouverez des solutions efficaces.

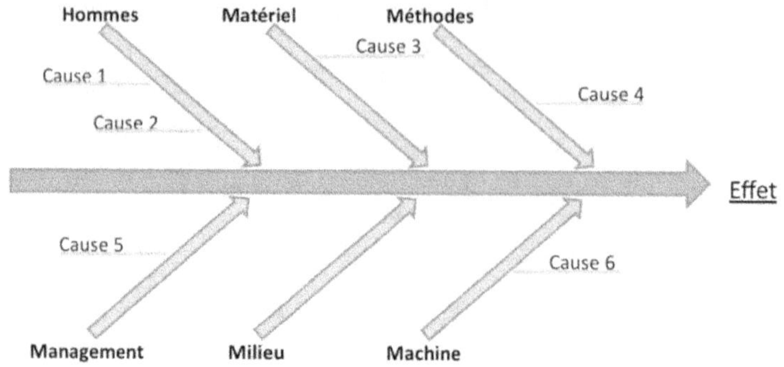

Le diagramme en arête de poisson d'Ishikawa

Analysez la situation objectivement

Le schéma d'analyse d'une situation difficile suit le raisonnement cause/conséquence.

Identifiez les causes grâce à l'arête de poisson d'Ishikawa

Le diagramme d'Ishikawa, ou encore diagramme en arêtes de poisson, permet d'analyser un problème en partant de ses causes. Une fois que l'on a une meilleure vision des causes, il est plus facile de trouver des solutions.

La méthode d'utilisation de ce diagramme suit trois étapes :

1. Décrivez la situation problématique avec le plus de détails possibles. Quantifiez les effets.

2. Pour chaque branche de l'arête principale, demandez-vous si vous pouvez trouver une ou plusieurs causes de la situation finale.

3. Écrivez ces causes sur des arêtes qui partent de chaque branche. Plus une cause est contributive à la situation finale, plus elle doit être placée près de l'arête principale.

Si une cause vous paraît être la conséquence d'autres causes, continuez l'arborescence des arêtes suivant la même méthode.

Il est parfois difficile de trouver la cause d'une situation. Pour vous aider, utilisez la méthode des cinq «pourquoi?». Partez de la constatation et demandez-vous «Pourquoi?». Écrivez la réponse et considérez-la comme la conséquence d'une autre cause que vous

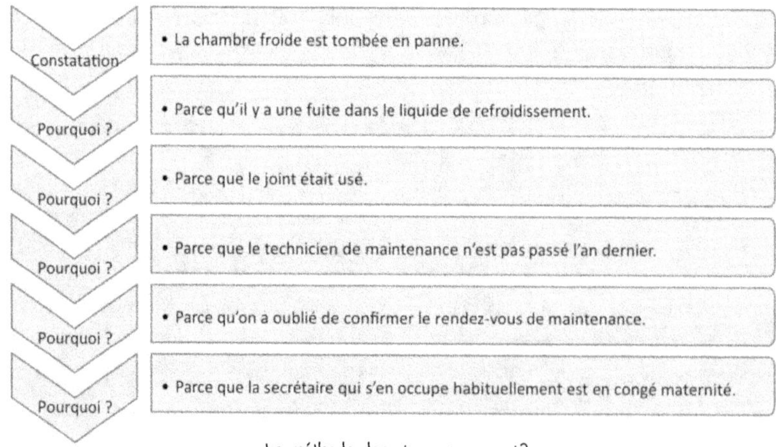

La méthode des cinq « pourquoi? »

trouverez en posant de nouveau la question «Pourquoi?» et procédez de même aussi longtemps que nécessaire (quatre ou cinq occurrences suffisent généralement).

Mesurez les conséquences pour les différents acteurs

Afin de compléter votre vue objective de la situation problématique, il convient d'en mesurer les conséquences.

➜ Faites la liste de toutes les personnes, services, organisations touchés par la situation.
➜ Pour chacun d'eux, décrivez et quantifiez les conséquences subies. Pensez aux conséquences financières, mais aussi organisationnelles, humaines, les risques, etc.

Vous pouvez aussi représenter ces personnes sur un axe gradué qui part du problème. Plus une personne sera touchée, plus vous la placerez près de l'origine.

Communiquez sur des solutions et pas sur des problèmes

Dès que vous avez une vue objective du problème, communiquez-la aux personnes auprès de qui vous devez le faire. Soyez précis et factuel et ne cherchez pas à masquer vos responsabilités. Au contraire, affrontez-les avec courage. Proposez tout de suite des solutions, cela montrera à vos interlocuteurs que :

✓ vous prenez vos responsabilités ;
✓ vous avez analysé le problème avec lucidité ;
✓ vous êtes réactif, positif et à la recherche de solutions.

Pour trouver les solutions pertinentes, repartez de votre diagramme en arêtes de poisson et cherchez comment annuler ou limiter l'incidence négative des causes identifiées. À des causes de main-d'œuvre, trouvez des solutions de main-d'œuvre, à des causes de méthode, trouvez des solutions de méthode…

Mettez en place un plan d'action courageux

Pour agir avec courage, il faut agir sereinement. Et pour agir sereinement, il faut agir avec méthode. Voici les éléments importants de la mise en place d'un plan d'action :

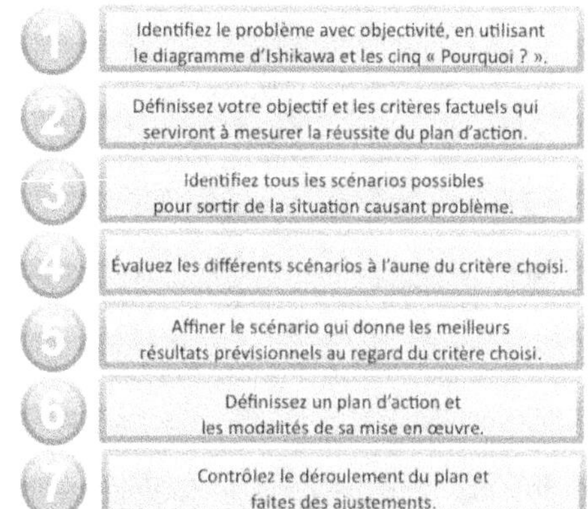

Sept étapes pour mettre en place un plan d'action

Faites face aux changements avec discernement

Changements d'environnement, réorientations, réorganisations sont des périodes souvent mal vécues par les salariés ou les chefs d'entreprise. Là encore, pour les affronter dans les meilleures conditions de succès, il faut les envisager avec courage. Deux approches y aident.

Voyez le changement comme une opportunité et non comme un lot de contraintes

Lorsque votre environnement de travail, vos objectifs ou encore votre poste subissent une mutation, il convient d'en avoir la vue la plus complète, claire et objective possible. Pour cela, vous pouvez utiliser la matrice SWOT. Le nom de cette matrice vient de la traduction de ses axes en anglais :

✓ S pour *Strengths* (forces) ;
✓ W pour *Weaknesses* (faiblesses) ;
✓ O pour *Opportunities* (opportunités) ;
✓ T pour *Threats* (Menaces).

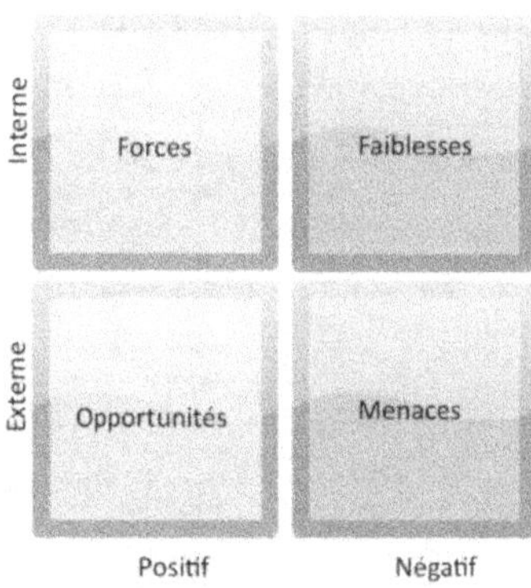

La matrice SWOT

Une fois, la matrice remplie, focalisez-vous sur les opportunités. Le jeu en vaut-il la chandelle ? Qu'avez-vous à gagner à atteindre l'objectif de changement ? Faites le point de vos forces et de vos faiblesses :

→ Quelles compétences et ressources vous manquent pour atteindre l'objectif de changement ?

→ Sur quoi pouvez-vous vous appuyer ?

Ainsi, voyez ce que vous devez développer, les efforts que vous devez engager pour atteindre avec succès le changement proposé.

Voyez le changement comme un chemin à parcourir plutôt que comme un événement auquel il faut résister

Une autre approche consiste à se demander si le changement que l'on propose est impératif ou non. S'il l'est, il ne vaut pas la peine de s'y opposer. Voyez plutôt comment tirer votre épingle du jeu en atteignant l'objectif au mieux. Cela passe par la compréhension du fait que le changement n'est pas quelque chose d'alternatif du type « j'accepte/je n'accepte pas », mais que l'acceptation du changement suppose un chemin, des étapes par lesquelles il va impérativement falloir passer.

Parole de pro

Rose Bouthors, responsable développement :
« *Lorsque je dois affronter un changement important et qui pourrait être générateur de stress, je tente toujours de rester positive et d'appliquer ces quelques règles :*

▶ *Ne pas céder à la facilité en suivant les préjugés des uns et des autres.*

▶ *Cultiver une ouverture aux idées neuves, quelles qu'elles soient (une idée en entraîne toujours une autre).*

▶ *Ne pas avoir peur du changement et apprendre à me remettre en question en tant qu'individu et dans mes méthodes de travail, car on apprend et on se construit toute notre vie.*

▶ *Être flexible et m'adapter au changement, c'est me donner les moyens d'évoluer et de me sentir en phase avec mon environnement et les autres.* »

Elisabeth Kübler-Ross, psychiatre et psychologue américaine, décrivait ces étapes dans le cadre d'un changement important, vécu initialement négativement (elle parle de changement catastrophique).

1. Le déni : « *Ce n'est pas possible* », « *Les syndicats n'accepteront jamais* », « *Ils disent ça pour nous faire peur, mais ils n'iront pas jusqu'au bout* », « *On ne peut pas faire ça aux gens* »...

2. La colère : « *C'est injuste* », « *Je vais me battre* », « *On va tout casser* », « *Ils vont voir ce qu'ils vont voir* », « *Cela ne se passera pas comme ça* »...

3. Le marchandage ou la négociation : « *Si vous renoncez à votre projet, je travaillerai mieux* », « *Conservez mon poste, vous ne le regretterez pas* », « *Attendez six mois de plus et on verra à ce moment-là* »...

4. La dépression : « *De toute façon, c'est toujours les mêmes qui trinquent* », « *Il n'y a rien à faire* », « *C'est fichu d'avance* », « *Ils m'ont dans le collimateur* »...

5. L'acceptation : « *Je suis prêt à vivre ce changement* ».

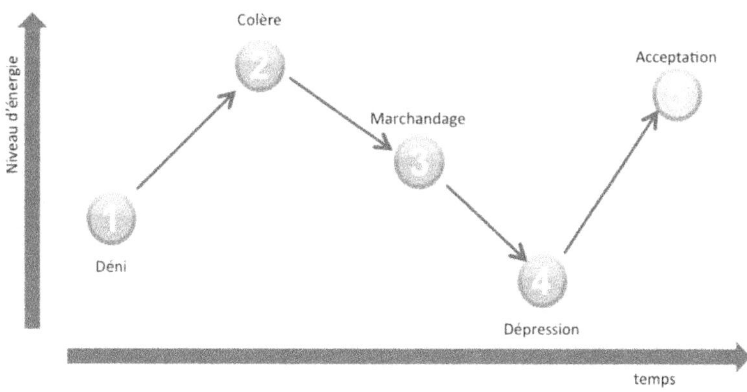

La courbe du deuil de Kübler-Ross

Phase actuelle	Questions à se poser pour passer à la phase suivante
Déni	Posez-vous des questions qui permettent de confirmer la réalité du changement : - Ce changement est-il une réalité ? - Est-il sérieux ? - Quelle probabilité a-t-il de se produire réellement ? - Quels sont les signes objectifs, factuels ?
Colère	Posez-vous des questions qui vous ramènent à une optique plus sereine et constructive : - À quoi me sert cette colère ? - Quels en seront les résultats positifs ? - Quelles peuvent être les conséquences négatives si je vais trop loin ? - Comment puis-je canaliser mon énergie dans une voie plus positive ?
Marchandage	Posez-vous des questions qui vous amènent à comprendre que le marchandage est inutile : - Y a-t-il des signes objectifs qui montrent que ce changement est négociable ? - Qu'ai-je vraiment à gagner en marchandant ? - Mes propositions vont-elles réellement changer la manière dont les initiateurs du changement voient leur projet ?
Dépression	Posez-vous des questions qui vous font quitter l'état de dépression pour adopter une vision positive : - Puis-je aborder le changement sereinement avec un niveau d'énergie aussi bas ? - Tout est-il si noir ? - Que puis-je gagner concrètement à accepter ce changement ? - Qu'ai-je à gagner à retarder l'échéance ?

Initialement, Elisabeth Kübler-Ross s'est servi de ce schéma pour décrire les étapes du deuil. Mais ce n'est pas le seul cadre d'application de ce schéma :

Ces cinq étapes sont les mêmes, quels que soient les changements difficiles et tout le monde passe par elles cinq. La seule différence entre les individus est le rythme de traversée de toute la courbe.

Pour appréhender au mieux un changement difficile, positionnez-vous sur la courbe. Quel est votre niveau d'énergie ? Quelles émotions ressentez-vous par rapport à ce changement ?

Une fois que vous vous êtes situé dans l'une des cinq phases, demandez-vous comment vous pouvez passer à la phase suivante au mieux. Pour cela, posez-vous quelques questions (voir tableau).

En voyant le changement comme un chemin, vous offrirez moins de résistance et gagnerez du temps. Vous pourrez tirer votre épingle du jeu en vous positionnant comme acteur et moteur. Votre image de bon professionnel ne pourra qu'y gagner.

En résumé

Agir avec courage, c'est être capable de prendre des décisions difficiles, d'affronter une situation problématique et de faire face à un changement non souhaité.

La prise de décision peut être facilitée par deux approches :

- le calcul du retour sur investissement ;
- le calcul de l'espérance de gain (ou de perte).

La résolution des situations problématiques est facilitée par :

- l'analyse des causes du problème grâce au diagramme en arêtes de poisson d'Ishikawa ;
- la mise en place d'un plan d'action.

Faire face à un changement non souhaité suppose :

- l'analyse du changement par la matrice SWOT ;
- le positionnement sur la courbe de Kübler-Ross.

Fiche reliée

Fiche n° 54 : « Comment être prêt en toutes circonstances ? »

Comment agir avec éthique ?

Cette question se pose quand :

✓ vous souhaitez développer un comportement professionnel en accord avec vos principes personnels ;

✓ vous ne voulez pas que l'on puisse vous reprocher vos faits et gestes dans l'entreprise.

4. Soyez loyal envers votre **environnement professionnel**	**1.** Fixez-vous des objectifs professionnels compatibles **avec ceux de votre environnement de travail**
3. Pour être éthique, limitez **vos moyens d'action**	Comment agir avec éthique ?
	2. Définissez vos valeurs et agissez selon elles

Dans un environnement de travail oppressant, où l'on ne prend pas toujours le temps de réfléchir au sens ni à la portée de nos actes, il est parfois difficile de faire la part des choses entre le bien et le moins bien. Agir avec éthique, c'est prendre le temps de réfléchir à un certain nombre de sujets fondamentaux et de se fixer des limites entre ce que l'on peut faire et ce que l'on s'interdit.

Fixez-vous des objectifs professionnels compatibles avec ceux de votre environnement de travail

Si vos objectifs professionnels vont à l'encontre de ceux de votre environnement de travail, vous serez obligé, pour les atteindre, d'avoir un comportement incompatible avec les règles élémentaires de l'éthique :

➜ Ne pas respecter les personnes ni ce qu'elles désirent.

➜ Les écraser, prendre leur place, les sortir du système.

À l'inverse, posez vous quelques questions sur votre environnement de travail :

➜ Qui sont réellement ces gens qui vous entourent ? Les connaissez-vous si bien que cela ? Que veulent-ils ? Quels sont leurs objectifs professionnels ?

Définition : éthique **personnelle**

C'est la façon d'agir, de se comporter. Dans cette fiche, « éthique » sous-entend « façon de bien se comporter ».

➜ Qui risque de pâtir du fait que vous atteigniez vos objectifs professionnels ? Vont-ils à l'encontre de ceux d'autres personnes ? Y a-t-il un moyen d'éviter la compétition, la concurrence ?

➜ Pouvez-vous voir vos collègues comme des alliés plutôt que comme des ennemis dans l'atteinte de vos objectifs ?

➜ Comment ajuster vos objectifs professionnels à la réalité de votre entreprise, de votre service, de leurs objectifs et stratégies propres ?

Définissez vos valeurs et agissez selon elles

Avez-vous déjà pris le temps de définir vos valeurs personnelles, celles qui guident aussi bien votre vie privée que professionnelle ? Prenez trente minutes pour réfléchir à ce qui vous semble bon pour vous, juste, intéressant, ce que vous avez envie de faire, la façon dont vous voulez être perçu, la personne que vous voulez devenir... Formalisez tout cela sur une feuille de papier et relisez-le, voire actualisez-le de temps en temps. Demandez-vous si votre comportement quotidien correspond à ces principes forts que vous avez vous-même édictés.

Astuce

Une fois cette réflexion menée sur le papier, prenez une autre feuille et découpez-la en forme de bouclier. Puis dessinez votre propre blason qui vous représente ainsi que vos valeurs telles que vous venez de les définir. Faites quelque chose de tout à fait personnel, utilisez de la couleur, des schémas, des mots, des phrases, etc.
Une fois ce blason réalisé, affichez-le dans votre bureau en face de vous. Il sera bien énigmatique pour vos collègues, mais fort de sens pour vous.

Un exemple de blason personnel

Vérifiez que vos valeurs sont compatibles avec celles de votre entreprise :
→ Les connaissez-vous ?
→ Sont-elles formalisées, où peut-on les trouver (documents marketing ou commerciaux, Intranet, rapport annuel, etc.), qui peut vous renseigner ?

Votre hiérarchie partage-t-elle vos valeurs ? Assurez-vous en discutant de cela avec vos supérieurs. L'éthique est un sujet trop important pour être laissé de côté. Mettre ce sujet sur la table, c'est se montrer « pro ».

Je n'accepte jamais de faire quelque chose, sur ordre d'un supérieur ou demande d'un client, que je n'aurais pas fait de mon propre chef. C'est là une règle absolue. L'enfreindre me conduirait à ne plus être fier de mon travail et de mes actes et, au final, à me sentir mal dans mon travail.

Pour être éthique, limitez vos moyens d'action

Avoir un comportement éthique suppose de ne pas faire n'importe quoi, ni tout ce que l'on souhaite. Voici quelques conseils pour réussir à fixer les bonnes limites :
→ Agissez toujours dans le respect des personnes. Ne nuisez jamais à vos collègues. Ne vous développez pas au détriment d'eux. Ne les jugez pas, ne limitez pas leur liberté.
→ Ayez une vision large et à long terme de vos comportements. Peuvent-ils être généralisés à tout le monde ? Peuvent-ils être pérennisés dans le temps ? Si non...
→ Respectez la loi, renseignez-vous sur la portée juridique de vos actes, au besoin suivez une formation.
→ Respectez votre convention collective, votre contrat de travail et le règlement intérieur de votre entreprise.
→ N'ayez aucun comportement que vous reprocheriez à un collègue.

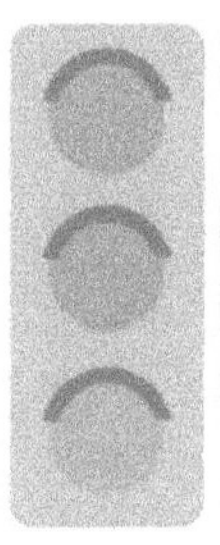

Agissez toujours dans le respect des personnes. Ne nuisez jamais à vos collègues. Ne vous développez pas au détriment d'eux. Ne les jugez pas, ne limitez pas leur liberté.

Ayez une vision large et long terme de vos comportements. Peuvent-ils être généralisés à tout le monde ? Peuvent-ils être pérennisés dans le temps ? Si non...

Respectez la loi, renseignez-vous sur la portée juridique de vos actes, au besoin suivez une formation.

Respectez votre convention collective, votre contrat de travail et le règlement intérieur de votre entreprise.

N'ayez aucun comportement que vous reprocheriez à un collègue.

Soyez loyal envers votre environnement professionnel

La loyauté est une composante essentielle de l'éthique personnelle. Voici quelques comportements à privilégier :
✓ ne pas dénigrer votre entreprise, votre hiérarchie, ni devant des collègues, ni devant des tiers ;
✓ ne pas aller à l'encontre des intérêts de votre employeur à des fins personnelles ;
✓ ne pas privilégier les fins d'une personne au détriment des fins du groupe, du service ou de l'entreprise ;
✓ ne pas excéder vos pouvoirs, votre autorité.

En résumé

Les bases de votre éthique personnelle sont :
▶ vos objectifs professionnels ;
▶ vos valeurs ;
▶ les moyens d'action que vous vous autorisez ;
▶ votre loyauté envers votre entreprise et vos collègues.

Fiches reliées

Fiche n° 61 : « Comment grandir et me développer pour être encore plus "pro" ? »
Fiche n° 75 : « Comment me défendre contre le harcèlement ? »
Fiche n° 87 : « Comment prendre de nouvelles fonctions au sein du même service ? »

Comment donner sans me faire déborder ?

Cette question se pose quand :

✓ vous êtes en contact avec des collègues en demande de votre aide ;
✓ on vous sollicite souvent pour effectuer un travail supplémentaire à vos tâches habituelles ;
✓ on vous demande de rendre des services ;
✓ on vous reproche de prendre beaucoup aux autres et de leur donner peu.

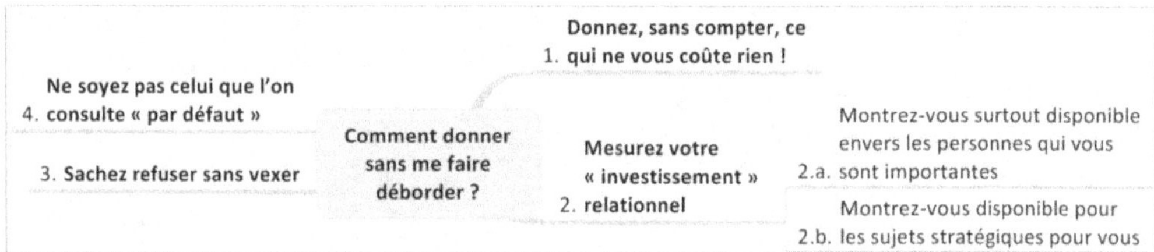

Le travail d'équipe suppose de s'entraider, de se rendre des services, de pouvoir compter sur les autres. Toutefois, on s'aperçoit souvent que ce sont toujours les mêmes qui sont en demande et les mêmes qui sont sollicités. Une attitude professionnelle suppose de se rendre disponible pour les collègues, dans la mesure de ses moyens et à condition de savoir poser des limites.

Donnez, sans compter, ce qui ne vous coûte rien !

Savoir donner, se rendre disponible, jouer collectif commence par de petites attentions quotidiennes :

→ En arrivant le matin, faites le tour des bureaux, du service ou de l'étage et saluez d'un mot gentil les personnes avec qui vous travaillez.

→ Ayez toujours une attention pour les personnes que vous croisez. Ce peut être un compliment ou une demande de nouvelles. Si un collègue vous a parlé de sa famille, vous pouvez aussi en prendre des nouvelles (« *Alors, comment s'est passée l'épreuve du bac de Nicolas ?* », « *Alors ce week-end en Bourgogne ?* », etc.).

→ Souriez aux gens, cédez le passage devant une porte ou en entrant dans l'ascenseur, aidez-les lorsqu'ils sont encombrés.

→ Lorsqu'une personne vient vous demander un conseil ou un avis rapide, consacrez-lui un peu de temps immédiatement. Si vous n'avez pas le temps ou si vous anticipez que cette demande va vous prendre plus de temps, passez-la dans la catégorie suivante : investissement relationnel (voir ci-dessous).

Mesurez votre « investissement » relationnel

Si les demandes se font trop fréquentes ou si les services demandés vous prennent trop de temps, cela va vite devenir ingérable. Il faut alors choisir ce à quoi, et ceux à qui dire « oui ».

Astuce

Lorsque j'apprends la date d'anniversaire de quelqu'un avec qui je travaille, je la note immédiatement dans mon agenda avec un rappel programmé tous les ans. Ainsi, lorsque je la croise dans les couloirs ou en entrant dans une réunion, cela me permet de le lui souhaiter discrètement mais chaleureusement (je le fais aussi avec ma famille et mes amis, rassurez-vous).

Une de mes amies a un sens relationnel très fort. Lorsqu'elle répond à un message téléphonique ou à un e-mail qu'on lui a envoyé, elle commence toujours par remercier l'expéditeur pour son message. Cela donne à peu près ceci : « *Bonjour Richard, merci beaucoup pour ton message* (pause + grand sourire). *À ce propos, je voulais te répondre que...* » C'est là une manière très élégante de rentrer en relation tout en valorisant le message et l'expéditeur. De loin préférable au classique « *J'ai bien eu ton message et...* ».

Montrez-vous surtout disponible pour les personnes qui sont importantes pour vous

Ne rêvons pas, l'altruisme trouve très vite ses limites dans le monde de l'entreprise. Si l'on accepte de rendre service à quelqu'un, c'est bien souvent :

✓ parce qu'on s'attend à devoir lui demander quelque chose, à notre tour, prochainement ;

✓ parce qu'il nous a déjà aidés par le passé et que nous lui sommes redevables de quelque chose ;

✓ parce que c'est quelqu'un à qui on ne peut pas refuser cela (supérieur, collègue influent, etc.).

Plus une personne est importante pour vous, c'est-à-dire contributive à vos résultats professionnels ou influente dans votre développement ou votre carrière, plus vous aurez intérêt à vous montrer disponible pour elle. Vous pouvez tenir le même raisonnement pour vos partenaires et pour vos clients.

Considérez que votre disponibilité est un investissement. Réduisez-la autant que possible dans tous les cas où elle ne vous rapporte pas assez.

Montrez-vous disponible pour les sujets stratégiques pour vous

Le raisonnement tient aussi bien pour les sujets que pour les personnes. On vous sollicite pour un sujet qui vous est proche, sur lequel portent des critères de votre évaluation : montrez-vous disponible. Bien souvent, les collègues viennent vous voir non pas sur des sujets qui sont importants pour nous, mais sur des sujets qui sont importants pour eux. Dans ce cas, sachez les éconduire avec diplomatie.

Sachez refuser sans vexer

Le comportement qui permet de refuser une demande sans vexer l'interlocuteur s'appelle assertivité. Il se fonde sur une écoute bienveillante de la demande et une formulation particulière du refus.

Écoutez la demande jusqu'au bout, approfondissez-la par des questions pertinentes et pratiquez l'écoute active. Une fois que votre interlocuteur vous a donné tous les détails de sa demande, reformulez-la pour vous assurer que vous l'avez bien comprise.

Puis dites tout de suite que vous n'êtes pas la bonne personne pour lui rendre ce service, pour la renseigner ou pour effectuer ce travail pour elle.

Expliquez, sans vous justifier, les raisons de ce refus en utilisant exclusivement des arguments objectifs, factuels, voire documentés.

Enfin, cherchez et proposez à votre interlocuteur des solutions alternatives (autre personne, autre moment, autre demande, etc.). Vous n'aurez peut-être pas répondu à sa demande, mais il vous saura gré de ne pas l'avoir laissé tomber et d'avoir cherché des solutions à son problème.

Astuce

Lorsque vous devez expliquer un refus, parlez uniquement de vous et pour vous. Ne vous mettez pas à la place de votre interlocuteur et parlez encore moins pour lui. Gardez en mémoire que tant que vous parlez de lui, vous parlez de quelque chose que vous connaissez moins bien que lui, vous fragilisez votre argumentation. À l'inverse, lorsque vous parlez de vous, de votre situation, de vos sentiments, vous êtes inattaquable !

Ne soyez pas celui que l'on consulte « par défaut »

Faites comprendre à tous vos collègues que votre disponibilité a un coût important pour vous (plus d'horaires au bureau, plus de fatigue, plus de stress, etc.). Il faut que vous donniez à votre entourage professionnel l'habitude de ne venir vous voir que lorsqu'ils ont répondu « oui » aux questions suivantes :
→ Est-ce bien la personne à solliciter ? (c'est-à-dire : suis-je sûr qu'elle a les réponses que j'attends, n'y a-t-il qu'elle qui a ces réponses ?)
→ Est-ce le bon moment ?
→ Pourrai-je lui être utile à mon tour prochainement ?

En résumé

Le travail d'équipe impose au bon professionnel de se montrer disponible pour ses collègues, partenaires, voire clients (internes ou externes).
Vous ne pouvez pas répondre favorablement à toutes les sollicitations. Mesurez le temps et l'énergie que vous consacrez aux autres, à l'échelle de ce que cela vous coûte et de ce que cela vous rapporte.

Fiches reliées

Fiche n° 60 : « Comment prévenir et gérer les conflits relationnels ? »
Fiche n° 61 : « Comment grandir et me développer pour être encore plus "pro" ? »
Fiche n° 78 : « Comment cultiver mon réseau ? »

Comment adapter mon relationnel à mes différents interlocuteurs ?

Cette question se pose quand :

✓ vous vous placez trop en retrait et vous ne communiquez pas assez ;

✓ vous avez du mal à adapter votre mode de communication aux particularités de votre interlocuteur ;

✓ on vous reproche votre manque d'écoute ou d'empathie.

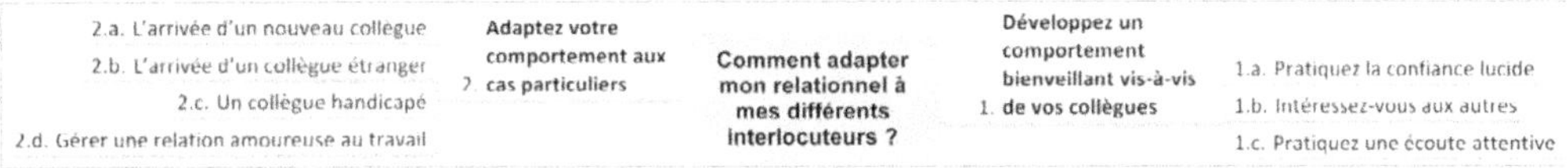

2. Adaptez votre comportement aux cas particuliers	Comment adapter mon relationnel à mes différents interlocuteurs ?	1. Développez un comportement bienveillant vis-à-vis de vos collègues
2.a. L'arrivée d'un nouveau collègue		1.a. Pratiquez la confiance lucide
2.b. L'arrivée d'un collègue étranger		1.b. Intéressez-vous aux autres
2.c. Un collègue handicapé		1.c. Pratiquez une écoute attentive
2.d. Gérer une relation amoureuse au travail		

Être « pro », c'est savoir s'adapter et le premier sujet d'adaptation en entreprise ce sont vos collègues. Ils sont tous différents et différents de vous. De plus, certains cas particuliers demandent une attention encore plus vive.

Développez un comportement bienveillant vis-à-vis de vos collègues

Avant de penser à s'adapter, il faut adopter un comportement « de base », passe-partout, qui vous permettra d'éviter les impairs et de servir de fondation à des postures plus élaborées. Il est composé essentiellement de bienveillance vis-à-vis de votre entourage professionnel.

Pratiquez la confiance lucide

La confiance lucide est le contraire de la confiance aveugle. Elle suppose de ne pas faire confiance, *a priori*, à n'importe qui, mais de ne pas pratiquer la méfiance systématique non plus. Entraînez-vous à voir vos collègues comme des personnes globalement :

Soyez vigilant pour éviter les mauvaises surprises et remettez cette confiance en doute de temps en temps.

Intéressez-vous aux autres

S'intéresser à ses collègues signifie savoir qui ils sont, ce qu'ils font exactement, leurs objectifs, leurs contraintes, leurs succès, etc. Pour cela, il faut privilégier les discussions informelles, questionner, s'ouvrir à eux et pratiquer une écoute attentive.

Sachez vous montrer ouvert aux discussions qui sortent du strict cadre professionnel sans être indiscret et sans non plus vous dévoiler au-delà de ce qui vous semble correct pour vous. Gardez en mémoire que s'intéresser aux autres, c'est aussi leur permettre de s'intéresser à vous, tout étant une question de dosage. Respectez le fait qu'un collègue soit de culture plus diffuse ou plus stricte que la vôtre.

Prenez des initiatives, souhaitez les anniversaires discrètement (certaines personnes ne

Définitions : **culture diffuse et culture stricte**

On dit d'une personne qu'elle est de culture diffuse lorsqu'elle ne met pas de limites très nettes entre sa vie privée et sa vie professionnelle. Au travail, elle parlera volontiers de sa famille, de sa passion, de ses problèmes... La culture stricte désigne l'opposé.

stroke positif

C'est une unité de communication positive. Il fait plaisir à recevoir. Quelques exemples de strokes positifs :
- attention/pensée/petit cadeau ;
- mot gentil/réconfortant/compliment ;
- sourire/geste amical/accolade, etc.

veulent pas en faire «toute une histoire»), interrogez sur les principaux événements de la vie familiale (vacances, études des enfants, santé, deuil, etc.). Vous pouvez aussi faire un compliment de temps en temps ou avoir un mot gentil. Envoyez des *strokes* positifs.

Soyez empathique. Si un collègue ressent de la tristesse, du découragement, une baisse de forme ou encore souffre de problèmes de santé, sachez vous en informer habilement et proposer votre soutien.

Pratiquez une écoute attentive

Écouter avec bienveillance, c'est tout d'abord prendre le temps de se parler et de se laisser parler : ne pas s'interrompre, s'écouter en souriant et en se regardant dans les yeux, questionner pour approfondir et reformuler. C'est aussi observer le langage du corps pour déceler de la souffrance, de la tristesse ou de la gêne non formulées. Pour plus d'informations sur l'écoute active, voir la fiche n° 26.

Adaptez votre comportement aux cas particuliers

Dans certains cas particuliers, ce comportement de bienveillance doit être modulé. Voici quelques cas fréquents en entreprise dans lesquels on pourrait vous reprocher un comportement inapproprié. Soyez vigilent sur les attitudes à adopter autant que sur celles qu'il convient d'éviter. Les feux verts et les feux rouges suivants vous donnent des indications.

L'arrivée d'un nouveau collègue

Ce qu'il attend de vous

Se sentir attendu, se sentir accueilli, avoir du temps à lui consacrer.

Que vous vous présentiez à lui, aussi chaleureusement que possible.

Des informations, des conseils, que vous soyez une « personne-ressource » pour lui.

Que vous lui demandiez ce qu'il sait déjà, quel est son niveau d'information et que vous l'aidiez sur ce qui lui manque. Que vous le préveniez des spécificités de votre entreprise.

Dans le cas d'un subordonné : que vous formalisiez clairement ce que vous attendez de lui.

Dans le cas de quelqu'un qui prend son premier emploi : que vous le rassuriez et vous lui donniez quelques éléments de méthodologie ; que vous soyez patient et compréhensif.

Parole de pro

Véronique Roche, chef de projet, IGS Conseil et Formation : « *J'échange beaucoup avec mes pairs ou coéquipiers dans l'entreprise pour le travail comme pour le climat sympathique. Pour autant, je me préserve des rassemblements "mauvais esprit" qui consistent à ne jamais être content et à tout voir en négatif. Je préfère parfois une pause seule qu'une séance café à plusieurs qui plombe le moral.* »

Les erreurs à ne pas commettre

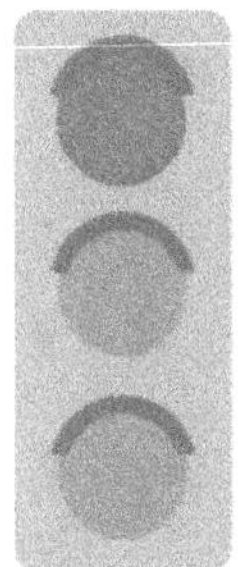

Être méfiant *a priori*.

Être distant, froid, renfermé.

Être négatif ou critique sur l'entreprise, le service, la hiérarchie, les collègues, le travail, etc.

Le tenir à l'écart sous prétexte qu'il ne connaît pas encore les dossiers ou les procédures de travail.

L'arrivée d'un collègue étranger

Ce qu'il attend de vous

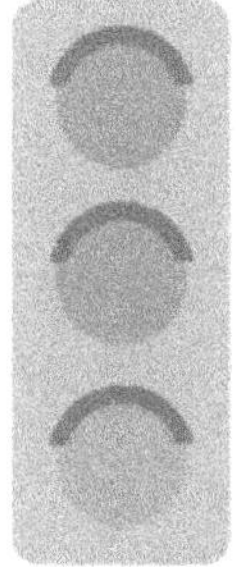

Les mêmes choses qu'un nouveau collègue (voir ci-dessus).

De l'indulgence sur la pratique de la langue, des conseils et des corrections gentilles.

De l'attention sur les différences culturelles entre vous et lui.

Que vous vous proposiez de lui faire découvrir les charmes de votre ville ou de votre région.

Que vous vous proposiez de l'aider dans ses démarches administratives et facilitiez son intégration.

Les erreurs à ne pas commettre

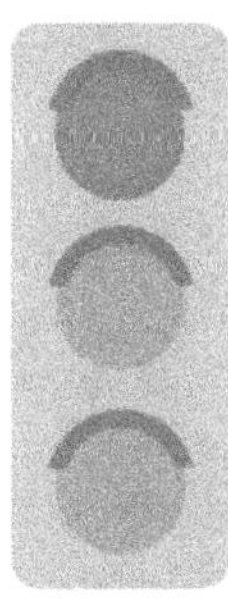

La condescendance. Étranger ne veut pas dire moins bon.

La méfiance. Étranger ne veut pas dire malhonnête ou dangereux (même s'il vient du pays dans lequel votre entreprise a son siège social, il n'est pas forcément l' « œil de Moscou », ni là pour tout réorganiser).

Un collègue handicapé

Ce qu'il attend de vous

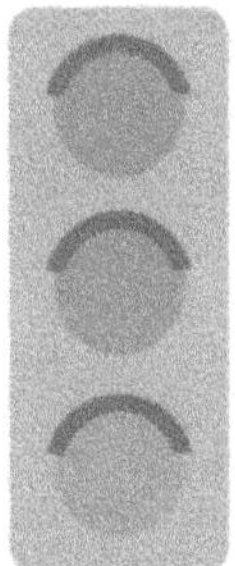

De la compréhension pour son handicap sans éprouver de pitié pour autant.

De l'indulgence pour ses différences et notamment pour les difficultés qu'il pourrait éprouver à accomplir certaines tâches.

De l'aide lorsqu'il en a besoin, en toute bienveillance et générosité.

Les erreurs à ne pas commettre

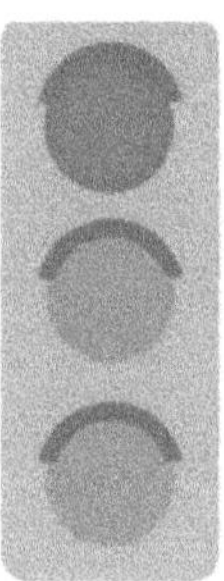

Le traiter comme s'il était diminué, moins performant, inadapté à la tâche, etc.

Lui parler sans cesse de son handicap et ne le réduire qu'à cela.

Éprouver de la pitié plutôt que de l'affection.

Gérer une relation amoureuse au travail

Cas où votre conjoint(e) travaille avec vous

Que vous soyez en couple avec quelqu'un rencontré sur le lieu de travail ou que votre conjoint(e) vous ait rejoint dans votre entreprise, la situation est délicate. Les choix que vous ferez dépendent de différents facteurs comme votre personnalité ou encore les spécificités de votre environnement de travail. Il est difficile de décrire un bon comportement unique, tant les situations rencontrées sont diverses. Toutefois, trois stratégies sont principalement utilisées : choisissez celle qui convient le mieux à votre relation de couple au travail.

Stratégie n° 1 - le secret : il s'agit de ne rien en dire, à personne. Comportez-vous avec votre conjoint(e) comme avec n'importe quel autre collègue. Ne laissez rien paraître de votre relation ni de vos sentiments. Le risque est que quelqu'un découvre le pot aux roses (par exemple, le responsable de la paie : « *Tiens, ils ont la même adresse sur leur feuille de paie…!* »). Alors, le bruit se répandra comme une traînée de poudre et tout le monde se demandera quel honteux secret vous avez essayé de cacher aussi longtemps.

Stratégie n° 2 - La mise sur la place publique : si vous ne voulez pas vivre dans le secret et souhaitez couper court aux ragots et autres rumeurs, le mieux est peut-être de communiquer clairement et simplement sur votre relation. Dans ce cas, le plus sage semble être de :

→ Ne pas mettre vos supérieurs hiérarchiques respectifs devant le fait accompli et leur réserver la primeur de l'information tout en les rassurant sur le fait que cela n'influera pas sur votre travail. Vous pouvez aussi leur demander conseil sur la manière de vous comporter et d'annoncer la chose. Peut-être ont-ils déjà vécu cette situation en tant que manager et seraient donc de bon conseil ?

→ Choisir les personnes à qui vous allez l'annoncer, le moment et la façon de procéder. Soyez attentifs à ne froisser personne ou à ne mettre personne mal à l'aise. Là encore, rassurez votre entourage professionnel sur le peu d'incidences négatives que cela va provoquer.

→ Faire la part des choses entre votre relation de collègue à collègue et votre relation intime. Montrez-vous discrets et mesurés.

→ Faire de votre relation une force plutôt qu'un handicap. Par exemple, lorsque l'un doit s'absenter plus tôt pour aller chercher votre enfant malade à l'école, l'autre peut rester plus tard. Lorsque l'un a du retard dans une tâche, l'autre peut l'aider…

Stratégie n° 3 - La discrétion : il s'agit d'une voie intermédiaire entre les deux premières. Ne le cachez pas, mais n'en faites pas un sujet non plus.

Soyez aussi discrets que possible. Comportez-vous l'un envers l'autre comme le feraient deux collègues et répondez honnêtement aux éventuelles questions.

Si votre conjoint(e) vous rejoint dans votre entreprise, parlez-en éventuellement à votre supérieur hiérarchique, surtout si vous avez le même.

Si c'est une histoire d'amour qui commence entre deux personnes du bureau, ne communiquez dessus que si le besoin s'en fait sentir (par exemple, vous souhaitez partir en vacances en même temps, mais votre patron vous demande d'assurer une permanence en alternance avec la personne dont il ne sait pas que c'est votre moitié).

Cas où vous tombez amoureux (se) d'un(e) collègue

→ Évitez absolument les allusions et les avances sur le lieu de travail. Trouvez des occasions de voir cette personne en dehors du bureau et de la présence d'autres collègues.

→ Séparez la relation d'ordre privé et le travail. En particulier, ne punissez pas, sur un plan professionnel, un(e) collègue qui n'aurait pas de sentiments pour vous.

→ Si un lien de subordination existe entre la personne qui suscite votre convoitise et vous, soyez doublement précautionneux. Attendez d'être absolument certain de vos sentiments pour vous déclarer. Une erreur dans ce champ-là est bien pire que dans tout autre. Rassurez-le (la) sur le fait que vous n'entreprenez aucunement cette démarche en tant que patron ou titulaire d'un quelconque pouvoir hiérarchique et qu'un refus de sa part (par exemple, accepter une invitation à dîner, pour commencer) n'entraînerait aucun changement dans vos relations de travail. Tenez-vous très fermement à cette position.

En résumé

La règle de base est d'adopter la bienveillance dont les composantes sont :
- la confiance lucide ;
- l'intérêt mutuel ;
- l'écoute attentive.

Adaptez votre comportement aux cas particuliers en prenant soin de vous orienter sur les attentes des personnes.

Fiches reliées

Fiche n° 53 : « Quelles sont les attitudes du professionnel ? »
Fiche n° 59 : « Comment adapter mon relationnel aux différents moments de la vie de l'entreprise ? »
Fiche n° 78 : « Comment cultiver mon réseau ? »

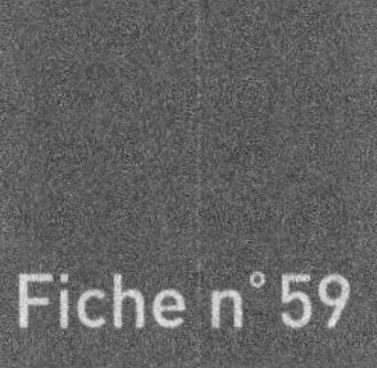

Comment adapter mon relationnel aux différents moments de la vie de l'entreprise ?

Cette question se pose quand :

✓ vous avez du mal à trouver votre place à des moments spécifiques de la vie au bureau ;

✓ vous ne savez pas comment vous comporter et craignez de faire un impair.

Ce que l'on attend de vous du point de vue comportemental et relationnel	Comment adapter mon relationnel aux différents moments de la vie de l'entreprise ?	1. Les différents moments de la vie de l'entreprise

Impossible de décrire ici tous les moments spécifiques de la vie au bureau ni les comportements associés qui fonctionnent sans exception. Toutefois, le tableau de la page 242 reprend les principaux contextes que l'on peut rencontrer et une indication de ce qui est généralement attendu de la part des salariés à ces occasions.

Voyez notamment les différences entre les moments où il convient de garder votre sérieux et ceux où vous pouvez vous laisser aller à plus de légèreté. Faites bien la différence entre ceux où vous devez vous affirmer et vous mettre en avant et ceux où la discrétion est de rigueur. Enfin, ne vous trompez pas : à certains moments l'on vous demandera d'être parfaitement centré sur les personnes, vos collègues et la relation que vous entretenez avec eux. À D'autres moments, c'est sur les tâches, le travail et les résultats qu'il faudra faire porter votre attention.

Parole de pro

Emmanuel Coste, gérant, Explic-It : « *Je ne participe jamais aux soirées entre collègues, qu'elles soient organisées par l'entreprise ou dans un cadre informel. Ce sont des pièges dans lesquels je n'ai rien à gagner alors que les risques de faire une bourde ou d'avoir un mauvais comportement involontaire sont grands.* »

En résumé

Adaptez votre comportement à la nature du moment partagé et à la composition des personnes qui vous entourent.
Dans le doute, soyez toujours un peu plus sérieux et discret qu'à l'ordinaire pour éviter les impairs.

Fiches reliées

Fiche n° 38 : « Comment gérer la communication informelle ? »
Fiche n° 53 : « Quelles sont les attitudes du professionnel ? »
Fiche n° 58 : « Comment adapter mon relationnel à mes différents interlocuteurs ? »

Occasion	Sérieux Formalisme	Discrétion Effacement	Convivialité	Assurance Leadership	Créativité	Humour	Intérêt pour les personnes	Intérêt pour les tâches	Exemples de comportements de « pro »
Entretien professionnel	+++	--	+	+	+	+	++	+++	Être préparé Suivre un plan Répondre aux questions
Machine à café	++	+	++	+	+	+++	+++	-	Demander des nouvelles Offrir un café de temps en temps
Arrivée le matin	++	-	++	++	--	+	+++	-	Saluer tout le monde Prendre des nouvelles Sourire Être de bonne humeur
Départ le soir	+	-	++	+	--	+	+++	+	Saluer tout le monde Souhaiter bonne continuation à ceux qui restent Répondre aux dernières questions
Réunion	++	+	+	++	+++	+	+	+++	Ne pas prendre la parole mais la demander Écouter Poser des questions d'éclaircissement Proposer des idées créatives Arriver à l'heure Prendre des notes
Formation	++	+	++	+	++	+	+	+++	Écouter Être attentif Être réactif, poser des questions, donner des exemples concrets. S'impliquer dans les exercices Prendre des notes Être ponctuel
Travail en *open space*	+++	+++	++	+	+	+	++	++	Ne pas écouter de musique trop fort Ne pas parler trop fort Arriver à l'heure
Face au grand patron	+++	+++	-	+	+	-	+	+++	Se présenter (nom et fonction) Écouter Questionner intelligemment et sans exagération Être poli Répondre aux questions de manière brève
Incentive team building	-	-	+++	++	+++	+++	+++	++	Participer, garder un bon état d'esprit Coopérer, écouter, communiquer aider les autres si besoin Laisser s'instaurer un leadership naturel
Pot de départ	++	++	++	-	++	+	+++	-	Laisser la vedette à celui qui part Aider à l'organisation Être de bonne humeur Être reconnaissant pour le travail fourni Regretter le départ
Pot d'anniversaire	+	++	+++	+	+++	+++	+++	-	Laisser la vedette à celui qui fête son anniversaire, aider à l'organisation Participer au cadeau Être de bonne humeur
Fête d'entreprise soirée	+	+	++	+	+	++	++	-	Participer, être mesuré, se contrôler, ne pas boire trop d'alcool. Être de bonne humeur Proposer de servir de capitaine de soirée

   Fiche n° 59 : Comment adapter mon relationnel aux différents moments de la vie de l'entreprise ?

Comment prévenir et gérer les conflits relationnels ?

Cette question se pose quand :

✓ deux personnes sont en conflit au sein de votre unité de travail et cela rejaillit sur tout le monde ;

✓ vous êtes en conflit avec un collègue ;

✓ vos collègues se tournent spontanément vers vous pour arbitrer les différends.

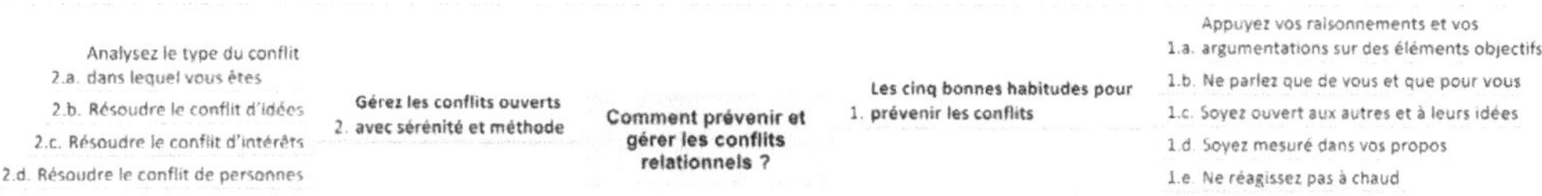

Être « pro » ne signifie pas ne jamais être en conflit. Au contraire, on attend du bon professionnel qu'il prenne des positions courageuses et affirmées, même si elles peuvent déplaire à d'autres.

Les cinq bonnes habitudes pour prévenir les conflits

Une bonne façon de procéder consiste à défendre votre point de vue sur le fond tout en adoptant une forme qui garantisse le respect, l'ouverture et l'échange. Par ce comportement, vous éviterez la majeure partie des conflits qui pourraient éclater. Parfois, et malgré vos efforts, il faudra passer au stade suivant : la gestion d'une situation conflictuelle. Des outils permettent de rétablir le dialogue et la confiance afin d'avancer vers une solution.

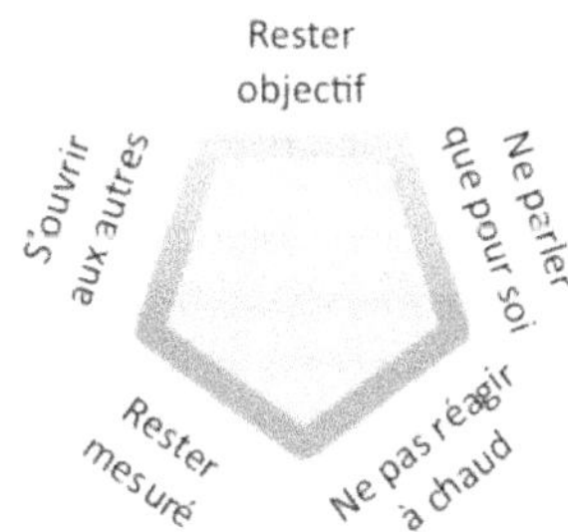

Les cinq bonnes habitudes pour prévenir les conflits

Le comportement affirmé et professionnel qui permet d'éviter le conflit se compose de cinq bonnes habitudes à prendre le plus tôt possible et à ne jamais négliger.

Appuyez vos raisonnements et vos argumentations sur des éléments objectifs

Quel que soit le type de communication : en réunion, en entretien, au téléphone, en face-à-face, avec un collègue, un supérieur, un subordonné, etc., prenez toujours l'habitude d'étayer vos propos par des arguments objectifs. Les arguments objectifs peuvent être :

✓ des faits incontestables et connus de tous (par exemple, « Le rapport annuel montre une baisse du chiffre d'affaires de 12,8 % ») ;

✓ des résultats de calculs (par exemple, « Si nous augmentons nos prix de 10 %, nous serons plus chers que le prix moyen du marché, qui s'élève à 15,54 euros ») ;

✓ des éléments documentés (par exemple, « Le contrat que vous avez tous sous les yeux stipule que le donneur d'ordre est responsable de… »).

Évitez absolument toute référence subjective
telle que :
- ✓ c'est trop... ;
- ✓ c'est beaucoup... ;
- ✓ c'est nul... ;
- ✓ c'est énorme...

Bornez-vous à analyser des faits, des documents, des calculs, sans porter de jugement personnel.

À chaque fois que vous sortirez de cette règle et que vous apporterez au débat un argument subjectif, vous trouverez toujours un contra-dicteur pour contre-argumenter de façon toute aussi subjective, et pour ouvrir en grand la porte de la polémique. Et vous le savez bien, il n'y a qu'un pas entre la polémique et le conflit relationnel.

Ne parlez que de vous et que pour vous

Tant que vous parlez de vous, de ce que vous pensez, de vos sentiments, de ce que vous croyez être juste ou bien, on ne peut pas vous contrer. On ne peut pas vous dire « *Non, ce n'est pas vrai* ». À l'inverse, dès que vous pre-nez la parole à la place de quelqu'un d'autre, spécialement s'il est présent, vous vous expo-sez à vous entendre dire « *Qu'en savez-vous ?* » ou encore « *Mêlez-vous de vos affaires* ». Typiquement, des phrases, pourtant souvent entendues, comme « *Si j'étais vous, je...* », « *Vous devriez...* », ou encore « *Le mieux pour vous c'est de...* » sont très délicates, car la riposte du contradicteur est très facile. Pensez bien **que tant que vous parlez de l'autre, vous parlez de quelque chose que vous connaissez moins bien que lui.** Par là même, vous fragilisez votre argumentation.

Pour un maximum d'efficacité et pour éviter la plupart des conflits, contentez-vous d'ex-poser vos problèmes, vos idées ainsi que vos solutions.

Soyez ouvert aux autres et à leurs idées

La première façon d'éviter les conflits consiste à ne pas les provoquer. Pour cela, agissez avec vos collègues en toute ouverture d'esprit :
- → Écoutez leurs idées jusqu'au bout.
- → Cherchez toujours ce que leurs idées ont de bon, de positif, avant de voir le côté noir des choses.
- → Cherchez toujours en quoi leurs idées sont compatibles avec les vôtres avant de voir les différences et les points de divergence.
- → Remerciez toujours un interlocuteur pour la production d'une idée ou d'une solution, même si vous ne les jugez pas pertinentes.
- → Ne jugez pas les personnes ; émettez seulement des opinions sur les idées en elles-mêmes sans déprécier la personne qui les porte.
- → Aussi souvent que possible, repartez d'une idée émise par un collègue pour dévelop-per votre propre argumentation.

Soyez mesuré dans vos propos

Bien souvent, un conflit peut naître parce que les mots de l'un ont dépassé sa pensée ou les limites acceptables par l'autre. Pour éviter une telle situation, gardez toujours votre com-munication dans un champ resserré autour de la cordialité et de la mesure. Des propos extrêmes, des raisonnements poussés jusqu'à l'absurde, de l'ironie trop marquée vous éloi-gneront de l'image que l'on se fait d'un bon professionnel, tout en contrôle et en mesure.

Ne réagissez pas à chaud

Pour éviter d'être pris dans le piège d'une communication qui vous échappe et qui se termine en joute verbale, ne réagissez pas à chaud. Prenez note des arguments, des idées et des propositions apportés par les uns ou les autres et réfléchissez à ce qu'il convient de répondre et à la façon de procéder. Prenez du recul, relativisez les attaques, réfléchissez en stratège plutôt qu'en gladiateur.

Astuce

La plupart des conflits au bureau viennent du fait que deux personnes qui étaient d'accord dans un premier temps ne le sont plus et chacun renvoie la faute sur l'autre :
- soit parce que l'un des deux a changé d'avis et ne veut l'admettre ;
- soit parce qu'ils croyaient être d'accord, mais il s'agissait d'un malentendu.

Pour éviter ces deux cas de figure, consignez par écrit le plus grand nombre de choses possible. Faites, et partagez avec les intéressés, des comptes-rendus d'entretien ou de réunion. Confirmez vos rendez-vous par e-mail ou encore exposez vos idées dans des documents écrits et datés qu'il sera facile de ressortir le moment voulu.

Gérez les conflits ouverts avec sérénité et méthode

Malgré tous ces bons conseils, vous ne parviendrez pas toujours à éviter les situations de conflits avérés. Pire, parfois on vous demandera de trancher ou d'arbitrer un conflit entre deux personnes (qui sont sous votre responsabilité par exemple). Qui peut le plus, peut le moins. Nous nous focaliserons ici sur la première problématique. Sortir, par le haut, d'une telle situation demande de la méthode et du tact.

Analysez le type du conflit dans lequel vous êtes

La solution au conflit dépend en grande partie de la nature de ce dernier. Trompez-vous sur le type de conflit et vous ne trouverez pas de sortie satisfaisante, quels que soient vos efforts. Trois types de conflits peuvent surgir au bureau.

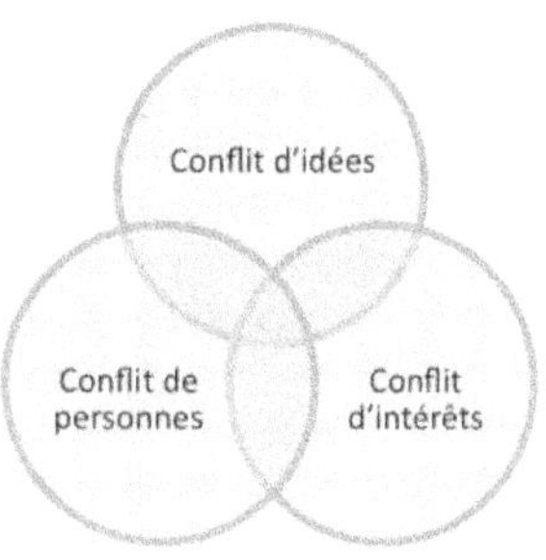

Les trois types de conflits

Le conflit d'idées

Le différend prend sa source dans le fait que les deux personnes expriment des opinions non compatibles (sur une décision à prendre, une analyse à mener, une action à faire, etc.). Dans sa forme la plus aiguë, ce peut être un conflit de valeurs qui est à l'origine de l'opposition. Ce qui caractérise ce type de conflit est que chacun est persuadé d'avoir raison et que l'autre a tort.

Le conflit d'intérêts

Les deux personnes ont des objectifs incompatibles. Lorsque l'un agit dans son intérêt, il nuit à l'autre et inversement. Ce qui caractérise ce type de conflit est que chacun comprend bien la position de l'autre, mais ne peut l'accepter sous peine de faire une croix sur ses objectifs. On pense souvent que ces conflits d'intérêts ne surviennent que tout en haut de la pyramide des grandes entreprises. En fait, il n'en est rien. Chacun peut vouloir un avantage aujourd'hui détenu par un autre ou, au contraire, ne pas vouloir que certains équilibres soient contrariés.

Le conflit de personnes

Ici, la part psychologique est la plus importante. On est face à deux individus dont les personnalités sont incompatibles. Quoi qu'elles fassent, elles ne s'entendront jamais. Leur fonctionnement est tellement différent que chacun pense de l'autre que c'est un extraterrestre et lui donne tous les noms d'oiseaux connus.

Résoudre le conflit d'idées

Approfondir pour prendre la mesure réelle du désaccord

Lorsque deux personnes sont dans un conflit d'idée, leur représentation de la situation ressemble souvent à cela :

La représentation que se font les acteurs du conflit

L'expérience montre que la réalité est souvent plus proche de cela :

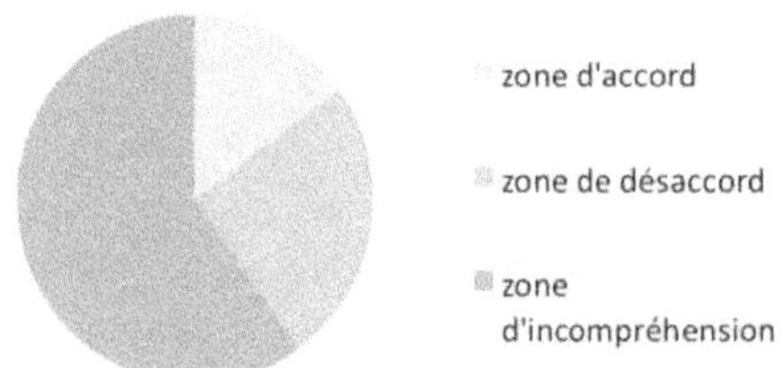

La réalité intègre une grand part d'incompréhension

Questionner l'autre pour approfondir sa vision, ses idées, ses croyances et expliquer les vôtres permet d'éclaircir la zone d'incompréhension et de délimiter précisément la zone de désaccord.

Éclaircir les incompréhensions permet de faire surgir de nouveaux points d'accord et limite le problème

Dans la résolution de ce type de conflit, les techniques de communication sont centrales. Restez calme, ne réagissez pas lorsque votre interlocuteur vous dit quelque chose avec lequel vous n'êtes pas d'accord. Contentez-vous de questionner, d'approfondir et de reformuler en toute objectivité sans agresser et sans vous sentir agressé.

Produire des nouvelles idées créatives qui conviennent aux deux parties

Dans ces cas précis, personne ne veut avoir tort, personne ne veut céder. Dès lors, tenter de convaincre l'autre d'accepter votre idée est aussi vain que ses tentatives pour vous faire accepter les siennes. La seule issue possible consiste à sortir du cadre pour proposer quelque chose de nouveau. Repartez des idées et surtout de la zone d'accord qu'elles supposent et approfondissez-la. Cherchez des nouvelles solutions qui conviendraient aux deux parties. Avancez pas à pas en privilégiant une forme de communication ouverte et conviviale.

Résoudre le conflit d'intérêts

Positionnez le curseur entre ce que vous ne lâcherez sous aucun prétexte et ce sur quoi vous êtes prêt à faire des concessions

Identifiez, par écrit, tous les intérêts que vous avez et qui sont en conflit avec ceux de votre opposant. Détaillez-les et quantifiez-les pour en avoir la vision la plus précise possible. Pour chaque aspect de ces objectifs, quantifiez la partie que vous ne voulez absolument pas céder et déterminez ainsi votre zone de négociation.

Crevez l'abcès et proposez une réunion de conciliation

La seule façon de produire un accord est de se mettre autour d'une table (ronde si possible, pour faire plus «négociateurs») et de chercher un compromis. Afin de garder un ton cordial et l'ouverture d'esprit nécessaires à la conciliation, vous pouvez proposer à un tiers de se joindre à vous. Il est toujours plus difficile de s'envoyer des assiettes à la tête en présence d'un témoin.

Avancez pas à pas vers la solution

1. Adoptez le comportement du négociateur professionnel : lors de ce face-à-face de négociation, le comportement des deux parties aura une influence forte. Vous pouvez adopter la règle suivante : soyez dur avec le différend et doux avec l'interlocuteur. « Dur avec le différend » signifie qu'en bon professionnel, vous allez défendre vos intérêts âprement. Vous ne ferez des concessions qu'en cas de blocage de la négociation et seulement si vous obtenez de la part de votre adversaire des contreparties significatives. Vous vous montrerez ambitieux dans vos demandes et radin dans les pas que vous ferez vers votre opposant. « Doux avec votre interlocuteur » signifie faire des efforts pour maintenir une communication ouverte, calme, objective, orientée vers les solutions plutôt que le problème, tournée vers l'avenir plutôt que vers le passé. Cela signifie aussi ne pas attaquer l'autre, ne pas le juger, ne pas rejeter la faute sur lui.

2. Respectez les étapes du face-à-face : dans un face-à-face de négociation, quatre étapes sont toujours présentes. Il vous faut les connaître et les respecter si vous voulez mettre toutes les chances de votre côté de parvenir à un accord.

Étape 1 : prise de contact

→ Saluez votre interlocuteur, prenez de ses nouvelles, soyez avenant et poli.

→ Informez-vous, de manière détournée, sur son état d'esprit du moment : est-il venu dans un esprit de collaboration et de conciliation ou pour se bagarrer ? Plus tôt vous aurez cette information, plus tôt vous pourrez ajuster votre stratégie.

→ Assurez-le de votre volonté de trouver un accord équilibré, de la confiance qu'il peut avoir en vous pour coopérer et être ouvert. Rassurez-le.

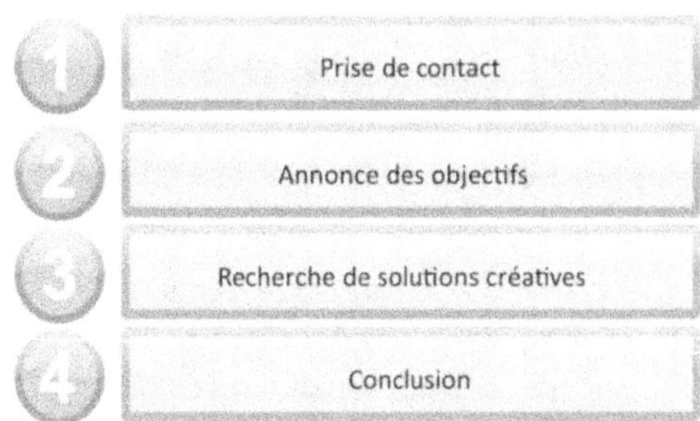

Les quatre étapes de la gestion des conflits

Étape 2 : Annonce des objectifs

Demandez-lui quels sont ses objectifs en venant à cette réunion. Approfondissez ces objectifs par des questions ouvertes. Notez soigneusement ce qui est dit pour pouvoir vous en resservir plus tard. Le plus difficile est de ne pas réagir à l'annonce de ses objectifs et ne pas commencer à négocier. Vous ferez cela plus tard.

Une fois ses objectifs bien clarifiés, annoncez-lui les vôtres en toute assertivité (pour une définition de l'assertivité, voir fiche n° 8) même s'ils s'éloignent des siens ou sont apparemment incompatibles.

Étape 3 : recherche de solutions créatives

Proposez des solutions de négociation qui préservent au mieux vos intérêts et voyez comment il réagit. Essayez d'obtenir des concessions de sa part en concédant le minimum de votre côté. Faites des échanges basés sur **vos** intérêts (c'est-à-dire vos objectifs) et sur ses intérêts. Parfois, avant de faire surgir des solutions créatives, il faut passer par une phase de questionnement qui permettra d'en savoir plus sur les positions réelles de l'interlocuteur.

Étape 4 : lorsque la phase d'échanges concessions/contreparties est terminée et que vous avez trouvé un terrain d'entente, concluez la négociation et formalisez un accord.

Résoudre le conflit de personnes

Le conflit de personnes naît des différences de fonctionnement psychologique et des écarts de comportements qui en résultent. Comprendre, accepter et s'adapter sont les maîtres mots de la résolution de ces conflits.

Comprendre et accepter les différences

Plusieurs modèles de «profilage» des personnalités ou des comportements aident à comprendre les différences entre les individus (voir fiche n° 41). Si vous n'en connaissez aucun, vous pouvez aussi utiliser votre bon sens. Écrivez sur une feuille de papier tous les comportements que vous pouvez observer chez votre opposant et que vous n'auriez pas eus en pareille situation. Tâchez d'en déduire des traits psychologiques et de les traduire en adjectifs qualificatifs.

Prenez conscience qu'il n'y a pas de profil meilleur qu'un autre et que ce n'est pas parce que cet interlocuteur est différent de vous qu'il est moins bon.

Si vous comprenez en quoi votre interlocuteur est différent de vous, vous pénétrez son fonctionnement et vous nous donnez toutes les chances de comprendre comment le convaincre.

Adaptez-vous tout en restant vous-même

À présent que vous avez décrypté le fonctionnement de votre interlocuteur, vous allez pouvoir vous adapter à lui. Attention, s'adapter ne signifie pas tenter de lui ressembler. Il s'agit plutôt de lui dire ce qu'il veut entendre, de la manière dont il veut l'entendre et de lui donner ce qui est important pour lui. Pour cela, questionnez-vous :

- ✓ quelles sont ses aspirations, ses attentes, ses besoins ?
- ✓ qu'attend-il de moi que je ne lui donne pas pour le moment ?
- ✓ quel type de communication privilégie-t-il ?
- ✓ quels comportements attend-il ? Quels comportements refuse-t-il ?

Une fois cette étude réalisée, au besoin en lui posant directement ces questions, adaptez vos actions pour qu'elles correspondent à son univers. Faites-lui aussi comprendre vos attentes vis-à-vis de lui et voyez comment il y réagit.

En résumé

On attend d'un professionnel qu'il adopte en toute occasion un comportement qui évite les conflits et aide à les résoudre lorsque ceux-ci, malheureusement, éclatent.

Cinq bonnes habitudes permettent d'éviter les conflits :

1. Appuyez vos raisonnements et vos argumentations sur des éléments objectifs.
2. Ne parlez que de vous et que pour vous.
3. Soyez ouvert aux autres et à leurs idées.
4. Soyez mesuré dans vos propos.
5. Ne réagissez pas à chaud.

Trois types de conflits existent :

▶ le conflit d'idées ;
▶ le conflit d'intérêts ;
▶ le conflit de personnes.

Le conflit d'idées se traite par la prise en compte des zones d'accord et de désaccord et la production d'idées nouvelles et créatives.

Le conflit d'intérêts se traite par les techniques de négociation.

Le conflit de personnes se traite par la compréhension de l'autre, de son fonctionnement et de ses comportements, ainsi que par votre capacité à vous y adapter tout en restant vous-même.

Fiches reliées

Fiche n° 41 : « À quoi correspondent les différentes approches psychologiques de communication ? »

Fiche n° 44 : « Comment déjouer les pièges d'une personne manipulatrice ? »

Fiche n° 57 : « Comment donner sans me faire déborder ? »

Comment grandir et me développer pour être encore plus « pro » ?

Cette question se pose quand :

✓ vous voulez continuer à progresser et à acquérir des compétences ;

✓ vous souhaitez sortir de votre zone de confort pour éventuellement changer de poste ;

✓ vous voulez développer votre employabilité.

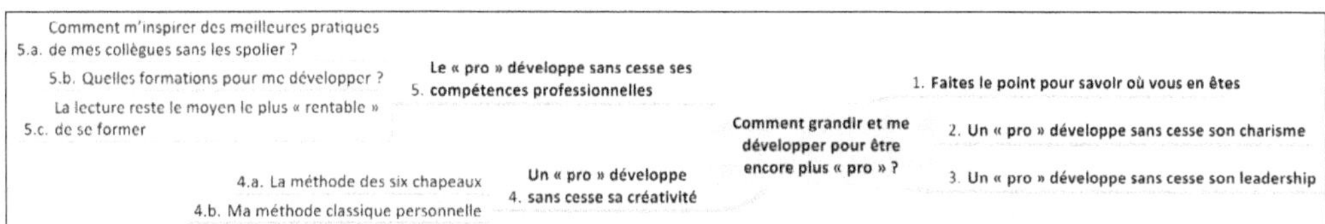

Un « pro » est avant tout quelqu'un qui progresse. Lectures, coachings, formations, entraînements, etc., doivent vous permettre d'aller de l'avant et de développer vos compétences. En particulier, trois axes de développement sont essentiels aux bons professionnels d'aujourd'hui :

- le charisme ;
- le leadership ;
- la créativité.

Faites le point pour savoir où vous en êtes

Le charisme, le leadership et la créativité sont difficiles à évaluer. Il n'y a pas de tests ni de notes. Pour savoir où vous en êtes de votre apprentissage, positionnez-vous sur les quatre étapes du « cycle d'apprentissage ».

Vous positionner dans ce cycle n'est pas très aisé, mais cela sert au moins à vous faire comprendre les différentes étapes d'un apprentissage complètement intégré aux compétences.

Notez aussi que cette matrice est un formidable outil d'échange avec votre supérieur lors d'un entretien annuel d'évaluation ou de formation. Comme la plupart des outils présentés dans ce livre, elle sert à améliorer l'efficacité de celui qui s'en sert ; mais elle facilite aussi la communication de celui qui la montre.

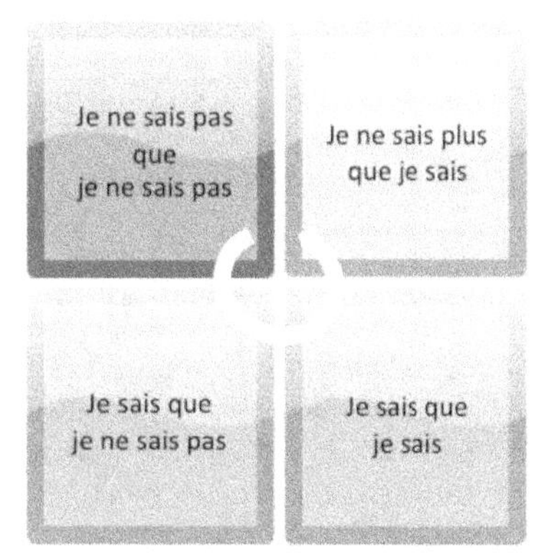

Les quatre phases de l'apprentissage

Un « pro » développe sans cesse son charisme

Pour y arriver vous aussi, je vous propose de suivre les conseils suivants :

Pour développer votre charisme

▶ Souriez à tout le monde, montrez-vous avenant et d'humeur égale.
▶ Regardez vos interlocuteurs dans les yeux, sans défi, mais plutôt en signe d'écoute et de bienveillance.
▶ Intéressez-vous à tout le monde, questionnez sans gêner, soyez curieux de tout sans être indiscret.
▶ Parlez d'une voix assurée et posée, lentement. Utilisez les silences et variez vos intonations
▶ Sachez parler de vous d'une manière avantageuse, mais mesurée ; sachez surtout écouter les autres parler d'eux.
▶ Sachez défendre votre point de vue de manière affirmée, mais toujours objective et argumentée.

Une autre manière efficace de développer votre charisme est d'analyser les interventions publiques de personnes comme les leaders politiques, les chefs d'entreprises ou encore les grands acteurs. Voyez et écoutez comment ils charment leur public. Analysez leurs mots, leurs mimiques, leurs gestes...

Astuce

Voici deux jeux que je propose aux chefs d'entreprise que j'accompagne afin de développer leur charisme.

▶ Lorsque vous vous promenez dans la rue, souriez aux gens que vous croisez et comptez le nombre de personnes qui vous sourient en retour. D'une fois sur l'autre, essayez d'augmenter ce nombre. Notez et travaillez ce qui fonctionne. Le sourire uniquement, un regard, un geste, un mot, etc. ?
▶ Dans un cocktail, un dîner, une réception où vous ne connaissez pas grand monde, allez parler au plus de personnes possibles et comptez combien, spontanément, vous proposent leur carte de visite ou encore un rendez-vous pour vous revoir.

Un « pro » développe sans cesse son leadership

Définition : leadership

C'est la capacité à conduire des individus, des équipes en vue de l'atteinte d'objectifs. C'est la capacité à mobiliser, à convaincre et à guider.

La principale composante de votre leadership, c'est votre communication et comment elle vous sert à motiver, mobiliser et avoir de l'influence sur vos collègues. Ne croyez pas que le leadership est réservé aux managers. Tous les professionnels ont intérêt à développer la capacité à prendre des décisions et à motiver leur entourage sur ces décisions. Quel que soit le niveau de ces décisions.

Vous pouvez développer votre leadership en assistant à des formations ou en suivant un coaching. Au quotidien, le développement de votre pouvoir d'influence passe surtout par l'observation des leaders de votre entourage et par la prise de risque :

✓ mettez-vous en avant aussi souvent que possible ;
✓ préparez et communiquez des objectifs attractifs et clairs ;
✓ assumez votre position influente ;
✓ développez votre autonomie.

Un « pro » développe sans cesse sa créativité

La créativité est une compétence de plus en plus prisée. Il faut savoir en faire preuve :

✓ dans la résolution des problèmes qui se présentent ;
✓ dans la recherche de nouvelles stratégies ;
✓ dans la conception de nouveaux produits, de nouvelles offres ou solutions ;
✓ en réunion ;
✓ en formation, etc.

Là encore, formations, coaching et livres permettent de connaître les principes. Pour ce qui est de la pratique, c'est une compétence qui se travaille sur le terrain.

Voici deux méthodes de développement d'idées créatives en réunion par exemple.

La méthode des six chapeaux

Dans cette méthode, développée par le psychologue, médecin et spécialiste en sciences cognitives maltais Edward de Bono, les participants à la réunion ou au brainstorming jouent, tour à tour, différents rôles qui les amènent à penser de différentes façons. Chaque rôle est symbolisé par un chapeau de couleur.

➜ Le chapeau blanc symbolise le point de vue neutre sur le problème. La personne qui le porte apporte un éclairage purement factuel et des précisions chiffrées.
➜ Le chapeau rouge symbolise le point de vue affectif et émotionnel. Celui qui le porte donne un point de vue tout à fait objectif sur le problème, ses causes et ses conséquences.
➜ Le chapeau jaune symbolise l'optimisme. Celui qui le porte insiste sur tout ce que les idées fournies ont de bien, de bon. Il ne se demande pas si elles seraient réalisables, il en voit juste le bon côté.
➜ Le chapeau noir symbolise l'objection. Le porteur de ce chapeau souligne tous les aspects négatifs des solutions envisagées. Il noircit le trait pour montrer les risques potentiels et les effets néfastes.
➜ Le chapeau vert symbolise le décadrage. Son porteur va s'efforcer de sortir du cadre de référence pour produire des idées nouvelles. Il recherche d'autres points de vue.
➜ Le chapeau bleu symbolise la méthode. La personne qui le porte mène la réunion et conduit les débats. C'est elle qui norme et formalise les échanges entre tous les participants.

C'est aussi elle qui prend des notes, souvent au tableau pour qu'elles soient visibles de tous et qui enverra un compte-rendu.

La méthode prévoit deux manières d'utiliser les chapeaux :
➜ Tous les participants ont un chapeau différent et échangent librement devant le chapeau bleu qui dirige et formalise.
➜ Tous les participants ont le même chapeau, échangent sur un même mode de pensée ; on change de chapeau toutes les dix minutes.

Ma méthode classique personnelle

Voici la méthode que j'applique pour proposer une solution créative à un problème difficile.
➜ Je liste tous les paramètres du problème. Pour cela, je décris le problème, le plus précisément possible en utilisant la méthode CQQCOQP (prononcez « c'est cucul, c'est occupé ») :

La méthode « c'est cucul, c'est occupé »

➜ Je prends chaque paramètre séparément et j'essaye de le faire varier pour voir ce que cela donne. Par exemple, je prends le paramètre humain, et je me pose les questions suivantes. Que se passe-t-il si :
✓ je change les personnes ?
✓ je change le nombre de personnes ?
✓ je change l'ordre des personnes ?
✓ j'intervertis les sexes ?
✓ je remplace les jeunes par les plus âgés et inversement ?
✓ je change les fonctions ?
✓ je change les profils ?

J'essaye, de cette manière, de parvenir à des situations complètement différentes afin de changer ma vision du problème et de trouver une solution nouvelle et acceptable.

Le « pro » développe sans cesse ses compétences professionnelles

Comment m'inspirer des meilleures pratiques de mes collègues sans les spolier ?

Cette question est cruciale, car s'inspirer de ce que vos collègues font avec succès est probablement le meilleur moyen d'apprendre et de progresser. Toutefois, il est toujours un peu difficile d'accepter de se faire copier sans retour et sans se sentir spolié. Les pratiques suivantes devraient aplanir les difficultés et faire en sorte que personne ne se sente lésé.

Donner avant de demander

La moindre des politesses est de mettre vos compétences au service de la communauté, avant de copier les compétences d'autrui. Ne cultivez pas le secret et, si vous en avez l'occasion, participez, voire organisez des forums internes d'échange de pratiques professionnelles, des ateliers de partage, du coaching, etc.

Demander à l'avance

Si vous observez, chez un collègue, une pratique qui vous attire particulièrement (une méthode, l'usage d'un document personnel, un outil, etc.) allez lui en parler :

→ Demandez-lui d'où elle vient ; est-ce personnel, appris dans une formation, dans une précédente entreprise ?
→ Demandez-lui s'il voit un obstacle à ce que vous l'appliquiez de la même façon que lui.
→ Donnez-lui en retour une ou deux astuces personnelles.
→ Remerciez-le.

→ Mettez-le en valeur à chaque occasion. Par exemple, si on vous félicite pour vos résultats, mentionnez qu'il ne vous aurait pas été possible de les atteindre sans les conseils de Monsieur Untel…

Quelles formations pour me développer ?

Définition : formation interentreprises et formation intra-entreprise

La formation interentreprises regroupe des salariés de différentes entreprises. Ces formations sont vendues sur catalogue et organisées dans les locaux de l'organisme. La formation intra-entreprise se déroule au sein d'une entreprise et ne regroupe que des salariés qui en font partie. Ces formations sont vendues après un appel d'offres de la part de l'entreprise et propositions commerciales de la part des organismes.

Quel programme ?

La formation constitue un axe important du développement du professionnalisme. Si votre entreprise n'a pas de plan de formation élaboré, ou si ce plan comporte des lacunes en ce qui vous concerne, il vous appartient de vous renseigner.

Les trois principales sources d'information pour choisir le programme adapté sont :

✓ votre service Ressources Humaines (RH) ou formation ;
✓ les catalogues de formations interentreprises des grands organismes ;
✓ les sites Internet spécialisés.

Inter ou intra ?

Voici les avantages et inconvénients de chaque formule :

	Avantages	Inconvénients
Inter	Facilité d'organisation. Possibilité de ne former qu'un petit nombre de salariés. Échanges de pratiques et de points de vue avec des professionnels d'autres secteurs.	Programme standard non personnalisé. Problèmes de confidentialité vis-à-vis des autres participants venant d'entreprises concurrentes. On ne connaît généralement pas l'animateur à l'avance.
Intra	Moins coûteux à partir de cinq à six salariés à former sur un même thème. Programme sur mesure qui correspond parfaitement aux besoins de votre entreprise et à ses pratiques. Possibilité de choisir le formateur pour son expérience, sa pédagogie ou son profil professionnel.	Organisation logistique importante (salle, pauses, convocations, etc.). Une même date doit convenir à tous les participants.

À la lecture de ce tableau, orientez-vous, aussi souvent que possible, vers une formation intra-entreprise. Ne serait-ce que parce que cela vous offre la possibilité de personnaliser totalement le programme de formation en fonction de vos besoins.

Si vous identifiez un besoin de formation non couvert par le plan de votre entreprise (lorsqu'il y en a un), cherchez autour de vous des collègues qui pourraient avoir le même besoin et proposez à votre service RH l'organisation d'une session de formation en interne.

La lecture reste le moyen le plus « rentable » de se former

Lire un bon livre d'entreprise, sur l'une de vos problématiques professionnelles, est triplement rentable :

→ Cela prend moins de temps qu'une formation.
→ Cela ne prend pas sur votre temps de travail puisque vous lisez généralement chez vous, dans les transports ou durant les pauses.
→ Un livre reflète des années d'expérience professionnelle et de recherches de l'auteur et vous pouvez vous approprier ce savoir en quelques heures de lecture !

Renseignez-vous sur les sorties de livres et prenez conseil auprès de votre hiérarchie ou de vos collègues. Commencez par leur conseiller un livre qui vous a été utile et demandez-leur s'ils ont, à leur tour, une bonne lecture à vous conseiller.

Bien entendu, tout ne peut pas s'apprendre dans les livres et les entraînements pratiques proposés en formations ainsi que la pratique quotidienne sont des passages obligés.

En résumé

La base du développement est l'audit de vos compétences : savoir ce que vous savez et ce que vous ne savez pas.
Quatre axes de développement sont à privilégier : le charisme, le leadership, la créativité et les compétences professionnelles propres à votre activité.

Fiches reliées

Fiche n° 56 : « Comment agir avec éthique ? »
Fiche n° 57 : « Comment donner sans me faire déborder ? »
Fiche n° 62 : « Comment avoir une vue plus large de la vie de mon entreprise ? »

Chapitre 2

Être « pro » envers votre entreprise

Comment avoir une vue plus large de la vie de mon entreprise ?

Cette question se pose quand :

✓ on vous reproche de ne vous intéresser qu'à votre travail ;

✓ vous ne vous intéressez qu'au périmètre de vos tâches ou de votre service sans aller voir plus loin.

Les discussions formelles ou informelles 2.a. à l'intérieur de l'entreprise			
2.b. Le rapport annuel	**Augmentez le périmètre** 2. **de vos informations**	**Comment avoir une vue plus large de la vie de mon entreprise ?**	
2.c. La presse			1. **Développez une saine curiosité transversale**

« Rien de ce qui concerne l'entreprise dans laquelle je travaille ne m'est totalement étranger. » J'ai entendu cette phrase de la bouche d'un de mes amis que je considère comme un excellent professionnel. Elle résume parfaitement ce que lui et moi croyons à ce sujet : lorsque l'on travaille dans une entreprise, voire un grand groupe, on ne peut bien sûr pas tout connaître, mais tout doit nous concerner, de près ou de loin.

Développez une saine curiosité transversale

Si d'autres personnes font le même métier que vous dans l'entreprise, ou si elles travaillent sur les mêmes dossiers, ou encore si elles mettent en œuvre les mêmes compétences que vous, il peut être tout à fait opportun de s'intéresser à elles et à ce qu'elles font. Les bénéfices que vous pourrez retirer de ces discussions sont :

✓ des échanges de compétences, de bonnes pratiques ;

✓ des échanges d'informations ;

✓ des opportunités de mobilité ;

✓ des opportunités de vous faire connaître ou reconnaître comme un bon professionnel, une amélioration de votre image.

Augmentez le périmètre de vos informations

Pour un bon professionnel, il est tout à fait indispensable de connaître des éléments clés tels que :

→ La composition de l'actionnariat : qui sont les propriétaires de l'entreprise ?

→ Quels sont les objectifs à moyen et long termes : où va-t-on ?

→ Quelle est la stratégie à moyen et long termes : qu'est-ce qui est important ? Sur quoi faire porter nos efforts ? Quels changements devrons-nous accomplir ?

→ Quelles sont les mutations attendues de notre marché, de notre secteur : quelles sont les technologies naissantes ? Quelles sont les dynamiques ? Quelles sont les nouvelles contraintes ? Les opportunités ? Etc.

→ Qui seront les prochains acteurs ?

→ Quelles sont les forces et les faiblesses de l'entreprise dans son ensemble ?

→ Qui sont les principaux dirigeants, quel a été leur parcours ? Quelles sont leurs convictions, leurs idées ?

Pour obtenir ces informations, plusieurs sources sont à votre disposition.

Parole de pro

Élisabeth Muller, consultante, Qualihorg Hommes et Organisation au Service du Client : *« Je tiens à jour un carnet de bord professionnel dans lequel j'inscris, jour après jour :*

- *tout ce que j'ai appris, mes nouvelles connaissances et compétences ;*
- *mes points d'étonnement ;*
- *mes idées, mes projets ;*
- *les coordonnées de tous mes nouveaux contacts.*

Relire ce carnet de temps en temps permet d'ancrer les connaissances et les idées. C'est aussi un outil important à l'heure de faire un bilan de compétences ou de chercher un nouvel emploi. »

Les discussions formelles ou informelles à l'intérieur de l'entreprise

Soyez attentifs aux comptes-rendus de comité de direction, aux conférences, aux visites de patrons… Tendez l'oreille et n'hésitez pas à questionner et à approfondir. Méfiez-vous des rumeurs, vérifiez vos informations.

Le rapport annuel

Les grandes entreprises éditent chaque année un rapport annuel qui contient leurs comptes, mais aussi les principales options stratégiques et des éléments très intéressants. Les plus petites entreprises publient leurs comptes, qui sont aussi une source d'informations essentielles.

La presse

Lisez les articles (si besoin dans la presse économique gratuite sur Internet) qui concernent votre entreprise et aussi votre secteur et vos concurrents. Abonnez-vous aux newsletters gratuites, spécialisées dans votre industrie. Mettez en place des alertes par e-mail sur les mots clés qui correspondent au nom de votre entreprise, de vos concurrents ou de votre secteur économique. Certaines entreprises éditent des revues de presse avec les articles qui la concernent, ce serait dommage de ne pas en profiter !

Parole de pro

- Carole Vidal, International Account Director, EURO RSCG Groupe Havas : *« Je cherche continuellement à améliorer ma connaissance et mon niveau d'information sur mon entreprise et notre secteur d'activité. J'ai paramétré mon moteur de recherche sur Internet pour qu'il m'envoie, une fois par semaine, les nouveautés concernant les mots clés relatifs au nom de mon entreprise et aux sujets que je traite. Je me suis aussi abonnée à de nombreuses newsletters ainsi qu'à des flux RSS. »*

En résumé

Soyez curieux de votre environnement professionnel, aussi bien transversalement que vers la Direction, ou plus haut niveau. Profitez de toutes les sources d'informations, internes et externes pour connaître l'essentiel sur votre entreprise et votre secteur économique.
Montrez-vous intéressé par tous les aspects de votre entreprise en toutes circonstances pour améliorer votre image en interne.

Fiches reliées

Fiche n° 54 : « Comment être prêt en toutes circonstances ? »
Fiche n° 61 : « Comment grandir et me développer pour être encore plus "pro" ? »
Fiche n° 63 : « Comment contribuer à l'élan commercial de mon entreprise ? »

Comment contribuer à l'élan commercial de mon entreprise ?

Cette question se pose quand :

✓ votre entreprise est très soucieuse de ses ventes ou de son chiffre d'affaires ;

✓ vous ne faites pas partie du service commercial, mais vous pensez que vous pouvez y contribuer de loin.

3. En interne : le cross-selling	**Comment contribuer à l'élan commercial de mon entreprise ?**	1. S'informer pour pouvoir contribuer
		2. Susciter les opportunités

Être « pro », c'est contribuer du mieux que l'on peut au succès de son entreprise. Ceci est d'autant plus vrai en ce qui concerne les défis stratégiques. Le développement commercial fait pratiquement toujours partie de la liste. L'idée n'est pas de faire le travail des commerciaux si vous n'en êtes pas un, mais plutôt de se sentir concerné par les ventes, de pouvoir parler de vos produits et de vos marques et de faire profiter le service commercial des opportunités que vous identifierez peut-être.

S'informer pour pouvoir contribuer

Pour pouvoir contribuer, même un peu, même de loin, au succès commercial de votre entreprise, il faut connaître un certain nombre d'informations :

→ Que vend l'entreprise ? Quels sont les produits ? Quelles sont leurs qualités ? Les atouts qui les différencient ?

→ Quelles sont les marques ? À quoi correspondent-elles ?

→ Quelle personne connaissez-vous au sein du service commercial qui pourrait aiguiller une demande de l'un de vos contacts ?

On ne vous demande pas de connaître la stratégie commerciale, ni les techniques de prospection ou encore les argumentaires de vente de tous les produits. On vous demande juste de pouvoir en parler de manière avantageuse.

Susciter les opportunités

Réseaux sociaux, professionnels ou personnels, dîners entre amis, réunions associatives, etc., sont autant d'opportunités de faire connaître son entreprise et d'en dire du bien. Faites-le naturellement lorsque l'on vous demande ce que vous faites dans la vie. Je suis toujours frappé d'entendre certaines personnes répondre à cette question sans citer le nom de leur entreprise : « *Je suis comptable dans une boîte d'électronique.* » D'autres citent un nom que personne ne connaît et s'arrêtent là sans préciser le secteur économique ou les produits.

L'expérience des réseaux sociaux, et plus généralement du Web 2.0, montre que la probabilité qu'un convive d'un dîner de dix personnes soit directement intéressé par les produits de votre entreprise est peut-être faible, mais la probabilité que l'un de ces convives connaisse quelqu'un d'intéressé est très forte.

À savoir

Chacun d'entre nous connaît entre deux mille et cinq mille personnes en moyenne[12].

À l'inverse, ne pas parler de votre entreprise, dénigrer ses produits ou votre environnement de travail détruit de la valeur et nuit aux intérêts commerciaux de votre employeur.

En interne : le cross-selling

Le terme anglais « *cross-selling* » n'a pas véritablement d'équivalent en Français. Il désigne les ventes croisées entre deux services d'une même entreprise. Lorsque la division « Grands comptes » identifie une opportunité qui n'est pas dans son champ d'action et qu'elle la fait suivre à la division « PME-TPE », cela s'appelle du *cross-selling*. Vendre un produit B en complément d'un produit A très différent (par exemple une nuit d'hôtel en complément d'un billet de train), c'est aussi faire du *cross-selling*. Si vous faites partie d'une entreprise ou d'un groupe qui a plusieurs filiales ou plusieurs lignes de produits, il est important que vous sachiez parler de tout ce que font les autres entités.

Soyons clairs, les entreprises ne comptent pas sur les opportunités qui sont détectées par les non-commerciaux pour survivre ou se développer. L'idée de s'impliquer dans les défis commerciaux, même de loin, sert surtout à soigner votre image de « pro » exemplaire. Quel que soit votre poste ou votre niveau dans l'entreprise, vous renvoyez le message que rien ne vous est étranger, particulièrement pas les dossiers stratégiques.

En résumé

S'impliquer, au moins un peu, dans les ventes et la promotion de votre entreprise et de ses produits sert votre image de bon professionnel exemplaire.
Pour cela, il vous suffit de parler en bien de votre entreprise et de ses produits.
Renseignez-vous en interne pour connaître les produits et les marques, faites-vous un contact au sein du service commercial qui pourra aiguiller une demande que vous lui apporterez.

Fiches reliées

Fiche n° 62 : « Comment avoir une vue plus large de la vie de mon entreprise ? »
Fiche n° 64 : « Comment contribuer à la politique de baisse des coûts de mon entreprise ? »
Fiche n° 77 : « Comment prendre des initiatives dans mon travail sans prendre de risque ? »

---

12. Sola Pool (de), I., « Contact and influence » ; Freeman, I, Thompson, C.R., « Estimating acquaintanceship volume », in Kochen, M. (Eds.) The small world, Ablex Publishing Corporation, 1989.

Comment contribuer à la politique de baisse des coûts de mon entreprise ?

Cette question se pose quand :

✓ votre entreprise est très soucieuse de ses dépenses ;
✓ vos actions quotidiennes pour réduire les coûts ne sont pas assez valorisées par vos collègues ou votre hiérarchie.

	Comment contribuer à la politique de baisse des coûts de mon entreprise ?	Contribuez à la réduction 1. des frais généraux
Contribuez à la réduction des 2. coûts liés à votre activité		

Dans cette période de difficultés financières et dans laquelle il semble de plus en plus dur de construire la marge par les ventes, les entreprises cherchent, par tous les moyens, à réduire leurs dépenses. Plus vous pourrez vous impliquer dans cette démarche, plus vous valoriserez un comportement unanimement reconnu comme étant professionnel et moderne.

Contribuez à la réduction des frais généraux

Voici une liste d'actions, faciles à réaliser au niveau individuel, qui marqueront votre engagement dans la politique de baisse des coûts de votre entreprise :

Réduire les frais généraux

▶ Veillez à la consommation d'énergie de votre bureau.
▶ Mettez un pull plutôt que monter le chauffage.
▶ Veillez à votre consommation de papier et de fournitures.
▶ Imprimez les documents internes en noir et blanc, recto verso.
▶ Prenez les transports plutôt que le taxi pour vos déplacements professionnels.
▶ Réservez ou faites réserver vos billets de train ou d'avion le plus tôt possible, et par Internet, pour profiter des meilleurs tarifs.
▶ Appelez vos interlocuteurs sur leur téléphone fixe et évitez les mobiles aussi souvent que possible.
▶ Postez vos documents à l'avance pour éviter de faire appel à des coursiers en urgence.

Contribuez à la réduction des coûts liés à votre activité

Exemple

Un de mes clients, une grande entreprise industrielle américaine, organise, au sein de chaque service, un brainstorming de deux heures tous les trimestres ayant pour thème « Que pouvons-nous faire concrètement pour réduire les coûts liés à l'activité du service ? ». Les idées générées sont mises en place quand cela est possible et partagées au sein d'un Intranet. Pourquoi ne pas être l'instigateur de telles initiatives au sein de votre entreprise ?

Chaque département de l'entreprise, chaque fonction, chaque métier génère des coûts. Avoir une vue complète des coûts qui vous concernent et tenter de les réduire au quotidien, c'est faire preuve d'un comportement professionnel.

En résumé

La réduction des coûts est un enjeu
essentiel des entreprises.
Vous intéresser à cet enjeu et vous
impliquer dans des actions concrètes,
c'est faire preuve de professionnalisme et
valorise votre image.
Des actions concrètes peuvent être
menées pour réduire les frais généraux
que vous engagez et pour réduire les coûts
directement liés à votre activité.

Fiches reliées

Fiche n° 63 : « Comment contribuer à
l'élan commercial de mon
entreprise ? »
Fiche n° 65 : « Comment contribuer à la
politique de développement
durable de mon entreprise ? »

Comment contribuer à la politique de développement durable de mon entreprise ?

Cette question se pose quand :

✓ votre entreprise est très orientée développement durable ;
✓ le développement durable vous tient à cœur et vous souhaitez faire changer les choses dans votre entreprise.

2.a. Meubles, fourniture, papier et encre	Engagez-vous dans	Comment contribuer à	1. Pour commencer
2.b. Énergie	2. des actions concrètes	la politique de développement durable	
2.c. Déchets		de mon entreprise ?	

Le développement durable et les considérations écologiques sont au cœur de la réflexion de très nombreuses entreprises. S'intéresser à cela et prendre des initiatives fait partie du comportement attendu chez tous les bons professionnels aujourd'hui. Le sujet est trop important et trop impliquant pour que vous puissiez vous permettre de rester à l'écart.

Pour commencer

La première des choses à faire est de se renseigner sur la politique de développement durable de votre entreprise :

→ Y a-t-il une politique formalisée ? Des objectifs définis ? Une stratégie ? Des actions clés ?
→ Quelles actions ont déjà été menées ? Lesquelles sont en cours ? D'autres sont-elles planifiées ?
→ Quelles sont les personnes référentes ?

Engagez-vous dans des actions concrètes

Ensuite, il vous faut agir au quotidien et à votre niveau. Voici une liste, non exhaustive, de quelques comportements de développement durable que vous pouvez mettre en place dès aujourd'hui. Trois domaines sont prioritaires :

Meubles, fourniture, papier et encre

→ Utilisez des fournitures réutilisables et rechargeables, limitez au maximum l'usage des consommables (stylos jetables, gobelets de plastique, cédéroms et DVD non réinscriptibles, etc.).
→ Privilégiez les meubles et fournitures élaborés à partir de matériaux recyclés et/ou recyclables.
→ Préférez un ordinateur portable à un fixe, car il contient moins de matériaux et consomme moins d'électricité.
→ Utilisez des appareils économes en énergie ou en ressources (photocopieurs et imprimantes capables d'économiser l'énergie et d'imprimer en recto verso, dispositifs d'économie d'eau dans les toilettes, radiateurs à haut rendement énergétique, ampoules basse consommation, etc.).
→ Achetez des appareils robustes, durables et faciles à réparer.
→ Utilisez du papier recyclé et réduisez fortement votre consommation de papier et d'encre.

Parole de pro

Jean-Luc Kastner, responsable du développement, Stonfield : « *Pour contribuer à un développement plus respectueux de la planète, voici quelques actions que j'ai mises en place dans toutes les entreprises par lesquelles je suis passé :*

▸ *remplacer les stylos-billes par des crayons à papier faits avec du papier recyclé à la place du bois ;*
▸ *remplacer les imprimantes laser par des imprimantes à jet d'encre ;*
▸ *remplacer la machine à café qui délivre des gobelets par une machine qui accepte les tasses et les mugs.* »

→ Gardez vos impressions devenues inutiles pour faire du papier de brouillon.
→ Faites des impressions et des copies recto verso et en noir et blanc. Réglez vos paramètres d'impression pour qu'elle se fasse par défaut en noir et blanc et que vous n'ayez à sélectionner l'option « couleurs » que lorsque cela est nécessaire. Pensez à imprimer en mode « brouillon » lorsque le document est pour vous.
→ Imprimez plus petit en réduisant la taille des caractères ou en imprimant plusieurs écrans d'ordinateur par page.
→ Faites les premières relectures des documents importants à l'écran. N'imprimez que lorsque vous en êtes au niveau des finitions.
→ N'imprimez pas vos e-mails. Si vous devez absolument imprimer un e-mail, faites attention au nombre de pages que vous devez réellement imprimer. Bien souvent, la dernière page ne sert à rien d'autre qu'à donner des mentions légales (et aussi à préciser de ne pas imprimer cet e-mail !).
→ Refusez les abonnements de journaux et de magazines imprimés et privilégiez les éditions électroniques consultables sur Internet.

→ En réunion, ou même en entretien individuel, projetez vos documents plutôt que faire une impression par personne.

À savoir

En France, un employé consomme, en moyenne, soixante-quinze kilogrammes de papier par an et il faut sacrifier deux arbres pour les produire[13].

Énergie

→ Réduisez au maximum vos déplacements professionnels. Organisez des conférences téléphoniques ou des visioconférences.
→ Privilégiez toujours les transports en commun et le train.
→ Prenez l'escalier plutôt que l'ascenseur.
→ Allez travailler à pied ou à vélo ou mettez en place un système de covoiturage avec vos collègues de bureau.
→ Limitez au maximum le recours à des coursiers ou à des délais de livraison en express. Plus le délai est court, moins il y aura de colis dans la camionnette.
→ Aussi souvent que possible, éteignez les lumières et le chauffage de votre bureau. Préférez une lampe de bureau qui éclaire votre clavier à un plafonnier qui éclaire toute la pièce.
→ Fermez les rideaux de votre bureau aussi souvent que possible pour empêcher la chaleur de sortir l'hiver (consommation de chauffage) ou de rentrer l'été (consommation de climatisation).
→ Pendant la journée, maintenez votre bureau à une température stable, proche de 19-20 degrés Celsius. Éteignez le chauffage de votre bureau lorsque vous partez.

---

13. Livre vert du Snessi (Syndicat nationale des entreprises de systèmes et de solutions d'impression), 2008, cité dans Le Monde Informatique.fr du 19 janvier 2010

➜ Paramétrez au plus juste la mise en veille de votre ordinateur.
➜ Éteignez ou débranchez les appareils dont vous ne vous servez pas en permanence (cafetière, lampe de bureau, imprimante, moniteur, etc.). Le plus simple est de brancher tous ces appareils sur une multiprise équipée d'un interrupteur et de l'éteindre lorsque vous quittez le bureau pour vingt minutes ou plus.
➜ Pour faire chauffer votre repas du déjeuner, privilégiez le four à micro-ondes au four traditionnel.

Déchets

➜ Récupérez le papier dans un bac ou une corbeille à part.
➜ Les ampoules, les piles et autres déchets spéciaux doivent être triés à part.
➜ Prenez de la vaisselle réutilisable, bannissez les gobelets et la vaisselle en plastique.

Astuce

Rendez-vous sur le site www.bourrelly.org, rubrique « La bible de l'efficacité au bureau », pour télécharger gratuitement cette liste. Ainsi, vous pourrez l'imprimer, l'afficher dans votre bureau et la diffuser autour de vous.

Par ailleurs, ne tentez pas de mettre en place toutes ces bonnes pratiques d'un coup. Fixez-vous un objectif de, par exemple, cinq bonnes pratiques. Mettez en place un indicateur de suivi pour vous rendre compte de l'efficacité de ces cinq mesures dans votre environnement de travail. Puis passez progressivement à six, sept, etc.

En résumé

Renseignez-vous sur la politique de développement durable de votre entreprise.

Mettez en place cinq actions quotidiennes, à votre niveau, et allez plus loin au fur et à mesure de vos succès.

Communiquez en interne et ralliez des personnes à cette cause.

Fiches reliées

Fiche n° 24 : « Comment classer mes papiers efficacement ? »
Fiche n° 64 : « Comment contribuer à la politique de baisse des coûts de mon entreprise ? »

Partie IV

Prendre soin de vous

Garder votre tonus, préserver votre santé, baisser votre stress

Chapitre 1

Garder la forme au bureau

Comment conserver mon tonus tout au long de la journée ?

Cette question se pose quand :

✓ vous ressentez des «coups de pompe» à certains moments de la journée ;

✓ vous avez des difficultés à vous concentrer et à agir ;

✓ vous vous sentez fatigué.

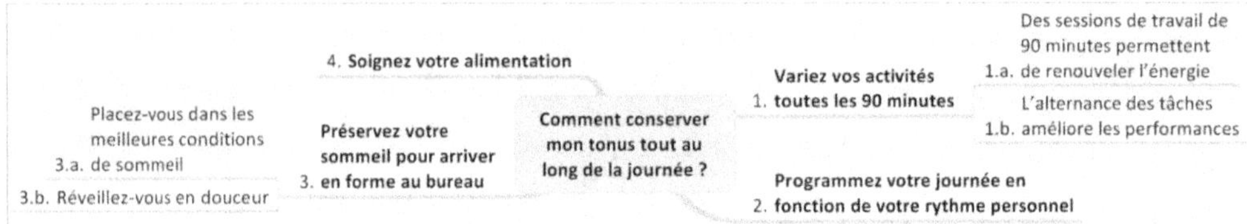

Pour conserver son niveau d'énergie, il faut prendre conscience du fonctionnement de votre cerveau et de votre physiologie en général. Organisation du travail, sommeil et nutrition sont les trois clés principales.

Variez vos activités toutes les 90 minutes

Des sessions de travail de 90 minutes permettent de renouveler l'énergie

Le cycle de travail du cerveau dure quatre-vingt-dix minutes. C'est le temps pendant lequel on peut rester concentré sur une tâche sans se lasser ni se fatiguer. Une fois cette durée atteinte, il est très fortement recommandé de faire une pause, que cela soit à votre bureau, en réunion, en entretien ou encore en formation par exemple. La durée de cet arrêt dépend de l'intensité du travail fourni avant et de celle de la tâche qui suivra. Dix minutes représentent un minimum et cela peut aller jusqu'à une demi-heure. Attention, seules de vraies pauses permettent au cerveau de regagner en niveau d'énergie : arrêter de lire un rapport pour lire les actualités sur Internet, ce n'est pas faire une pause. Interrompre une réunion pour se jeter sur ses e-mails non plus. À l'inverse,

voici ce que vous pouvez faire qui changera le cours de votre journée :

✓ faire quelques pas dehors, en pensant à des choses agréables ;

✓ faire des étirements, des auto-massages (pour en savoir plus, voir fiche n° 67) ;

✓ aller à la machine à café et parler de tout et de rien avec un collègue, en évitant soigneusement les sujets relatifs au travail ;

✓ écouter de la musique les yeux fermés ;

✓ faire une micro-sieste.

L'alternance des tâches améliore les performances

Les deux hémisphères du cerveau n'ont pas la même fonction. Le gauche est celui du raisonnement logique, de la pensée analytique, du calcul, des mots... alors que le cerveau droit est le siège de la créativité, des images, de l'intuition, de l'humour et des arts...

Pour élaborer une pensée, les deux hémisphères travaillent de concert, mais pas avec

Définition : micro-sieste

Une micro-sieste désigne un endormissement profond pouvant durer de quelques secondes à cinq minutes maximum et qui permet de régénérer une grande partie de l'énergie dépensée dans la journée. Comme toute activité, l'art de la micro-sieste s'apprend et il est important de s'entraîner pour progresser. La micro-sieste peut se pratiquer assise ; elle est donc tout à fait adaptée au temps de pause au bureau.

la même intensité. Au cours de la journée, lorsque le cerveau droit est fortement sollicité, le cerveau gauche se repose, et inversement. Puis, cela s'intervertit au bout de quatre-vingt-dix minutes. Pour améliorer vos performances et ne pas vous fatiguer inutilement, vous devez repérer lequel de vos deux hémisphères vous pouvez solliciter et effectuer une tâche qui lui correspond. Ne dépassez pas quatre-vingt-dix minutes et changez de travail afin de solliciter l'autre hémisphère.

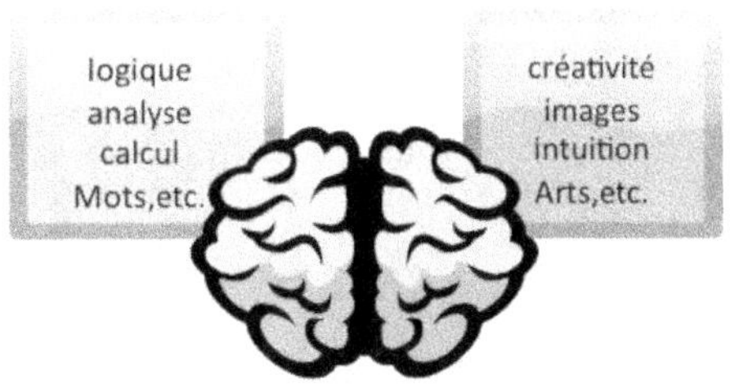

Les « deux » cerveaux chez l'Homme

Parole de pro

Rose Bouthors, responsable développement : « *Dans la journée, je pratique l'alternance des tâches entre celles qui requièrent de la réflexion, de la concentration et les travaux de saisie, de mise en forme, de lecture de documents. Cette alternance dans une journée (par exemple réflexion-saisie-réflexion-mise en forme) permet d'entraîner mon cerveau à retrouver la concentration et à se relâcher un peu de temps en temps.* »

Parole de pro

Ingrid Nevicato, directeur adjoint des achats, collectivité territoriale : « *Je planifie mes journées en positionnant d'abord les activités plaisantes. Puis j'intercale entre elles les activités qui me rebutent davantage.* »
Emmanuel Coste, gérant, Explic-It :
« *Je planifie toujours des tâches qui ne requièrent pas un grand niveau de réflexion ou de concentration aux moments de la journée où mon niveau d'énergie est le plus bas, comme par exemple au retour de déjeuner.* »

Programmez votre journée en fonction de votre rythme personnel

Certains sont du matin, d'autres du soir. Untel peut travailler jusqu'à 13 heures 30, un autre doit s'arrêter à midi pile... Nous sommes tous différents. Connaître son propre rythme de performance et s'adapter est une clé de l'efficacité continue tout au long de la journée.

→ Menez les tâches les plus longues ou les plus difficiles quand vous savez que vous êtes généralement en forme.

→ Prévoyez les tâches les plus attractives, celles qui vous plaisent, au moment de la journée dans lequel vous ressentez généralement un «coup de pompe».

→ Après le déjeuner, pendant la digestion, ne vous enfermez pas dans une salle de réunion : vous auriez toutes les chances de somnoler. Au contraire, prévoyez une activité qui vous demande de bouger, de vous déplacer, d'aller à la rencontre de collègues par exemple.

Préservez votre sommeil pour arriver en forme au bureau

Placez-vous dans les meilleures conditions de sommeil

Mieux vous dormez, plus vous aurez d'énergie le lendemain. Paradoxalement, dormir mieux ne signifie pas toujours dormir plus. Chacun de nous a un besoin spécifique en termes de durée de sommeil. En revanche, quelle que soit la durée de votre nuit, un mauvais repos est toujours synonyme de fatigue. Voici quelques conseils :

→ Identifiez votre besoin en heures de sommeil et respectez-le.
→ Couchez-vous à heure fixe et dès que vous ressentez le sommeil. Les cycles de sommeil durent, eux aussi, quatre-vingt-dix minutes. Si vous en manquez un, vous ne pourrez plus vous endormir avant ce laps de temps !
→ Réveillez-vous à heure fixe, en semaine au moins.
→ Faites du sport ou dépensez-vous physiquement dans la journée, cela aide à passer une bonne nuit. En revanche, ne le faites pas trop tard le soir. Cela fait monter la température et gêne l'endormissement. Prévoyez de terminer votre activité au moins deux heures avant de vous coucher.
→ Proscrivez le café, le thé, la vitamine C, les boissons énergisantes, l'alcool en grande quantité, etc., le soir et même après 15 ou 16 heures.
→ Dînez tôt (au plus tard deux heures avant de vous coucher) d'un repas léger pour que la digestion, qui constitue un travail métabolique lourd, ne perturbe pas votre sommeil.

Parole de pro

Martine Copé, spécialiste bien-être, Clubm'Co : « *Pour une bonne nuit de sommeil, j'évite de dîner moins de deux heures avant le coucher. Le repas du soir doit toujours être équilibré.* »

→ Maintenez une température fraîche dans votre chambre et aérez-la souvent. Limitez-y l'intrusion de nuisances telles que le bruit, les vibrations, la lumière et les ondes. Débranchez les appareils électromagnétiques et éloignez votre téléphone mobile de votre table de nuit.
→ Mettez en place votre propre rituel de coucher. Cela peut être un temps de lecture, un bain, des exercices de relaxation, l'écoute de musique apaisante, la diffusion d'une huile essentielle sédative.

Astuce

Il existe des cédéroms et des fichiers mp3 à télécharger de musiques ou de sons qui favorisent l'endormissement. Certains logiciels proposent même de vous faire écouter des ondes pour gérer les différentes phases de votre sommeil. Le plus connu est « Pzizz ».

Votre rituel doit toujours être le même. Testez plusieurs stratégies d'endormissement. Une fois que vous aurez trouvé celle qui vous convient, n'en changez plus. Si, malgré votre rituel, vous n'arrivez exceptionnellement pas à vous endormir, levez-vous et changez-vous les idées. Faites quelque chose de calme et soyez attentif aux premiers signes de fatigue pour ne pas rater le prochain cycle. À ce moment-là, reprenez votre rituel au plus près et laissez-vous aller au sommeil aussi naturellement que possible.

Parole de pro

Emmanuel Coste, gérant, Explic-It :
« Pour récupérer un haut niveau d'énergie en peu de temps, j'utilise les logiciels d'endormissement ou de potentialisation de sieste ("power napping"), comme "Pzizz" par exemple. Ils permettent de s'endormir profondément en peu de temps et de maximiser la récupération. »

Réveillez-vous en douceur

Plutôt qu'une sonnerie tonitruante, pensez à une musique douce pour vous réveiller. Évitez les informations matinales et le lot de soucis qu'elles charrient. Au contraire, utilisez un simulateur d'aube. Ce radioréveil d'un genre particulier éclaire votre chambre très progressivement tout en vous proposant un son agréable (oiseaux, vagues, cigales, etc.) au volume croissant, lui aussi, petit à petit. Tout est fait pour vous rapprocher du réveil naturel de l'homme (soleil et bruits de la nature).

Soignez votre alimentation

L'alimentation a pour fonction principale de vous apporter, tout au long de la journée, l'énergie dont vous avez besoin pour fonctionner et travailler efficacement. Elle constitue donc un pan important de votre tonus.

Le petit-déjeuner doit être complet pour reconstituer les réserves et vous permettre de travailler jusqu'à midi. Idéalement, il doit se composer de :
- ✓ une boisson pour compenser la perte d'eau de la nuit ;
- ✓ un fruit ou un jus de fruit pour les vitamines ;
- ✓ des sucres lents (céréales ou pain) qui libéreront leur énergie tout au long de la matinée.

Vers 10 ou 11 heures, une collation vous évitera d'avoir faim et de trop manger à midi. Ce peut être un fruit, un produit laitier ou des céréales (en barre par exemple).

À midi, méfiez-vous des aliments trop gras qui se digèrent mal et pomperont une grande partie de votre énergie. Proscrivez aussi les faux tonifiants tels que le sucre ou l'alcool, qui donnent un coup de fouet très rapide, mais fatiguent tout de suite après, pour le reste de la journée. Le repas idéal reste une viande blanche ou un poisson, avec un peu de féculents (riz, pâtes, pomme de terre) et des légumes, une portion de crudités ou un fruit en dessert. Pensez à déjeuner lentement, bien installé à une table prévue à cet effet, dans un endroit calme.

Vers 16 heures, une collation légère permet de tenir jusqu'au moment du dîner. Je vous conseille particulièrement une poignée de fruits secs.

Tout au long de la journée, pensez à boire de l'eau.

En résumé

Les clés pour garder votre niveau d'énergie à son maximum, tout au long de votre journée de travail, sont :
- ▸ l'alternance des tâches, les pauses et l'organisation en sessions de quatre-vingt-dix minutes ;
- ▸ le respect de votre rythme personnel ;
- ▸ la qualité du sommeil ;
- ▸ une alimentation saine.

Fiches reliées

Fiche n° 2 : « Comment améliorer la gestion de mon temps ? »
Fiche n° 67 : « Comment limiter les facteurs de fatigue ? »
Fiche n° 70 : « Comment conserver une activité physique au bureau ? »

Comment limiter les facteurs de fatigue ?

Cette question se pose quand :

✓ votre travail vous fatigue, vous épuise ;

✓ vous ressentez des douleurs en cours ou en fin de journée.

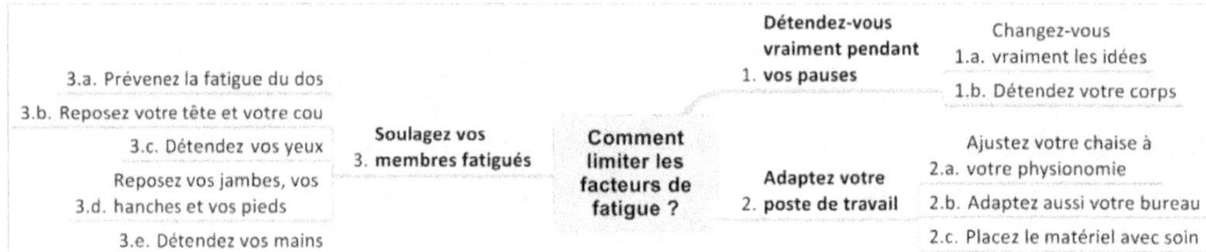

Fatigue et douleurs sont de véritables facteurs de limitation de votre efficacité au travail. Pour les combattre, vous devez adapter votre poste de travail, changer vos postures et pratiquer des exercices de détente et des massages.

Détendez-vous vraiment pendant vos pauses

Le premier facteur de repos au bureau est la pause que vous vous octroyez, de préférence toutes les quatre-vingt-dix minutes. Pour qu'elle soit réussie, elle doit reposer aussi bien le corps que la tête.

Changez-vous vraiment les idées

Pendant vos pauses, ne continuez pas ni n'atténuez l'activité précédente. Au contraire, imposez-vous une non-activité. Faites quelque chose qui n'a rien à voir avec votre travail ou vos enjeux. Évitez de lire et encore moins de regarder l'écran de votre ordinateur. L'idéal consiste à changer de lieu pour couper totalement avec l'activité précédente.

Détendez votre corps

Le travail à l'ordinateur, notamment, nous impose de rester de longs moments dans la même position, ce qui ankylose notre corps. Les pauses sont un moment de détente (au

Parole de pro

Rose Bouthors, responsable développement : « *Tous les jours, j'aménage dans mon emploi du temps des pauses spécifiques (courtes, par exemple dix minutes) coupées de l'environnement de travail pour marcher un peu (il n'y a pas que les fumeurs qui peuvent prendre l'air !) afin de faire le vide et de redémarrer mon travail avec un esprit plus "recentré" en commençant par penser à tout autre chose !»*

sens premier du terme) essentiel à lui offrir. Marchez, étirez-vous, faites quelques exercices d'assouplissement... Faites vivre vos différentes articulations et vos muscles afin de stimuler la circulation du sang et l'oxygénation de tous vos organes. Aérez votre bureau, buvez, et, deux fois par jour, prenez une légère collation avant de vous remettre au travail (voir fiche n° 66).

Adaptez votre poste de travail

La mauvaise ergonomie du poste de travail entraîne fatigue et manque de productivité, ainsi que des lésions graves : traumatisme, tendinite, syndrome du canal carpien, inflammation, etc. Vous pouvez jouer sur deux éléments pour éviter tout cela : le réglage de votre chaise et la disposition des différents éléments sur votre bureau, notamment clavier et écran de votre ordinateur.

Ajustez votre chaise à votre corpulence

Le choix de la chaise est un élément de confort important. Voici les caractéristiques que je recommande :

- ✓ un dossier haut, au moins jusqu'à la hauteur de vos épaules et dont la forme épouse et soutient celle de votre colonne vertébrale ;
- ✓ pivotante à 360 degrés pour pouvoir accéder facilement à toutes les zones de votre bureau et à tout le matériel nécessaire sans se lever ;
- ✓ stable (un pied à quatre ou cinq branches est fortement recommandé) ;
- ✓ réglable en hauteur (voir schéma) ;
- ✓ munie d'accoudoirs réglables.

Si le bureau que vous occupez est déjà équipé d'une chaise, mais que celle-ci ne vous convient pas, n'hésitez pas à faire une proposition pour en changer. Votre patron a trop à y perdre si votre santé se dégrade.

Réglez-la finement

Une fois la chaise choisie, le réglage de sa hauteur doit être d'une précision quasi-millimétrique. Voici comment faire :

➜ Asseyez-vous au fond de la chaise. Vos reins et vos épaules doivent être en contact avec le dossier.
➜ Le creux poplité (l'arrière du genou) ne doit pas être en contact avec l'assise de la chaise, mais se situer une dizaine de centimètres devant.
➜ Posez vos pieds à plat sur le sol.

Dans cette position, vous devez régler la hauteur de votre chaise de manière à ce que vos cuisses soient parallèles au sol, c'est-à-dire vos genoux à la même hauteur que vos hanches. Vous devez aussi prendre garde à ce que vos cuisses soient au minimum dix centimètres sous le bureau.

Pensez aux accoudoirs

Les accoudoirs servent à reposer les bras. Leur hauteur est parfaite lorsqu'ils permettent de soutenir vos avant-bras quand vous frappez au clavier. Dans cette position, vos épaules doivent être parfaitement relâchées et le dos bien droit.

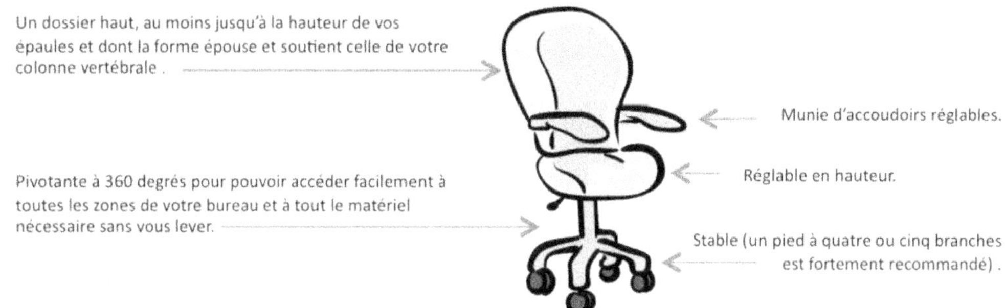

Conseils pour choisir une chaise de bureau

Adaptez aussi votre bureau

Le réglage de la chaise n'est rien si le bureau lui-même n'est pas à la bonne hauteur. La bonne position est obtenue lorsque vos avant-bras sont horizontaux lorsque vous tapez au clavier. Si votre bureau vous impose une position trop éloignée de celle-ci, demandez d'urgence à changer de bureau.

Placez le matériel avec soin

Le clavier de votre ordinateur doit être accessible sans décoller les avant-bras des accoudoirs et en gardant les poignets à la même hauteur que les coudes. Il doit être bien en face de vous.

L'écran de l'ordinateur doit être placé à une distance de cinquante centimètres de votre tête environ. Le bord supérieur du moniteur doit être situé à la même hauteur que vos yeux.

Soulagez vos membres fatigués

Prévenez la fatigue du dos

Au bureau, les causes de mal au dos sont multiples :
- ✓ une mauvaise position assise ;
- ✓ une position assise tenue trop longtemps ;
- ✓ des torsions répétées pour atteindre des objets autour de vous ;
- ✓ une mauvaise position du clavier ou de l'écran qui impose une torsion constante.

Pour soulager votre dos :
- ➔ Réglez la hauteur de votre siège, de votre bureau, de vos accoudoirs et de votre écran.
- ➔ Ne restez pas trop longtemps dans la même position, levez-vous et faites quelques pas.
- ➔ Étirez-vous à chaque pause.

Reposez votre tête et votre cou

Les douleurs dans le cou et la nuque peuvent être évitées en gardant les épaules relâchées tout au long de la journée. Si votre position au bureau vous impose de contracter vos épaules ou le haut de votre dos, changez vos réglages. Dès qu'une tension s'installe, soulagez-la grâce à l'exercice suivant :
- ➔ Asseyez-vous confortablement, les bras ballants.
- ➔ Levez le menton et regardez droit devant vous.
- ➔ Tournez lentement la tête pour amener votre menton au-dessus de votre épaule droite.
- ➔ Laissez partir votre tête en arrière et faites-la rouler jusqu'à ce que votre menton vienne au-dessus de l'épaule gauche.
- ➔ Tournez la tête pour revenir à la position initiale.
- ➔ Répétez le mouvement dans l'autre sens.

Une lumière trop vive ou trop faible, des bruits répétés ou des interruptions incessantes peuvent être sources de maux de tête. Réglez la luminosité de votre espace de travail grâce à une lampe de bureau et protégez-vous des nuisances pour protéger votre tête.

Les auto-massages des tempes, du front et du cuir chevelu aident aussi beaucoup à relaxer ces parties du corps qui souffrent de longues journées de travail. Massez-vous du bout des doigts, en pratiquant des petits cercles.

Astuce

Vous pouvez aussi pratiquer sur vous-même des massages de type « qi gong ». Ils s'effectuent avec la paume des deux mains, par pressions et rotations, après les avoir chauffées en les frottant énergiquement l'une contre l'autre.

Astuce

Voici quatre exercices d'étirement du dos que vous pouvez pratiquer confortablement au bureau.

Premier exercice

1. Mettez-vous debout et posez vos mains sur le rebord du bureau.
2. Placez-vous de manière à obtenir un angle droit entre vos jambes (verticales) et votre buste (horizontal).
3. Maintenez votre dos bien droit et la tête dans le prolongement du corps.
4. Tendez vos jambes et étirez votre dos comme pour rapprocher votre tête du bureau. Gardez cette position une minute et répétez-la trois fois.

Deuxième exercice

1. Asseyez-vous, les jambes écartées.
2. Levez un bras verticalement, le plus haut possible, de manière à ce que votre épaule touche votre oreille.
3. Posez votre autre main sur le milieu de la cuisse.
4. Faites une flexion lente et contrôlée du buste du côté opposé au bras levé. Pensez à souffler lorsque vous descendez. Une fois arrivé en bas, maintenez la position une minute tout en respirant calmement.
5. Remontez en inspirant et faites la même chose de l'autre côté.

Troisième exercice

1. Asseyez-vous et joignez vos mains, doigts entrelacés.
2. Tournez les paumes vers le ciel et grandissez-vous au maximum tout en regardant bien devant vous (et non pas vers le haut).
3. Maintenez cette position trente secondes en respirant calmement.
4. Tournez lentement votre buste vers la gauche sur une expiration. Vos jambes et vos hanches doivent rester immobiles.
5. Gardez cette position trente secondes en respirant calmement, puis tournez-vous de l'autre côté et faites de même.
Cet exercice est parfait pour relaxer le haut du dos.

Quatrième exercice

1. Asseyez-vous jambes serrées et placez vos mains sur vos cuisses.
2. Montez un de vos genoux et rapprochez votre tête lentement, en expirant et en arrondissant votre dos.
3. Revenez à la position initiale lentement et faites la même chose avec l'autre genou.
Cet exercice relaxe le bas du dos.

Détendez vos yeux

La fatigue oculaire est source de maux de tête et de perte de concentration.

Limitez l'impact négatif de l'écran

L'écran de votre ordinateur est la première source de fatigue de vos yeux. Voici quelques conseils pour amoindrir cet impact néfaste :

→ Votre pièce doit être suffisamment éclairée et l'écran ne doit pas être votre seule source de lumière.

→ Nettoyez votre écran. Un écran sale est plus difficile à lire et fatigue le regard.

→ Évitez les reflets en vous plaçant à angle droit par rapport aux sources de lumière (y compris les fenêtres).

→ Réglez le contraste et la luminosité de votre écran pour obtenir le meilleur confort de lecture.

→ Munissez-vous de filtres pour limiter les nuisances de l'écran sur vos yeux. Ils sont faciles à trouver dans le commerce.

Pratiquez le « yoga » des yeux

Voici quatre exercices à pratiquer de temps
en temps pour reposer vos yeux.

→ Premier exercice : décrochez votre regard
de l'écran et fixez, pendant une minute, un
point au loin. Ce changement de focale
vous fera le plus grand bien.
→ Deuxième exercice : faites des cercles
avec vos yeux, à gauche (trois tours), puis à
droite (trois tours).
→ Troisième exercice : faites des balayages
horizontaux, puis verticaux.
→ Quatrième exercice : louchez vers le
centre, puis vers l'extérieur.

Reposez vos jambes, vos hanches et vos pieds

Pour reposer vos jambes et vos pieds, il faut
vous mettre dans la position la plus confortable. Debout, il s'agit d'écarter les pieds pour
les placer à la verticale des épaules et de bien
répartir le poids du corps équitablement sur
les deux pieds. Assis, utilisez un repose-pieds.
Si vous n'en avez pas, posez-les bien à plat,
de manière à ce que vos cuisses soient hori-
zontales et parallèles. En tout état de cause,
ne posez pas vos pieds sur la base de votre
chaise, cela vous donnerait une mauvaise
position au niveau des hanches et du bas du
dos.

Pour effacer la fatigue des jambes, il faut
changer de position de temps en temps et,

en particulier, se lever et faire quelques pas.
Vous pouvez aussi faire quelques flexions ou
sautiller sur place.

Pour ce qui est des pieds, essayez l'auto-
massage suivant :
→ Enlevez vos chaussures.
→ Massez la plante du pied gauche avec le
talon droit et inversement.
→ Passez le talon gauche sur le coup de pied
droit et inversement.
→ Enfin, retroussez vos doigts de pied pour
étirer votre voûte plantaire.

Détendez vos mains

Après une longue session de frappe au clavier, il faut reposer et détendre ses mains et
ses poignets. Massez-vous les paumes, étirez
vos doigts et faites des assouplissements
des poignets pour faire disparaître toutes les
tensions.

En résumé

Faites des pauses et détendez-vous
vraiment.
Soignez l'ergonomie de votre poste de
travail.
Reposez et détendez les organes fatigués
par des exercices appropriés et des
massages.

Fiche reliée

Fiche n° 16 : « Comment ranger mon bureau
(le meuble) ? »
Fiche n° 66 : « Comment conserver mon
tonus tout au long de la
journée ? »
Fiche n° 69 : « Comment prendre de la
distance par rapport à mon
travail ? »

Comment équilibrer mes repas au bureau ?

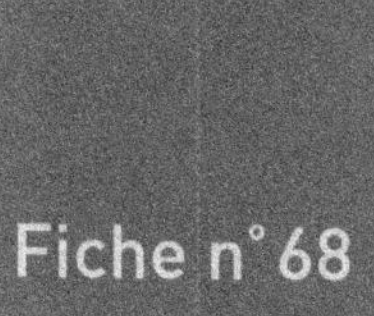

Cette question se pose quand :

✓ vous déjeunez tous les jours au self-service ou à la cafétéria de votre entreprise ;

✓ vous déjeunez souvent à l'extérieur, avec des collègues ou des clients par exemple ;

✓ vous déjeunez dans votre bureau.

Apportez vos repas 4. à votre bureau		Respectez les règles de base 1. de l'équilibre alimentaire	
Équilibrez vos repas 3. au restaurant	Comment équilibrer mes repas au bureau ?	Équilibrez vos repas au 2. self de l'entreprise	Planifiez vos repas pour 2.a. toute la semaine à venir Faites le tour de 2.b. l'intégralité de l'offre

Les contraintes de temps, l'offre alléchante des self-services et les obligations de manger à l'extérieur rendent la recherche d'équilibre alimentaire bien difficile. Pourtant, il est toujours possible de respecter quelques principes de base.

Respectez les règles de base de l'équilibre alimentaire

Que cela soit au bureau ou non, l'équilibre de vos repas passe par la compréhension d'un principe simple : la pyramide alimentaire.

Les aliments du bas de la pyramide sont ceux dont le corps a le plus besoin et qu'il faut consommer en plus grande quantité. Plus on monte dans les étages, plus la consommation doit être modérée. Au bureau, il est souvent difficile d'équilibrer chacun de ses repas. Il faut viser avant tout l'équilibre sur la semaine. Par exemple, si vous avez pris une pâtisserie hier, n'en prenez pas aujourd'hui. Si vous prévoyez de manger de la viande ce soir, prenez une salade ce midi, si vous avez prévu un repas festif entre amis en fin de semaine, allégez les quelques repas précédents...

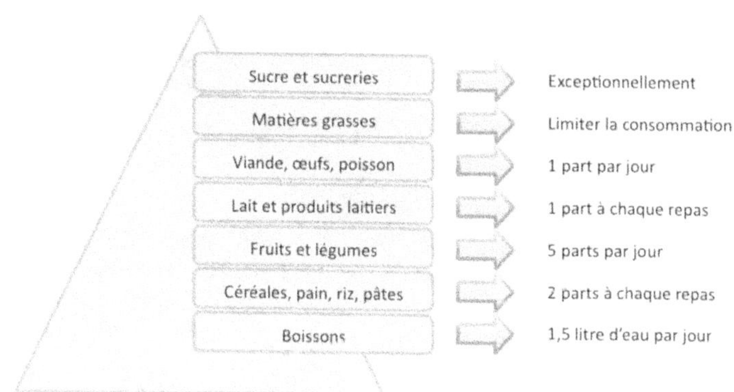

La pyramide alimentaire

Équilibrez vos repas au self de l'entreprise

Au self de votre entreprise, comme dans toute la restauration hors domicile, il est possible de faire un repas très lourd, mais aussi très léger. C'est une question de choix.

Parole de pro

Julie Rayant, conceptrice-rédactrice print et Web : « *Conseil de gourmande : toujours prévoir de la nourriture dans son bureau au cas où la pause déjeuner devrait passer à la trappe. Ne surtout pas rester le ventre vide !* »

Planifiez vos repas pour toute la semaine à venir

La plupart des restaurants d'entreprise affichent leur menu pour la semaine entière. Lisez-le afin de planifier vos repas. Un plat lourd vous tente particulièrement ? Prévoyez de manger plus léger la veille et le lendemain.

Faites le tour de l'intégralité de l'offre

Une fois arrivé sur place, avant de faire votre choix, parcourez tous les stands afin d'avoir une vue complète de ce qui est proposé ce jour-là. Prenez un temps de réflexion pour construire **rationnellement** votre repas en fonction de :
- ✓ votre faim du moment ;
- ✓ vos envies ;
- ✓ ce qui est raisonnable au regard de la pyramide.

Choisissez l'entrée et le dessert en fonction du plat que vous aurez pris. Les self-services sont faits pour nous donner envie. Ne tombez pas dans ce piège et gardez la tête froide lorsque vous choisissez raisonnablement ce que vous mettez sur votre plateau.

Astuce

N'attendez pas d'avoir trop faim pour aller au self. Vous pourrez choisir plus sereinement ce qui est le mieux pour vous si vous n'êtes pas torturé par un ventre qui crie famine.

Équilibrez vos repas au restaurant

Au restaurant, il faut adopter les mêmes réflexes. Une difficulté s'ajoute toutefois : vous devez aussi vous adapter à ce que mange votre interlocuteur. En effet, il est toujours délicat de laisser un client ou un partenaire prendre une entrée ou un dessert seul.

Avant de faire votre choix, lisez attentivement toute la carte et repérez l'entrée, le plat et le dessert qui sont le plus en adéquation avec votre recherche d'équilibre alimentaire sur la semaine. Puis entendez-vous avec votre interlocuteur sur la formule que vous allez adopter : entrée + plat ou plat + dessert. Ce qu'il faut absolument éviter au restaurant, surtout lorsque l'on y va souvent, c'est de prendre systématiquement une entrée, un plat et un dessert.

Astuce

En début de repas, demandez à votre interlocuteur : « *Vous êtes plutôt entrée + plat ou plat + dessert ?* » Cela lui indique clairement que vous ne prendrez pas les trois et qu'il suffit de s'ajuster à sa réponse.

L'autre piège du restaurant réside dans la bouteille de vin. Lorsque vous y allez souvent, il faut savoir y boire de l'eau. Au besoin, expliquez que vous avez une rude après-midi pour décliner l'offre de votre convive qui pourra toujours prendre du vin au verre et trinquer seul.

Apportez vos repas à votre bureau

Le plus simple et le moins cher, pour manger équilibré, est probablement d'apporter son repas au bureau. Voici quelques conseils bien utiles :

→ Lorsque vous cuisinez un dîner, faites-en une portion supplémentaire que vous placerez au congélateur dans une barquette individuelle. Cela vous fera un repas tout prêt pour un déjeuner au bureau.

Parole de pro

Marie Morvan, consultante, Links Ingénierie :
« Pour manger sainement sans que cela me prenne trop de temps ou soit trop onéreux, je réchauffe, sur mon lieu de travail, les restes du repas de la veille au soir. »

→ Trouvez un endroit convivial et agréable. Si votre entreprise ne dispose pas de salle à manger ou de cafétéria, sortez et mangez dehors sur un banc. Évitez d'utiliser une salle de réunion si vous n'y êtes pas expressément autorisé, car on vous reprochera souvent les odeurs, les taches, les papiers gras, etc.

En résumé

Les principes de base de l'équilibre alimentaire sont à connaître si vous voulez les appliquer dans le cadre des repas pris au bureau.

Cet équilibre se gère sur la semaine et non pas sur la journée.

Élaborez vos repas avec la tête et non avec la langue. Agissez avec raison et sérénité.

Au restaurant comme au self, parcourez toute la carte avant de vous décider, évitez les repas lourds consécutifs et les pâtisseries.

Si vous mangez à votre bureau, préservez-vous un espace et un temps pour être à l'aise.

→ Si vous devez manger dans votre bureau, débarrassez-le autant que possible et surtout éteignez l'écran de votre ordinateur. Faites une vraie pause en mettant votre téléphone sur messagerie et en indiquant que vous ne souhaitez pas être dérangé (fermez votre porte, voire placez un écriteau sur cette dernière). Aérez votre bureau pour ne pas travailler toute l'après-midi dans les odeurs de nourriture.

→ Si vous n'avez pas d'autre choix que de prendre un sandwich, préférez ceux qui contiennent des crudités à ceux dégoulinant de mayonnaise. Alternez avec des salades de temps en temps ; tous les endroits où l'on vend des sandwiches proposent aussi des salades dans des barquettes individuelles très pratiques.

Astuce

Entendez-vous avec trois collègues pour apporter chacun à manger un jour (le cinquième repas de la semaine pourra être pris dehors, en commun ou chacun de son côté). C'est pratique (vous ne faites la cuisine qu'une fois par semaine), très économique (faire une fois pour quatre revient bien moins cher que de faire quatre fois pour un) et particulièrement convivial.

Si, lors d'une réunion ou d'une formation, on vous propose un plateau-repas, souvenez-vous que vous n'êtes pas obligé de manger tout ce qu'il y a dans la boîte ! Faites votre choix comme vous le feriez au restaurant et laissez de côté tout ce qui n'entre pas dans vos principes d'équilibre sur la semaine.

Fiche reliée

Fiche n° 70 : « Comment conserver une activité physique au bureau ? »

Chapitre 2
Lutter contre le stress au bureau

Comment prendre de la distance par rapport à mon travail ?

Cette question se pose quand :

✓ votre entourage vous dit que vous vous impliquez trop dans votre travail ;

✓ vous passez trop de temps à travailler ;

✓ votre vie professionnelle a un impact négatif sur votre vie privée.

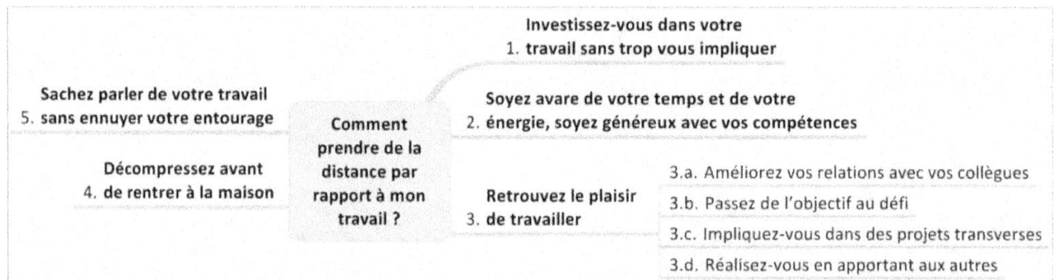

Prendre de la distance est essentiel si vous ne voulez pas que le stress de votre travail contamine votre vie personnelle.

Investissez-vous dans votre travail sans trop vous impliquer

Pour faire une bonne omelette aux lardons, il faut principalement des œufs et des lardons. Pour avoir les œufs, on sollicite la poule, dont le travail est de les faire les plus gros et beaux possible, et ce, chaque jour. Pour ce qui est des lardons, c'est un peu plus compliqué, car il faut tuer le cochon qui les produit.

Au bureau, votre rôle est d'être la poule, c'est-à-dire de produire chaque jour le meilleur travail possible. Ce que vous donnez, c'est votre temps et vos compétences et on vous sollicite pour cela chaque jour. Ce qu'il faut éviter à tout prix, c'est de se donner soi-même, de se tuer à la tâche, comme le cochon. Faites comme la poule, investissez-vous à fond dans votre travail pour qu'il soit beau et bien chaque jour. Ne soyez jamais impliqué, comme l'est le cochon, à qui l'on prend la vie en même temps que ce qu'il produit.

Astuce

Lorsque vous croisez une personne qui s'implique trop dans son travail et qui en souffre ou qui reporte cela sur sa vie familiale, racontez-lui l'histoire de l'omelette aux lardons. Il comprendra tout de suite où vous voulez en venir et cela l'aidera grandement à changer sa vision du travail et ses habitudes.

Soyez avare de votre temps et de votre énergie, soyez généreux avec vos compétences

Dans le travail, ce qui coûte c'est le temps que l'on y passe, l'énergie que l'on y déploie et les soucis qu'il occasionne. Pour réduire ces désagréments, sans que les résultats en pâtissent, il faut les investir avec beaucoup de prudence ; un peu comme quand vous investissez vos dernières économies. Avant de vous lancer dans un nouveau travail, un nouveau projet ou un nouveau dossier, demandez-vous clairement :

✓ quel coût cela aura-t-il pour moi (en termes de temps, d'énergie, de soucis potentiels, d'impact sur ma vie privée, etc.) ?
✓ que puis-je en attendre de positif (en termes de rémunération, de considération de ma hiérarchie, de perspectives de carrière, etc.) ?
✓ le jeu en vaut-il la chandelle ? Est-ce un bon investissement ?

Si l'impact négatif est trop grand par rapport à ce que vous pouvez en attendre, n'hésitez pas à tenter des stratégies de contournement pour ne pas avoir la responsabilité de ce travail :

➜ Parlez-en à votre supérieur, en lui montrant bien votre préoccupation quant à l'impact potentiel sur votre vie personnelle.
➜ Tentez de déléguer proprement (pour plus de détails sur la délégation, voir fiche n° 6).

En revanche, ne soyez pas trop comptable de vos compétences. Utilisez grandement ce que vous savez, ce que vous savez faire, ce que vous pouvez enseigner... Mieux vaut être reconnu comme quelqu'un qui travaille bien plutôt que beaucoup !

Retrouvez le plaisir de travailler

Soucis, lassitude, problèmes, etc., sont autant de fardeaux que l'on charrie avec nous lorsque nous rentrons à la maison. Pourtant, il est difficile d'en faire totalement abstraction. Le plus fructueux consiste à tenter de les réduire à la source, c'est-à-dire au travail.

Améliorez vos relations avec vos collègues

Parfois, il ne faut pas grand-chose pour passer de relations froides, voire tendues, à des relations cordiales. Si une personne en particulier

Parole de pro

Véronique Roche, chef de projet, IGS Conseil et Formation : « *Plus je traverse une période de stress au travail, plus je prévois des sorties sympathiques entre amis le soir ou des week-ends au vert. Pendant les périodes difficiles, je pense à ma soirée cinéma entre copines de la fin de la semaine et c'est le rayon de soleil qui me "rebooste" en cas de morosité !* »

vous pose problème, tentez une médiation en douceur. Ouvrez-vous à elle et prêtez attention à ses sentiments. D'une manière générale, un sourire, un mot gentil ou une petite attention permettent souvent de détendre l'atmosphère et d'améliorer les relations.

Passez de l'objectif au défi

Les objectifs, les changements et les réorganisations sont sources de stress et de préoccupations quotidiennes. Bien souvent, une autre optique permet d'y mettre une note ludique. Voyez-les plutôt comme des défis à relever, des «challenges», comme on dit aujourd'hui. Voyez en quoi ils peuvent vous apporter du positif plutôt que de vous focaliser sur ce que vous perdez.

Impliquez-vous dans des projets transverses

Les projets transverses ont l'avantage de sortir les personnes du quotidien pour leur permettre de s'impliquer dans des tâches différentes et dont le périmètre est souvent bien plus grand que celui sur lequel elles travaillent habituellement.

De plus, ces projets font rencontrer d'autres personnes et développent le réseau interne en même temps que les compétences.

Réalisez-vous en apportant quelque chose aux autres

Les groupes de travail, les formations internes, les ateliers de réflexion, etc., sont autant d'occasions de vous sortir de votre quotidien tout en apportant vos compétences à vos collègues. Ces projets sont toujours très gratifiants et montreront une autre facette de votre travail et de votre entreprise.

Décompressez avant de rentrer à la maison

Pour éviter que votre vie professionnelle empiète sur votre vie privée, décompressez en sortant du travail. Pour cela, instaurez un rituel quotidien. Ce peut être, une marche (faire une partie du trajet à pied), une course ou encore changer de vêtements en arrivant... Ce moment doit être l'occasion de se vider la tête de ses soucis et de se recentrer sur les enjeux familiaux et personnels. En arrivant chez vous, soyez attentif aux personnes, ayez un petit mot gentil pour chacune d'elles. Demandez des nouvelles et renseignez-vous sur la journée de tous. Évitez de commencer votre soirée par un « *Tu sais ce qu'ils m'ont encore fait au bureau ?* ».

Parole de pro

Arnaud Scheffer, adjoint au directeur des achats Go Sport : « *Afin de gérer mon stress et de ne pas en engendrer chez mes collaborateurs, je m'efforce, autant que possible d'éviter les communications qui pourraient m'apporter une mauvaise nouvelle le vendredi après-midi et je ne donne pas de telles nouvelles à ce moment-là non plus.* »

Sachez parler de votre travail sans ennuyer votre entourage

Rien de pire pour la famille et les amis que quelqu'un qui ne parle que de son travail, de son patron, de ses clients, qui sont forcément les pires de la terre... Lorsque vous rentrez chez vous, lors des dîners entre amis ou lorsqu'on vous demande ce que vous faites dans la vie, ne parlez que des aspects plaisants et positifs de votre travail. Insistez sur ce qui est vraiment extraordinaire. Ne vous répétez pas et ne vous plaignez pas, au risque d'ennuyer tout le monde.

En résumé

Les clés pour prendre de la distance sont :
- vous investir sans vous impliquer ;
- être avare de votre temps et de votre énergie ;
- retrouver le plaisir de travailler ;
- décompresser avant de rentrer chez vous.

Fiches reliées

Fiche n° 67 : « Comment limiter les facteurs de fatigue ? »
Fiche n° 71 : « Comment rendre mon environnement de travail moins stressant ? »
Fiche n° 72 : « Comment apprivoiser mon stress ? »

Comment conserver une activité physique au bureau ?

Cette question se pose quand :

- ✓ vous avez arrêté le sport depuis que vous travaillez ;
- ✓ vous avez besoin d'une activité physique pour rester en forme ;
- ✓ vos contraintes professionnelles ne vous permettent pas de pratiquer un sport régulier.

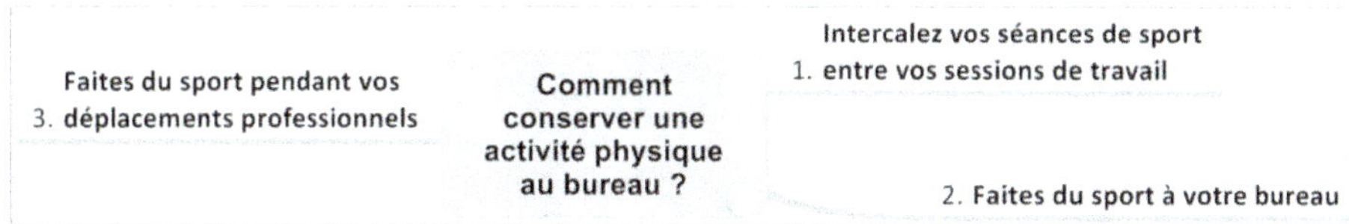

Le bureau, lieu de travail, peut aussi devenir un lieu de sport et d'exercice. Pour cela, il faut avant tout s'organiser et dégager un peu de temps.

Intercalez vos séances de sport entre vos sessions de travail

Si vous avez la chance de faire partie d'une entreprise qui possède une salle d'exercices ou qui organise des activités sportives à la pause déjeuner, n'hésitez pas à vous renseigner et à vous inscrire. Pratiquer une activité qui permettra de se détendre ou de se dépenser, une ou deux fois par semaine, constitue un vrai facteur de prévention du stress et de préservation de son niveau d'énergie. N'hésitez pas non plus à proposer à votre entreprise ou à votre service d'organiser une activité pendant la pause déjeuner. Groupez-vous avec des collègues pour que votre demande ait plus de poids et impliquez-vous dans sa mise en place.

Si votre entreprise n'a rien prévu, vous pouvez aussi trouver une salle de sport proche. Des formules d'abonnement ou de cartes prépayées avec un nombre de séances à tarif avantageux permettent de pratiquer une activité à son rythme. Bien souvent, il est possible d'obtenir une réduction *via* le comité d'entreprise (CE). Si ce n'est pas le cas, allez directement négocier avec le responsable de la salle et lui faisant miroiter que vous en parlerez autour de vous, dans votre entreprise. Cela marche presque à chaque fois, car il est content que vous attiriez de nouveaux clients qui viendront s'abonner chez lui.

Parole de pro

Marie-Agnès Bol, acheteur et chef de projet, Octapharma : « *Dans la mesure du possible, je vais au travail en vélo, ce qui me permet de faire un peu de sport tous les jours.* »

Si vous décidez de pratiquer une activité pendant la pause déjeuner ou tôt le matin, vous devez traiter ces plages horaires comme s'il s'agissait de réunions obligatoires. Notez-les dans votre agenda et imposez-les à votre entourage professionnel. Ces rendez-vous avec vous-même sont aussi importants que ceux pris avec votre patron ou un client, puisqu'ils concernent directement votre bien-être au bureau.

Parole de pro

Laurent Vankersschaver, responsable Achats : « *Deux fois par semaine, entre midi et deux, nous allons courir entre collègues. Nous sommes généralement cinq dans une entreprise de dix-sept personnes. Cette activité nous permet de faire du sport et de prendre soin de notre santé, mais c'est aussi un véritable moment d'échange et de partage, sans notion de hiérarchie. Nous parlons de choses et d'autres en laissant derrière nous tout l'aspect formel imposé par le cadre du bureau.* »

Faites du sport à votre bureau

Voici cinq exercices faciles à réaliser en toute discrétion :

Exercice n° 1 : pectoraux et poitrine

Placez vos mains l'une contre l'autre. Levez les coudes jusqu'à l'horizontale et pressez vos mains pendant trente secondes, le plus fort possible. Recommencez plusieurs fois.

Exercice n° 2 : abdominaux et jambes

Assis, le dos bien droit, placez vos jambes l'une contre l'autre et levez-les le plus haut possible, jusqu'à l'horizontale. Bloquez votre respiration et maintenez cette position pendant trente secondes. Puis relâchez vos jambes et recommencez. Attention à ne contracter que les abdominaux et les jambes sans crisper le dos ni les épaules.

Exercice n° 3 : mollets

Assis, les pieds bien à plat, placez vos mains sur vos cuisses. Levez vos talons pour vous mettre sur la pointe des pieds tout en pressant sur vos cuisses pour faire de la résistance. Faites cinq séries de dix.

Exercice n° 4 : fessiers

Assis, le dos bien droit, contractez vos fesses ensemble, puis la fesse gauche et enfin la fesse droite. Faites des séries de dix.

Exercice n° 5 : triceps

C'est le moins discret, mais il est très efficace ! Prenez votre bouteille d'eau dans une main. Placez-la tête en bas dans votre dos, en levant le coude le plus haut possible à la verticale au-dessus de votre tête. Pliez le coude au maximum. Sans bouger le coude (au besoin tenez-le avec l'autre main), dépliez le bras pour faire monter la bouteille. Repliez lentement et faites des séries de dix.

Faites du sport pendant vos déplacements professionnels

Les déplacements professionnels sont source de stress. C'est pourquoi faire du sport dans ces moments-là est encore plus important. Avant de partir, renseignez-vous sur les équipements dont dispose votre hôtel (piscine, salle de sport, tennis, etc.) et apportez le matériel adéquat. Profitez de vos soirées pour vous détendre en faisant de l'exercice. Ayez toujours un survêtement et des chaussures de tennis à portée de main pour aller courir ou pour marcher.

Parole de pro

Pierre-Olivier Carles, dirigeant d'entreprise : *« STrouver le temps de se maintenir en forme quand on travaille beaucoup ou lorsque l'on voyage est difficile. Personnellement j'ai opté pour l'entraîneur personnel qui travaille en ligne. En tenant compte de mon mode de vie, de mon environnement, mais aussi de mes capacités physiques, il m'envoie plusieurs fois par semaine des programmes contenant des exercices physiques très simples et efficaces. La particularité est qu'ils sont totalement personnalisés et ne prennent pas plus de trente minutes par jour. Je peux suivre ce programme où que je me trouve. Au-delà de ses conseils techniques, il recueille mon feedback (en général un e-mail de quelques lignes sur le niveau de difficulté et les sensations ressenties) et adapte le programme suivant en fonction. Il m'encourage et me conseille ce qui évite les pertes de motivation éventuelles»*

En résumé

La pause déjeuner est un moment idéal pour faire du sport une ou deux fois par semaine :

- profitez des activités organisées par votre entreprise ou, au besoin, proposez-en ;
- renseignez-vous sur les salles et les équipements de votre voisinage.

Au bureau, quelques exercices vous permettront de vous muscler en temps masqué, sans devoir libérer une plage horaire spécifiquement pour cela.

Les déplacements professionnels, sources de stress, sont aussi un excellent moment pour faire de l'exercice.

Fiches reliées

Fiche n° 66 : « Comment conserver mon tonus tout au long de la journée ? »

Fiche n° 68 : « Comment équilibrer mes repas au bureau ? »

Fiche n° 73 : « Comment rendre mes déplacements professionnels moins stressants ? »

Comment rendre mon environnement de travail moins stressant ?

Cette question se pose quand votre environnement de travail est oppressant et vous plonge dans un état de stress permanent.

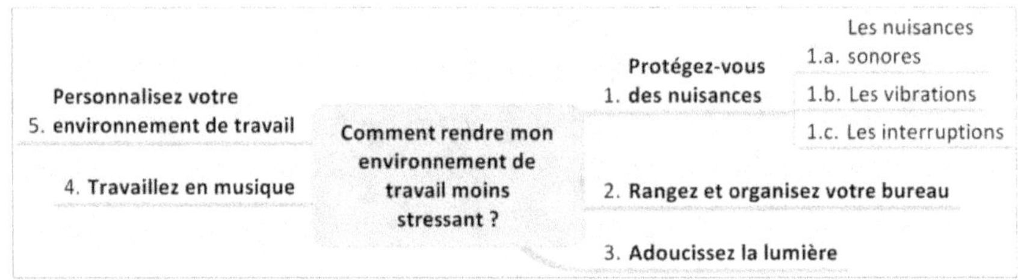

Deux facteurs permettent de réduire le stress dû à l'environnement de travail : la suppression des nuisances et l'amélioration du confort.

Protégez-vous des nuisances

Les nuisances sonores

Les bruits, la musique, la voix des collègues sont des sources d'inconfort, voire de stress, à ne pas négliger. Pour vous en protéger au mieux :
→ Fermez votre fenêtre lorsque vous êtes dans votre bureau.
→ Faites poser de la moquette qui insonorisera en absorbant les bruits.
→ Pensez à régler le volume de votre téléphone.
→ Fermez votre porte aussi souvent que possible.
→ En *open space*, demandez de la discrétion à vos collègues qui parlent, téléphonent ou écoutent de la musique.

Les vibrations

Pour vous protéger des vibrations :
→ Faites poser de la moquette épaisse ou un revêtement de sol adapté.

→ Prenez un siège dont les roues sont en caoutchouc.
→ Placez des rondelles de caoutchouc sous les pieds de votre bureau.
→ Utilisez un repose-pieds.

Les interruptions

→ Fermez la porte de votre bureau aussi souvent que possible.
→ Mettez votre téléphone sur messagerie lorsque vous ne souhaitez pas être dérangé.
→ Éduquez votre entourage professionnel afin qu'il ne vous interrompe pas à tout bout de champ (pour plus de précisions sur ce point, voir fiche n° 7).

Rangez et organisez votre bureau

Un espace de travail rangé et organisé repose la vue et l'esprit. Utilisez vos armoires et tiroirs pour ne garder que le strict minimum sur votre bureau. Moins il y aura d'objets, moins votre regard risque d'être perturbé par leur présence.

Adoucissez la lumière

Une lumière trop agressive est un facteur de stress et une lumière insuffisante une source de fatigue. Adoucissez votre ambiance de travail en :
- ✓ préférant une lampe de bureau à un plafonnier ;
- ✓ choisissant une lumière jaune plutôt qu'une lumière blanche ;
- ✓ adaptant l'intensité à votre besoin.

Parole de pro

Tiffany Juge, assistante export et marketing : « *Mon bureau n'est jamais face à la fenêtre comme il ne doit pas non plus être dos à la fenêtre. Dans les deux cas, la luminosité oblige à plisser les yeux et à la longue, en plus d'être inconfortable pour la vue, cela provoque des migraines (dans mon entreprise, ce genre de détails est très regardé par quelqu'un qui est dédié à cela). Mon bureau est aussi réglé de manière à ce que je ne puisse pas croiser les jambes. Elles forment un angle à 90 °C, ce qui est bon pour la circulation du sang et m'oblige à me tenir droite (puisque mon bureau est haut).* »

Travaillez en musique

La musique adoucit les mœurs dit-on ! Profitez-en pour travailler en rythme. À l'aide de votre ordinateur, d'une mini-chaîne ou d'un lecteur mp3, choisissez des morceaux qui conviennent à votre esprit du moment ainsi qu'à l'intensité du travail à faire. Une musique douce favorise la concentration, tandis qu'un rythme endiablé est utile pour accélérer le travail si vous êtes pressé.

Personnalisez votre environnement de travail

Différents éléments permettent de personnaliser son environnement de travail et de se faire sentir un peu plus « à la maison » :
- ✓ photos et posters ;
- ✓ plantes et fleurs ;
- ✓ bibelots et livres, etc.

Tant que cela ne nuit pas à votre travail ni à votre concentration, n'hésitez pas à personnaliser votre bureau. Rendez-le aussi agréable que possible, comme si vous pensiez à y inviter des amis ou de la famille.

En résumé

Diminuer les nuisances est une action au cœur de la réduction du stress au travail. Pour améliorer votre confort et rendre votre bureau plus agréable vous pouvez travailler sur :
- ▶ le rangement ;
- ▶ la lumière ;
- ▶ la musique ;
- ▶ la personnalisation de votre bureau.

Fiches reliées

Fiche n° 7 : « Comment me réserver des plages de travail sans interruptions ? »
Fiche n° 69 : « Comment prendre de la distance par rapport à mon travail ? »
Fiche n° 73 : « Comment rendre mes déplacements professionnels moins stressants ? »

Comment apprivoiser mon stress ?

Cette question se pose quand :

✓ vous faites un travail stressant ;

✓ votre environnement de travail est oppressant.

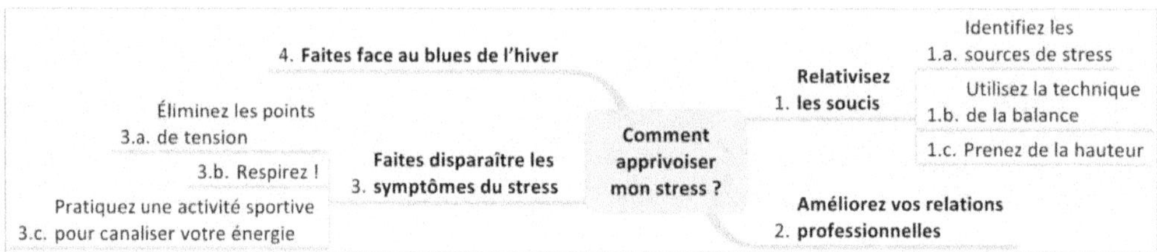

Pour apprivoiser votre stress, il vous faudra aussi bien agir sur ses causes que sur ses symptômes.

Relativisez les soucis

Identifiez les sources de stress

Avec l'accélération des rythmes de travail et l'augmentation des enjeux, nous avons tous de plus en plus de raisons de nous sentir oppressés. Bien commencer sa démarche d'apprivoisement du stress suppose d'identifier ce qui le cause. Est-ce une situation, les rapports que vous entretenez avec vos collègues ou votre patron, la charge de travail ? Donnez un nom à ce qui vous pose problème et définissez un périmètre autour. Une fois cet agent anxiogène délimité, il vous sera plus facile d'agir dessus.

Parole de pro

Alain Hubrecht, directeur d'entreprises :
« J'ai identifié plusieurs espaces de détente et d'isolement, dans lesquels je sais que je ne rencontrerai pas de collègues ni n'aurai de problèmes. »

Utilisez la technique de la balance

Pour relativiser l'impact négatif de ce qui vous stresse, commencez par la mise en balance. Voyez en quoi, malgré tout, cette situation peut vous être profitable en quelque chose. On vous donne trop de travail ? C'est parce que l'on vous fait confiance et cela est bon pour votre carrière. Votre patron vous ignore et ne vous donne pas les informations essentielles ? Cela vous donne plus d'autonomie et vous laisse l'opportunité de vous affirmer...

Prenez de la hauteur

À chaque changement, à chaque mauvaise nouvelle ou facteur de stress, prenez du recul et de la hauteur. Demandez-vous objectivement quelles sont les conséquences négatives pour vous et pour ceux avec qui vous travaillez. Est-ce si grave ? Qu'en restera-t-il dans deux jours, dans une semaine, dans un mois, dans un an ? N'est-ce pas plutôt quelque chose que vous pourrez oublier bien vite ? À défaut d'une action rapide, une bonne communication ne pourrait-elle pas faire avancer les choses ?

Améliorez vos relations professionnelles

Les relations professionnelles difficiles, voire conflictuelles, sont à la fois la cause et la conséquence d'une surcharge de stress. Dans tous les cas, les améliorer sert toujours. Voici une liste de comportements positifs qui faciliteront vos rapports humains au sein du bureau.

→ L'écoute : écoutez vos collègues jusqu'au bout, sans leur couper la parole, en tentant vraiment de comprendre tout ce qu'ils disent, sans *a priori* ni interprétation personnelle.

→ L'empathie : mettez-vous à leur place aussi souvent que possible, comprenez leur point de vue, écoutez leurs émotions.

→ L'ouverture : agissez avec franchise et demandez à ce qu'on fasse de même avec vous. Adoptez différents points de vue, intéressez-vous à ce qui intéresse les autres, ne rejetez rien *a priori*.

→ La bienveillance : agissez toujours avec bienveillance, sympathie dans un esprit d'entraide.

Faites disparaître les symptômes du stress

Le cycle du stress s'entretient lui-même dans une dynamique qui lui fait prendre toujours plus d'ampleur.

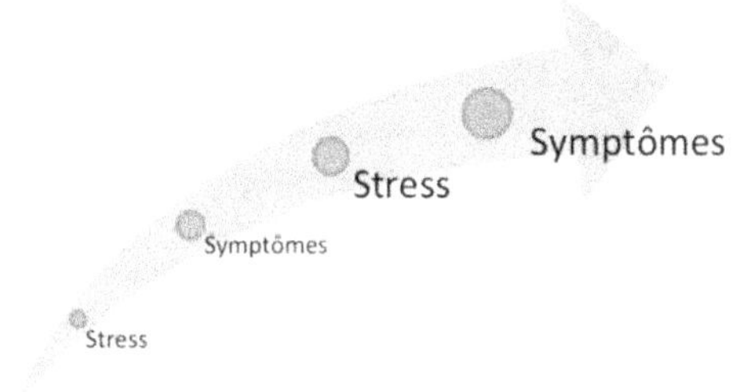

La montée en puissance du stress et de ses symptômes

Pour casser ce cycle, vous pouvez travailler sur les symptômes qui sont souvent plus accessibles que les causes.

Éliminez les points de tension

Massages, balnéothérapie, yoga et étirements détendent les points de tension au niveau du dos, des épaules, du cou, etc.

Respirez !

Une respiration profonde et lente, située au niveau du ventre, vous apaisera durablement dans les moments difficiles. Inspirez et expirez par le nez et ralentissez votre rythme. Fermez les yeux pour vous concentrer sur l'amplitude de votre respiration et sentez vos poumons s'emplir d'air de haut en bas.

Parole de pro

Isabel Engel, sophrologue, Sophro & Relax : « *Le stress se gère sur le plan physique et mental. Sur le plan physique, savoir déstresser les muscles en tension, principalement le diaphragme, est essentiel. À cet effet, vous pouvez pratiquer la respiration abdominale (gonflez votre ventre en inspirant et laissez-le se resserrer en expirant), ou totale (partez du ventre et laissez monter l'inspiration au thorax; laissez s'abaisser le thorax et expirez jusqu'à ressentir votre ventre se resserrer). La première pratique est apaisante et s'utilise durant la journée et le soir. La seconde est énergisante et s'utilise pour gérer les petits coups de barre de 11 heures et de 17 heures ou encore pour "assurer"! À cela vous pouvez ajouter des étirements. Mais la respiration contrôlée est sans doute plus discrète et, en cela, plus aisée à mettre en place au bureau, surtout si vous n'êtes pas seul! Sur le plan mental, harmonisez la pratique de la respiration contrôlée avec une imagerie mentale positive et/ou simplement associez la sensation d'évacuer les tensions physiques et mentales à chaque expiration, qui peut être plus longue que le temps d'inspiration. Cette astuce ne vous prendra qu'une à deux minutes. À renouveler sans modération !* »

Pratiquez une activité sportive pour canaliser votre énergie

Le sport aide à dépenser un trop-plein d'énergie et à se sentir bien par la libération, dans l'organisme, d'endorphines.

Parole de pro

Idriss Abbey, responsable de centre, RHFormation : « *Pour gagner en efficacité, je prends soin de moi en ayant entrepris une démarche de développement personnel. Désormais, je connais mes déclencheurs de stress et mes besoins psychologiques à satisfaire pour éviter le stress. J'ai opté pour la pratique régulière du sport à haute intensité, de manière à canaliser mon énergie et à évacuer les tensions. Quand je n'ai pas de déjeuner professionnel, j'organise une séance le midi. J'ai également proscrit les déjeuners trop gras, de manière à ne pas baisser en intensité de concentration dans l'après-midi.* »

Vincent Raymond, dirigeant, First Group : « *La pratique d'un sport deux à trois fois par semaine est essentielle à mon équilibre. Ma compagne et moi avons décidé de partager cela en couple. Cela nous permet de joindre deux activités essentielles en dehors du travail en un espace-temps limité !* »

Fiches reliées

Fiche n° 3 : « Comment planifier mon travail ? »
Fiche n° 4 : « Comment ne pas oublier une tâche ou une échéance ? »
Fiche n° 69 : « Comment prendre de la distance par rapport à mon travail ? »

Faites face au blues de l'hiver

Astuce

Des lampes permettent de simuler la vive lumière du soleil et de revivifier votre organisme lorsqu'il en manque. C'est ce que l'on appelle la luminothérapie. Procurez-vous une de ces lampes à votre bureau et profitez toute l'année d'un ensoleillement parfait.

L'hiver est toujours une période où les coups durs au travail sont ressentis avec plus de vigueur encore. Pour faire face à cette saison particulière, suivez ces quelques conseils.

➜ Prenez un peu de vitamine C le matin sous forme d'agrumes ou de kiwis.
➜ Faites surveiller, par votre médecin, votre niveau de vitamine D.
➜ Prenez le soleil à chaque fois que possible.

En résumé

Pour éliminer les causes du stress, il faut commencer par les identifier. Puis demandez-vous quels comportements vous pouvez adopter afin de vous aider à relativiser.

Les relations avec les collègues peuvent être une source de stress importante à gérer. Un comportement positif aide à les améliorer et à les apaiser.

L'hiver est une saison à part, à laquelle il faut faire particulièrement attention.

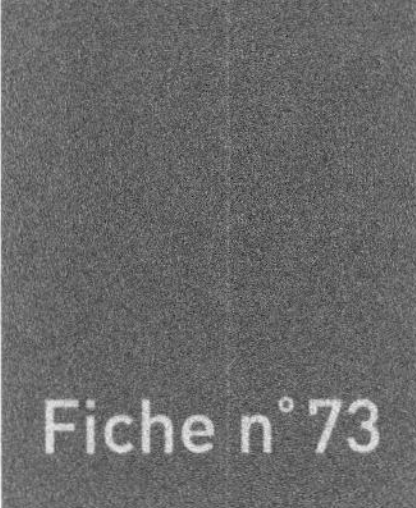

Comment rendre mes déplacements professionnels moins stressants ?

Cette question se pose quand :

✓ vous vous déplacez souvent hors de votre lieu de travail ;

✓ vous voyagez beaucoup et dormez à l'hôtel ;

✓ vous devez faire un déplacement exceptionnel et cela génère du stress pour vous.

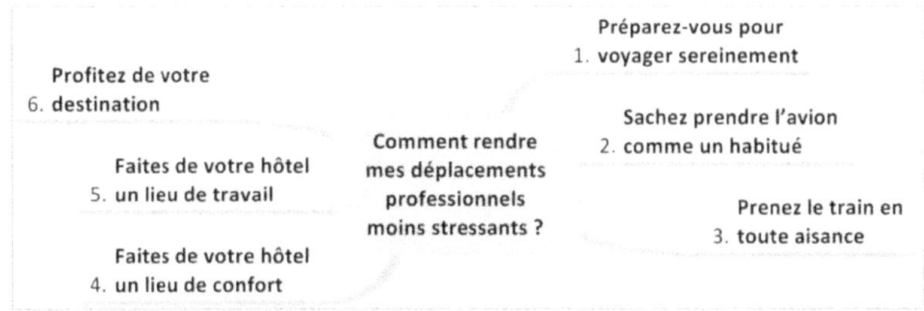

Les clés pour voyager sans stress sont la préparation, l'anticipation des problèmes éventuels et la conservation des éléments de confort et de plaisir.

Préparez-vous pour voyager sereinement

Comme dans toute chose, la préparation constitue un élément essentiel pour une action efficace et sereine.

Parole de pro

Emmanuel Coste, gérant, Explic-It :
« Lorsque je prévois un déplacement professionnel, j'inscris toujours dans mon agenda le temps du trajet comme étant un moment où je ne serai pas joignable. Cela m'évite de prendre des rendez-vous téléphoniques et me permet de voyager en toute tranquillité. »

Renseignez-vous avant de partir

Quelques jours avant le départ, utilisez Internet pour vous renseigner sur les points suivants :

✓ le décalage horaire ;

✓ l'indicatif téléphonique, le type de réseau pour les mobiles, les tarifs ;

✓ les prises électriques ;

✓ la monnaie, le taux de change, l'utilisation de votre carte bancaire ;

✓ la météo ;

✓ les habitudes locales ;

✓ les documents et formalités nécessaires (visa, déclaration, vaccinations, passeport).

Tenez à jour votre check-list de déplacement

Avant votre prochain déplacement, rédigez une *check-list* de ce que vous avez à faire et à prendre avant de partir. Mettez cette liste à jour avant chaque déplacement.

→ Commencez par y inclure tous les points ci-dessus.

→ Ajoutez-y le matériel dont vous aurez besoin. En particulier, pensez à vos dossiers importants, chargeurs, adaptateurs pour les prises électriques, médicaments, etc. ; notez les adresses précises des différents lieux où vous devez vous rendre (hôtel, entreprise, etc.), ainsi qu'un numéro de téléphone et un nom de contact à chaque fois. Prévoyez, à l'avance, les modes de transport que vous utiliserez, en particulier dès votre arrivée à la gare ou à l'aéroport et renseignez-vous sur les endroits où les prendre et les tarifs.

→ Enfin, personnalisez-la avec vos besoins propres.

Assurez-vous d'avoir bien coché toutes les cases de la liste avant votre départ et surtout gardez-la à portée de main durant tout le voyage.

Préparez une pochette avec les papiers importants

Dans une pochette, que vous pourrez idéalement garder autour du cou pendant le trajet, placez :

✓ votre passeport, vos visas et autres documents administratifs ;

✓ votre argent liquide ;

✓ une carte bancaire ;

✓ vos billets de train ou d'avion.

Astuce

Avant de partir, placez dans votre valise, à l'écart de vos papiers d'identité, une photocopie de ceux-ci (y compris le permis de conduire). Cela facilitera grandement vos démarches administratives auprès des autorités si vous veniez à les perdre ou à vous les faire voler.

Attention toutefois à ne pas mettre tous vos œufs dans le même panier. Même une pochette que vous avez sur vous peut être volée ou perdue. Prévoyez de ranger dans un autre endroit sûr une autre pièce d'identité, de l'argent, une autre carte de paiement si vous en avez une deuxième, etc.

Parole de pro

Jean-Luc Kastner, responsable du développement, Stonfield : « *Pour les voyages d'affaires, j'utilise toujours une valise à deux compartiments. Je mets dans l'un mes vêtements et dans l'autre mes affaires de travail. De même, j'emporte toujours avec moi des mousquetons d'escalade. Ils me sont toujours utiles pour accrocher mon sac à dos sur les porte-bagages, dans le train, pour qu'il ne tombe pas, ou à une chaise dans un café pour qu'on ne me le vole pas, ou encore à ma valise pour en faciliter le transport. Enfin, si je dois enregistrer une valise, je garde toujours avec moi une mini-trousse de toilette et de quoi m'habiller pendant deux jours. Ainsi, si ma valise est perdue et qu'elle arrive en retard, je suis autonome pendant deux jours.* »
Ramon Marti, consultant, MBA Consulting : « *Lorsque vous voyagez, une astuce simple permet de faire en sorte que vos chemises ne souffrent pas du trajet et ne se froissent pas : il suffit de les emballer, séparément, dans des sacs congélation et d'y faire le vide avant de les refermer.* »

Prenez une petite valise

Si vous devez prendre l'avion, préférez une petite valise et un sac à dos que vous pourrez prendre en cabine avec vous plutôt qu'une grande valise qu'il vous faudra placer en soute avec le risque de la voir égarée pendant plusieurs jours. Étiquetez impérativement tous vos bagages avec vos nom, prénom et adresse en France ainsi qu'à destination.

Définition : carte d'embarquement ou boarding pass

C'est le document que vous devez présenter avant d'entrer dans l'avion. Ce n'est pas votre billet. Une fois arrivé à l'aéroport, vous devrez échanger votre billet contre une carte d'embarquement, qui est le document qui précise que vous êtes prêt à prendre l'avion.

Sachez prendre l'avion comme un habitué

Prendre l'avion nécessite de passer un certain nombre d'étapes, toujours les mêmes, que les habitués maîtrisent, mais pas les autres. Connaître et anticiper ces étapes à l'avance vous fera gagner un temps précieux et baissera votre niveau de stress.

Avant le départ

Imprimez votre carte d'embarquement.

De nombreuses compagnies permettent d'imprimer directement sa carte d'embarquement depuis leur site Internet. Cela offre plusieurs avantages :
→ C'est autant que vous n'aurez pas à faire à l'aéroport si vous êtes en retard.
→ Vous avez un plus grand choix pour le siège que vous allez occuper pendant le vol.
→ Si vous n'enregistrez pas de bagages en soute et que vous gardez votre valise avec vous en cabine, vous n'aurez même pas à vous présenter au comptoir d'enregistrement et pourrez aller directement au filtre de sécurité.

Si, entre le moment où vous imprimez votre carte et votre arrivée à l'aéroport, vous la perdez, pas de panique, vous pouvez en ressortir une aux bornes d'enregistrement ou au comptoir.

Vérifiez bien sur votre billet (électronique ou papier) de quel aéroport vous partez et surtout de quel terminal.

L'arrivée à l'aéroport

À votre arrivée à l'aéroport, votre premier réflexe doit être de regarder les écrans d'information. Deux cas de figure peuvent se présenter :
→ Si vous avez imprimé votre carte d'embarquement au préalable et que vous gardez vos bagages avec vous en cabine, vous devez vous rendre directement à la porte d'embarquement. L'information que vous cherchez sur les écrans est donc le numéro de cette porte d'embarquement.
→ Si vous n'avez pas votre carte d'embarquement en main ou si vous avez des bagages à enregistrer, vous devez aller au comptoir d'enregistrement. Dans un aéroport, chaque compagnie aérienne dispose de ses propres guichets. Savoir lesquels sont dédiés à votre vol est l'information que vous chercherez sur les écrans.

Le plus souvent, l'information concernant un vol est indiquée de la façon suivante :

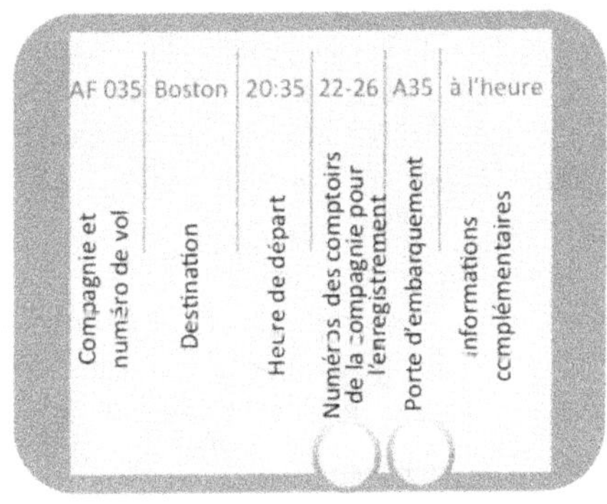

Exemple d'écran d'information dans un aéroport

Le comptoir d'enregistrement

Présentez-vous au comptoir d'enregistrement pour obtenir votre carte d'embarquement et/ou pour enregistrer les bagages que vous souhaitez ou devez placer en soute.

À votre arrivée, l'hôtesse demandera un justificatif d'identité. Pour un vol en Europe (espace de libre circulation des personnes), une carte d'identité suffit ; sinon on vous demandera un passeport (dans tous les cas de figure, mieux vaut se munir de ce dernier). Parfois, d'autres documents sont nécessaires et c'est à ce moment-là que vous devrez les présenter (visa, certificat de vaccination, documents relatifs à l'immigration, etc.). De même, certaines questions relatives à la sécurité peuvent vous être posées.

Pour les bagages que vous souhaitez faire voyager en soute, l'hôtesse vous demandera de les placer sur le tapis roulant et les pèsera. S'ils sont trop lourds au regard de la norme de la compagnie aérienne, vous devrez vous acquitter d'une taxe de surcharge. Ceci se fera à un autre comptoir et vous devrez revenir à l'enregistrement avec un justificatif de paiement (je vous conseille donc fortement de peser votre valise avant de quitter votre domicile pour vous éviter ces désagréments). Une fois la valise pesée, elle poursuivra son chemin sur le tapis roulant qui la transportera au centre de traitement. L'hôtesse vous remettra un justificatif de dépôt de bagage qui se présente sous la forme d'un code-barres autocollant (généralement, collé au dos de votre passeport ou sur la partie de votre carte d'embarquement à conserver). Ne perdez pas votre justificatif, il constitue votre meilleur moyen de retrouver votre valise au cas où elle ne prendrait pas le même avion que vous ou si elle devait s'égarer dans l'aéroport d'arrivée.

Au moment de vous remettre votre carte d'embarquement, l'hôtesse vous indiquera à quelle heure vous devez vous présenter à la porte ainsi que le numéro de cette dernière.

L'étape du comptoir d'enregistrement peut être assez longue ; donc prévoyez d'arriver suffisamment à l'avance. Dans le même ordre d'idée, ne vous formalisez pas si certaines personnes vous passent devant dans la file d'attente. En effet, la plupart des compagnies aériennes proposent des cartes de fidélité dont l'un des avantages est d'accéder directement au comptoir lorsqu'il y a du monde.

Astuce

Une bonne alternative au comptoir d'enregistrement est l'utilisation des bornes automatiques qui délivrent les cartes d'embarquement. La queue y est bien moindre et il y a toujours quelques hôtesses pour en expliquer le fonctionnement.

Le filtre de sécurité et la douane

Une fois que vous avez votre carte d'embarquement, vous devez vous présenter au filtre de sécurité. Là encore, la queue peut-être longue, mais vous pouvez généralement demander à couper la file si vous êtes en retard et que votre vol va bientôt embarquer. Cette étape consiste principalement à vérifier que vous ne transportez rien d'illégal ou de dangereux, avec vous, dans la cabine.

Placez, dans des plateaux qui seront passés aux rayons X, tout ce que vous avez sur vous et qui contient du métal. De même, posez sur

Définition : porte d'embarquement

C'est l'endroit par lequel vous sortez de l'aéroport pour aller directement dans l'avion, *via* une passerelle ou un bus.

le tapis roulant vos sacs, vestes et chaussures. Si vous transportez un ordinateur portable, sortez-le de sa sacoche et placez-le, seul, dans un plateau. Une fois débarrassé du métal, vous pourrez passer sous le portique et, le cas échéant, subir une fouille.

Avant ou après le filtre de sécurité, et en fonction de votre destination, vous devrez présenter votre passeport à un officier de douane. Là encore, un programme d'enregistrement vous permettra de ne pas faire la queue. En France, ce programme s'appelle « Parafes ». N'hésitez pas à vous renseigner dès votre arrivée dans l'aéroport.

L'embarquement

Une fois arrivé à la porte d'embarquement, on vous proposera de monter dans l'avion ou dans le bus qui vous conduira à l'avion. Les hôtesses sur place donnent l'ordre dans lequel les passagers peuvent embarquer. La priorité est donnée aux personnes à mobilité réduite et aux enfants, puis viennent les passagers disposant d'une carte de fidélité ; enfin les autres voyageurs sont appelés par numéro de rangée. Celui-ci est indiqué sur votre carte d'embarquement.

Au moment d'embarquer, vous passerez devant une hôtesse à qui vous devrez présenter votre justificatif d'identité et votre carte d'embarquement. Si cette dernière comporte un code à barres, elle sera scannée puis rendue. Sinon, l'hôtesse en découpera une partie qu'elle gardera et vous rendra l'autre.

Une fois cette étape passée, vous passerez par une passerelle, où l'on vous proposera généralement des exemplaires de journaux et de magazines gratuits, qui vous mènera à l'avion ou au bus.

L'installation dans l'avion

En arrivant dans l'avion, montrez ce qu'il vous reste de votre carte d'embarquement au personnel de bord qui se tient à l'entrée. Cela lui permettra de vous indiquer où se trouve votre place. Certaines compagnies n'attribuent pas de places nominatives et vous pourrez vous asseoir où bon vous semble.

Placez vos bagages dans les coffres au-dessus des sièges. S'ils sont déjà pleins ou que votre valise ne rentre pas, confiez-la à un membre du personnel de bord qui se chargera de lui trouver une place. Attention, parfois, les cabines ne sont pas prévues pour recevoir les bagages et on vous demandera de laisser votre valise au pied de l'avion. Dans ce cas, comme dans un vestiaire, on vous donnera un ticket qui vous permettra de la retrouver à l'arrivée, toujours au pied de l'avion.

Installez-vous à votre place le plus rapidement possible pour dégager les allées et faciliter le travail de comptage des hôtesses et stewards. Attendez que l'on vous annonce de le faire avant de boucler votre ceinture. En effet, ceci est interdit pendant le plein de kérosène.

Le vol

Pendant le vol, conformez-vous au plus près aux annonces et conseils du personnel de bord. En particulier, n'utilisez pas d'appareils électroniques lors du décollage et de l'atterrissage. Soyez toujours aimables avec les hôtesses et les stewards. Malgré les apparences, ils font un travail difficile. Aussi, facilitez-leur la tâche autant que possible. Bouclez votre ceinture lorsque vous êtes à votre siège, cela vous évitera des désagréments si votre vol traverse une zone de turbulences.

Toutes les heures, levez-vous et faites quelques pas et exercices pour vous détendre. Si vous avez un doute sur les mouvements que vous devez pratiquer, renseignez-vous dans le magazine mis à votre disposition pas la compagnie ou auprès du personnel à bord.

Le débarquement

La descente de l'avion se fait toujours en commençant par les voyageurs placés le plus près de la porte.

Le tapis roulant des bagages

Une fois sorti de l'avion, votre première préoccupation doit être de trouver le numéro du tapis roulant qui délivre les bagages en soute de votre vol. Ce numéro vous a été donné par l'hôtesse de l'air juste avant l'atterrissage ou un écran d'information vous renseignera au sol.

Pour trouver la salle des tapis roulants, suivez les indications «bagages». Dans cet endroit, vous pourrez vous munir, si besoin, d'un chariot, que vous pourrez garder jusqu'à votre sortie de l'aéroport. Avant de récupérer votre valise, vérifiez bien l'étiquette. Même si votre valise est particulièrement originale, la probabilité qu'un autre voyageur ait la même que vous est toujours possible !

Si vous ne voyez pas votre bagage sortir du tunnel, munissez-vous de votre code à barres autocollant et remplissez un dossier au bureau «réclamations», qui se trouve dans cette même salle.

La douane et la sortie

Le principal désagrément lié au passage de la douane et des services d'immigration est le temps que l'on doit y consacrer, surtout lorsque plusieurs gros avions arrivent en même temps. La seule stratégie valable est de se conformer strictement aux règles en vigueur et de se montrer d'une politesse sans faille.

À la sortie de l'aéroport, il faut repérer rapidement l'endroit où vous devez vous rendre. En effet, les moyens de quitter l'endroit sont regroupés en quatre catégories et chacune occupe un espace bien défini :
✓ la zone réservée aux véhicules particuliers (parking/dépose-minute) ;
✓ la zone réservée aux taxis (parfois sous-divisée en plusieurs groupes selon votre destination) ;
✓ la zone réservée aux transports publics (train/métro/bus, etc.) ;
✓ la zone réservée aux transports en commun privés (ce sont généralement des navettes organisées par les principaux hôtels de la ville).

Suivez les panneaux et au besoin faites-vous aider pour repérer la porte par laquelle vous devez quitter l'aéroport afin de prendre le transport que vous avez choisi.

Prenez le train en toute aisance

Prendre le train est bien moins compliqué que prendre l'avion. Voici toutefois quelques astuces qui faciliteront votre prochain voyage :
→ Arrivez à la gare au moins vingt minutes en avance pour avoir le temps de vous acheter une boisson ou un magazine et de repérer votre voie et l'emplacement de votre voiture.
→ Si vous avez un billet électronique ou un dossier prépayé à retirer à une borne, prévoyez un peu de temps en plus, au cas où il y aurait de la queue devant les machines.
→ Étiquetez tous vos bagages.
→ Repérez bien votre numéro de voiture sur les panneaux indicateurs avant l'arrivée du train à quai, afin d'éviter de courir pour aller à votre place.
→ Si vous n'avez pas eu le temps de composter votre billet, signalez-le au contrôleur dès votre entrée dans le train pour éviter une amende.

Faites de votre hôtel un lieu de confort

À votre arrivée à l'hôtel, le réceptionniste vous demandera de remplir une fiche signalétique et prendra l'empreinte de votre carte de paiement, même si la chambre est payée par ailleurs. Ceci sert de garantie de paiement des éventuels extra que vous pourriez consommer dans votre chambre (minibar, téléphone, vidéos à la demande, etc.).

Vérifiez, dès votre arrivée, et avant d'entrer dans la chambre, que celle-ci correspond bien à votre demande (standing, vue, fumeur/non-fumeur, nombre de lits, etc.). N'hésitez pas à solliciter le personnel de l'hôtel pour faciliter votre séjour. Voici quelques services classiques que le réceptionniste ou le concierge peuvent vous rendre :
- ✓ appeler un taxi ou le commander à l'avance ;
- ✓ vous appeler au téléphone pour vous réveiller ;
- ✓ organiser un service de blanchisserie et de pressing pour vos vêtements sales ;
- ✓ faire porter un repas dans votre chambre *via* le room-service ;
- ✓ vous renseigner sur les sorties et les visites à faire dans la ville, organiser le transport et éventuellement vous vendre les tickets d'entrée pour les musées ou les monuments.

Faites de votre hôtel un lieu de travail

Dès votre arrivée à l'hôtel, renseignez-vous sur les modalités d'utilisation d'une connexion à Internet. Est-elle Wi-Fi ou filaire ? Gratuite ou payante ? Quelles en sont les modalités (identifiant, mots de passe, durée, etc.) ?

Il est généralement préférable d'utiliser la connexion de l'hôtel, y compris lorsque vous disposez d'une clé 3G ou d'un smartphone, lorsque vous êtes à l'étranger, pour des raisons de coût.

En revanche, il est souvent préférable de téléphoner avec son portable plutôt que d'utiliser la ligne fixe de la chambre, qui reste encore très chère. Mieux vaut se renseigner précisément sur les tarifs pratiqués.

Si votre chambre d'hôtel n'est pas pratique ou pas agréable pour travailler, descendez au bar de l'hôtel ou dans le lobby, où vous trouverez toujours où vous asseoir confortablement. Vous serez toujours bien reçu dans ces endroits.

Certains hôtels proposent aussi les services d'un *business center* muni de bureaux, d'ordinateurs et de quoi imprimer.

Profitez de votre destination

Faire baisser votre niveau de stress, c'est aussi penser à vous, vos loisirs et organiser des moments agréables. Utilisez les installations sportives proposées par l'hôtel (piscine, spa, salle de sport, tennis, etc.). De même, profitez de vos soirées pour visiter votre ville de destination et tirer profit de ses charmes touristiques et gastronomiques.

En résumé

Pour atténuer le stress naturel lié aux
voyages d'affaires, préparez-vous bien à
l'avance pour ne pas être pris au dépourvu.
Anticiper chaque étape de votre voyage
et les problèmes éventuels qui pourraient
survenir vous aidera à gagner en sérénité.
Organisez-vous pour pouvoir travailler
tranquillement sur place et profitez de
moments de détente particuliers.

Fiches reliées

Fiche n° 13 : « Comment ne plus être en
retard à mes rendez-vous ? »
Fiche n° 70 : « Comment conserver une
activité physique au bureau ? »
Fiche n° 71 : « Comment rendre mon
environnement de travail
moins stressant ? »

 Fiche n° 73 : Comment rendre mes déplacements professionnels moins stressants ?

Comment m'organiser au mieux lorsque je dois travailler à la maison ?

Cette question se pose quand :

✓ vous apportez souvent du travail à la maison ;
✓ vous craignez que le travail n'empiète trop sur votre vie personnelle.

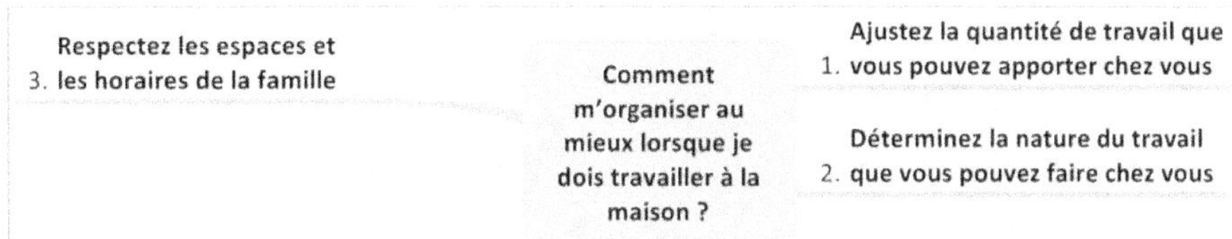

Apporter du travail à la maison, c'est ajouter des contraintes à un travail qui est déjà urgent. Cela doit donc être fait de manière raisonnée.

Ajustez la quantité de travail que vous pouvez apporter chez vous

Si votre foyer n'est pas votre bureau, il est logique qu'il soit moins adapté au travail. Dès lors, vous ne pourrez pas aller aussi vite ni faire aussi bien que ce à quoi vous êtes habitué au sein de votre entreprise. Un rapport qui vous prendrait trois heures au travail vous en prendra forcément plus chez vous, car :

✓ vous y êtes moins bien équipé et moins bien entouré ;
✓ vous avez d'autres choses à y faire (tâches ménagères, s'occuper des enfants, de votre animal de compagnie, etc.) ;
✓ vous y êtes plus facilement dérangé.

Lorsque vous apportez du travail chez vous, prenez en compte toutes ces contraintes pour ajuster la quantité de travail que vous pourrez accomplir. Les soirées sont toujours plus courtes que ce que nous pensons et il en va de même des week-ends. Par ailleurs, pensez à votre propre rythme : préférez-vous travailler le soir, quitte à vous coucher tard ou préférez-vous vous lever tôt ?

Déterminez la nature du travail que vous pouvez faire chez vous

Les tâches faciles à exécuter au bureau ne sont pas toutes adaptées au travail à la maison. Privilégiez toujours celles qui :

✓ ne demandent pas trop de papier à transporter ;
✓ ne nécessitent pas de matériel spécifique ;
✓ peuvent être accomplies seul, sans aide extérieure.

Préférez toujours une succession de petits travaux, faciles à interrompre et à reprendre, plus adaptés au rythme haché de la vie familiale.

Respectez les espaces et les horaires de la famille

Choisissez de faire chez vous le travail qui causera le moins d'envahissement et de nuisance sonore. Plus vous vous montrerez discret, moins votre entourage en souffrira. Adaptez-vous au rythme familial sans que le travail que vous apportez ne devienne le problème de tout le monde. Vous devez travailler ce soir, certes, mais dans ce cas, adoptez la stratégie «PV SPV» («pas de vague, surtout pas de vague»). Montrez-vous discret, conciliant et attentif aux demandes de votre entourage.

En résumé

Il est toujours moins facile de travailler chez soi qu'au bureau lorsqu'on n'y est pas habitué.
Prenez garde à la quantité de travail que vous apportez chez vous, ne soyez pas trop optimiste et gardez en mémoire tout ce que vous aurez à faire en termes de tâches familiales ou ménagères.
Adaptez la nature du travail à faire pour ne pas vous retrouver dans une impasse.
Soyez le plus discret possible pour que ce travail reste votre problème et n'ait pas d'impact négatif sur toute la famille.

Fiches reliées

Fiche n° 2 : «Comment améliorer la gestion de mon temps ?»
Fiche n° 9 : «Est-il souhaitable de faire plusieurs choses en même temps ?»

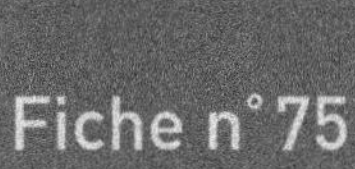

Comment me défendre contre le harcèlement ?

Fiche n° 75

Cette question se pose quand :

✓ vous souffrez du comportement d'un collègue ou d'un supérieur hiérarchique ;

✓ vous pensez que votre situation entre dans le cas juridique du harcèlement.

Le dialogue pour 2.a. dénouer la situation	Comment vous défendre si vous êtes victime de 2. harcèlement	Comment me défendre contre le harcèlement ?	Vérifiez bien que votre situation correspond à la définition juridique 1. du harcèlement	Ce qu'est le 1.a. harcèlement moral
Le conseil pour connaître 2.b. vos droits et possibilités				Ce qu'est le 1.b. harcèlement sexuel
L'action en justice pour 2.c. obtenir réparation				

Le harcèlement est une situation grave, à laquelle il existe des réponses. Attention toutefois à bien vérifier le cadre juridique où vous vous trouvez.

Vérifiez bien que votre situation correspond à la définition juridique du harcèlement

Pour permettre aux salariés de se défendre, le législateur a délimité précisément les contours de la notion de harcèlement. Deux comportements sont répréhensibles : le harcèlement moral et le harcèlement sexuel.

En France, 15 % des salariés estiment subir des comportements hostiles dans le cadre de leur travail. 8 % des femmes et 7 % des hommes déclarent avoir subi un harcèlement moral[14].

Pour que la situation dont vous souffrez soit qualifiée de harcèlement moral, il faut donc que :

→ Vous soyez la cible d'agissements répétés. Un acte isolé, même très agressif ou défendu par la loi, ne constitue pas un harcèlement.

→ Les comportements que vous subissez soient susceptibles de porter atteinte à vos droits, à votre dignité ou à votre santé. Il est à noter que cette formule signifie que c'est le comportement qui est répréhensible, sans considération du fait que l'auteur ait atteint son objectif ou non.

Ce qu'est le harcèlement moral

Définition : harcèlement moral

L'article L. 1152-1 du Code du travail dispose qu'« aucun salarié ne doit subir les agissements répétés de harcèlement moral qui ont pour objet ou pour effet une dégradation de ses conditions de travail susceptible de porter atteinte à ses droits et à sa dignité, d'altérer sa santé physique ou mentale ou de compromettre son avenir professionnel ».

Ce qu'est le harcèlement sexuel

Définition : harcèlement sexuel

L'article L. 1153-1 du Code du travail dispose que « les agissements de harcèlement de toute personne dans le but d'obtenir des faveurs de nature sexuelle à son profit ou au profit d'un tiers sont interdits ».

14.. Source : enquête européenne sur les conditions de travail, 2005.

Comment vous défendre si vous êtes victime de harcèlement

Votre défense doit s'organiser autour de trois types d'actions.

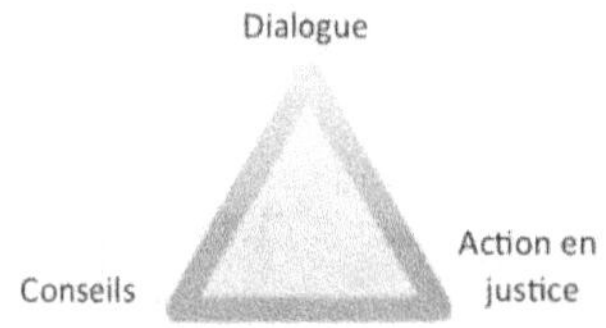

Les trois axes de la défense contre le harcèlement

Le dialogue pour dénouer la situation

Dès que des agissements qui vous paraissent vraiment suspects sont perpétrés, engager un triple dialogue vous permettra de vous protéger.

Cherchez une écoute externe

Parler de cette situation à votre famille, à votre médecin, à votre thérapeute, etc., vous permettra de verbaliser votre douleur et de purger vos sentiments négatifs.

Protégez-vous en interne

Exposer votre situation ou vos craintes à votre hiérarchie ou aux représentants du personnel facilitera la recherche d'une solution et votre protection.

Affrontez la personne en cause

Enfin, le dialogue franc avec la personne que vous incriminez clarifiera parfois la situation et lui montrera que vous n'êtes pas dupe de ses agissements.

Le conseil pour connaître vos droits et possibilités

Plusieurs personnes peuvent vous donner des conseils précieux dans ces situations très délicates :

- ✓ les avocats spécialisés en droit du travail ;
- ✓ les associations de défense des victimes de harcèlement ;
- ✓ les syndicats ;
- ✓ la Direction départementale du travail, de l'emploi et de la formation professionnelle (DDTEFP) et l'Inspection du travail.

L'action en justice pour obtenir réparation

> ### À savoir
>
> Votre employeur doit prendre toutes les dispositions nécessaires pour prévenir les comportements constitutifs de harcèlement. Le règlement intérieur de l'entreprise doit faire état de l'interdiction de ces pratiques.

Après avoir réuni des preuves et des témoignages, vous pouvez porter plainte auprès du procureur de la République.

Il est important de noter que le Code du travail protège les collègues à qui vous demanderiez de témoigner en votre faveur (article L. 1152-2) : *« Aucun salarié ne doit subir de tels agissements, ni être sanctionné pour en avoir témoigné ou les avoir relatés. »*

Attention toutefois, porter une accusation de harcèlement constitue un acte grave. Vous ne devez donc pas le faire à la légère sous peine d'être, à votre tour, poursuivi en diffamation ou pour dénonciation calomnieuse. Prenez garde à constituer un dossier solide et composé de preuves factuelles.

> ## Fiche reliée
>
> Fiche n° 56 : « Comment agir avec éthique ? »

Partie V

Évoluer

Changer de poste, prendre plus de responsabilités, saisir les opportunités

Chapitre 1
Chercher et trouver un nouveau poste

Comment identifier et saisir les opportunités pour changer de poste ?

Cette question se pose quand :

✓ vous souhaitez changer de poste :
✓ des opportunités existent en interne et à l'externe, mais sont difficiles à identifier.

2.a. Restez à l'écoute du marché	**Identifier et saisir les opportunités**		**Identifier et saisir les opportunités**	Renseignez-vous sur les
2.b. Soyez visible sur Internet	**2. en externe**	**Comment identifier et saisir les opportunités pour changer de poste ?**	**1. en interne**	1.a. offres publiées par les RH
Répondez à une annonce				Renseignez-vous directement
2.c. de temps en temps				1.b. auprès des interlocuteurs RH

Identifier et saisir les opportunités demande de la méthode et un investissement personnel. Les stratégies à déployer seront différentes selon qu'il s'agit de l'interne ou de l'externe.

Parole de pro

Marie Laborda, responsable des compétences : « *Être efficace, c'est aussi être motivé. Il vous faut donc créer les conditions de votre propre motivation, qui passe par l'intérêt de votre métier. Or, l'habitude gagne le quotidien professionnel et pour réamorcer l'envie, il faut changer et ne pas avoir peur de ses possibilités. Pour évoluer, il faut se mettre en condition de saisir des opportunités. Cela se prépare... Intéressez-vous aux événements dans l'entreprise et dans les autres services. Formez-vous toujours et encore pour vous adapter, mais aussi conforter vos acquis, les actualiser, vous remettre en question pour avancer. Bougez, changez de service, de collègues, de process, etc., et vous développerez vos capacités comportementales...* »

Identifier et saisir les opportunités en interne

Bien souvent, la principale difficulté de la recherche d'un nouveau poste en interne, au sein de votre entreprise, repose sur la nécessaire discrétion. En effet, si vous annoncez haut et fort que vous souhaitez évoluer, mais que vous n'y arrivez pas, vous risquez de générer autour de vous des sentiments négatifs :

→ Méfiance : « *Si c'est vrai qu'il veut partir, il ne fera plus son boulot correctement.* »
→ Colère : « *Alors comme ça, notre travail (ou service) n'est plus assez bon pour lui ?* »
→ Angoisse : « *Peut-être sait-il des choses sur l'avenir du service que nous ignorons ?* »
→ Perte de crédibilité : « *Malgré tous ses efforts, personne ne veut de lui, il n'est peut-être pas si bon que ça après tout ?* »

Dès lors, il faut savoir se montrer proactif tout en restant discret. Pour cela, le meilleur interlocuteur est souvent le département des RH.

Renseignez-vous sur les offres publiées par les RH

Si vous travaillez dans une grande entreprise, voire un grand groupe, les RH publient certainement une liste des postes à pourvoir en interne. Cela peut se faire par voie d'affichage, par le magazine de communication interne ou par l'Intranet. Une fois l'annonce identifiée, voici ce que je vous propose de faire.

➜ Identifiez toutes les personnes qui peuvent vous renseigner sur ce poste :

✓ celle qui a passé l'annonce ;

✓ celle qui quitte le poste ;

✓ son supérieur hiérarchique.

➜ Demandez à les rencontrer pour vous renseigner sur le poste. Précisez que votre décision de postuler n'est pas encore prise et qu'il ne s'agit pas, pour l'instant, d'un entretien d'embauche, mais d'une discussion informelle sur le périmètre précis de l'offre.

➜ Préparez une liste de questions à poser. Voici quelques exemples :

✓ quels sont les objectifs liés à ce poste ?

✓ quelles sont les compétences et l'expérience requises ?

✓ quelles sont les contraintes et les difficultés liées à ce poste ?

✓ quelles sont les différences avec le poste que vous occupez actuellement ?

➜ Parlez-en à votre propre responsable RH et envisagez, avec lui, la possibilité de postuler officiellement.

➜ Prenez conseil auprès de votre supérieur hiérarchique pour prendre la température quant à un éventuel départ de votre côté : y est-il favorable ? A-t-il la possibilité de vous laisser partir ou va-t-il vous contraindre à rester et vous mettre des bâtons dans les roues ? Précisez-lui que vous avez tenu à venir le voir très tôt dans votre processus de choix pour qu'il n'ait pas l'impression que vous avez voulu le court-circuiter.

➜ Postulez si tous les feux sont au vert.

Astuce

Il se peut parfois qu'une entreprise n'ayant pas réussi à pourvoir un poste en interne passe une annonce publique (Pôle emploi, APEC, sites Internet, presse, etc.). Soyez vigilant et restez en alerte par rapport à ces canaux d'information, ils vous permettront peut-être de réaliser le changement de poste qui vous convient. Bien souvent, le nom de l'entreprise n'est pas mentionné dans l'annonce, mais quelques indices vous permettront de savoir si l'annonce concerne bien votre entreprise :
  • descriptif de l'entreprise ;
  • descriptif du poste à pourvoir ;
  • région ou localité ;
  • contraintes éventuelles, etc.

Renseignez-vous directement auprès des interlocuteurs RH

Si vous travaillez dans une entreprise plus petite, il se peut que les postes à pourvoir ne soient pas directement affichés. Dans ce cas, un entretien, même informel, avec un interlocuteur RH vous permettra de :

➜ Vous renseigner en toute discrétion (précisez-lui que vous ne souhaitez pas faire état d'une volonté d'évolution au grand jour).

➜ Vous faire identifier par lui comme candidat potentiel. Ainsi, vous aurez plus de chances qu'il pense à vous lorsqu'une opportunité se présentera.

Astuce

Parfois, il est plus facile de se renseigner sur les départs ou mouvements de personnes que sur les postes à pourvoir. Si vous savez que M. Durand sera remplacé par M. Dupond, cela signifie que potentiellement, le poste de ce dernier est vacant.

Parole de pro

Élisabeth Muller, consultante, Qualihorg Hommes et Organisation au Service du Client : *« Avant de changer de travail, il faut toujours rédiger un projet professionnel. Celui-ci doit être pensé sur le moyen terme et s'appuyer sur des compétences réelles et pour lesquelles il existe des réalisations concrètes et vérifiables. De même, vous devrez y intégrer vos aspirations et vos envies. »*

Identifier et saisir les opportunités en externe

Restez à l'écoute du marché

La presse, Internet, les amis, etc., sont autant de sources d'informations sur d'éventuelles opportunités professionnelles. Déployez vos antennes pour vous renseigner, en douceur, sur les postes à pourvoir et les secteurs et les entreprises qui recrutent.

Parole de pro

Michel Ventura, P-DG, Ventura Consultants : *« Avant de prendre un nouveau poste, il convient de savoir s'il va vous convenir. Pour cela, je vous conseille de rencontrer des personnes qui exercent déjà ce métier pour leur poser quelques questions :*

▸ *comment êtes-vous arrivé ce poste ?*
▸ *quelle satisfaction y trouvez-vous ?*
▸ *quels points délicats rencontrez-vous ?*
▸ *à quoi consacrez-vous l'essentiel de votre temps de travail ?*
▸ *quelles sont les compétences nécessaires ?»*

Soyez visible sur Internet

Internet est un canal important de la recherche d'emploi. Bien souvent, ce sont les recruteurs qui vont aux candidats et non plus l'inverse. Pour améliorer les chances que cela vous arrive, rendez-vous visible sur les sites de réseaux sociaux professionnels. Il en existe de nombreux : renseignez-vous en surfant. Toutefois, en France, trois réseaux sortent du lot :

→ Viadeo est incontournable si vous cherchez un poste en France.
→ LinkedIn et Xing (prononcez « crossing ») sont plus internationaux.

Dans la mesure où ces sites offrent gratuitement la possibilité de créer un profil (sorte de CV), rien ne nous oblige à choisir. Toutefois, votre visibilité sur ces réseaux sociaux passe aussi par votre participation aux forums et aux contacts que vous sollicitez. Je vous recommande donc de vous focaliser sur un site pour commencer et de mesurer les retours, pour vous, de cette démarche avant d'y investir trop de temps.

N'annoncez pas sur votre profil que vous recherchez des opportunités tant que ce n'est pas officiel dans votre entourage professionnel. Quel effet cela aurait-il sur vos collègues ou votre manager s'ils l'apprenaient au détour d'un site Internet plutôt que de votre propre voix ?

À savoir

Facebook n'est pas un réseau social professionnel. Il est inopportun de l'utiliser comme tel dans la plupart des cas. Pire, on ne compte plus les mésaventures de candidats qui se sont vus refuser un poste ou un entretien à cause de citations ou de photos, glanées ici et là sur le site, par le recruteur.

Une autre excellente façon d'être visible sur Internet est de participer aux forums spécialisés :
- ✓ dans votre métier ou dans vos compétences (par exemple forums de formateurs ou de secrétaires, etc.);
- ✓ dans votre secteur économique (par exemple forums professionnels sur le BTP, etc.).

Faites-y un tour de temps en temps; postez un message, répondez à une question, rendez un service, montrez ce que vous savez faire et l'étendue de votre expérience : un recruteur rôde certainement dans le coin...

Répondez à une annonce de temps en temps

Saisir les opportunités, cela signifie aussi avoir à répondre à une annonce de temps en temps, même si elle ne correspond pas tout à fait à l'emploi de vos rêves. Cela vous permettra de :
- ✓ travailler votre CV pour qu'il soit toujours à jour ;
- ✓ travailler votre technique d'entretien ;
- ✓ déterminer votre valeur sur le marché de l'emploi ;
- ✓ vous faire identifier par les recruteurs de votre région pour un éventuel autre emploi, qui vous corresponde mieux.

En résumé

En interne, les partenaires privilégiés de la recherche d'opportunités sont les Ressources Humaines. Lisez leurs annonces et contactez-les de temps en temps de façon informelle.
En externe, vous ne pouvez pas vous passer d'Internet pour lire les annonces qui vous concernent et pour être visible, *via* votre profil sur un réseau social professionnel ou votre présence dans les forums spécialisés.

Fiches reliées

Fiche n° 78 : « Comment cultiver mon réseau ? »
Fiche n° 79 : « Comment informer ma hiérarchie que je souhaite changer de poste, sans prendre de risque ? »
Fiche n° 84 : « Comment se passent les bilans de compétences ? »

Comment prendre des initiatives dans mon travail sans prendre de risque ?

Cette question se pose quand vous voulez vous mettre en avant pour préparer un changement de poste ou une revalorisation de votre salaire.

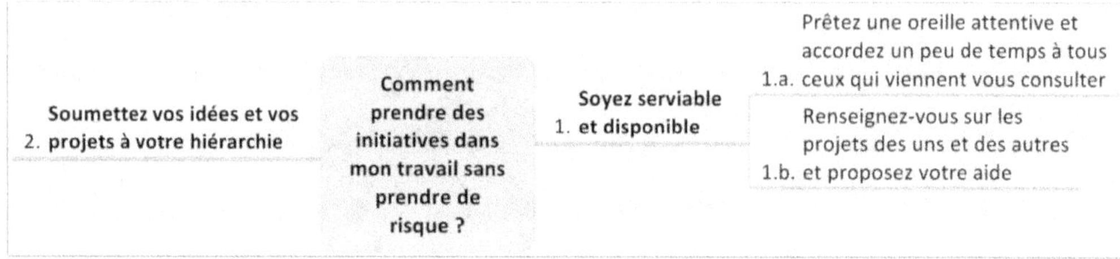

La prise d'initiatives est une capacité valorisée dans de nombreuses entreprises. Certaines en font même un préalable à toute mobilité vers le haut. Toute la difficulté est de savoir se mettre en valeur sans se disperser ni prendre de risque.

Soyez serviable et disponible

Prêtez une oreille attentive et accordez un peu de temps à tous ceux qui viennent vous consulter

Sachez toujours être attentif aux problématiques de vos collègues, soyez à l'écoute et de bon conseil. Ainsi, votre environnement professionnel viendra vous consulter ce qui fera de vous :
- ✓ un nœud d'informations, vous aidant ainsi à identifier les opportunités de vous mettre en avant ;
- ✓ une personne en vue et reconnue pour son expertise.

Renseignez-vous sur les projets des uns et des autres et proposez votre aide

Que ce soit de manière formelle ou informelle, n'hésitez pas, dans la mesure d'une saine curiosité, à vous renseigner sur les projets de l'entreprise sur lesquels vous n'intervenez pas. Si vous pouvez être utile en quoi que ce soit, sans nuire à quiconque et sans que votre propre travail en pâtisse, cette prise d'initiative sera, à coup sûr, valorisée. Attention toutefois à bien rester dans le cadre de votre disponibilité et de vos compétences. Vous engager et ne pas pouvoir tenir vos promesses aurait des effets dévastateurs sur votre crédibilité. De même, sélectionnez soigneusement les actions que vous souhaitez mener, ne devenez pas l'homme à tout faire vers qui l'on se tourne dès qu'une surcharge de travail se présente. Privilégiez les projets gratifiants qui vous assureront une véritable mise en lumière auprès de vos supérieurs ou de vos clients internes.

Parole de pro

Hubert Sauvageot, délégué, Comité International de la Croix-Rouge : « *Pour bien évoluer dans une structure, rien de tel que de rendre des services. Cela demande toujours des efforts, mais ils seront récompensés, un jour ou l'autre, par des ouvertures de portes.* »

Soumettez vos idées et vos projets à votre hiérarchie

Parole de pro

Marie Laborda, responsable des compétences : *« Être responsable c'est avant tout vous responsabiliser dans votre action : votre poste est ce que vous voulez qu'il soit. Donc lorsque vous travaillez dans une équipe, il faut vous positionner en responsable de votre rôle. Comment ? Il ne faut pas tout attendre des autres, mais être force de proposition. Il faut vous ouvrir aux autres et à l'extérieur pour trouver des idées, des solutions, des méthodes différentes, etc. Cela apporte un regard différent de celui de vos managers. Proposez ! »*

Être créatif, proposer des changements et des avancées est toujours valorisé par la hiérarchie si vous respectez quelques conditions :

➜ Ne court-circuitez pas votre n + 1 qui pourrait penser que vous voulez prendre sa place ou que vous le trouvez incompétent.

➜ Travaillez vos projets en amont pour vous assurer de leur faisabilité (temps, coût, moyens humains, délais, etc.) et de leur rentabilité (retour sur investissement, gains) avant de les présenter.

➜ Décrivez votre projet dans un dossier structuré :

✓ les objectifs (spécifiques, mesurables, ambitieux, réalistes et inscrits dans le temps : « SMART », voir fiche n° 29) ;

✓ les forces, faiblesses, opportunités, menaces (matrice « SWOT », voir fiche n° 55) ;

✓ les moyens nécessaires ;

✓ les étapes clés et les délais.

➜ Prenez un rendez-vous formel pour présenter et défendre votre projet. Lors de ce rendez-vous, rassurez votre hiérarchie sur le fait que vous pouvez prendre part à ce projet (voire le piloter) sans que cela nuise à votre travail.

➜ Ne vous vexez pas si votre projet n'est pas accepté ou mis en place et continuez à être créatif et à proposer de nouvelles idées, en tenant compte du feed-back qui vous a été fait lors de la présentation infructueuse.

En résumé

La prise d'initiatives est toujours valorisée dans les entreprises.

Sachez vous montrer curieux et disponible. Cela vous permettra de vous greffer sur des projets où vous pourrez vous mettre en valeur.

Sélectionnez vos initiatives pour ne pas vous faire déborder.

Créativité et propositions qui vont de l'avant sont toujours valorisées dans les entreprises ; n'hésitez pas à travailler et à présenter des projets nouveaux.

Fiches reliées

Fiche n° 63 : « Comment contribuer à l'élan commercial de mon entreprise ? »

Fiche n° 79 : « Comment informer ma hiérarchie que je souhaite changer de poste, sans prendre de risque ? »

Comment cultiver mon réseau ?

Cette question se pose quand vous voulez changer de poste au sein de la même entreprise ou à l'extérieur.

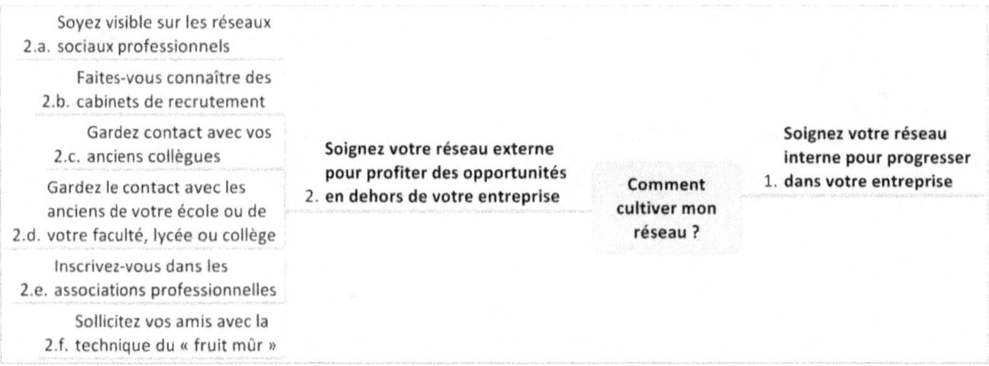

Préparer un changement de poste, c'est avant tout identifier les bonnes opportunités. Pour cela, il vous faut être au centre de deux réseaux : interne et externe. Des techniques et conseils permettent de développer efficacement vos réseaux.

Soignez votre réseau interne pour progresser dans votre entreprise

Soigner votre réseau interne, cela signifie vous faire connaître et reconnaître des personnes de votre entreprise avec qui vous ne travaillez pas. Pour cela, vous pouvez travailler sur cinq axes regroupés dans la «pyramide du réseautage interne».

→ Investissez-vous dans les projets transverses à plusieurs services. Cela vous permettra de rencontrer d'autres personnes, de travailler avec et de vous en faire apprécier.

→ Prenez des initiatives personnelles (voir fiche n° 77).

→ Brillez dans les opérations de «*team building*» et d'«*incentive*». Répondez présent, montrez-vous dynamique, sympathique, sérieux, décontracté et impliqué. D'une manière générale, participez autant que

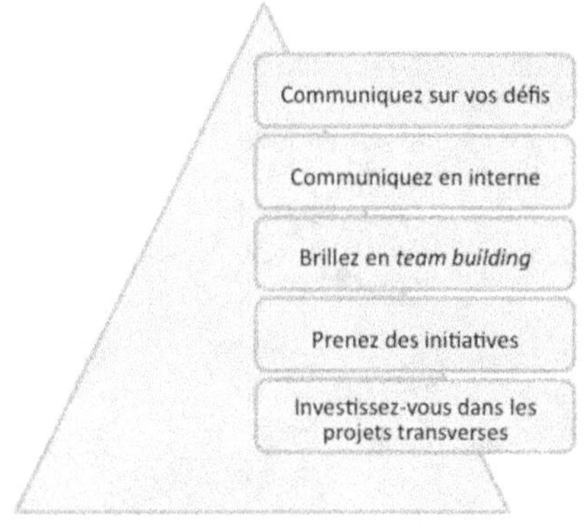

La pyramide du « réseautage » interne

possible à l'organisation des grands événements de l'entreprise : c'est le meilleur moyen d'être en relation avec tous les invités.

→ Mettez-vous à la disposition des outils de communication interne. Identifiez les publications internes (magazines,

Intranet, newsletters, etc.) et leurs rédacteurs (internes ou agence extérieure). Contactez-les pour vous mettre à leur disposition pour une interview, un témoignage, un retour d'expérience, etc.

→ Communiquez, sans vous vanter, sur vos défis actuels et futurs ainsi que sur vos réussites. Mesurez bien vos propos et adaptez-les à votre auditoire pour ne pas lasser ni passer pour ce que vous n'êtes pas.

Soignez votre réseau externe pour profiter des opportunités en dehors de votre entreprise

Être en contact avec de nombreuses personnes permet d'augmenter ses chances de connaître les opportunités professionnelles intéressantes. Le développement de votre réseau passe par les six axes suivants.

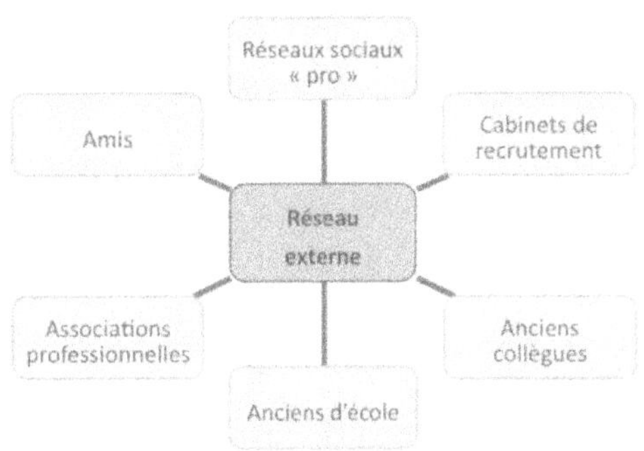

Les 6 axes pour « réseauter » en externe

Soyez visible sur les réseaux sociaux professionnels

Viadeo, LinkedIn, Xing, etc., pour ne citer qu'eux, sont des mines d'or pour qui cherche un emploi. Des milliers d'annonces de postes y circulent et des millions de personnes y sont en relation et échangent à ce sujet. Y être bien visible est la quasi garantie que l'on pensera à vous si une opportunité se présente. Pour cela, il suffit de remplir quelques conditions :

→ Tenez votre profil à jour et décrivez précisément quel type d'emploi vous cherchez.

→ Participez aux forums, répondez aux questions posées, faites connaître votre expertise professionnelle.

→ Participez aux événements « *live* » et en ligne organisés par les membres de votre réseau.

→ Gardez en tête que pour pouvoir profiter de votre réseau, il faut d'abord savoir donner à son réseau.

Faites-vous connaître des cabinets de recrutement

De plus en plus d'entreprises externalisent une partie de leur processus de recrutement à des cabinets spécialisés. Intégrer la base de CV de ces organismes permet, à coup sûr, de se voir proposer des opportunités professionnelles.

→ Renseignez-vous sur les cabinets présents dans votre région (Pages Jaunes, Internet, etc.).

→ Renseignez-vous sur les cabinets nationaux spécialisés dans votre secteur ou dans votre métier.

→ Contactez-les par téléphone ou par e-mail selon leurs préférences, puis envoyez-leur un CV à jour.

→ Relancez-les de temps en temps pour qu'ils vous gardent en mémoire et pensent à vous dès qu'une opportunité se présente.

Gardez contact avec vos anciens collègues

Si vous avez déjà changé d'entreprise, gardez ou reprenez contact avec vos anciens collègues, surtout ceux de la Direction des Ressources Humaines. Certains ont probablement, comme vous, changé d'entreprise et il y a peut-être une excellente opportunité pour vous là-bas.

Gardez le contact avec les anciens de votre école ou de votre faculté, lycée ou collège

Des réseaux sociaux personnels comme Facebook ou Copains d'avant permettent facilement de retrouver d'anciennes connaissances. Consultez-les pour retrouver les personnes que vous appréciiez il y a quelque temps de cela. Là encore, des opportunités intéressantes se cachent peut-être dans leur entreprise ?

De même, les grandes écoles, les universités et de plus en plus de formations ont structuré leur réseau d'«anciens». Intégrez les associations des formations que vous avez suivies pour rester en contact avec des personnes qui ont un *a priori* favorable sur vous, puisque vous avez fait les mêmes études.

Inscrivez-vous dans les associations professionnelles

Tous les secteurs économiques, tous les métiers ont leurs associations professionnelles, locales, régionales, voire nationales. Ces associations ont, entre autres objectifs, celui de favoriser la mobilité de leurs membres. Elles font circuler des annonces et organisent des ateliers et tables rondes sur le thème de l'emploi.

Sollicitez vos amis avec la technique du « fruit mûr »

Cette technique permet de mettre vos amis à contribution sur votre projet de changement de poste, d'une manière tout à fait douce et indolore.

→ Faites la liste de trois amis à qui vous pouvez parler de votre demande en toute simplicité, même si vous savez qu'ils n'ont pas de poste à vous offrir. Prenez rendez-vous pour leur présenter votre projet.

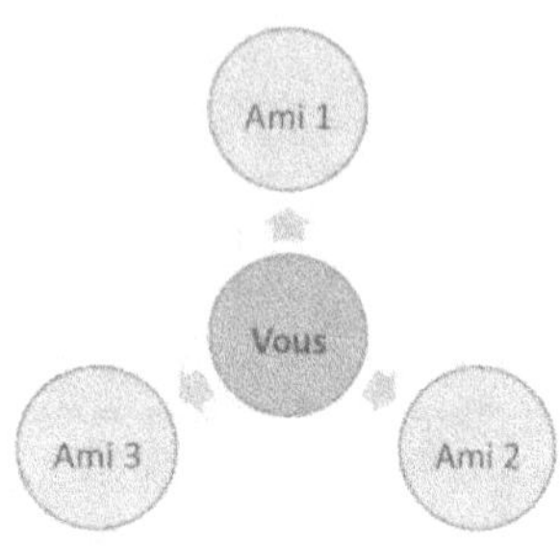

La technique du fruit mûr – étape 1

→ Lors du rendez-vous, présentez-leur votre projet de changement de poste et ce que vous cherchez en leur précisant bien, et c'est très important, que vous savez qu'ils n'ont pas de poste à vous proposer ou d'opportunité à vous présenter, mais que vous ne les sollicitez pas pour cela. Dites-leur que votre sollicitation n'a pour but que de voir, avec eux, s'il y aurait dans leur entourage immédiat trois personnes avec lesquelles ils pourraient vous obtenir un rendez-vous et à qui vous pourriez parler de votre projet. Comme vous ne leur demandez rien d'autre que trois contacts et que tout le monde a au moins trois contacts, la démarche est assez simple et ne les engage à rien.

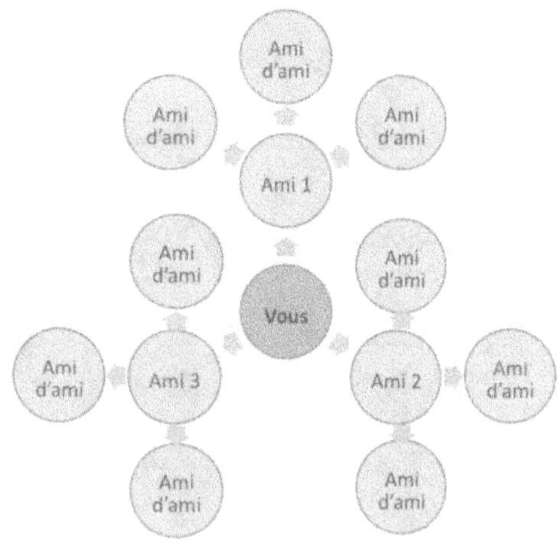

La technique du fruit mûr – étape 2

→ Allez voir tous ces contacts et répétez la même opération. La force de ce système est que vous ne demandez rien d'autre que la possibilité de présenter votre projet de changement de poste ou d'emploi. Vous ne vendez rien, ne demandez pas de travail. Vous demandez juste à l'un de vos contacts la possibilité de parler trente minutes à l'un de ses contacts et ainsi de suite.

→ Très vite, vous vous apercevrez que vous avez présenté votre projet à une multitude de personnes. À un moment ou à un autre, l'une de ces personnes vous répondra que justement, elle cherche quelqu'un comme vous ! L'opportunité tombera à vos pieds comme un fruit mûr tombe de l'arbre, d'où le nom de cette technique.

Cette technique offre deux avantages :

→ Les sollicitations que vous faites sont très légères et donc peu implicantes pour les personnes contactées. En fait, vous ne leur demandez rien directement, si ce n'est de vous mettre en relation avec trois de leurs contacts.

→ Lorsque le fruit mûr tombe, c'est l'opportunité qui vient à vous et non vous qui êtes en demande ; vous renversez ainsi le pouvoir de négociation.

La technique du fruit mûr augmente de façon exponentielle le nombre de vos contacts et cela se fait d'autant plus naturellement que vous n'avez rien à leur «vendre» directement. Officiellement, vous ne sollicitez leur temps que pour prendre leur avis ou leur demandez de vous présenter des personnes potentiellement intéressées.

En résumé

Cinq axes permettent de développer votre réseau interne :
▶ les projets transverses ;
▶ les initiatives personnelles ;
▶ les grands événements de l'entreprise, les «*team buildings*» et les séminaires d'«*incentive*» ;
▶ les outils de communication interne ;
▶ la communication de vos défis et réussites.

Six axes permettent de développer votre réseau externe :
▶ les réseaux sociaux professionnels ;
▶ les cabinets de recrutement ;
▶ vos anciens collègues ;
▶ les anciens des écoles et formations par lesquelles vous êtes passé ;
▶ les associations professionnelles ;
▶ les amis et la technique du «fruit mûr».

Fiches reliées

Fiche n° 57 : «Comment donner sans me faire déborder ?»
Fiche n° 58 : «Comment adapter mon relationnel à mes différents interlocuteurs ?»
Fiche n° 76 : «Comment identifier et saisir les opportunités pour changer de poste ?»

Comment informer ma hiérarchie que je souhaite changer de poste, sans prendre de risque ?

Cette question se pose quand :

✓ vous souhaitez changer de poste ;
✓ vous avez besoin de l'aval ou de l'appui de votre hiérarchie ;
✓ vous ne voulez pas dégrader la relation avec votre hiérarchie et vos collègues.

4. Comment le faire savoir ?	**Comment informer ma hiérarchie que je souhaite changer de poste, sans prendre de risque ?**	1. À qui le faire savoir ?
3. Que faire savoir ?		2. Quand le faire savoir ?

L'annonce d'une volonté de changer de poste est toujours un moment délicat, car elle expose à une forme de distance prise par son supérieur. Ce que vous allez annoncer, le moment et la manière vont faire beaucoup dans la façon dont votre hiérarchie va percevoir votre demande.

À qui le faire savoir ?

Sauf cas exceptionnel, la bonne personne à qui faire savoir que vous souhaitez évoluer est votre supérieur hiérarchique direct. En parler à votre n + 2 directement serait interprété comme une tentative de court-circuiter votre n + 1, ce qui ne conviendra généralement à personne. Toutefois, vous pouvez aussi décider d'en parler, sous le sceau de la confidentialité, à votre responsable RH qui sera, normalement, de bon conseil.

Quand le faire savoir ?

N'annoncez pas de décision ou de désir d'évoluer tant que votre projet n'est pas mûr. Identifiez une opportunité concrète et assurez-vous qu'elle est à votre portée en termes de compétences, disponibilités, moyens, etc.

L'entretien annuel d'évaluation peut aussi constituer un excellent moment de faire une annonce formulée sous forme de demande d'un bilan de compétences ou d'une formation. Dans ce dernier cas, une préparation spécifique de l'entretien est nécessaire :

→ Faites l'inventaire de vos compétences.
→ Faites l'inventaire des compétences nécessaires au poste que vous visez.
→ Cherchez des formations qui vous permettraient de combler ces déficits.
→ Préparez un discours de présentation de l'opportunité que vous avez identifiée et de la formation que vous souhaitez pour accomplir votre changement professionnel.

Que faire savoir ?

Lorsque vous vous sentez prêt à prendre la parole sur le sujet, il est essentiel d'expliquer, en premier lieu, là où vous en êtes de vos démarches. S'agit-il d'une idée ou d'un réel projet avec une suite concrète envisagée?

Expliquez la force de votre désir de changement et ses raisons factuelles, sans vous excuser ou vous justifier.

Comment le faire savoir?

→ Commencez par un tour d'horizon factuel de votre situation actuelle :
✓ votre poste ;
✓ vos résultats ;
✓ votre ancienneté ;
✓ vos difficultés éventuelles.
→ Décrivez votre désir de changement :
✓ ce que vous voulez ;
✓ ce que vous ne voulez plus ;
✓ les conséquences positives du changement ;
✓ les conséquences négatives de l'absence de changement.
→ Demandez les réactions de votre interlocuteur :
✓ posez la question «Qu'en pensez-vous?» ;
✓ écoutez attentivement la réponse sans interrompre l'interlocuteur.
→ Questionnez pour clarifier sa position.
→ Répondez en expliquant, mais sans vous justifier.
→ Négociez les conditions de votre départ :
✓ acceptez de faire les concessions nécessaires ;
✓ demandez et obtenez des contreparties à vos concessions.
→ Mettez en place un plan d'action.
→ Concluez sur une note positive.

En résumé

Soyez honnête dans votre démarche en annonçant exactement là où vous en êtes.
Expliquez factuellement les raisons de votre désir de changement.
Respectez la voie hiérarchique et ne court-circuitez pas votre supérieur.
Attendez qu'une opportunité concrète se présente avant de faire une annonce.

Fiches reliées

Fiche n° 76 : «Comment identifier et saisir les opportunités pour changer de poste?»
Fiche n° 77 : «Comment prendre des initiatives dans mon travail sans prendre de risque?»
Fiche n° 84 : «Comment se passent les bilans de compétences?»

Comment rédiger un CV attractif ?

Fiche n° 80

Cette question se pose quand :

✓ vous cherchez un nouveau travail ;

✓ vous êtes à l'écoute des opportunités du marché de l'emploi et voulez être toujours prêt.

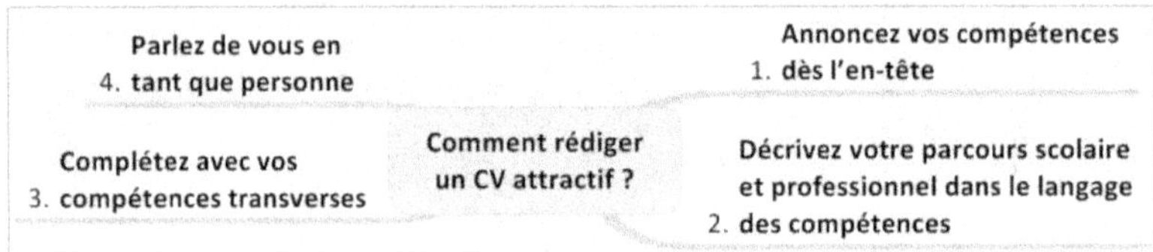

Votre CV est une promesse faite à votre futur employeur complétée par les preuves que vous pouvez tenir cette promesse. La promesse, ce sont les compétences que vous dites avoir ; les preuves sont dans le parcours qui vous a donné ces compétences.

Annoncez vos compétences dès l'en-tête

Un CV, c'est un peu comme une plaquette commerciale ou une publicité : le recruteur doit tout de suite savoir ce que vous pouvez lui apporter. Ce qu'il recherche sont avant tout des compétences, alors faites la liste de vos principales compétences dès l'en-tête du CV. Choisissez-les avec soin pour mettre en avant :

✓ celles qui correspondent parfaitement au poste visé ;

✓ celles qui sont rares et que le recruteur ne trouvera pas partout ;

Exemple

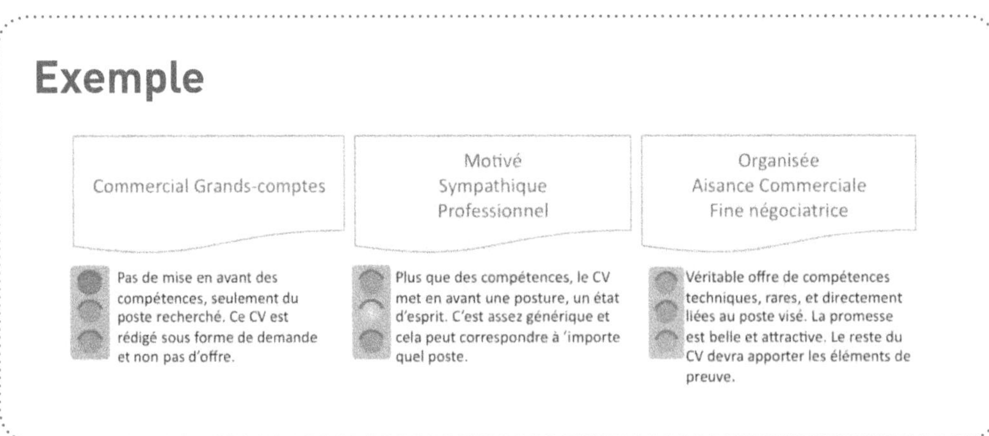

Trois exemples d'en-tête de CV

✓ celles qui permettent d'envisager, au-delà du poste visé, une véritable progression professionnelle future.

La rédaction du CV est une épreuve de séduction. Il faut savoir se mettre en avant, quitte à forcer un peu les traits positifs.

Décrivez votre parcours dans le langage des compétences

Si le recruteur s'intéresse à ce que vous avez fait, c'est pour en déduire ce que vous pourrez faire au sein de son entreprise. Facilitez-lui le travail en décrivant vos expériences professionnelles en termes non pas du travail accompli, mais des compétences mises en œuvre et acquises. Passez du « ce que j'ai fait » au « ce que je sais faire ».

Bien souvent, les postulants ont tendance à décrire leur poste et toutes les tâches qui leur incombaient. C'est doublement pénalisant :

→ Votre recruteur, qui connaît son métier et le vôtre, sait parfaitement ce que le titre du poste veut dire en termes de travaux effectués : vous ne lui apprenez rien.

→ Si vous écrivez tout et donnez dans le CV toutes les informations, pourquoi le recruteur vous recevrait-il en entretien ? Au contraire, laissez une part de mystère, alléchez-le pour lui donner envie de vous rencontrer.

Dans cette partie du CV, il peut être tout à fait judicieux de donner des références d'anciens employeurs ou de supérieurs que le recruteur peut appeler avant de vous recevoir.

Astuce

Actualisez votre CV tous les six mois. Si dans cette période de temps, rien n'a changé pour vous, inquiétez-vous de votre évolution professionnelle : il est temps de faire quelque chose !

Vos compétences transverses

Les compétences transverses ne sont pas attachées à un métier, mais seront mobilisables tout au long de votre carrière :
✓ les langues étrangères ;
✓ la maîtrise de l'outil informatique ;
✓ le permis B ;
✓ l'aisance relationnelle ;
✓ l'aisance rédactionnelle ;
✓ l'esprit d'équipe ;
✓ l'esprit de synthèse ;
✓ la rapidité de travail ;
✓ l'endurance, etc.

Parlez de vous

Le recruteur ne recherche pas qu'un lot de compétences ; il veut connaître la personne pour savoir si vous pourrez vous intégrer au service, comprendre et adhérer aux valeurs de l'entreprise, vous y développer, etc. Pour cela, parlez de vous, de vos activités, de vos passions ou loisirs, de votre statut familial, etc. Ici, il n'y a pas de bonne ou de mauvaise réponse. Soyez vous-même et parlez de ce que vous connaissez mieux que quiconque : vous.

En résumé

Un CV annonce bien haut les compétences que vous pouvez mettre au profit de votre futur employeur.
La description du parcours ne sert qu'à prouver que vous maîtrisez toutes les compétences énoncées.
Sachez montrer, sans toutefois en dire trop.
Rédiger un CV, c'est dévoiler sans lasser, séduire sans trahir.

Fiches reliées

Fiche n° 81 : « Comment rédiger une lettre de motivation gagnante ? »
Fiche n° 82 : « Comment préparer et réussir un entretien de recrutement ? »

Comment rédiger une lettre de motivation gagnante ?

Cette question se pose quand vous cherchez un nouveau travail en interne ou dans une autre entreprise.

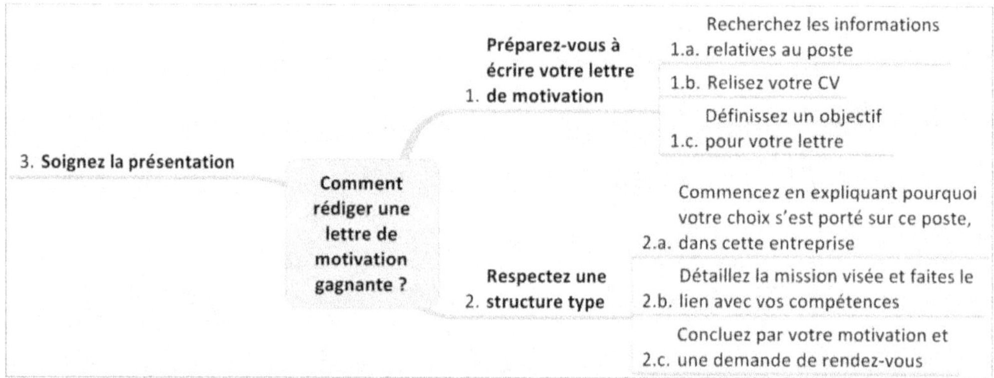

Écrire une lettre de motivation convaincante est un exercice codifié qui demande préparation et structure.

Préparez-vous à écrire votre lettre

La rédaction d'une lettre de motivation est compliquée et c'est aussi un moment important de la recherche d'un emploi. Voilà deux bonnes raisons pour se préparer minutieusement.

Recherchez les informations relatives au poste

Puisqu'il va vous falloir expliquer en quoi vous êtes motivé par le secteur économique, l'entreprise et le poste, la première chose à faire est de bien vous renseigner sur ces trois éléments. À ce stade, des recherches sur Internet suffisent amplement.

Relisez votre CV

Puisque la lettre de motivation parle de vous et qu'elle est accompagnée de votre CV (et non l'inverse), il est normal de mettre ces deux canaux de communication en cohérence. Ayez votre CV sous les yeux lorsque vous écrirez votre lettre. Non pour en faire un résumé, mais pour vous en inspirer.

Définissez un objectif pour votre lettre

Votre lettre est la réponse à une offre de poste précise issue de l'entreprise, ou à votre initiative, dans le cas d'une candidature spontanée. À ce titre vous devez :

- ✓ faire une lettre différente pour chaque type de candidature ;
- ✓ lister les compétences que vous allez annoncer dans la lettre ;
- ✓ lister les raisons qui vous poussent à postuler ;
- ✓ lister les éléments de compréhension que vous voulez évoquer concernant le poste, l'entreprise et le secteur économique.

Une fois ces éléments couchés sur le papier, il ne vous reste plus qu'à les mettre dans le bon ordre.

Respectez une structure type

La structure proposée ici tient en trois paragraphes. Elle offre l'avantage d'être d'abord tournée vers les préoccupations de l'interlocuteur et de montrer votre intérêt et votre connaissance de ces enjeux. Quel que soit l'interlocuteur à qui s'adresse votre lettre il sera toujours sensible à ces aspects.

Expliquez pourquoi votre choix s'est porté sur ce poste

Que cela soit une candidature spontanée ou non, commencez votre lettre en expliquant pourquoi vous postulez, ce qui vous a attiré. Décrivez :

→ Ce qui différencie ce secteur économique des autres et l'intérêt que vous y trouvez.

> ## Exemple
>
> *« Je cherche à travailler dans le secteur de l'hôtellerie, car c'est pour moi le secteur qui fait le mieux apparaître les croisements entre les métiers de l'accueil, du commerce, de la gestion et de l'événementiel. »*

→ Les enjeux actuels et futurs de cette entreprise et de la correspondance avec vos propres intérêts.

> ## Exemple
>
> *« Depuis l'acquisition de l'entreprise Dupont, votre société, a vu ses effectifs croître de 30 %. L'intégration et la formation de ces nouveaux personnels sont des défis posés au département des Ressources Humaines, que je voudrais relever avec vous. »*

→ La nature du poste et du challenge proposé et l'attrait que vous y trouvez.

> ## Exemple
>
> *« Dans ce cadre, le poste d'assistant(e) de formation sera au centre des problématiques d'intégration et de montées en compétence des nouveaux salariés. La recherche et la sélection des organismes de formation seront aussi une tâche clé de la réussite du projet. Ces deux aspects m'attirent particulièrement et je me sens prêt(e) à relever ces défis avec vous. »*

Détaillez la mission visée et faites le lien avec vos compétences

Reprenez, en le détaillant, tout ce que vous avez compris de la mission sur laquelle vous vous positionnez. Faites le lien avec les compétences qui sont annoncées dans votre CV.

> ## Exemple
>
> *« Je postule pour un emploi de commercial sédentaire. Maîtrisant les techniques de prise de rendez-vous par téléphone, je suis directement opérationnel. Par ailleurs, maîtrisant l'environnement informatique, je suis à même de travailler en temps réel sur le fichier clients et de faire remonter les rendez-vous obtenus aux commerciaux terrain. »*

Concluez par votre motivation et une demande de rendez-vous

Terminez votre lettre par une phrase qui insiste sur votre grande motivation à vous voir confier cette mission particulière, au sein de cette entreprise particulière. Assurez votre correspondant de votre disponibilité pour envisager cela avec lui, lors d'un entretien de présentation.

Soignez la présentation

Aussi pertinente que puisse être votre lettre, une mauvaise présentation, syntaxe ou orthographe approximatives sont bien souvent des fautes rédhibitoires. Voici quelques conseils de forme :

➜ N'oubliez pas de la signer.

➜ Écrivez-la à la main, soignez votre écriture.

➜ Relisez-vous phrase par phrase, en commençant par la fin, c'est le meilleur moyen de repérer les fautes. Faites-vous relire par quelqu'un d'autre.

➜ Évitez les phrases trop longues et utilisez toute la richesse de la langue française pour éviter les répétitions.

➜ N'utilisez pas de formulation négative (Pardon, je voulais dire : utilisez des formulations positives).

Hormis le fait qu'elle ne peut être manuscrite ni signée, la lettre de motivation envoyée par e-mail répond aux mêmes exigences.

En résumé

Le succès de votre lettre de motivation tient en deux mots : préparation et structure.
La préparation consiste à :
▸ rechercher les informations relatives au poste, à l'entreprise et au secteur économique ;
▸ relire votre CV ;
▸ définir un objectif de communication pour votre lettre.
La structure à utiliser est la suivante :
▸ pourquoi vous postulez ;
▸ mission visée et compétences ;
▸ motivation et demande de rendez-vous ;
▸ mise en forme, style et relecture sont des facteurs clés de succès importants.
Sans oublier une présentation sans faille.

Fiches reliées

Fiche n° 80 : « Comment rédiger un CV attractif ? »
Fiche n° 82 : « Comment préparer et réussir un entretien de recrutement ? »

Comment préparer et réussir un entretien de recrutement ?

Cette question se pose quand :

✓ vous cherchez un nouveau poste en interne ou à l'extérieur ;
✓ vos démarches pour changer de poste ont abouti à un entretien de recrutement.

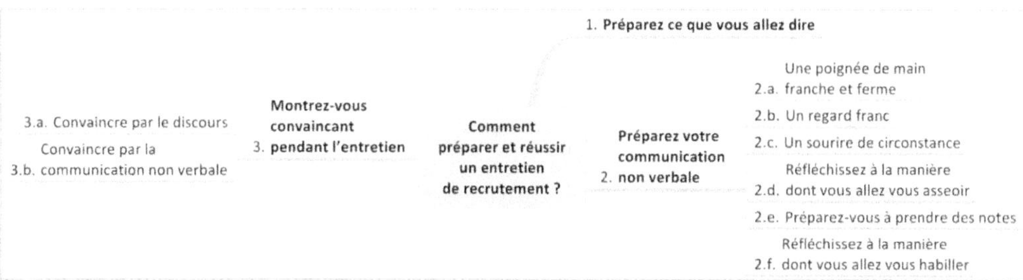

Que cela soit en interne ou en externe, les entretiens de recrutement sont souvent des tournants de carrière. Leur préparation est donc essentielle, du point de vue de votre discours comme de celui de votre comportement.

Préparez ce que vous allez dire

Se rendre en entretien d'embauche sans aucune préparation est impensable. Le tableau suivant indique les étapes d'un entretien de recrutement et ce que vous devez préparer en termes de discours.

À savoir

Quatre-vingt-treize pour cent de l'impact de votre message vient du non verbal, contre 7 % des mots que vous prononcez (verbal). Ne pas préparer sa communication non verbale, c'est laisser 93 % de son pouvoir de persuasion dans l'inconnu[15] !

---

15. Albert Mehrabian, chercheur à l'université de Californie (UCLA), études menées en 1967.

Préparez votre communication non verbale

Votre communication non verbale parle pour vous et, tant qu'à faire, doit être convaincante.

Les points suivants sont à penser et répéter impérativement.

Une poignée de main franche et ferme

La poignée de main de début et de fin d'entretien est le seul contact physique que vous aurez avec votre recruteur. La première arrivant tôt dans l'entretien, elle servira de repère à ce dernier pour se faire une idée sur vous :

→ Une poignée de main molle vous fera passer pour quelqu'un de peu dynamique.
→ Une poignée de main en retrait vous fera passer pour quelqu'un de peu affirmé, une personnalité faible.

Étape	Déroulement	Le discours que vous devez préparer
Accueil et prise de contact	Le recruteur vous fait entrer dans son bureau, se présente (éventuellement présente son service) et vous explique le déroulement prévu pour cet entretien.	- Pas grand-chose à préparer puisqu'ici, ce n'est pas vous qui parlez. - Révisez simplement vos formules de politesse pour saluer votre recruteur ainsi que toutes les personnes que vous croiserez dans les couloirs. - Prévoyez de demander à votre interlocuteur quelle durée il a prévu pour cet entretien.
Présentation du candidat	Le recruteur vous demande de vous présenter et de présenter votre parcours.	- Préparez une présentation courte et convaincante de votre parcours scolaire et professionnel. Évitez les détails inutiles. Soyez vendeur sans vous faire passer pour quelqu'un qui a tout fait et qui sait tout faire. - Répétez cette présentation autant de fois qu'il le faut pour être tout à fait à l'aise. Au besoin, filmez-vous et regardez-vous pour corriger les tics de langage, les phrases trop longues et les attitudes incontrôlées.
Approfondissement du CV et de la lettre de motivation	Le recruteur pose des questions sur votre présentation en s'appuyant sur votre CV et votre lettre de motivation. Il peut soit le faire au fur et à mesure de votre présentation ou attendre la fin de celle-ci.	- Anticipez les principales questions et préparez des réponses convaincantes. Répétez-les pour ne pas hésiter avant de répondre et de paraître incertain. - Voici quelques exemples de questions : . Pourquoi avoir choisi ces études ? Que vous ont-elles apporté ? Avec le recul, quelles études auriez-vous préféré faire ? . Pourquoi avoir quitté votre dernier emploi ? Pourquoi vouloir changer ? Dans quelles conditions s'est effectué votre départ ? . Que retenez-vous de votre parcours ?
Mesure de la motivation du candidat	Le recruteur pose des questions en lien direct avec votre motivation pour le secteur économique, l'entreprise, le service, le poste, les enjeux, etc.	- Renseignez-vous sur tous ces éléments et préparez un discours qui montre : . que vous les connaissez, que vous en mesurez aussi les contraintes ; . qu'ils vous intéressent et que vous souhaitez vous y investir.
Mesure du niveau de compétence du candidat	Le recruteur va chercher à savoir si vous possédez les compétences requises pour ce poste.	- Préparez un discours qui montre le niveau de compétences dont vous avez fait preuve à votre précédent poste (ou pendant vos études). - Faites le lien entre les compétences et vos réalisations concrètes.
Présentation du poste	Le recruteur fait une description du poste et de l'environnement de travail.	- Préparez une liste de questions pertinentes sur : . les enjeux futurs de l'entreprise ou du service ; . les raisons et les enjeux de ce recrutement ; . les objectifs du poste, les moyens attribués, les contraintes.
Présentation de la rémunération et négociation éventuelle.	Le recruteur indique la rémunération prévue pour le poste, éventuellement, en fonction du profil du candidat.	- Déterminez à l'avance vos prétentions salariales pour ce poste. - Préparez des arguments pour les défendre (autres annonces, salaire moyen à la sortie de vos études, etc.).
Conclusion de l'entretien	Le recruteur vous informe des étapes suivantes et des délais.	Sachez remercier le recruteur pour son temps et rassurez-le sur votre vif intérêt pour ce poste ainsi que sur le fait que vous attendez de ses nouvelles dans les délais annoncés.

→ À l'inverse, une poignée de main franche, volontaire, qui va de l'avant pour aller chercher la main de l'interlocuteur, donne une image positive, dynamique et affirmée.

→ Attention toutefois à ne pas exercer une pression trop forte ou à trop secouer le bras de votre interlocuteur, surtout si c'est une femme. Dynamisme et délicatesse ne sont pas incompatibles. Comme pour conduire une danse, il faut que l'on sache où vous allez et que le chemin soit agréable.

Un regard franc

Le regard est un autre axe de travail important. Entraînez-vous à regarder votre interlocuteur (occidental) dans les yeux, sans fuir ni au contraire le défier ou le mettre mal à l'aise. Il faut qu'il puisse lire en vous la franchise sans y interpréter un rapport de forces (comme ce peut être le cas de deux boxeurs juste avant un combat).

Un sourire de circonstance

Le sourire montre que vous êtes à l'aise et content de profiter d'une opportunité importante pour votre carrière. Attention toutefois aux deux pièges à éviter :

✓ le sourire béat qui vous fera passer pour un imbécile ;

✓ le sourire forcé qui montrera tout le contraire de ce que vous voulez.

Vous devez maîtriser le sourire professionnel de circonstance. Celui de la décontraction, de l'affirmation de soi, signe de la bonne relation que vous entretenez avec votre interlocuteur. Le plus simple consiste à s'entraîner devant un miroir pour calibrer l'intensité que vous devez y mettre.

Réfléchissez à la manière dont vous allez vous asseoir

La façon de s'asseoir montre beaucoup sur vous et sur votre état d'esprit du moment :

→ Trop en arrière et vous passerez pour trop détendu, distant, dilettante.

→ De côté et on remettra en cause votre franchise.

→ Les jambes croisées feront douter de votre implication et sérieux.

Réfléchissez à une posture qui correspond à l'image que vous voulez renvoyer et à votre discours. Asseyez-vous devant un miroir et demandez-vous ce que l'on peut penser de vous. Corrigez votre posture jusqu'à obtenir celle qui renvoie l'image appropriée.

Préparez-vous à prendre des notes

Un candidat qui prend des notes, c'est un candidat qui :

✓ écoute ;

✓ s'intéresse, s'implique ;

✓ sait se préparer et anticiper puisqu'il est venu avec le matériel.

Avant de partir pour l'entretien, prenez un cahier et un stylo (qui fonctionne, testez-le) ou crayon (mine taillée). Faites sobre et efficace.

Exemple

J'ai fait passer il y a quelque temps un entretien d'embauche à un candidat qui, lorsque je lui ai proposé de s'installer, a pris deux minutes pour sortir de son sac une trousse d'écolier, une calculatrice, quatre feutres de quatre couleurs, un crayon, une gomme et une règle. Pendant tout l'entretien, je n'ai pas pu m'empêcher de le voir comme un écolier et non comme un candidat potentiel.

Réfléchissez à la manière dont vous allez vous habiller

La façon de s'habiller pour un entretien dépend de ce que vous savez de cette entreprise, de ce poste, du secteur économique. Elle dépend aussi de votre connaissance ou non du recruteur (cas d'un changement de poste en interne ou non par exemple).

Pour les hommes, le port du costume et de la cravate s'impose généralement pour les emplois de bureau. Le choix est donc à faire dans les couleurs, la sobriété ou la créativité des motifs et des coupes...

Pour les femmes, cela est plus complexe. Tailleur ou pas, jupe ou pantalon, cheveux attachés ou non, quel maquillage, quelles chaussures, quels bijoux, etc. ? Là encore, tout est dans le contrôle de votre image. Pensez que la première impression que le recruteur aura de vous viendra de là et qu'elle teintera tout le reste de l'entretien.

Autant que possible, renseignez-vous sur les us et coutumes de l'entreprise dans laquelle vous postulez ou du secteur économique dans lequel elle évolue. N'ayez pas peur de tomber dans les clichés (banque = cravate, communication = plus décontracté, etc.). Mieux vaut être dans le moule et dans le cliché qu'à côté de la plaque.

Pour ce qui est des piercings et des tatouages, la réflexion la moins risquée consiste à dire que personne ne vous reprochera de ne pas en avoir, alors que quelques personnes pourraient encore vous reprocher d'en arborer. Le plus simple est donc de les enlever ou de les masquer avant l'entretien. Vous saurez, une fois entré dans l'entreprise, ce qu'il convient de faire au quotidien.

Astuce

Lorsque j'envoie un CV à une entreprise, j'essaie de faire en sorte que, du point de vue de la forme, il soit aussi «dans le moule». Je me renseigne, *via* le site Internet ou d'autres documents, sur la charte graphique de l'entreprise et adapte mon document en fonction. Mon but n'est pas de copier la charte, mais simplement de m'en inspirer (police et couleurs par exemple), de sorte que mon CV ressemble déjà un peu à un document interne. L'idée que je veux transmettre au recruteur est la suivante : il est comme nous, il nous ressemble, il s'intégrera.

Montrez-vous convaincant

Une fois votre préparation terminée (aspects verbaux et non verbaux), vous pouvez sereinement vous présenter à l'entretien. Ici, tout reste à faire pour convaincre l'interlocuteur.

Convaincre par le discours

Parlez d'une voix forte et assurée

Éclaircissez-vous la voix avant de prendre la parole, parlez suffisamment fort pour que votre interlocuteur n'ait pas d'effort à faire pour vous entendre. Parlez lentement, car un débit rapide trahit du stress. Faites des pauses entre deux phrases pour penser à votre prochaine idée et pour laisser à l'interlocuteur le temps de prendre des notes.

À savoir

En toute rigueur, le ton, le volume et le rythme de la voix ne font pas partie du verbal, mais plutôt du paraverbal.

Dialoguez vraiment

Rien de pire qu'un postulant qui passe tout l'entretien à se vendre sans écouter le recruteur, qui, de son côté, s'écoute parler, mais ne s'intéresse pas au candidat. L'entretien ne doit pas être une superposition de deux monologues qui ne se croisent jamais, mais bien un dialogue dans lequel :

→ Les interlocuteurs s'écoutent vraiment, c'est-à-dire pratiquent l'écoute active (voir fiche n° 26).

→ Les interlocuteurs s'intéressent l'un à l'autre et sont capables de rebondir sur ce qui a été dit pour approfondir une idée ou une information.

Au fur et à mesure de l'entretien, le postulant doit faire en sorte que la confiance mutuelle, l'écoute, la bienveillance et la complicité grandissent. Si bien qu'à la fin, on n'a plus l'impression d'être en présence d'un recruteur face à un candidat, mais de deux collègues qui discutent informellement. Si vous parvenez à ce niveau d'écoute et de dialogue, l'entretien est dans la poche.

Répondez avec honnêteté

Ne tentez pas de passer pour celui qui sait tout et tout faire. Sachez dire que vous êtes incompétent dans un domaine, mais très désireux d'apprendre. Sachez avouer une lacune. D'un autre côté, ne faites pas preuve de trop d'humilité, vous êtes là pour vous vendre et valoriser vos expériences et vos compétences. Sachez affirmer ce dont vous êtes sûr, de manière sereine mais sans arrogance.

Attendez le bon moment pour poser vos questions. Une question pertinente, posée au bon moment de la conversation valorise celui qui la pose et montre son intérêt et sa motivation.

Parole de pro

Catherine Duval, consultante en organisation et conduite du changement : *« Pendant un entretien de recrutement, il est très intéressant de pouvoir identifier des éléments de la culture d'entreprise dans laquelle vous postulez pour déterminer si elle vous conviendra ou pas. Cela implique d'être au clair avec ce qui est important pour vous : vos valeurs, vos aspirations et également vos contre-valeurs, à savoir ce que vous n'accepterez jamais. C'est la comparaison entre la culture de l'entreprise et vos valeurs qui permettra de savoir si vous êtes en mesure de vous épanouir dans une entreprise ou un service. De même, votre premier déplacement dans les locaux doit être l'occasion de glaner des informations essentielles sur votre potentiel futur employeur. Par exemple, quels types de voitures sont sur le parking ? Est-ce plutôt une entreprise aisée, qui paye bien ses salariés ou une entreprise pauvre, qui paye moins bien ses salariés ? Il n'y a là aucun jugement de valeur, mais cela indique que si la rémunération est une motivation très importante pour vous, vous saurez si l'entreprise est sur la même longueur d'ondes ou pas. Observez également l'état des locaux ou le style vestimentaire des personnes que vous croisez. Les rituels sont un autre exemple. Vous rencontrez des personnes dans les couloirs : vous dit-on bonjour ou pas ? Les personnes se connaissent-elles et s'intéressent-elles aux autres ? Ou les personnes sont-elles anonymes ? Observez aussi ce qui se passe lors de votre entretien de recrutement. Avez-vous le temps de poser des questions ? Vous répond-on de façon claire ou bien élude-t-on certains sujets ? »*

Soyez structuré

Développez vos explications et argumentations par étapes, sans revenir en arrière ni vous perdre dans les détails. Ceux-ci vous seront demandés par le recruteur au fur et à mesure, le cas échéant. N'hésitez pas à demander à ce dernier son feed-back pour valider sa compréhension de votre discours.

Concentrez-vous sur les compétences

Ce que le recruteur recherche chez vous n'est pas un parcours ni même une expérience, mais des compétences. Parce que c'est cela dont il a besoin pour le poste. Tout votre discours doit être centré sur trois points :

→ Dire quelles compétences vous possédez et que vous pourrez mobiliser sur ce poste (faire rêver).

→ Expliquer d'où viennent ces compétences (prouver).

→ Dire quelles compétences vous ne possédez pas mais que vous pouvez acquérir (rassurer).

Tous les éléments de discours qui ne sont pas centrés sur les compétences serviront très peu dans la décision du recruteur.

Convaincre par la communication non verbale

Vous servir de votre communication non verbale pour convaincre, c'est tout d'abord vous assurer qu'aucun message n'est envoyé par votre corps en dehors de votre contrôle, puis, dans un second temps, renforcer votre communication par le jeu d'acteur pertinent.

Gardez votre communication non verbale sous contrôle

Les entretiens sont souvent stressants. Dans ces moments-là, il est difficile de se contrôler. Les recruteurs en profitent pour scruter les moindres signes non verbaux susceptibles de leur dévoiler votre angoisse, votre stress, votre manque de recul. Voici les points de vigilance :

→ Évitez de jouer avec votre stylo ou de tapoter la table avec les doigts.
→ Évitez de battre la mesure avec les pieds.
→ Évitez de vous tortiller sur votre chaise, de vous avancer et de vous reculer sans cesse.
→ Évitez de dire « heuuuu » à chaque début ou fin de phrase.
→ Évitez de parler trop vite ou de respirer trop rapidement.
→ Évitez de vous toucher l'avant-bras, la barbe, les cheveux, etc. Ce sont des signes de gêne.

Soignez votre jeu d'acteur

Un entretien d'embauche est une épreuve de conviction et dans ces moments-là, on n'est jamais 100 % soi-même. Pour réussir, il faut entrer dans un rôle, jouer un peu la comédie. En l'occurrence, le rôle à jouer est un rôle de séduction. De même qu'un acteur se sert de sa communication non verbale pour renforcer son message, vous allez devoir vous appuyer sur votre langage corporel pour réussir votre épreuve de séduction. Voici quelques conseils toujours utiles :

→ Regardez votre interlocuteur dans les yeux.
→ Souriez.
→ Penchez légèrement votre buste dans sa direction.
→ Mettez vos mains à hauteur de la table, bien visibles et dans un geste d'ouverture.
→ Penchez légèrement la tête sur le côté.
→ Ponctuez vos paroles de gestes significatifs, mais d'amplitude mesurée.
→ Parlez d'une voix douce mais intelligible, faites des pauses et ralentissez le rythme.
→ Acquiescez lorsqu'il parle, ponctuez ses affirmations d'un « *tout à fait* » ou d'un « *Oui, je suis d'accord avec vous* ».

En résumé

Préparez ce que vous allez dire (communication verbale) et ce que vous allez faire (communication non verbale) pour chaque étape de l'entretien :
▶ accueil et prise de contact ;
▶ présentation du candidat ;
▶ approfondissement du CV et de la lettre de motivation ;
▶ mesure de la motivation du candidat ;
▶ mesure du niveau de compétence du candidat ;
▶ présentation du poste ;
▶ présentation de la rémunération et négociation éventuelle ;
▶ conclusion de l'entretien.
Pendant l'entretien, séduisez grâce à votre discours et votre langage corporel
Évitez les gestes parasites qui sont hors de contrôle et qui parlent (de votre stress).

Fiches reliées

Fiche n° 29 : « Comment me préparer à être reçu pour un entretien ? »
Fiche n° 42 : « La communication non verbale est-elle un piège ou un atout ? »
Fiche n° 80 : « Comment rédiger un CV attractif ? »
Fiche n° 81 : « Comment rédiger une lettre de motivation gagnante ? »
Fiche n° 83 : « Comment mener une négociation salariale ? »

Comment mener une négociation salariale ?

Cette question se pose quand :

✓ le poste que l'on vous propose n'est pas assez rémunéré pour vous ;
✓ votre dernière augmentation de salaire date d'il y a longtemps et vous souhaitez revaloriser votre paie.

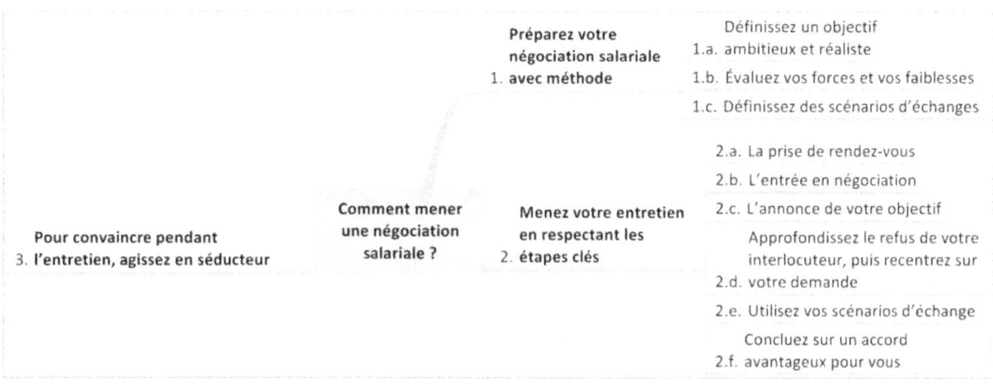

Comme toute négociation, la négociation salariale repose principalement sur trois piliers : la préparation, la maîtrise du face-à-face et de ses règles d'or et le développement de votre pouvoir de persuasion.

Préparez votre négociation salariale avec méthode

Définissez un objectif ambitieux et réaliste

Première étape de la préparation, la définition de l'objectif est aussi la plus importante. Un objectif ambitieux attire mathématiquement vers vous le résultat final de la négociation et permet de réaliser un véritable gain.

Quantifiez l'augmentation de salaire que vous voulez atteindre

Les questions à vous poser ici sont :
→ Combien est-ce que je gagne aujourd'hui ?
→ Combien est-ce que je voudrais gagner ?
→ Quand cette augmentation doit-elle être effective au plus tard ?
→ Sous quelle forme est-ce que je la veux ?

Concernant, cette dernière question, il faut préciser que le salaire est devenu une chose complexe à évaluer, avec différentes composantes (salaire brut, treizième mois, primes, heures supplémentaires, avantages en nature, etc.). Chacun de ces axes est une source de gain potentiel, qu'il faut savoir mesurer pour obtenir un plus grand gain global. Pour mener cette étude, vous pouvez vous appuyer sur différents éléments :
→ Votre besoin en pouvoir d'achat. Faites un calcul de ce dont vous avez ou aurez besoin, notamment pour financer de

nouveaux projets (achat d'une maison, arrivée d'un enfant, prise en charge d'un parent âgé, etc.).

→ Les études qui paraissent périodiquement dans la presse indiquent les salaires moyens dans un poste et dans un secteur.

→ Les sites Internet d'échanges professionnels donnent les éléments de rémunération des professionnels de votre métier.

→ Les annonces de postes à pourvoir paraissent dans les journaux ou sont mises en ligne sur Internet (au besoin, passez quelques entretiens pour connaître la valeur de votre CV sur le marché du travail).

→ Le rapport annuel de votre entreprise dévoile le montant du salaire moyen par catégorie de personnel, les plus gros salaires, etc.

Trouvez des solutions alternatives intéressantes

Derrière l'augmentation du salaire se cache en fait l'augmentation du pouvoir d'achat ou du niveau de vie. Ceci passe aussi par l'obtention d'avantages. En entreprise, on parle de «compensations et bénéfices». Bien souvent, il est plus facile pour un patron de lâcher sur ces points annexes que sur l'augmentation du salaire en principal. Faites la liste de tout ce que vous pouvez demander en plus ou à la place d'une augmentation de salaire. Cela vous servira dans la négociation pour proposer des solutions alternatives si vous n'obtenez pas du premier coup ce que vous souhaitez.

Évaluez vos forces et vos faiblesses

Toute la difficulté de la négociation salariale repose sur le fait que le rapport de forces pèse naturellement en votre défaveur :

→ La personne à qui vous la demandez est votre patron et il exerce un pouvoir hiérarchique sur vous.

→ En fin de compte, c'est lui qui dit «oui» ou «non».

→ Le marché du travail est tendu et il est souvent impossible de renoncer à un bon travail, même si vous n'obtenez pas satisfaction. Et votre patron le sait !

Toutefois, l'évaluation de vos forces et de vos faiblesses (qui sont les forces de votre interlocuteur), est essentielle, car de là viendront la mesure du rapport de forces et votre capacité à mettre votre interlocuteur plus ou moins sous pression.

Pour évaluer vos forces, listez tous les arguments que vous pouvez employer. Évitez les arguments «bateau» pour lesquels votre patron a déjà une réponse toute faite. En voici quelques exemples :

→ *«Ça fait longtemps que je n'ai pas été augmenté.»*

→ *«Untel gagne plus que moi.»*

→ *«Je remplis mes objectifs, je travaille bien, je travaille dur, je travaille longtemps...»*

Focalisez-vous sur les arguments qui ont trait directement à votre situation personnelle et qui sont donc inattaquables. Voici quelques exemples :

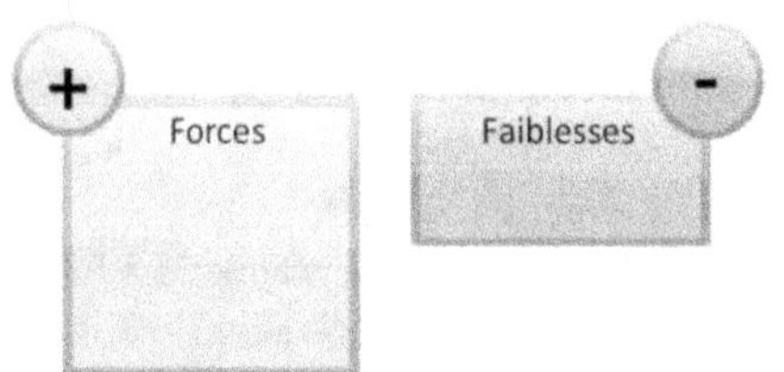

Je peux mettre mon interlocuteur sous pression

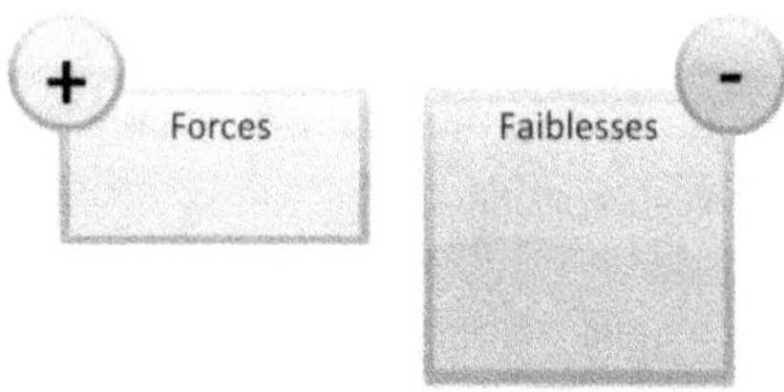

Je vais subir la pression de mon interlocuteur

→ *« Je ne peux plus vivre comme je le faisais jusqu'ici. »*

→ *« Mes besoins ont changé à la faveur d'évé-nements personnels. »*

→ *« Je souhaite financer un projet personnel qui me tient particulièrement à cœur. »*

Vos arguments doivent montrer le caractère impératif de votre requête et vous éloigner de la pure demande conjoncturelle (« *Untel a été augmenté, alors pourquoi pas moi ?* »). Ils doivent montrer à votre employeur que vous n'hésiterez pas à prendre des décisions radicales pour parvenir à vos fins (chercher du travail ailleurs ou prendre un second emploi à temps partiel par exemple).

Attention toutefois, ce ne sont pas des menaces que vous pouvez formuler aisément pendant l'entretien (à moins d'y être contraint par une question du type « *Si je ne vous augmente pas, qu'allez-vous faire ?* »). Il s'agit plus de trouver des arguments personnels qui **induisent** un aspect impératif et donc des conséquences graves si vous n'obtenez pas satisfaction.

Faites aussi la liste de toutes vos faiblesses. Pour les trouver, il faut vous mettre à la place de votre patron et tenter d'anticiper les arguments qu'il va vous opposer. Cherchez des réponses à ces arguments, sans tomber dans la polémique. Recentrez-vous toujours sur votre problème personnel.

Autre élément important du rapport de forces, le « plan B », doit également être évalué. Qui des deux négociateurs possède la solution alternative la plus simple à mettre en œuvre ? Est-il plus facile pour votre patron de vous remplacer, que pour vous de trouver un travail mieux rémunéré ailleurs, ou le contraire ? L'existence de ces « plans B » sera forcément mentionnée durant l'entretien. La plus forte des deux alternatives pèsera sur le rapport de forces et sur la décision finale.

Exemple

Le salarié : « Je viens vous demander une augmentation de 200 euros par mois, car ma femme et moi attendons des jumeaux et sans cet argent nous n'allons pas pouvoir boucler nos fins de mois. »
Le patron : « Je ne peux rien accorder pour le moment, vous connaissez l'état du marché, les ventes sont difficiles et nous ne sommes pas sûrs d'atteindre les objectifs fixés par la direction. »
Le salarié : « Oui, je connais tout cela et je comprends bien, mais je ne vais pas renoncer à habiller mes petits jumeaux pour autant. Vous comprenez bien que l'obtention de ces 200 euros est impérative pour moi et que je ne peux pas la mettre dans la même balance que les résultats de l'entreprise. »
Le patron : « En plus, si je vous augmente, tout le monde va venir me voir pour obtenir la même chose ! »
Le salarié : « Écoutez, je ne veux pas parler de mes collègues, je ne connais pas leur situation personnelle. Ce que je peux vous dire, c'est que notre situation, à ma femme et à moi, est suffisamment préoccupante pour ne pas nous laisser le choix. Nous devons trouver ce financement complémentaire, coûte que coûte. Il faut bien comprendre que si je n'obtiens pas gain de cause devant vous, nous devrons nous tourner vers d'autres solutions qui seront moins satisfaisantes pour vous comme pour moi. Je voudrais que nous fassions tout notre possible pour éviter cela. »

Définissez des scénarios d'échanges

À défaut de faire du « gagnant-gagnant », négocier c'est au moins faire du « donnant-donnant ». Toute concession de l'un doit s'accompagner de l'obtention d'une contrepartie. Pour pouvoir accepter votre demande, votre patron devra obtenir des avantages de son côté aussi. Faites la liste de tout ce que vous pouvez lui donner en échange de l'augmentation de salaire que vous recherchez :

✓ changer vos horaires ;
✓ accepter des objectifs professionnels plus ambitieux ;
✓ vous investir dans des projets transverses qui ne vous attiraient pas…

Les options sont souvent nombreuses et dans ce domaine, la créativité est fortement recommandée. Arriver à l'entretien de négociation avec des idées montrera au décisionnaire que vous avez réfléchi et que vous êtes prêt à faire des efforts pour parvenir à vos fins. Cela le rassurera et lui montrera votre motivation pour obtenir de ce que vous demandez.

Définissez différents paliers pour les concessions que vous êtes prêt à faire en échange de différents niveaux d'augmentation de salaire que vous obtenez.

Comme toujours, quantifiez vos différentes options pour pouvoir présenter des scénarios finalisés.

Menez votre entretien en respectant les étapes clés

Comme dans toute négociation, le face-à-face que vous vous apprêtez à vivre comporte des étapes clés bien définies. Elles sont au nombre de six.

La prise de rendez-vous

Votre demande d'augmentation de salaire est une chose sérieuse. Vous devez donc en discuter avec votre patron lors d'un entretien formel. Pour cela, demandez-lui un rendez-vous d'une heure et annoncez-lui son objet. L'annonce du but de votre rencontre comporte plusieurs avantages :
➜ Cela donne de l'importance à votre requête qui n'est pas une demande en l'air mais est très sérieuse.
➜ Cela laisse la possibilité à votre interlocuteur de se préparer ; ainsi, il ne pourra

pas se défiler pendant l'entretien en vous disant par exemple : « *Bon, je ne m'attendais pas à une telle demande de votre part, je ne sais pas quoi vous répondre. Laissez-moi le temps de regarder tout cela à tête reposée et je vous recontacte.* » Prévenu et préparé, il devra vous donner une réponse ferme à l'issue de l'entretien.

L'entrée en négociation

Ce sont les premières secondes de l'entretien, pendant lesquelles on se salue poliment et on prend des nouvelles l'un de l'autre. Cette phase sert avant tout à prendre la température et à déterminer l'état d'esprit de votre interlocuteur par rapport à votre demande. Est-il détendu, souriant ou s'apprête-t-il à se battre ? Écoutez-le bien, observez-le attentivement pendant cette phase et vous obtiendrez de nombreux renseignements sur le comportement de votre interlocuteur ; ceci vous servira à ajuster le vôtre en fonction.

L'annonce de votre objectif

Après l'échange de politesses, il faut entrer dans le vif du sujet. Annoncez votre objectif global d'augmentation de salaire. À ce stade, ne parlez pas de la forme sous laquelle vous la voulez ni de vos scénarios d'échange. Concentrez-vous sur l'annonce d'un montant en euros de pouvoir d'achat que vous voulez gagner. Appuyez votre demande en utilisant **un seul** argument, qui est la raison forte et personnelle de votre démarche. Ensuite, laissez votre interlocuteur réagir ou, au besoin, demandez-lui ce qu'il en pense et laissez-le parler en écoutant attentivement.

Approfondissez le refus de votre interlocuteur, puis recentrez sur votre demande

À ce stade, votre patron va vous expliquer qu'il ne peut pas vous augmenter, ou en tout cas pas autant que ce que vous demandez.

Il va se justifier en vous expliquant le pourquoi de son refus. Il est impératif pour la bonne suite de votre négociation que vous respectiez les comportements suivants :

➜ Écoutez-le jusqu'au bout, sans l'interrompre.
➜ Ne réagissez pas, ne contre-argumentez pas, ne tombez pas dans la polémique.
➜ Notez consciencieusement tout ce qui vous est dit.

Une fois l'argumentation de votre interlocuteur terminée, approfondissez les points qui vous semblent importants en posant des questions. Ne réagissez pas aux réponses, continuez de noter et de questionner. Attention, ce comportement de distance et de non-réaction est très difficile à mettre en œuvre, mais impératif pour assurer une fin positive à votre négociation.

Une fois ceci terminé, dites à votre interlocuteur que vous comprenez sa position, mais qu'elle ne change rien à votre propre situation qui est impérative pour vous et pour laquelle, de toute façon, vous devez trouver une solution. À partir de ce moment-là, faites en sorte de ne plus jamais laisser à votre patron l'occasion de répéter ses arguments (de toute façon, vous les connaissez déjà) et de garder le dialogue concentré sur votre problème de :

✓ pouvoir d'achat ;
✓ financement de projets personnels ;
✓ changement de situation personnelle qui occasionne des frais supplémentaires, etc.

Utilisez vos scénarios d'échange

Si votre interlocuteur bloque absolument sur votre demande et uniquement à ce moment-là, proposez de faire un échange de type concession-contrepartie : « *Si vous acceptez ma demande d'augmentation de salaire, je m'engage à...* » Testez toutes les options possibles que vous avez préparées. Demandez à votre interlocuteur de réagir et, au besoin, de vous faire des contre-propositions. Cherchez

des solutions qui procurent des bénéfices aux deux parties et valorisez sans cesse les efforts que vous fournissez. Ne faites aucune concession si vous n'obtenez pas en échange ce que vous êtes venu chercher.

Concluez sur un accord avantageux pour vous

Lorsque les échanges de concessions et de contreparties proposés vous permettent d'atteindre les objectifs que vous vous étiez fixés, concluez la négociation. Formalisez l'accord autant que possible en demandant ou en envoyant un e-mail de confirmation par exemple.

Pour convaincre pendant l'entretien, agissez en séducteur

La particularité de ce genre de négociation, c'est que c'est vous qui êtes en demande ; vous allez être offensif, mais le rapport de forces ne penche pas en votre faveur. C'est le terrain idéal pour pratiquer ce que l'on appelle la « négociation-séduction ». Voici une liste de comportements qui vous aideront à développer votre pouvoir de persuasion pour ce type particulier d'entretien :

➜ Souriez.
➜ Regardez votre interlocuteur dans les yeux.
➜ Ne l'interrompez pas, ne tombez pas dans la polémique, écoutez-le sincèrement, prenez des notes et valorisez son discours.
➜ Gardez les mains visibles, à hauteur de la table, écartées et placées dans sa direction.
➜ Soyez détendu, respirez et parlez calmement.
➜ Tenez-vous bien droit, face à votre interlocuteur.
➜ Si possible, synchronisez votre attitude à la sienne.
➜ Restez toujours positif et constructif dans vos échanges, n'utilisez jamais la menace.

→ Ayez le plus grand respect pour votre interlocuteur et ses arguments ; au besoin, flattez-le.
→ Remerciez-le chaleureusement de ses efforts pour tenter de trouver une solution qui avantage les deux parties ; au besoin, faites cela durant l'entretien.
→ Montrez-vous intraitable sur vos objectifs, mais bienveillant et doux envers votre interlocuteur.

Fiche reliée

Fiche n° 82 : « Comment préparer et réussir un entretien de recrutement ? »

En résumé

Comme pour toute négociation, vous devez vous appuyer sur trois piliers :
▶ une préparation sérieuse ;
▶ la maîtrise des étapes clés de l'entretien et des règles d'or ;
▶ le développement d'un comportement de persuasion.

La préparation passe par :
▶ la fixation d'un objectif ambitieux et réaliste ;
▶ l'évaluation du rapport de forces ;
▶ l'identification de scénarios d'échanges.

Les étapes clés d'une négociation salariale sont :
▶ l'entrée en négociation ;
▶ l'annonce de vos objectifs ;
▶ l'approfondissement du refus de votre patron ;
▶ les échanges concessions-contreparties ;
▶ la conclusion.

Le comportement le plus persuasif pour ce type de négociation est la séduction.

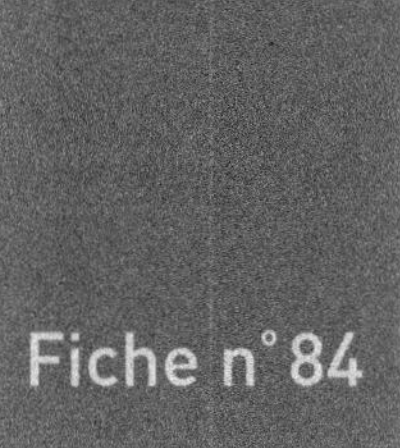

Comment se passent les bilans de compétences ?

Cette question se pose quand :

✓ vous cherchez un nouveau travail ;
✓ on vous propose de passer un bilan de compétences.

5. Combien de temps dure un bilan de compétences ?

4.a. La phase préliminaire
4.b. La phase d'investigation
4.c. La phase de conclusion

Quelles sont les étapes d'un
4. bilan de compétences ?

Comment se passent les bilans de compétences ?

Qu'est-ce qu'un bilan
1. de compétences ?

À quelles occasions réalise-t-on
2. un bilan de compétences ?

Qui peut demander un bilan
3. de compétences ?

Le bilan de compétences est un dispositif qui aide les salariés dans la définition de leur projet professionnel. Les occasions de faire un bilan sont nombreuses et il faut connaître les tenants et les aboutissants avant de se lancer dans la démarche.

Qu'est-ce qu'un bilan de compétences ?

Parole de pro

Catherine Duval, consultante en organisation et conduite du changement : « *Pour changer de poste, en interne ou en externe, faire un bilan de compétences peut être très utile, notamment si vous souhaitez changer de métier ou de fonction, mais que vous ne savez pas trop vers quelle voie vous diriger, ou si vous souhaitez valider votre nouveau projet professionnel. En effet, toute démarche de recherche de poste passe par l'établissement d'un projet professionnel clair. Je pense qu'il ne faut pas hésiter à faire ce travail d'introspection avec un professionnel, cela peut faire gagner en efficacité. Cela permet de prendre du temps pour se poser des questions qu'on se pose peu au quotidien, quand on a le nez dans le guidon. Si vous ne souhaitez pas que l'entreprise soit au courant de la démarche, renseignez-vous directement auprès du Fongecif pour la prise en charge et pour faire votre bilan de compétences en dehors du temps de travail. Enfin, il est utile de bien choisir le cabinet avec lequel on fera le bilan : quelle est sa méthodologie ? Comment est le contact avec le consultant ? Quels sont les horaires possibles des rendez-vous ?* »

Définition : bilan de compétences

Le bilan de compétences est le processus par lequel un consultant spécialisé aide un salarié à définir un projet professionnel en s'appuyant sur :
▶ ses motivations ;
▶ ses préférences ;
▶ ses compétences professionnelles et personnelles.
La définition de ce projet prend en compte la réalité du marché de l'emploi et les besoins éventuels en formations complémentaires.

À quelles occasions réalise-t-on un bilan de compétences ?

Les raisons qui pourraient vous pousser à réaliser un bilan de compétences sont les mêmes que celles qui vous ont poussé à lire ce livre :
→ Vous voulez progresser dans votre travail, vous améliorer, gagner en compétences.
→ Vous voulez changer de travail, de métier ou d'entreprise.
→ Vous vous sentez en danger dans votre travail, soit parce que votre entreprise va mal, soit parce que vos compétences ne sont pas reconnues.

Qui peut demander un bilan de compétences ?

Tout le monde peut faire un bilan de compétences. Il suffit de contacter un organisme de conseil spécialisé. Toutefois, si vous souhaitez faire financer cette démarche qui peut être coûteuse, certaines conditions sont à respecter, au terme de la loi :
→ Si vous avez un contrat de travail à durée indéterminée (CDI), vous devez justifier de cinq ans de salariat (consécutives ou non), dont au moins une année complète au sein de votre entreprise actuelle.
→ Si vous avez un contrat de travail à durée déterminée (CDD), vous devez justifier de deux ans de salariat (consécutifs ou non), au cours des cinq dernières années, dont quatre mois au cours des douze derniers mois.

→ Respecter un délai de cinq ans entre deux bilans de compétences.

À savoir

Le bilan de compétences peut se faire pendant les heures de travail, mais vous pouvez aussi, pour préserver la discrétion de votre démarche, réaliser votre bilan de compétences en dehors des heures de travail, sans que votre entreprise en soit informée.

Quelles sont les étapes d'un bilan de compétences ?

Trois phases définissent le bilan de compétences.

La phase préliminaire

Elle sert à valider votre engagement et votre motivation pour cette démarche. Elle permet aussi au consultant de vous aider à définir exactement le périmètre de vos besoins et de votre demande. Enfin, elle lui permet de vous donner les informations importantes concernant la durée et le déroulement du bilan, les outils qu'il va utiliser avec vous et le résultat que vous pourrez en attendre.

La phase d'investigation

Elle vous aidera à :
✓ analyser et mieux connaître vos centres d'intérêt personnels et professionnels ;

✓ identifier vos axes de motivation, vos moteurs ;
✓ faire le point sur vos compétences professionnelles et aussi personnelles, vos aptitudes et vos connaissances ;
✓ vous renseigner sur la réalité du marché du travail, les opportunités et les contraintes ;
✓ identifier les possibilités d'évolution professionnelles qui s'offrent à vous ;
✓ définir les éventuels besoins de formations complémentaires ;
✓ définir un plan d'action par étapes.

La phase de conclusion

Elle représente l'aboutissement du bilan et le réel début de votre projet. Dans cette phase, vous pourrez :
✓ revoir et valider votre projet professionnel ;

✓ finaliser les étapes de votre plan d'action en prenant en compte les facteurs qui peuvent aider à sa réalisation et ceux qui peuvent contrecarrer vos plans.

Éventuellement, un plan de formation complémentaire peut vous être proposé.

Combien de temps dure un bilan de compétences ?

Le bilan de compétences dure généralement dix-huit heures, passées en entretien avec le consultant spécialisé. Elles sont réparties sur une période de six à douze semaines. Un travail personnel est demandé entre les entretiens et représente entre six et douze heures.

Six mois après la fin du bilan, une rencontre de suivi permet de faire le point sur l'avancée et les résultats de vos démarches.

En résumé

Le bilan de compétences sert à faire le point en vue de l'établissement d'un projet d'évolution professionnelle.
Il dure dix-huit heures (d'entretiens et de travail personnel) réparties sur deux à trois mois.
Il se compose de trois phases :
▶ la phase préliminaire ;
▶ la phase d'investigation ;
▶ la phase de conclusion.

Fiches reliées

Fiche n° 76 : « Comment identifier et saisir les opportunités pour changer de poste ? »
Fiche n° 79 : « Comment informer ma hiérarchie que je souhaite changer de poste, sans prendre de risque ? »
Fiche n° 85 : « Comment obtenir un diplôme par la VAE ? »

Comment obtenir un diplôme par la VAE ?

Cette question se pose quand :

✓ vous cherchez un nouveau travail ;

✓ vous êtes autodidacte ;

✓ vous avez une grande expérience terrain, mais pas le diplôme qui en atteste.

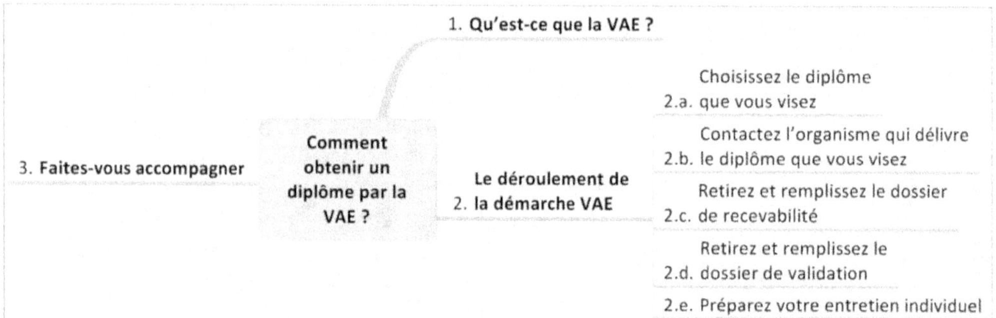

La validation des acquis de l'expérience (VAE) est un dispositif qui permet de faire valoir l'expérience acquise sur le terrain pour obtenir un diplôme. La démarche est assez longue mais bien structurée.

Qu'est-ce que la VAE ?

La VAE est une démarche individuelle par laquelle vous devez prouver que vous possédez un niveau de compétences et de connaissances au moins égal à celui des étudiants qui obtiennent le diplôme que vous visez dans le cadre de leurs études. Ce travail de collecte de preuve permet de constituer un dossier qui sera soumis à un jury. Ce jury vous recevra pour un entretien individuel à l'issue duquel il décidera de vous accorder le diplôme ou non. La VAE n'est pas un examen, mais nécessite un travail préparatoire important.

Définition : VAE

La VAE est le droit à faire valider les acquis de votre expérience dans le but d'obtenir un diplôme. La VAE n'est pas une équivalence (qui suppose la poursuite des études), ni une formation.
Six mille diplômes sont aujourd'hui accessibles par la VAE[16]

16. Source : www.vaeguidepratique.fr.

Le déroulement de la démarche

La démarche de VAE se décompose de cinq étapes.

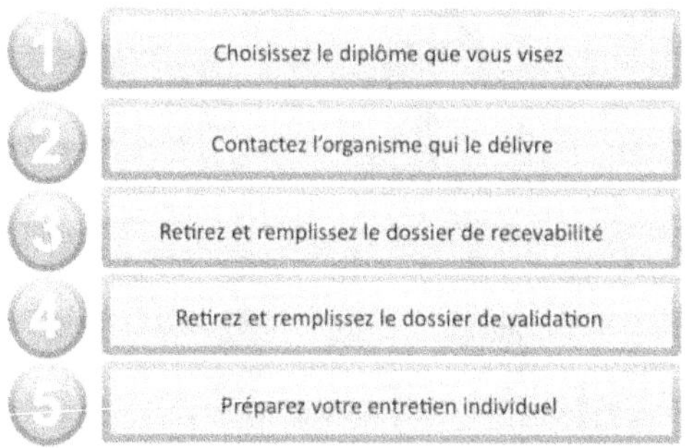

Les cinq étapes de la VAE

Choisissez le diplôme que vous visez

Le premier facteur de succès de votre démarche VAE est le choix du bon diplôme. Ce dernier doit correspondre à trois critères :

→ Il doit faire partie de votre projet professionnel et présenter une réelle utilité pour vous. Vous devez donc, au préalable, travailler sur votre projet d'évolution de carrière.

→ Il doit correspondre à ces compétences que vous avez et mettez effectivement en œuvre sur le terrain. Tous les diplômes correspondent à un référentiel de compétences. C'est un document qui liste toutes les compétences qui sont apprises par les étudiants et le niveau minimum qu'ils doivent maîtriser pour obtenir le diplôme. Pour choisir le diplôme visé, vous devez vérifier que vous possédez au moins 80 % des niveaux de compétences requis.

→ Il doit être accessible en termes de niveau. S'il est toujours plus valorisant d'obtenir une licence plutôt qu'un bac pro et un bac pro au lieu d'un BEP, concentrez-vous sur le niveau pour lequel vous avez toutes les chances de succès, sans viser trop haut.

Contactez l'organisme qui délivre le diplôme que vous visez

Ce peut être une école, une université, un ministère, une chambre de commerce, etc. Chaque organisme a sa propre procédure de VAE et il est essentiel que vous sachiez :

✓ où retirer les différents dossiers ;

✓ si vous devez ou pouvez assister à une réunion d'information préalable ;

✓ si un accompagnement est possible ou prévu ;

✓ quels sont les délais pour accomplir toute la démarche.

Retirez et remplissez le dossier de recevabilité

Le premier des deux dossiers est un document administratif qui recueille un certain nombre d'éléments sur vous et sur votre démarche. Il vise à vérifier que vous êtes bien apte à entrer dans un processus de VAE.

Retirez et remplissez le dossier de validation

C'est la principale étape de la démarche VAE. Elle consiste à prouver que ce que vous avez appris par l'expérience correspond aux niveaux de compétences requis pour l'obtention du diplôme. Ces preuves sont collectées dans un dossier qui sera remis au jury. Il faut qu'à sa lecture, il n'ait aucun doute sur votre niveau de compétences. Toute la difficulté de cette étape réside dans le fait que le candidat doit effectuer un travail assez conceptuel pour passer du vécu concret de son poste de travail à la notion de compétence. De plus, ce travail qui se fait par écrit peut être douloureux pour ceux qui n'ont pas l'habitude des longues rédactions. Sur l'ensemble de la démarche, et en fonction du niveau du diplôme visé, cette écriture peut représenter plusieurs centaines d'heures de travail.

Préparez votre entretien individuel

Une fois votre dossier de validation terminé, vous pouvez le remettre au jury qui va l'étudier. Une fois ceci terminé, il se réunira, avec vous, pour éclaircir et approfondir certains éléments de votre dossier. Cette phase n'est pas un examen oral, comme on peut en trouver dans certains cycles d'études.

Faites-vous accompagner

La plupart des organismes qui proposent une démarche de VAE pour valider un diplôme, qu'ils délivrent par ailleurs, proposent un système d'accompagnement des candidats. Des cabinets indépendants le font aussi, à des tarifs très variables. Ces accompagnements consistent à vous aider dans les différentes phases de la démarche. Il est très important de ne pas mener seul cette aventure qui nécessite motivation et endurance. Bien souvent, il faut considérer l'inscription dans une VAE comme un projet familial, puisqu'il aura un impact sur votre temps libre et votre disponibilité. Consultez votre entourage avant de prendre une décision.

En résumé

La VAE désigne le droit à faire valider les acquis de votre expérience dans le but d'obtenir un diplôme. La VAE n'est pas une équivalence, ni une formation.
La démarche VAE se décompose en cinq phases :
▶ la rédaction du projet professionnel et le choix du diplôme ;
▶ la prise de contact avec l'organisme qui délivre le diplôme visé ;
▶ le dossier de recevabilité ;
▶ le dossier de validation ;
▶ le jury et l'entretien individuel.

Fiches reliées

Fiche n° 84 : « Comment se passent les bilans de compétences ? »

Chapitre 2

S'imposer et réussir à un nouveau poste

Comment me comporter dans un nouveau service ?

Cette question se pose quand :

✓ vous venez d'arriver dans un nouveau service ou une nouvelle entreprise ;

✓ vous souhaitez être opérationnel le plus tôt possible.

1. Prenez le temps de faire connaissance

Comment me comporter dans un nouveau service ?

3. Adaptez vos habitudes de travail

2. Renseignez-vous sur le poste, sans avoir l'air de tout connaître

2.a. Renseignez-vous auprès de vos collègues

2.b. Renseignez-vous auprès de votre hiérarchie

2.c. Consultez les documents de référence

À l'arrivée dans un nouveau service, il faut faire preuve d'humilité et prendre le temps de questionner et de se renseigner.

Prenez le temps de faire connaissance

Lorsque vous arrivez dans un nouveau service, les deux éléments de votre environnement de travail les plus visibles et les plus nouveaux sont les personnes et les lieux.

Voici quelques idées pour favoriser votre intégration :

→ En arrivant, faites-vous accompagner pour visiter les bâtiments et les bureaux. Soyez très attentif aux principaux lieux et au chemin pour y arriver.

→ Faites le tour de tous les bureaux du service pour vous présenter.

→ Chaque matin, en arrivant, dites bonjour à tout le monde en vous efforçant de les appeler par leur nom ou leur prénom.

→ Proposez à toutes les personnes qui constitueront votre entourage professionnel proche de déjeuner avec vous, afin de faire connaissance. Faites-le le plus tôt possible et assurez-vous de n'oublier personne.

Parole de pro

Sébastien Piffeteau, magistrat : « *À chaque fois que je prends de nouvelles fonctions dans un tribunal, pendant les dix ou quinze premiers jours de mon arrivée, je fais le tour, tous les matins, de tous les bureaux, ou a minima de tous ceux où sont des personnes avec qui je travaille. Ceci me permet de saluer chaque membre de l'équipe, de prendre le temps d'un mot, y compris et surtout auprès des secrétaires, et des hôtesses d'accueil qui sont les chevilles ouvrières, souvent les plus à même de vous rendre un service en cas de besoin. Par la suite, je le fais quand l'emploi du temps le permet.* »

Arnaud Scheffer, adjoint au directeur des achats Go Sport : « *Lorsque j'arrive dans un nouveau service, je rencontre tout le monde, jusqu'à l'échelon n° 2, individuellement. Je m'attache à ce que ces entretiens soient rapprochés et se produisent dès mon arrivée.* »

→ Intéressez-vous vraiment aux autres acteurs du service et, lors de vos discussions (plutôt informelles), interrogez-les sur leur travail, leurs enjeux, les moyens employés, leurs contraintes, leurs objectifs personnels, voire, éventuellement, leur famille, leurs passions, etc. Respectez le fait que tout le monde ne s'ouvrira pas à vous de la même manière ni avec la même profondeur. Faites preuve de tact et de discrétion.

Renseignez-vous sur le poste

Toute la difficulté, lorsque vous arrivez à un nouveau poste, est d'obtenir 100 % des informations dont vous aurez besoin, sans avoir l'air d'y connaître quelque chose, mais sans avoir non plus l'air de tout savoir. Le secret consiste à questionner honnêtement et surtout à valoriser les personnes qui peuvent vous apporter leur aide.

Renseignez-vous auprès de vos collègues

Parole de pro

▶ Carole Vidal, International Account Director, EURO RSCG groupe Havas : *« Lorsque je suis passée d'une petite entreprise à une grande multinationale, je me suis attachée à identifier tout de suite les personnes qui pourraient me donner les informations primordiales. En les questionnant gentiment et en valorisant toute l'aide qu'elles m'apportaient, j'ai pu gagner un temps précieux dans la connaissance de qui fait quoi et du profil de mes interlocuteurs. »*

Identifiez, le plus vite possible, les personnes qui peuvent être sources d'informations. Soyez humble et vérifiez auprès d'elles ce que vous savez et demandez-leur honnêtement ce que vous ne savez pas.

Astuce

Ne comparez pas avec votre précédent emploi ou service. Quelle que soit la teneur de vos propos, vos collègues risquent de le prendre comme un reproche indirect. Restez discret sur votre précédente expérience, dites que vous êtes désormais passé à un nouveau challenge et agissez en toute humilité.

Renseignez-vous auprès de votre hiérarchie

Rappelez-vous que votre hiérarchie est là pour vous soutenir, particulièrement dans les premiers jours de votre arrivée. Profitez-en pour vous renseigner sur le périmètre exact de votre poste :
- ✓ vos objectifs, les livrables, les attentes de la hiérarchie et de l'entreprise à votre égard ;
- ✓ les enjeux liés à votre production ;
- ✓ les moyens à votre disposition ;
- ✓ les contraintes à prévoir ;
- ✓ les procédures et les standards à suivre ;
- ✓ la gestion des contrôles et de la gouvernance ;
- ✓ le système de remontée d'informations.

Dans les premiers jours de l'arrivée dans un nouveau service, il n'y a pas de question bête, ni d'information évidente.

Consultez les documents de référence

Dès votre arrivée, ayez bien en tête l'organigramme de la société et du service. Cela vous évitera de faire un impair et facilitera votre recherche des personnes ressources. Renseignez-vous aussi sur les réseaux d'influence et de décision officieux, qui existent à côté de tout réseau officiel.

Lisez l'historique de la société ou du service, identifiez les « anciens » pour leur poser ce genre de question.

Adaptez vos habitudes de travail

Vouloir faire tout de suite, trop bien, est le principal piège qu'il vous faudra éviter. Au début, essayez de faire bien avant de vouloir faire vite. Donnez-vous le temps de bien comprendre les contours d'une tâche qu'on vous donne à faire. N'imposez pas vos habitudes de travail et sachez observer ce qui, dans le service, diffère de ce que vous connaissiez avant. Prenez le meilleur et adaptez-vous aussi souvent que possible.

Parole de pro

Arnaud Scheffer, adjoint au directeur des achats Go Sport : « *Lorsque j'ai pris de nouvelles responsabilités, la nécessité de changement était parfois forte, mais je me suis attaché à ne jamais critiquer le travail qui avait été accompli par mon prédécesseur. J'ai toujours tâché de faire comprendre les avantages du changement sans dévaloriser les efforts passés.* »

En résumé

L'arrivée dans un nouveau service est toujours délicate. Prenez le temps de questionner et de vous renseigner sur :
- les personnes ;
- les lieux ;
- les réseaux d'influence et de décision ;
- ce que l'on attend précisément de vous ;
- les habitudes de travail.

Fiches reliées

Fiche n° 87 : « Comment prendre de nouvelles fonctions au sein du même service ? »
Fiche n° 88 : « Comment me préparer à travailler dans un nouveau secteur économique ? »
Fiche n° 89 : « Comment me préparer à une expatriation ? »

Comment prendre de nouvelles fonctions au sein du même service ?

Cette question se pose quand :

✓ vous changez de poste sans changer de service ;

✓ vous devenez le patron de vos anciens collègues.

Cas d'une promotion 2. verticale	**Comment prendre de nouvelles fonctions au sein du même service ?**	Cas d'un changement 1. de poste horizontal	Prenez ce poste comme si vous 1.a. veniez d'une autre entreprise
			Gardez le bon relationnel que 1.b. vous aviez avec vos collègues

Suivant que vous changez de statut hiérarchique ou non, vos comportements d'adaptation ne seront pas les mêmes.

Changement de poste horizontal

Dans le cas d'une promotion horizontale, vous ne changez pas de statut hiérarchique vis-à-vis des autres salariés du service, mais simplement d'emploi. Le principal risque couru est de considérer que vous savez déjà tout de ce nouveau métier puisque vous connaissez déjà le service. En agissant ainsi, vous risquez de passer à côté des véritables spécificités de ce nouveau poste. De plus, vous risquez de vexer vos nouveaux collègues en dévalorisant leur métier.

Prenez ce poste comme si vous veniez d'une autre entreprise

Agissez avec humilité. Remettez-vous en question et demandez conseil à vos collègues sur la manière d'aborder cet emploi : les pratiques, les astuces, les pièges, etc.

Gardez le bon relationnel que vous aviez avec vos collègues

Votre changement de poste doit être une opportunité de vous rapprocher de vos nouveaux collègues directs sans pour autant vous éloigner des anciens. Gardez les mêmes habitudes relationnelles. Vous ne voulez pas passer pour celui qui a changé parce que son poste a changé !

Cas d'une promotion verticale

Dans ce cas, les choses sont plus compliquées. Vous devenez le patron de vos anciens collègues. Certaines choses devront changer

Ce qui devra changer	Ce qui ne devra pas changer
Respect mutuel plus fort . Écoute plus active des problèmes rencontrés. Niveau d'exigence plus élevé. Faire preuve d'autorité.	Vos habitudes de travail avec eux. Vos habitudes relationnelles avec eux (par exemple faire la bise ou se tutoyer).

et d'autres non. Reportez-vous au tableau suivant pour ajuster votre comportement au mieux. Dans les premières semaines, vous serez vous le microscope, évitez d'en faire trop et agissez prudemment.

En résumé

Deux cas de figure peuvent se présenter lorsque vous changez de poste au sein du même service :
▶ vous gardez votre statut hiérarchique ;
▶ vous devenez le patron de vos anciens collègues.
Dans le premier cas, les bonnes pratiques consistent à questionner et à vous renseigner avec humilité ainsi qu'à garder au maximum les bonnes relations avec vos anciens collègues directs tout en développant les liens avec les membres de votre nouvel entourage proche.
Dans le second cas, il faut faire le point à l'avance entre ce qui doit changer et ce qui ne doit pas changer.

Fiches reliées

Fiche n° 56 : «Comment agir avec éthique ? »
Fiche n° 86 : «Comment me comporter dans un nouveau service ? »
Fiche n° 88 : «Comment me préparer à travailler dans un nouveau secteur économique ? »

Comment me préparer à travailler dans un nouveau secteur économique ?

Cette question se pose quand vous allez prendre un poste dans un secteur économique nouveau pour vous.

Analysez la structure
3.a. interne du marché

3.b. Mesurez le pouvoir des clients

Comprenez les contraintes
3.c. liées aux fournisseurs

3.d. Identifiez les entrants futurs

Identifiez les solutions
3.e. de substitution

3.f. Quelles conclusions tirer ?

Votre troisième niveau de réflexion : acquérir la vision stratégique de votre
3. nouveau secteur

Comment me préparer à travailler dans un nouveau secteur économique ?

Votre première priorité :
1. acquérir les codes du secteur

1.a. Vos nouveaux collègues

1.b La presse spécialisée

Votre deuxième défi :
connaître les acteurs
2. et leurs spécificités

2.a. Les sites Internet et les portails

2.b. Les salons professionnels

2.c. Les associations professionnelles

Comprendre rapidement les tenants et les aboutissants de votre secteur économique constitue un facteur d'intégration et d'efficacité important. Heureusement, les sources d'information sont nombreuses et une méthodologie existe.

Une priorité : acquérir les codes du secteur

Appartenir à un nouveau secteur économique, c'est d'abord en connaître les codes : vocabulaire spécifique, notions, repères, façon de travailler, logiques, documents, etc. Bien souvent, cela demande une expérience de plusieurs semaines, voire de plusieurs mois. Pour accélérer ce processus, vous pouvez vous tourner vers deux sources d'informations.

Vos nouveaux collègues

Demandez-leur de vous expliquer comment se passent les choses, de vous parler de leur métier et de son évolution. Des enjeux et défis actuels et futurs... Posez-leur des questions de plus en plus précises et n'hésitez pas à vous tourner vers eux dès qu'une difficulté de compréhension se présente. On pense souvent à tort que poser des questions, c'est preuve de faiblesses. À l'inverse, les seules questions bêtes sont celles que l'on ne pose pas. En particulier, on n'est pas censé tout savoir lorsque l'on rentre dans un nouvel environnement économique.

Parole de pro

Virginie Seguela, directrice France, Nars :
« Pour réussir une prise de nouvelles fonctions, j'essaye toujours de bien comprendre l'environnement : le marché, l'industrie, l'entreprise et l'équipe. Pour cela, j'utilise les techniques de questionnement, l'écoute active et je prends des notes à chaque nouvel interlocuteur rencontré. »

La presse spécialisée

Tous les secteurs économiques disposent d'au moins un titre de presse spécialisée. Les dossiers, reportages et articles de fond vous aideront à comprendre les tenants et les aboutissants de votre nouveau secteur. Certains livres dressent aussi l'état de l'art dans une industrie ; leur lecture sera un gain de temps précieux.

Un défi : connaître les acteurs et leurs spécificités

Savoir qui fait quoi représente déjà une partie importante de la connaissance d'un secteur économique. Connaître, le plus tôt possible, le nom de vos principaux concurrents, les nouveaux acteurs de ce marché, les nouvelles offres, ainsi que les prix pratiqués sera d'une grande aide pour faciliter votre intégration.

Trois sources d'informations vont vous aider.

Les sites Internet et les portails

Tapez les mots clés de votre secteur dans un moteur de recherche et vous verrez apparaître une foule de pages Web telles que :
- ✓ portails dédiés à votre secteur regroupant des informations de fond, l'actualité, des publicités et un forum ;
- ✓ pages des entreprises de ce secteur ;
- ✓ articles de presse ;
- ✓ documents réglementaires.

Les salons professionnels

Visiter les salons est une excellente stratégie pour rencontrer d'autres acteurs, disponibles pour répondre à vos questions. Les entreprises s'y présentent et affichent leurs offres, leurs nouveautés.

Les associations professionnelles

Associations, syndicats professionnels, regroupements, etc. Tous les secteurs possèdent des organismes de collaboration et de représentativité. Participer à leurs réunions est un bon moyen de s'informer des évolutions de votre secteur et permet de tisser des liens avec d'autres personnes partageant les mêmes intérêts.

Un autre défi : acquérir la vision stratégique du secteur

Placez vos connaissances dans une analyse de type « Les 5 forces de Porter » pour voir apparaître les dynamiques de votre secteur, ses évolutions futures et les explications des principaux phénomènes. Ainsi, vous pourrez développer une vue stratégique de votre marché.

Faire une analyse de marché selon « les 5 forces de Porter » revient principalement à répondre à un certain nombre de questions sur chaque composante.

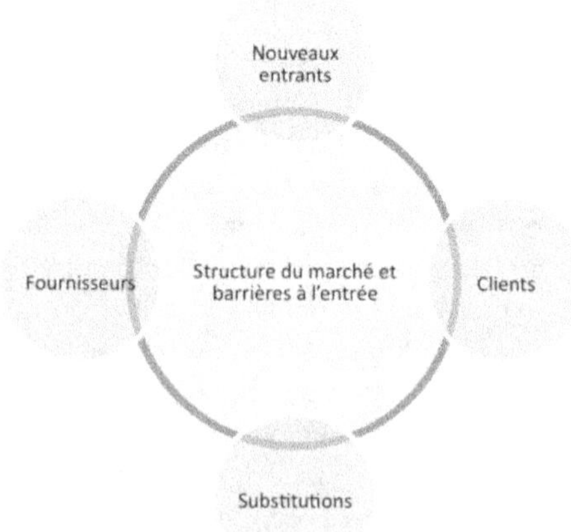

Les cinq forces de Porter

Analysez la structure interne du marché

Force n° 1 : le marché en lui-même

Ici, il s'agit de faire le point sur les entreprises qui composent ce marché et sur le réel niveau de concurrence qui existe entre elles :

→ Combien d'entreprises composent ce marché ? Y a-t-il un monopole ? Des oligopoles ?
→ Sont-elles plutôt grandes ou petites ?
→ Concentrées ou atomisées ? Qui les possède ?
→ Spécialisées ou diversifiées ?
→ Quels sont les produits/offres/services proposés ?
→ S'agit-il de produits spécialisés ou de grande consommation ?
→ Quels sont les prix pratiqués, les taux de marge ?
→ Les entreprises du marché sont-elles protégées par des barrières à l'entrée (économiques, juridiques, techniques, etc.) ?
→ Quelles contraintes pèsent sur la production ?
→ Quelle est la capacité de production ? Comment évolue-t-elle ?

Définition : monopole et oligopole

On parle de monopole lorsqu'une seule entreprise vend un bien ou propose un service particulier.
On parle d'oligopole lorsqu'un faible nombre d'entreprises vend un bien ou un service particulier.

Mesurez le pouvoir de négociation des clients

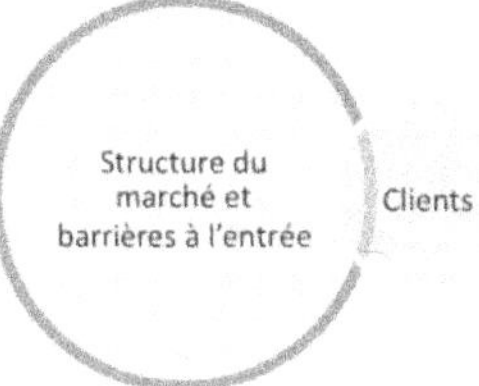

Force n° 2 : les relations entre le marché et ses clients

Savoir qui sont les clients et quel rapport de forces existe entre les entreprises du marché et eux va vous aider à comprendre les prix pratiqués, les taux de marge dégagés et la structuration des offres, des ventes, du marketing et de la publicité :

→ Qui sont les clients ? Des entreprises ou des particuliers ?
→ Sont-ils nombreux ?
→ Sont-ils regroupés ou éparpillés ?
→ La demande est-elle en croissance ?
→ La demande est-elle concentrée géographiquement ?
→ Y a-t-il une saisonnalité de la demande ?

Comprenez les contraintes liées aux fournisseurs

Force n° 3 : les relations entre le marché et ses fournisseurs

Intéressez-vous aux rapports que le marché entretient avec ses fournisseurs pour comprendre d'où viennent les coûts et donc comment sont construits les prix de vente :

→ Qu'est-ce que le marché a besoin d'acheter pour fonctionner ?
→ Qui sont les fournisseurs ? Sont-ils concentrés ?
→ Quel est leur pouvoir de négociation ?
→ Quelles sont les contraintes liées à l'achat et aux approvisionnements ?

Identifiez les entrants futurs

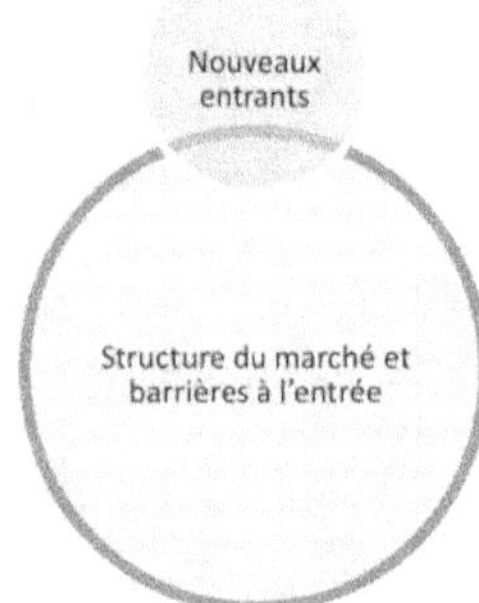

Force n° 4 : les conséquences de l'entrée de nouveaux acteurs

Les futurs entrants sont les entreprises qui ne sont pas encore sur ce marché, mais dont on sait qu'elles y viendront prochainement. Leur identification permet d'avoir une vue dynamique du marché, d'en anticiper la future composition et les mutations qu'elle entraînera, notamment en termes de concurrence.

→ Qui seront les prochains entrants ?
→ À quelle échéance ?
→ Pourquoi veulent-ils entrer ?
→ Que proposeront-ils ?
→ Qu'est-ce que cela va changer ?

Identifiez les solutions de substitution

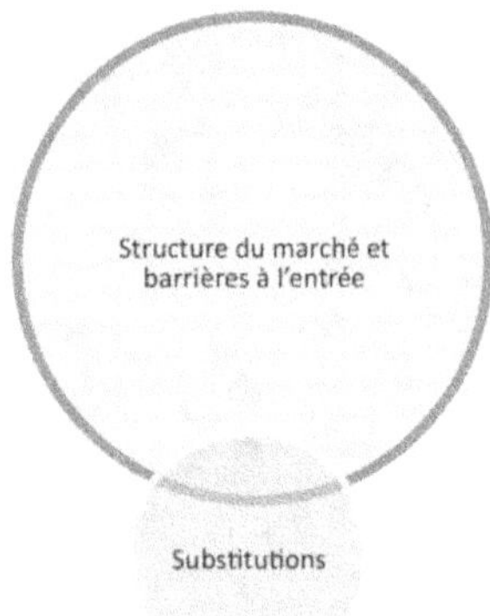

Force n° 5 : l'impact des solutions de substitution

Les produits de substitution sont les offres qui ne font pas partie du marché, mais qui peuvent les remplacer chez les clients.

→ Quels sont les principaux produits concurrents de ceux qui sont vendus par ce marché ?
→ Quelles ventes pourraient faire baisser les ventes de ce marché ?
→ Quelles sont les tendances ?
→ Qui peut les fournir ? Dans quelles conditions ?

Quelles conclusions tirer ?

Faire une analyse selon « les 5 forces de Porter », c'est-à-dire répondre au plus de questions possibles, donnera une excellente vision de votre secteur et de ce qui s'y passe. Vous serez mieux à même de comprendre ce qu'on vous demande de faire, de prendre des décisions et d'être force de propositions pour votre entreprise.

En résumé

Bien connaître le nouveau secteur
économique dans lequel vous travaillez
vous permettra de vous intégrer plus
facilement et d'obtenir plus rapidement des
résultats professionnels.
Les principales sources d'information sont :
▶ les collègues ;
▶ les lectures (ouvrages sectoriels et
  presse spécialisée) ;
▶ les sites et portails Internet ;
▶ les salons ;
▶ les associations professionnelles.
L'analyse de Porter permet :
▶ de faire le point sur vos connaissances
  du marché et vous concentrer sur les
  informations manquantes ;
▶ de comprendre les grandes dynamiques
  du marché et les principales tendances ;
▶ d'acquérir une vision stratégique qui aide
  à prendre des décisions et à faire des
  propositions.

Fiches reliées

Fiche n° 86 : « Comment me comporter
             dans un nouveau service ? »
Fiche n° 87 : « Comment prendre de
             nouvelles fonctions au sein du
             même service ? »
Fiche n° 89 : « Comment me préparer à une
             expatriation ? »

Comment me préparer à une expatriation ?

Cette question se pose quand vous allez prendre un poste à l'étranger pour la première fois.

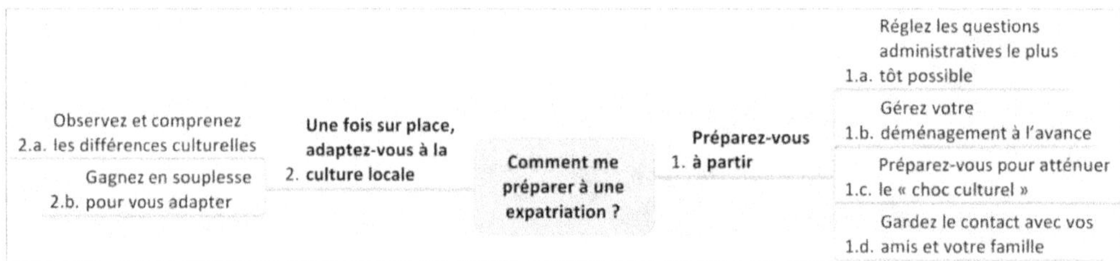

Une expatriation réussie passe par une bonne préparation et, sur place, par la capacité à comprendre et à s'adapter.

Préparez-vous à partir

Attention au départ ! Ce cri d'alerte que vous entendez à chaque fois que vous prenez le train est plus que jamais de mise, lorsque vous vous apprêtez à vivre une expatriation. Plusieurs aspects sont d'ailleurs à prendre en compte.

Réglez les questions administratives le plus tôt possible

S'expatrier, ce n'est pas comme partir en vacances à l'étranger. Les aspects administratifs sont nombreux. Voici les principaux :
- ✓ obtention du visa si nécessaire ;
- ✓ obtention d'un permis de travail ;
- ✓ traduction du permis de conduire ou obtention d'un permis de conduire international ;
- ✓ vaccinations obligatoires ;
- ✓ assurance spéciale pour les expatriés ;
- ✓ ré-acheminement du courrier ;
- ✓ ouverture d'un compte bancaire à destination ;
- ✓ inscription des enfants à l'école à destination ;
- ✓ formalités fiscales et sociales en France et dans le pays de destination.

Gérez votre déménagement à l'avance

- → Réservez votre entreprise de déménagement international trois ou quatre mois à l'avance.
- → Triez ce que vous emporterez et réservez un garde-meuble pour le reste.
- → Prévoyez un carton unique pour tous les papiers administratifs de la famille.
- → Mettez dans un sac à part tout ce dont vous aurez besoin dès votre arrivée sur place. Gardez ce sac avec vous.

Préparez-vous pour atténuer le « choc culturel »

Plusieurs stratégies de préparation permettent d'anticiper les aspects culturels les plus surprenants du pays dans lequel vous allez :
- → Apprenez la langue ou au moins quelques rudiments.
- → Renseignez-vous sur l'histoire et la géographie, qui expliquent bien des choses.

→ Allez sur les sites Internet qui regroupent les communautés d'expatriés pour discuter, poser des questions, faire état de vos doutes et réticences…

→ Cherchez et rencontrez, en France, avant de partir, des ressortissants de votre pays de destination. Ils seront de bon conseil et vous donneront peut-être des coordonnées de personnes à contacter sur place (amis, famille, etc.).

→ Renseignez-vous sur les règles de politesse afin de ne pas commettre d'impair.

Gardez le contact avec vos amis et votre famille

Avant de partir, assurez-vous que vous avez bien toutes les coordonnées des personnes que vous aurez envie de contacter. De même, si vous les avez déjà, donnez-leur les vôtres. Renseignez-vous pour connaître le coût d'une conversation téléphonique entre la France et votre pays de destination (les opérateurs incluent de plus en plus de pays dans leurs forfaits, ce qui est vraiment très économique). Renseignez-vous aussi sur les possibilités de téléphonie par Internet (pour en savoir plus sur ce sujet, voir fiche n° 35).

Voyez aussi si les sites communautaires de type Facebook sont autorisés et si vous pourrez vous y connecter.

Adaptez-vous à la culture locale

Observez et comprenez les différences culturelles

Trois auteurs, particulièrement, ont codifié les différences culturelles pour les rendre compréhensibles. Il s'agit de l'anthropologue américain Edward T. Hall, du psychologue néerlandais Geert Hofstede et de son compatriote consultant et auteur Fons Trompenaars. On peut s'inspirer de leurs travaux pour définir en quoi les cultures se différencient entre elles. Cela vous donnera d'excellentes clés d'observation et de compréhension lorsque vous serez à l'étranger.

La vision du temps

Chaque culture a sa vision du temps. Les Latins ont une tendance à la polychronie, les Germaniques sont franchement monochroniques (pour en savoir plus sur ces termes, voir fiche n° 9). Pour les Chinois, les Indiens ou les Russes, passé, présent et futur se succèdent, alors que pour les Français et les Japonais, par exemple, ces trois notions se chevauchent et s'entremêlent. Les Suisses valorisent la ponctualité (en tout cas c'est l'image que nous en avons) alors que pour un plombier espagnol, arriver avec deux jours de retard au rendez-vous fixé ne doit pas susciter d'inquiétude ni même se traduire par un mot d'excuse (exemple vécu).

Observer les rapports que le pays dans lequel vous êtes expatrié entretient avec le temps revient à se demander ce que signifient, pour ses habitants, les notions de :
✓ passé, présent et futur ;
✓ tout de suite, bientôt, plus tard ;
✓ à l'heure, en retard, urgent, hors délais.

Comprendre cette notion de temps, vous permettra d'éviter bien des impairs et des crises d'angoisse, en attendant un rapport «urgent» qui aurait dû arriver la veille.

La notion d'individualisme ou de collectivisme

Alors que les Américains sont individualistes et glorifient les efforts et la réussite individuelle, les Mexicains, de l'autre côté de la frontière, sont un peuple fortement collectif. S'intéresser à ce critère d'interculturalité, c'est se demander :

→ Sur quelle réussite juge-t-on les personnes : individuelle ou du groupe (famille, entreprise, ville, etc.) ?

→ Comment se fait le partage des richesses, la solidarité et l'entraide : par petits groupes (famille) ou par groupes plus importants (familles de trois ou quatre générations, quartiers, clans, etc.) ?

→ L'individu se définit-il en soi ou par son appartenance à un groupe ?

Savoir observer ce critère et ajuster votre comportement en fonction vous permettra de vous positionner dans la société et dans les différents groupes auxquels vous appartenez.

La séparation de la vie professionnelle et de la vie personnelle

Alors que dans les pays latins, il est très facile de parler de sa vie privée au travail, cela est moins bien accepté au nord de l'Europe ou aux États-Unis. Observer les pratiques qui ont cours dans votre environnement professionnel vous évitera de faire bien des impairs.

La vision du rapport hiérarchique

Alors que les Français recherchent des entreprises à la hiérarchie très structurée et savent manier leur évolution professionnelle au travers de nombreuses strates, les Américains, eux, valorisent les hiérarchies plates, avec peu de niveaux et peu de différences entre les niveaux. Pour savoir dans quel type de pays vous vous situez par rapport à cela, observez les organigrammes des entreprises. Regardez aussi les rapports entre manager et managé. Cela ressemble-t-il plus à l'armée (fort pouvoir hiérarchique) ou à une équipe de football (le capitaine n'a pas de pouvoir sur le reste de l'équipe)? Ainsi, vous saurez exactement comment vous positionner dans le service, sans prendre le risque de jouer trop «copain-copain» ou, au contraire, trop distant.

La notion d'acceptation du risque

Certaines cultures, notamment asiatiques, acceptent très bien l'idée que l'avenir est incertain et qu'il comporte une part de risque. Les cultures occidentales, elles, cherchent, à grand renfort d'outils, de calculs et de méthodes à prédire l'avenir et à maîtriser les risques. Les personnes à forte volonté de contrôle de l'incertitude vont être plus rétives au changement que les personnes qui acceptent le risque inhérent à tout changement.

Gagnez en souplesse pour vous adapter

Savoir s'adapter, c'est tout d'abord prendre conscience des différences culturelles, mais aussi les valoriser. Voyez toujours ce qu'il y a de positif dans le comportement de vos hôtes, ce que cela leur apporte et pourrait vous apporter. Ne vous enfermez pas dans la croyance que chez vous, c'est toujours mieux. Cherchez à comprendre sans juger et en vous émerveillant des différences plutôt qu'en les rejetant.

Devant un comportement étranger qui vous indigne ou vous laisse pantois, demandez-vous :
→ En quoi mon propre comportement pourrait-il susciter le même sentiment chez mon interlocuteur ?
→ Et si j'acceptais et reproduisais ce comportement, que se passerait-il ? En quoi cela favoriserait-il mon intégration ?

En résumé

Bien préparer une expatriation, c'est vous préparer à partir, aussi bien du point de vue administratif, organisationnel que culturel. L'adaptation passe par le décryptage de :
▸ la vision du temps ;
▸ la notion d'individualisme ou de collectivisme ;
▸ la séparation des vies professionnelle et personnelle ;
▸ la vision du rapport hiérarchique ;
▸ l'acceptation du risque.

Fiches reliées

Fiche n° 35 : «Comment fonctionne la téléphonie sur Internet ?»
Fiche n° 86 : «Comment me comporter dans un nouveau service ?»
Fiche n° 88 : «Comment me préparer à travailler dans un nouveau secteur économique ?»

Comment continuer à développer mon efficacité professionnelle ?

Cette question se pose quand vous avez apprécié ce livre et souhaitez aller encore plus loin dans l'acquisition de pratiques d'efficacité au bureau.

Le livre que vous avez entre les mains est déjà très complet et je ne connais personne qui applique 100 % des bons conseils qu'il contient. Toutefois, si vous désirez aller plus loin encore, d'autres livres, sites Internet et formations peuvent vous être utiles.

Les livres de l'efficacité au bureau

De tous les livres que j'ai pu lire, ayant trait à l'efficacité au sens large, voici la liste de ceux que je considère comme indispensables.

Duarte, N., *Slide : ologie*, Pearson Education, 2010.

Fripiat, B., *99 questions à mon coach d'orthographe*, Démos, 2008.

Gavrilot, Y., *Tout pour bien orchestrer son temps*, Eyrolles, 2009.

Georges, P., *Gagner en efficacité en équipe*, Éditions d'Organisation, 2004.

Greene, R., *Power - Les 48 lois du pouvoir*, Leduc. S Éditions, 2009.

Merle (du), O., *Cerveau, communication et management*, Liaisons, 2005.

Roam, D., *Convaincre en deux coups de crayon*, ESF éditeur, 2009.

Afin de vous offrir la palette la plus large possible, j'ai aussi demandé à quatre amis, que je considère comme étant d'excellents professionnels et qui lisent beaucoup, de vous dresser chacun sa liste.

La recommandation de lecture de Jean-Luc Kastner

Allen, D., *S'organiser pour réussir*, Leduc. S Éditions, 2008.

Buzan, O., *Une tête bien faite*, Éditions d'Organisation, 3e éd., 2004.

Covey, S., *Les 7 habitudes de ceux qui réalisent tout ce qu'ils entreprennent*, First, 2005.

Servan-Schreiber, J.-L., *Le nouvel art du temps*, Albin Michel, 2000.

La recommandation de lecture d'Emmanuel Coste

Allen, D., *S'organiser pour réussir*, Leduc. S Éditions, 2008.

Beck, M., *Finding Your Own North Star*, Three Rivers Press, 2002.

Bryan, M., *The Artist's Way at Work*, Quill, 1998.

Fox, J., *Les 75 lois de Fox*, Archipoche Éditions, 2008.

Kline, N., *Time to Think**, Cassel Illustrated, 1998.

La recommandation de lecture de Pierre Blouvac

André, S., *Le Secret des orateurs*, Groupe Stratégies, 3e éd., 2002.

Bacqué, R., *L'enfer de Matignon*, Albin Michel, 2008.

Gauvrit, N., *Statistiques – Méfiez-vous !*, Ellipses, 2007.

Morel, C., *Les décisions absurdes*, coll. «Folio Essais», Gallimard, 2004.

Paget, J., *Le pouvoir de l'illusion*, Plon, 2005.

La recommandation de lecture de Gilles Satgé

Allen, D., *S'organiser pour réussir*, Leduc. S Éditions, 2008.

DeMarco, T., Lister, T., *Peopleware : Productive Projects and Teams*, Dorset House Publishing, 2e éd., 1999.

Des Isnards, A., Zuber, T., *L'open space m'a tuer*, Hachette Littérature, 2008.

Servan-Schreiber, J.-L., *Le nouvel art du temps*, Albin Michel, 2000.

Les sites Web de l'efficacité personnelle au travail

www.journaldunet.com/management/efficacite-personnelle/

www.manager-go.com/efficacite-personnelle.htm

www.bourrelly.org rubrique «publications»

Les formations

La première page de ce livre annonce que cet ouvrage «vaut des dizaines de formations», et c'est vrai que vous avez probablement plus appris en lisant ce livre que vous ne l'auriez fait en suivant formation sur formation pendant des mois (croyez-en mon expérience de formateur !). Toutefois, si une partie du livre vous a été particulièrement utile, vous pouvez la compléter par une formation spécialisée qui aura l'avantage d'approfondir le thème et de vous faire travailler sur l'acquisition des réflexes par des exercices et des entraînements.

Le choix d'une formation reste délicat. La plupart des grands organismes de formation proposent des exemples de programmes sur leur site Internet. C'est là une bonne première approche pour se renseigner. Ensuite, la principale question à se poser est de savoir si ce programme est tout à fait adapté à vos attentes. Les programmes «tout faits» que l'on trouve sur Internet ne sont généralement pas adaptés à un secteur économique ou à un métier particulier. Si vous cherchez une formation pointue, totalement adaptée à votre cas personnel, le mieux est probablement de demander à votre entreprise d'organiser une session intra-entreprise, c'est-à-dire dédiée aux seuls salariés de votre compagnie, voire de votre service, et avec un programme réalisé sur mesure.

Vous pouvez aussi contacter un formateur en qui vous avez confiance pour lui demander un accompagnement personnel et totalement individualisé.

L'échange de bonnes pratiques

L'échange de pratiques efficaces entre collègues s'avère aussi un excellent moyen de progresser. N'hésitez pas à parler à vos collègues de vos :
✓ lectures intéressantes ;
✓ astuces personnelles ;
✓ méthodes et outils d'efficacité au bureau.

Ces échanges peuvent se faire de manière informelle ou lors de réunions dédiées à cet effet, dont vous pouvez demander la mise en place.

Plus nous serons nombreux à partager avec les autres nos bonnes pratiques, plus nous évoluerons dans des environnements de travail agréables et performants.

Index

N° éditeur : 5027
Dépôt légal : janvier 2015
Imprimé en Allemagne par BoD

www.ingramcontent.com/pod-product-compliance
Lightning Source LLC
LaVergne TN
LVHW060119060726
842526LV00009B/2703